Winfried Kallinger
Herbert Gartner
Walter Stingl

Bauträger & Projektentwickler

Immobilien erfolgreich entwickeln, sanieren und verwerten

7., durchgesehene Auflage

MANZ

Zitiervorschlag: *Kallinger/Gartner/Stingl,* Bauträger-Handbuch[7] …

ISBN 978-3-214-08086-0

Telefon: (01) 531 61-0
E-Mail: verlag@manz.at
www.manz.at
Foto: Winfried Kallinger: © kallco
Herbert Gartner: privat
Walter Stingl: Fotostudio Petra Halwachs
Datenkonvertierung und Satzherstellung: Christine Horn, 1070 Wien
Druck: Finidr, s.r.o., Český Těšín

Vorwort zur 7. Auflage

Die Immobilienwirtschaft als Ganzes und die Tätigkeit des Bauträgers im Besonderen sind Schlüsselbereiche der Volkswirtschaft. Das Zusammentreffen vielfältiger Interessenlagen und die Komplexität der Projektabwicklung in organisatorischer, rechtlicher und praktischer Hinsicht erfordern ein breites Wissen um die Zusammenhänge von Projektentwicklung, Marketing, Zivilrecht und steuerlicher Gesetzgebung. Aufgabe dieses Buches soll es sein, dem Bauträger und Immobilienwirtschafter aus der Erfahrung von Praktikern Hilfen für die Lösung seiner beruflichen und betrieblichen Aufgaben in die Hand zu geben. Die Anregungen und Beispiele, die das Bauträger-Handbuch gibt, sind daher weniger aus dem Blickwinkel der theoretischen oder wissenschaftlichen Analyse, sondern im Hinblick auf ihre Verwendbarkeit für das Management erfolgreicher Immobilienprojekte gestaltet.

Dr. Winfried Kallinger *Dr. Herbert Gartner* *Prof. Ing. Mag. Walter Stingl*

Die Autoren

Dr. Winfried Kallinger

Studium der Erdöltechnik und der Rechtswissenschaften. Gründer und geschäftsführender Gesellschafter der KALLCO-Unternehmensgruppe, die sich als gewerblicher Bauträger vorwiegend mit städtebaulich relevanten Projekten beschäftigt. Maßgeblich beteiligt an der Einführung des Bauträgergewerbes in die Gewerbeordnung 1988 und am Zustandekommen des Bauträgervertragsgesetzes 1997 und der Novelle 2008; Vorsitzender der ÖNORM-Kommission zum BTVG; mit KALLCO Sieger des ersten Wiener Bauträgerwettbewerbes 1995. Vortragender an der Donau-Universität Krems und Professor an der Fachhochschule für Immobilienwirtschaft in Wien.

Dr. Herbert Gartner

Studium der Rechtswissenschaften; seit 1983 Rechtsanwalt in Wien, seit 1988 Partner einer überwiegend auf alle Bereiche des Immobilien- und Baurechts spezialisierten Sozietät.

Seine praktischen Erfahrungen im Zusammenhang mit der Abwicklung der rechtlichen Belange im Zuge der Errichtung und Verwertung von Wohnhausanlagen und anderen Immobilien, der gerichtlichen und außergerichtlichen Beratung und Vertretung verschiedenster gemeinnütziger und privater Bauträger und Immobilienverwerter gibt er seit Jahren als Vortragender in Fachseminaren und als Autor verschiedener Fachbücher und Broschüren zum Thema Immobilienrecht, Gewährleistung für Baumängel, Bauträgerrecht und BauKG an Interessierte weiter.

Prof. Ing. Mag. Walter Stingl

Hochschule für Welthandel, Wien, Steuerberater und Immobilienverwalter. Prof. Ing. Mag. Stingl ist Gesellschafter-Geschäftsführer der Stingl-Top Audit Steuerberatungs GmbH & Co KG und der Stingl Immobilien GmbH sowie Leiter der Arbeitsgruppe „Vermietung und Verpachtung" des Fachsenates der Kammer der Wirtschaftstreuhänder. Er ist Lektor an der Donau-Universität Krems und Autor zahlreicher Publikationen zum Thema Miet- und Steuerrecht.

Inhaltsverzeichnis

Verzeichnis der Abbildungen

Verzeichnis der Muster

Abkürzungsverzeichnis

aaO	am angeführten Ort
Abb.	Abbildung
ABGB	Allgemeines bürgerliches Gesetzbuch
Abs	Absatz
ABS	Allgemeine Bedingungen für die Sachversicherung
AfA	Absetzung für Abnutzung
AG	Aktiengesellschaft
AP	auf Putz
ASchG	ArbeitnehmerInnenschutzgesetz
ASVG	Allgemeines Sozialversicherungsgesetz
ATS	Österreichischer Schilling
BAO	Bundesabgabenordnung
BGBl	Bundesgesetzblatt
BH	Bauherr
BMF	Bundesministerium für Finanzen
BTVG	Bauträgervertragsgesetz
bzw.	beziehungsweise
cm	Zentimeter
CO_2	Kohlendioxid
d.h.	das heißt
€	Euro
E	Elektro
EDV	elektronische Datenverarbeitung
EG	Erdgeschoß
EStG	Einkommensteuergesetz
etc.	et cetera
EU	Europäische Union
Euro-JuBeG	Euro-Justiz-Begleitgesetz
EWG	Europäische Wirtschaftsgemeinschaft
EZ	Einlagezahl
f; ff	und der, die folgende(n)
GB	Grundbuch

GBG	Grundbuchsgesetz
gem.	gemäß
GesBR	Gesellschaft bürgerlichen Rechts
GewO	Gewerbeordnung
GIK	Gesamtinvestitionskosten
GmbH	Gesellschaft mit beschränkter Haftung
GOA	Gebührenordnung für Architekten
GrESt	Grunderwerbsteuer
GrEStG	Grunderwerbsteuergesetz
GSVG	Gewerbliches Sozialversicherungsgesetz
HGB	Handelsgesetzbuch
IBO	Institut für Bauökologie
idF	in der Folge
idR	in der Regel
i. H. v.	in Höhe von
ImmoESt	Immobilienertragsteuer
i. S. d.	im Sinne des
IT	Informationstechnologie
JBl	Juristische Blätter
Kap.	Kapitel
Kfz	Kraftfahrzeug
KG	Kommanditgesellschaft
KSchG	Konsumentenschutzgesetz
leg cit	legis citatae (der zitierten Vorschrift)
m	Meter
M.	Muster
m. E.	meines Erachtens
m^2	Quadratmeter
MietSlg	Mietrechtliche Entscheidungen
Mio.	Millionen
Nr.	Nummer
o. Ä.	oder Ähnliches
OG	1. Offene Gesellschaft 2. Obergeschoß

OGH	Oberster Gerichtshof
ÖIZ	Österreichische Immobilien-Zeitung
ON	Österreichisches Normungsinstitut
ÖNORM	Österreichische Norm
p. a.	pro anno; per annum
p. m.	pro Monat
PL	Projektleiter
RA	Rechtsanwalt
REWE	Rechnungswesen
Rz	Randzahl
s. o.	siehe oben
SZ	Entscheidungen des österreichischen Obersten Gerichtshofes in Zivil- (und Justizverwaltungs-)sachen
u.a.	unter anderem
u.dgl.	und dergleichen
u. E.	unseres Erachtens
u.v.a.	und viele andere
UG	Untergeschoß
UGB	Unternehmensgesetzbuch
UP	unter Putz
USt	Umsatzsteuer
UStG	Umsatzsteuergesetz
UStR	Umsatzsteuerrichtlinien
usw.	und so weiter
u. U.	unter Umständen
V	Volt
VO	Verordnung
VwGH	Verwaltungsgerichtshof
W	Watt
WEG	Wohnungseigentumsgesetz
WGG	Wohnungsgemeinnützigkeitsgesetz
Z	1. Zeile 2. Ziffer
z.B.	zum Beispiel

Literaturverzeichnis

Achatz/Tumpel, Umsatzsteuer und Immobilien (2007)

Aufner/S. Bydlinski, Bauträgervertragsgesetz[2] (2008)

Aumann et al., Das Bauträgervertragsgesetz in der Praxis, FGW-Schriftenreihe 124 (1997)

Bertl/Eberhartinger/Egger/Kalss/Lang/Nowotny/Riegler/Schuch/Staringer, Immobilien im Bilanz- und Steuerrecht (2007)

Blach, Bauprojekte richtig versichern (2000)

Dirnbacher, Entscheidungen Wohnrecht (EWr), Loseblatt

Dirnbacher, Mietrechtsgesetz (2013)

Dirnbacher, Wohnungseigentumsgesetz (2010)

Dirnbacher/Rustler/Wolf, Österreichisches Wohnrecht (ÖWR) (2001)

Doralt/Ruppe, Grundriss des österreichischen Steuerrechts I[11] (2013), II[7] (2014)

Gartner, Bauarbeitenkoordinationsgesetz (2005)

Gartner, Praxiskommentar zum BTVG (2008)

Gartner/Riss/Wolfinger, Praxishandbuch zum BTVG[2] (2008)

Groissenberger, Subventionen im Abgabenrecht (2004)

Gruber/Paliege-Barfuß, Die Gewerbeordnung, Loseblatt

Kallinger, Bauträger-Richtlinien und Berufsbild, ÖIZ 1990, 56. JG, 341 ff

Kallinger, Abgrenzung des Gewerbes der Baumeister und der Bauträger, ÖIZ 1997, 63. JG, 345 ff

Kallinger, Bauträgervertragsgesetz-Novelle 2008 (2008)

Kletečka/Rechberger/Zitta, Bauten auf fremdem Grund[2] (2004)

Kohler/Wakounig/Berger, Steuerleitfaden zur Vermietung[9] (2011)

Kothbauer/Rücklinger, Mietrechtsgesetz und Wohnungseigentumsgesetz (2000)

Locher/Koeble, Baubetreuungs- und Bauträgerrecht[5] (1996)

Marent/Preisl/Schneider, ABC der Vertrags- und Testamentsmuster[8] (2008)

Melhardt, Umsatzsteuer-Handbuch 2014 (2014)

Mlcoch/Seidl, Vorauszahlungen bei Vorsorgewohnungen in einem Bauträgermodell, SWK 14/15/2012, 725 ff

Neuhold/Riegelnegg, Die Einkünfte aus Vermietung und Verpachtung[4] (2013)

ÖNORM B 1801-1, Kosten im Hoch- und Tiefbau, Österreichisches Normungsinstitut (Hrsg.) (2009)

ÖNORM B 2120, Mindesterfordernisse für einen Bauträgervertrag, Österreichisches Normungsinstitut (Hrsg.) (2012)

Rainer (Hrsg.), Handbuch des Miet- und Wohnrechts, Loseblatt und CD-ROM

Rainer, Mieten & Vermieten[7] (2014)
Rainer, Wohnungseigentum[5] (2012)
Rauscher/Grübler, Steuerliche Liebhaberei[2] (2007)
Ross/Brachmann, Ermittlung des Bauwertes von Gebäuden (1997)
Ruppe, Umsatzsteuergesetz[4] (2011)
Schimkowsky, Vertragsmuster und Beispiele für Eingaben[9], Loseblatt und CD-ROM
Stabentheiner, Liegenschaftsbewertungsgesetz[2] (2005)
Stempkowski/Krepper, Leistung und Honorar des Planungs- und Baustellenkoordinators (2001)
Stingl in *Rainer* (Hrsg.), Handbuch des Miet- und Wohnrechts, Loseblatt und CD-ROM
Stingl/Nidetzky, Handbuch Immobilien & Steuern, Loseblatt und CD-ROM
Straube/Aicher, Handbuch Bauvertrags- und Bauhaftungsrecht, Loseblatt und CD-ROM, Band I: Rechtssicher planen und Verträge schließen, Band II: Rechtssicher bauen
Vygen/Joussen, Bauvertragsrecht nach VOB und BGB[5] (2012)
Würth/Zingher/Kovanyi, Miet- und Wohnrecht I[22] (2009), II[22] (2011)

1. Was ist ein Bauträger?

Noch vor wenigen Jahren war der Bauträger ein unbekanntes Wesen, dessen Funktion innerhalb der Volkswirtschaft höchst unterschiedlich und nicht nur positiv gesehen wurde. Eine breite Immobilienwirtschaft mit vielen in ihren Tätigkeitsfeldern differenzierten Marktteilnehmern gab es bis Ende der Achtzigerjahre des vorigen Jahrhunderts in Österreich kaum, gesetzliche Regelungen, die das Bauträgerwesen gegenüber den Konsumenten oder berufsständisch regelten, gab es mit Ausnahme des politisch dominierten gemeinnützigen Wohnbereiches praktisch nicht. Im Bauträgergeschäft tummelten sich Baufirmen und deren Ableger, Makler und Grundstückshändler, Verwalter und Non-Profit-Organisationen ebenso wie Freiberufler mit manchmal ziemlich diffusem Berufsbild. Der **Begriff** des **Bauträgers** wurde erst **1988** als ein den Immobilientreuhändern zugehöriges Gewerbe in die **Gewerbeordnung** eingeführt und hat sich seitdem zu einem unverzichtbaren Bestandteil des Wirtschaftslebens entwickelt, dessen volkswirtschaftliche Bedeutung heute unbestritten ist.

Der Bauträger fungiert als wichtiger **Motor für die Veranlassung und Durchführung von Baumaßnahmen,** gleichgültig ob es sich um Wohnbauten, Wirtschaftsbauten oder Bauten für die Infrastruktur handelt. Der Bauträger schafft neue Bauten und modernisiert bestehende; er ist damit ein wichtiger **Auftraggeber** für das **Baugewerbe** und die **Bauindustrie** sowie für alle mit Immobilien befassten **Dienstleister,** seien es Anwälte, Notare, Makler oder Immobilienverwalter.

Längst hat man erkannt, dass ohne eine funktionierende Immobilienwirtschaft die Weiterentwicklung der Gesellschaft und Volkswirtschaft nicht möglich ist. In der Immobilie spiegelt sich ein bedeutender Teil des privaten und institutionalisierten Vermögens wider, für dessen Ausbau und Weiterentwicklung der Bauträger durch neue Projekte sorgt. Der großen Bedeutung, die dieser Berufsstand genießt, entspricht aber auch die große Verantwortung des Bauträgers, nicht nur mit dem Vermögen, den Erwartungen und Hoffnungen seiner Kunden sorgfältig umzugehen, sondern auch die Ressourcen der Umwelt zu schonen und die Lebensumgebung positiv mitzugestalten. Es besteht schließlich kein Zweifel, dass Bauen eine der wesentlichen Kulturäußerungen einer Gesellschaft ist.

1.1 Gewerberecht

1.1.1 Gewerbeordnung 1994 – GewO 1994

Die Tätigkeit der Immobilienmakler, der Immobilienverwalter sowie der Bauträger ist in der **Gewerbeordnung 1994,** zuletzt geändert durch BGBl I 2014/60, im Gewerbe der Immobilientreuhänder zusammengefasst (§ 117 Abs 1 leg cit). Die **wichtigsten Bestimmungen** dieser Regelung lauten:

§ 117 (1) Gewerbeordnung:
Das Gewerbe der Immobilientreuhänder (§ 94 Z 35) umfasst die Tätigkeiten der Immobilienmakler, der Immobilienverwalter und der Bauträger.

Der Tätigkeitsbereich der Immobilienmakler ist in Absatz 2 und der Tätigkeitsbereich des Immobilienverwalters in Absatz 3 näher beschrieben. Die Beschreibung des Tätigkeitsumfanges des Bauträgers findet sich in

§ 117 (4) Gewerbeordnung:
Der Tätigkeitsbereich des Bauträgers umfasst die organisatorische und kommerzielle Abwicklung von Bauvorhaben (Neubauten, durchgreifende Sanierungen) auf eigene oder fremde Rechnung sowie die hinsichtlich des Bauaufwandes einem Neubau gleichkommende Sanierung von Gebäuden. Der Bauträger ist auch berechtigt, dieses Gebäude zu verwerten.

§ 117 (5) Gewerbeordnung:
Immobilientreuhänder *(und damit natürlich auch Bauträger)* sind auch berechtigt, im Rahmen ihrer Gewerbeberechtigung und ihres Auftrages ihre Auftraggeber vor Verwaltungsbehörden, Fonds, Förderungsstellen und Körperschaften öffentlichen Rechts sowie bei Gericht zu vertreten, sofern kein Anwaltszwang besteht.

§ 117 (6) Gewerbeordnung:
Die Vertragserrichtung durch Immobilientreuhänder ist dann zulässig, wenn diese im Ausfüllen formularmäßig gestalteter Verträge besteht.

§ 117 (7) Gewerbeordnung:
Die zur Ausübung des Gewerbes der Immobilienmakler (§ 94 Z 35) berechtigten Gewerbetreibenden haben für ihre Berufstätigkeit eine Vermögensschadenhaftpflichtversicherung mit einer Versicherungssumme von mindestens 100 000 Euro pro Schadensfall abzuschließen. Für diese Pflichtversicherungssumme darf ein Selbstbehalt von höchstens fünf vH dieser Summe pro Schadensfall vereinbart werden. Es ist zulässig, die Versicherungsleistung pro jährlicher Versicherungsperiode auf 300 000 Euro zu beschränken. Die Vermögensschadenhaftpflichtversicherung muss bei einem Unternehmen erfolgen, das zum Geschäftsbetrieb in Österreich befugt ist.

Die zur Ausübung des Gewerbes der Immobilienverwalter (§ 94 Z 35) berechtigten Gewerbetreibenden haben für ihre Berufstätigkeit eine Vermögensschadenhaftpflichtversicherung mit einer Versicherungssumme von mindestens 400 000 Euro pro Schadensfall abzuschließen. Für diese Pflichtversicherungssumme darf ein Selbstbehalt von höchstens fünf vH dieser Summe pro Schadensfall vereinbart werden. Es ist zulässig, die Versicherungsleistung pro jährlicher Versicherungsperiode auf 1 200 000 Euro zu beschränken. Die Vermögensschadenhaftpflichtversicherung muss bei einem Unternehmen erfolgen, das zum Geschäftsbetrieb in Österreich befugt ist.

Die zur Ausübung des Gewerbes der Bauträger (§ 94 Z 35) berechtigten Gewerbetreibenden haben für ihre Berufstätigkeit eine Vermögensschadenhaftpflichtversicherung mit einer Versicherungssumme von mindestens 1 000 000 Euro pro Schadensfall abzuschließen. Für diese Pflichtversicherungssumme darf ein Selbstbehalt von höchstens fünf vH dieser Summe pro Schadensfall vereinbart werden. Es ist zulässig, die Versicherungsleistung pro jährlicher Versicherungsperiode für Unternehmen mit einem jährlichen Umsatz von weniger als 2 000 000 Euro auf 1 500 000 Euro und für andere Unternehmen auf 3 000 000 Euro zu beschränken. Die Vermögensschadenhaftpflichtversicherung muss bei einem Unternehmen erfolgen, das zum Geschäftsbetrieb in Österreich befugt ist.

Das Gewerbe der Immobilientreuhänder und damit auch das Gewerbe der Bauträger ist ein reglementiertes Gewerbe, d. h. seine rechtmäßige Ausübung ist an den Nachweis der Befähigung für dieses Gewerbe gebunden. Unter Befähigungsnachweis ist der Nachweis zu verstehen, dass der Einschreiter die fachlichen einschließlich der kaufmännischen Kenntnisse, Fähigkeiten und Erfahrungen besitzt, um die dem betreffenden Gewerbe eigentümlichen Tätigkeiten selbstständig ausführen zu können (§ 16 Abs 2 GewO).

Immobilienmakler, Immobilienverwalter sowie die Bauträger sind also jeweils Teil des Gewerbes der Immobilientreuhänder. Die Gewerbeberechtigung als Immobilientreuhänder umfasst daher prinzipiell die Berechtigung zur Ausübung aller zusammengefassten Tätigkeitsbereiche, jedoch ist auch eine eingeschränkte Gewerbeberechtigung für die jeweiligen einzelnen Tätigkeitsbereiche der Verwalter, Makler oder Bauträger möglich.

Die zur Ausübung des Bauträgergewerbes berechtigten Gewerbetreibenden haben für ihre Berufstätigkeit eine Vermögensschadenshaftpflichtversicherung (§ 117 Abs 7 GewO) mit einer Versicherungssumme von mindestens € 1,000.000 pro Schadensfall mit einem Selbstbehalt von höchstens 5 % pro Schadensfall abzuschließen. Die jährliche Versicherungsleistung darf bei Unternehmen mit einem Umsatz von weniger als € 2,000.000 auf € 1,500.000 und bei sonstigen Unternehmen auf € 3,000.000 beschränkt werden. Der Nachweis der abgeschlossenen Versicherung ist zwingend bei der Anmeldung des Gewerbes zu erbringen.

Bei Wegfall der Versicherung hat die Gewerbebehörde ein Gewerbeentziehungsverfahren einzuleiten und die Gewerbeberechtigung binnen zwei Monaten zu entziehen, wenn die Pflichtversicherung nicht nachgewiesen wird. Beschwerden dagegen kommt keine aufschiebende Wirkung zu.

1.1.2 Das Berufsbild des Bauträgers

Gewerberechtlich ist derjenige Bauträger, der eine Gewerbeberechtigung zur Ausübung des Gewerbes der Immobilientreuhänder oder zumindest zur Ausübung des Gewerbes der Immobilientreuhänder, eingeschränkt auf das Gewerbe der Bauträger, besitzt.

Immobilienmakler, Immobilienverwalter und Bauträger sind zusammengefasste Gewerbe, d. h. sie sind unter dem Oberbegriff **„Immobilientreuhänder"** zusammengefasst. Diese Verbindung äußert sich in weitgehend gemeinsamen Bestimmungen für die Antrittsvoraussetzungen, in gemeinsamer Interessenvertretung usw. Es ist daher möglich, eine auf das Gewerbe der Bauträger eingeschränkte Gewerbeberechtigung als Immobilientreuhänder zu erlangen. Allerdings ist in diesem Fall die Ausübung des Gewerbes des Immobilienverwalters oder Immobilienmaklers nicht automatisch zulässig. Dazu ist eine Erweiterung der Gewerbeberechtigung bzw. eine unbeschränkte Gewerbeberechtigung als Immobilientreuhänder notwendig.

Die Gewerbeordnung definiert das **Berufsbild des Bauträgers** wie folgt:

§ 117 (4) Gewerbeordnung:
Der Tätigkeitsbereich des Bauträgers umfasst die organisatorische und kommerzielle Abwicklung von Bauvorhaben (Neubauten, durchgreifende Sanierungen) auf eigene oder fremde Rechnung sowie die hinsichtlich des Bauaufwandes einem Neubau gleichkommende Sanierung von Gebäuden. Der Bauträger ist auch berechtigt, diese Gebäude zu verwerten.

§ 117 (5) Gewerbeordnung:
Immobilientreuhänder sind auch berechtigt, im Rahmen ihrer Gewerbeberechtigung und ihres Auftrages ihre Auftraggeber vor Verwaltungsbehörden, Fonds, Förderungsstellen und Körperschaften öffentlichen Rechts sowie bei Gericht zu vertreten, sofern kein Anwaltszwang besteht.

§ 117 (6) Gewerbeordnung:
Die Vertragserrichtung durch Immobilientreuhänder ist dann zulässig, wenn diese im Ausfüllen formularmäßig gestalteter Verträge besteht.

Die Gewerbeordnung geht bei ihrer Berufseinteilung grundsätzlich davon aus, dass zwischen den einzelnen Berufsgruppen klare Abgrenzungen bezüglich der Berufsausübung bestehen. Es sollte nicht vorkommen, dass der Berechtigungsumfang einer Berufsgruppe in den Berechtigungsumfang anderer Berufsgruppen eingreift. Diese Grenzen sind allerdings vom Gesetz her nicht immer scharf gezogen. Es kann deshalb durchaus zu Interpretationsschwierigkeiten bei verwandten Berufen kommen. Gerade im Bereich der Bauberufe ist es daher notwendig, die Berechtigungsgrenzen der Berufsausübung abzustecken, indem das Berufsbild festgestellt und analysiert wird *(siehe dazu Kapitel 1.1.4–1.1.6).*

Die „organisatorische und kommerzielle Abwicklung von Bauvorhaben", mit der die Tätigkeit des Bauträgers gewerberechtlich beschrieben ist, ist im Sinne der Gewerbeordnung begrifflich eine andere als die Tätigkeit des Baumeisters, Zimmermeisters, Ziviltechnikers oder Architekten, für deren Tätigkeitsumfang es eigene gesetzliche Regelungen gibt. Bauträger im Sinne des Gesetzes ist also derjenige, der eine Gewerbeberechtigung als Bauträger besitzt, Bauvorhaben abwickelt und nicht Baumeister, Zimmermeister usw. ist, es sein denn, er hätte für diese Gewerbe eine eigene Berechtigung.

Die formelle Definition des Bauträgers ist also klar, nur materiell gilt es, genau herauszufinden, worin sich die Bauträgertätigkeit von anderen verwandten Immobilienberufen, die Bauvorhaben managen oder betreiben, unterscheidet.

1.1.3 Abgrenzung zum Baumeister und Ziviltechniker

1.1.3.1 Baumeister

Gelegentlich wird die Frage aufgeworfen, ob die Tätigkeit des Bauträgers nicht in der Tätigkeit des Baumeisters, der ja umfassend bauausführungsberechtigt und planungsbefugt ist, eingeschlossen ist. Diese Auffassung wird meistens damit begründet, dass § 99 Abs 1 Z 5 GewO den Baumeister auch zur Projektentwicklung, -leitung und -steuerung sowie zum Projektmanagement berechtigt.

So ähnlich diese Befugnisse des Baumeisters der Tätigkeit des Bauträgers – der organisatorischen und kommerziellen Abwicklung von Bauvorhaben – auch zu sein scheinen, so wesentlich unterscheiden sich die Inhalte dieser Tätigkeiten. Schon nach dem Wortsinn sind *Projektentwicklung und Projektleitung* nicht das Gleiche wie die *organisatorische und kommerzielle Abwicklung* von Bauvorhaben – sicherlich eine bewusste Begriffswahl des Gesetzgebers.

Projektentwicklung und Projektleitung sind Teilbereiche der organisatorischen, nicht jedoch der kommerziellen Abwicklung eines Bauvorhabens. Folgende **Tätigkeiten eines Baumeisters** zeigen beispielhaft, dass es auch ganz wesentlich zu seinen Aufgaben gehört, den Bauträger in seiner umfassenden organisatorischen und wirtschaftlichen Funktion zu unterstützen:

- Entwickeln eines optimalen konstruktiv/technischen Konzepts für ein Bauvorhaben;
- Optimieren der Nutzungen unter dem Blickpunkt der wirtschaftlichen Bauführung;
- Entwickeln umfassender Konzepte in bauökonomischer Hinsicht;
- Entwickeln von Planungsvarianten als Entscheidungshilfe für die kommerzielle Sicht des Bauträgers.

Alle diese Arbeiten der Projektentwicklung sind daher als ergänzende Arbeiten zu denjenigen Tätigkeiten zu sehen, die der Bauträger insgesamt für die kommerzielle Abwicklung seiner Bauvorhaben zu erbringen hat. Es geht also um delegierte Leistungen, wenn bautechnisches Fachwissen vorausgesetzt werden muss, das der Bauträger im eigenen Bereich nicht abdecken kann und nach der Gewerbeordnung auch nicht darf. Selbstverständlich können diese Aufgaben der Projektentwicklung auch Ziviltechniker erfüllen. Ziviltechniker und Baumeister stehen also in Konkurrenz.

Sinngemäß gilt das natürlich auch für die Projektleitung. Denn Projektleitung bedeutet, dass die Ergebnisse der Projektentwicklung in rein technischer Hinsicht bzw. in Hinsicht auf die Baustelle und die Abwicklung der Bauausführung umgesetzt werden.

In die rechtliche und fachliche **Kompetenz des Baumeisters** fallen folgende Tätigkeiten:

- technische Planung von Bauvorhaben;
- Konzeption der baulichen Grundlagen von Bauvorhaben;
- Entwicklung baulicher Lösungen für Bauvorhaben;
- Abwicklung von Bauvorhaben;
- Durchführung von Bauvorhaben;
- wirtschaftliche Abwicklung in dem auf die Planung und Ausführung bezogenen Geltungsbereich;
- Fragen der Kalkulation;
- Optimierung der Bauabläufe;
- Bauablaufsteuerung;
- Entwicklung und Klärung wirtschaftlicher Baumethoden und Ablaufmethoden;
- wirtschaftliche Risikoübernahmen bei der Ausführung in der Funktion des Generalunternehmers, Generalplaners oder Generalübernehmers durch Betreiber- oder Contractingmodelle.

Der grundsätzliche Unterschied in der Projektentwicklung, Projektorganisation und Abwicklung von Bauvorhaben, wie sie unter dem Begriff „kommerziell und organisatorisch" den Bauträgern vorbehalten sind, liegt jedoch in der übergeordneten Funktion des Bauträgers: Er ist Bauherr und Auftraggeber für die an der Realisierung des Bauwerkes als Auftragnehmer beteiligten Bauschaffenden. Diese können ihrerseits als Subauftraggeber nachgeordnete Gewerke beschäftigen.

Die kommerzielle und organisatorische Abwicklung und Verantwortung des Bauträgers als Auftraggeber kann nicht mit der den Baumeistern vorbehaltenen Kompetenz der Ausführung und Durchführung des Bauvorhabens als Auftragnehmer zusammenfallen. Es wäre dies eine unlösbare Interessenkollision, die die Grundprinzipien der Zweiseitigkeit der Vertragsbeziehungen verletzt, die Funktionsverteilung für eine ordnungsgemäße Abwicklung von Bauvorhaben verletzt und jedwede Kontrolle unmöglich macht.

Projektentwicklung, -leitung und -steuerung, Projektmanagement und Bauablaufplanung im Sinn des § 99 Abs 1 Z 5 GewO umfasst Tätigkeiten, die sich auf die Planung und Ausführung von Bauvorhaben beziehen. Jene Tätigkeitsbereiche, die den Bauträgern vorbehalten sind, werden dadurch nicht berührt.

1.1.3.2 Ziviltechniker

Ziviltechniker haben nach dem Ziviltechnikergesetz das Recht, so genannte Gesamtaufträge abzuwickeln. Solche Gesamtaufträge sind nichts anderes als Generalplanerleistungen oder Teilgeneralplanerleistungen, indem der Ziviltechniker verschiedene Planungssubunternehmer oder Sonderfachleute unter seiner Gesamtverantwortung zusammenschließt. Es ist auch denkbar, dass der Ziviltechniker die Verantwortung für die Ausführung des Bauwerkes, sei es durch einen Generalunternehmer (in diesem Fall Subgeneralunternehmer) oder in Form der Einzelvergabe der Gewerksleistungen erbringt.

Zweckmäßig sind solche Gesamtaufträge durch Ziviltechniker immer dann, wenn die technische und planerische Leitung des Projektes im Vordergrund steht. Da der Ziviltechniker bei der Bauausführung keine eigenen Leistungen erbringt, ist die erweiterte Form des Gesamtauftrages als Generalplaner, der auch für die Ausführung haftet, problematisch und erfordert eine eingehende Bonitäts- und Performanceprüfung durch den Auftraggeber (Bauherrn).

Der Ziviltechniker als Gesamtplaner unterscheidet sich vom Bauträger dadurch, dass er an die Vorgaben des Projektes gebunden ist, also nicht die Bauherrnrolle ausübt.

Mit der Novelle des Ziviltechnikergesetzes (ZTG) im Jahr 2005 (BGBl I 2005/137) wurde in § 4 Abs 1 ZTG u.a. eine Wortfolge eingefügt, die leider einige Verwirrung hervorgerufen hat und zur missverständlichen Interpretation Anlass gab, dass Ziviltechniker auch Bauträgertätigkeiten ausüben dürfen, ohne die dafür nötigen Antrittsvoraussetzungen gemäß GewO erfüllen zu müssen. Die Bestimmung lautet (verkürzt):

§ 4. (1) Ziviltechniker sind, sofern bundesgesetzlich nicht eine besondere Berechtigung gefordert wird, auf dem gesamten, von ihrer Befugnis umfassten Fachgebiet (…), zur organisatorischen und kommerziellen Abwicklung von Projekten, (…), berechtigt.

Dieser Text ist – fast – wortgleich mit dem in der GewO umschriebenen Tätigkeitsumfang des Bauträgers, aber eben doch nicht dasselbe.

Genauso wie bei den Baumeistern bestehen grundsätzliche Unterschiede des Tätigkeitsinhaltes. Die nähere Auseinandersetzung mit dem Thema findet sich unter *Kap. 1.1.3.3.*

1.1.3.3 Berufsrechtliche Abgrenzung

Zunächst sei festgehalten, dass die Berufsrechts- und Gewerbevorschriften Österreichs davon ausgehen, dass die jeweiligen Berufsbilder nicht deckungsgleich, sondern eigenständig sind und sich nicht überschneiden. Das genau ist ja der Sinn der Berufsgesetzgebung, nämlich rechtliche Abgrenzungen der Berufsausübung und damit der Zugangs- und Ausübungsvorschriften zu schaffen und nicht Chaos durch Mehrfachbelegung zu produzieren.

Man muss also schon prinzipiell eine Trennung der Berufsinhalte annehmen, sollte man das System nicht grundsätzlich in Frage stellen. Allerdings – nicht immer bedeutet die gleiche Aufschrift auch gleichen Inhalt, es ist daher notwendig, bezüglich des Umfanges des Berufsausübungsrechtes tiefer zu schürfen und nach dem Wesensinhalt des zugrunde liegenden Berufsbildes zu forschen.

Dem Gewerbe der Immobilientreuhänder-Bauträger (§ 117 Abs 4 GewO) ist folgender Tätigkeitsbereich zugeordnet:

- Die organisatorische und kommerzielle Abwicklung von Bauvorhaben (Neubauten, durchgreifende Sanierungen) auf eigene oder fremde Rechnung sowie die hinsichtlich des Bauaufwandes einem Neubau gleichkommende Sanierung von Gebäuden.

- Die Berechtigung, die Gebäude zu verwerten.

Im Verhältnis zu dem in § 99 GewO für die Baumeister und in § 29 GewO generell geregelten Berechtigungsumfang ergibt sich folgende, analog auch für die Ziviltechniker anwendbare Abgrenzung:

- **Bauherreneigenschaft (Selbständigkeit):**
  Ihr liegt in aller Regel ein Auftraggeber-Auftragnehmerverhältnis zwischen dem Bauträger als Bauherrn oder Stellvertreter des Bauherrn und den Planern und Ausführenden zugrunde. Diese funktionale Überordnung des Bauträgers über die nachgeordneten Planer und Ausführenden ist für das Berufsbild typisch.

- **Gesamtverantwortung:**
  Die Verantwortung des Bauträgers gegenüber dem Kunden (Erwerber, Nutzer) ist unteilbar und umfasst alle Belange des Projektes in wirtschaftlicher, organisatorischer, aber auch rechtlicher Hinsicht in Bezug auf die Verschaffung der Rechtsstellung z. B. in Form des Wohnungseigentums am errichteten Objekt und schließt auch die Verantwortung für Auftragnehmer und Nachunternehmer ein. Sie reicht damit weit über den normalerweise aus der Planung und Ausführung von Bauprojekten erfließenden Haftungsumfang hinaus.

- **Drittbindung:**
  Es besteht während der Abwicklung des Bauvorhabens und vor dessen Beendigung bereits eine vertragliche Bindung zu Kunden (Erwerbern, Nutzern). Verwertung i. S. d. § 117 GewO ist unter diesem Aspekt zu betrachten, d. h. der bloße Verkauf oder die Gebrauchsüberlassung eines baulich wie rechtlich fertiggestellten Projektes ist darunter nicht zu verstehen.

- **Treuhandelement:**
  Der Bauträgertätigkeit ist ein treuhänderisches Element wesentlich, d. h. einerseits Optimierungsgebot in allen Belangen der Abwicklung und andererseits eine Interessenwahrnehmungsverpflichtung im Vertragsverhältnis zum Kunden – siehe auch die zivilrechtlichen Bestimmungen des Bauträgervertragsgesetzes (BTVG).

- **Konzentrationsprinzip:**
  Zusammenfall verschiedener gewerberechtlicher Funktionen (z. B. Bauträger und Ausführender) ist zwar grundsätzlich zulässig, bedarf jedoch erhöhter Sorgfalt in den übrigen Bereichen im Hinblick auf mögliche Kollisionsprobleme auf Grund des Treuhandelementes.

Weder § 99 GewO (Baumeister) noch § 4 Abs 1 ZTG (Architekten) bieten Hinweise, dass irgendwelche wesentlichen Komponenten dieser fünf Säulen des Bauträgergewerbes dem Berufsbild der Baumeister oder Ziviltechniker immanent sind. Es gibt auch keinen sonstigen Hinweis aus der wirtschaftsüblichen Abwicklung von Bauvorhaben mit Kundenbeziehung während der Planungs-, Bau- und Gewährleistungs- sowie Rechtsverschaffungsphase, dass die „eigentümlichen Arbeitsvorgänge, die verwendeten Roh- und Hilfsstoffe sowie Werkzeuge und Maschinen, die historische Entwicklung und die in den beteiligten gewerblichen Kreisen bestehenden Anschauungen und Vereinbarungen zur Beurteilung des Umfanges der Gewerbeberechtigung“, wie die Gewerbeordnung in § 29 GewO die Abgrenzung grundsätzlich umschreibt, dem im Vorigen geschilderten typischen Tätigkeitsumfang und der Tätigkeitsstruktur der Bauträger gleich oder nahe kommen.

Die Begriffe „Projektentwicklung, Projektmanagement" bei den Baumeistern oder „organisatorische und kommerzielle Abwicklung von Projekten" bei den Ziviltechnikern haben einen **fachlich ganz anderen Hintergrund als die Tätigkeit des Bauträgers** („organisatorische und kommerzielle Abwicklung von Bauvorhaben"), nämlich einen technisch-planerischen und nicht den rein kaufmännisch-rechtlichen der Bauträger. Dementsprechend sind auch die Ausbildungsinhalte völlig unterschiedlich. Die teilweise bestehende Wortgleichheit kann daran nichts ändern, wiewohl durchaus Kritik am Gesetzgeber angebracht ist, der mit solchen schlampigen Etikettierungen offenbar mancherorts Verwirrung hervorgerufen hat.

Was die Verwertung von auf eigene Rechnung und im eigenen Namen fertiggestellten Bauvorhaben (auch Sanierungsvorhaben) betrifft, so ist der Begriff der „Verwertung" keineswegs so weit auszulegen, dass damit das Prinzip der Treuhandeigenschaft und Drittbindung, wie es u. a. für die Bauträger typisch ist, verletzt werden darf. Verwertung schließt ein, dass die Projektabwicklung (kommerzielle Abwicklung) sich am Markt orientiert, für den Markt bestimmt ist und daher im Zuge der Projektabwicklung Kundenbeziehungen gesucht und eingegangen werden. Der zeitliche Rahmen dieser Verwertung erstreckt sich in aller Regel bereits auf die Bauphase, jedenfalls aber auch auf die Phase über die bauliche Fertigstellung des Projektes hinaus, wenn es um die Verschaffung der Rechtsstellung der Nutzer in Form von Miet- oder Wohnungseigentumsrechten geht. Das typische Leistungsbild des Bauträgers erschöpft sich also nicht mit der baulichen Abwicklung, sondern mit der **Vollendung der kommerziellen und organisatorischen Tätigkeiten zur Herstellung der Nutzungsordnung nach baulicher Fertigstellung.** Typische Details dieser Tätigkeit sind z. B. die Erwirkung von Nutzwertgutachten, die Vorbereitung und Veranlassung von grundbücherlichen Maßnahmen zur Verbücherung der Eigentumsrechte, die Einräumung und Handhabung der Sicherungspflichten gemäß Bauträgervertragsgesetz (BTVG), die Abwicklung der Finanzierung einschließlich Wohnbauförderung, einschließlich der dafür notwendigen Unterlagenerstellung und Abrechnungsmodalitäten, die Wahrnehmung der Gewährleistung gegenüber den planenden und ausführenden Unternehmern (auch Baumeistern), die Erstellung bzw Veranlassung der jeweiligen Nutzerverträge in eigener Verantwortung, die Organisation der für die Verschaffung der Rechtsstellung des Nutzers notwendigen rechtlichen Maßnahmen einschließlich Bestellung der Treuhänder und die Bestellung von Sachverständigen zur Bauabwicklung i. S. d. Sicherungspflicht des BTVG usw.

Zu unterscheiden vom oben dargestellten Verwertungsbegriff i. S. d. § 117 GewO ist der Verkauf des vom Baumeister (oder einem sonstigen Eigentümer, der natürlich auch ein Ziviltechniker sein kann) auf eigene Rechnung und im eigenen Namen fertiggestellten Bauwerkes als Ganzes ohne die im Obigen dargestellten Änderung der Nutzungsstruktur oder Marktbeziehung. Genauso wie ein privater Eigentümer selbstverständlich ohne weiteres berechtigt ist, sein Zinshaus (saniert oder unsaniert) an einen Investor oder sonstigen Interessenten zu verkaufen, ohne dazu einer besonderen Gewerbeberechtigung zu bedürfen, so ist auch der Baumeister oder Architekt berechtigt, sein Haus als Ganzes zu veräußern. Die Rechtsbeziehung, die dabei entsteht, ist jedoch eine ganz andere als die Rechtsbeziehung, die aus der Tätigkeit des Bauträgers erfließt.

Beim Verkauf eines fertigen Hauses entsteht keine Änderung in der Rechtsbeziehung zwischen Eigentümer und Nutzer des Gebäudes, die irgendeiner organisatorischen oder kommerziellen Maßnahme des Eigentümers bedarf, sondern ausschließlich eine Rechtsbeziehung zwischen einem Veräußerer als Eigentümer und einem Käufer als künftigen Eigentümer, die völlig unabhängig von den Nutzungsverhältnissen hergestellt werden kann. Dazu – und nur dazu – ist der Baumeister oder Architekt berechtigt.

Der manchmal in Fachkreisen, besonders aber naturgemäß von Vertretern des Baugewerbes geäußerten Ansicht, dass die Verwertung sowohl durch Vermietung, durch Verkauf im Ganzen oder durch Begründung von Wohnungseigentum erfolgen kann, ohne dass darin die Berechtigung für das Bauträgergewerbe geknüpft werden müsste, ist daher mit aller Schärfe entgegenzutreten. Sie verkennt die Rechtslage vollkommen, missversteht die Wesensmerkmale der jeweiligen Berufsgruppen total und ist daher strikt abzulehnen.

Schlussendlich sei darauf hingewiesen, dass auch der zivilrechtliche Begriff des Bauträgers im BTVG (§ 2 BTVG) nicht an der Planung oder Ausführung des Gebäudes primär anknüpft, sondern wie das Gewerberecht an der **vertraglichen Nutzerbeziehung:** „Ein Bauträgervertrag ist ein Vertrag über den Erwerb des Eigentums, des Wohnungseigentums, des Baurechts, des Bestandrechts oder eines sonstigen Nutzungsrechts einschließlich Leasings an zu errichtenden oder durchgreifend zu erneuernden Gebäuden (...)" (§ 2 Abs 1 BTVG).

Um Umgehungen zu vermeiden, ist daher der zivilrechtliche Begriff des Bauträgers logischerweise nicht an das Vorhandensein einer Gewerbeberechtigung als Bauträger gebunden, aber die inhaltliche Übereinstimmung ist evident und auf die auch dem gewerberechtlichen Begriff des Bauträgers in Bezug auf die Verwertung innewohnenden Wesensmerkmal der Markt- bzw. Kundenbeziehung hinsichtlich der Nutzung des Gebäudes abgestellt. Auch der zivilrechtliche

Bauträgerbegriff gibt daher keinerlei Hinweis auf irgendeine Verwandtschaft des Berufsinhaltes des Baumeisters oder Ziviltechnikers (Architekten) mit dem Bauträger, was die Verwertungsberechtigung und schon gar die organisatorische oder kommerzielle Abwicklung des Bauvorhabens betrifft.

1.1.4 Abgrenzung zum Generalunternehmer

Der Begriff des Generalunternehmers ist ein rein wirtschaftlicher und umschreibt nur eine bestimmte Vertragstypologie des Werkvertrages. Er ist kein Begriff des Gewerbe- oder Berufsrechtes.

Generalunternehmer ist derjenige, der die Ausführung eines Bauvorhabens zur Gänze, d. h. hinsichtlich aller dafür notwendigen Ausführungsleistungen übernimmt. Der Generalunternehmer beauftragt und veranlasst die Ausführung derjenigen Leistungen oder Gewerke, die er nicht selbst erbringen kann oder will, durch Subunternehmer und Fachfirmen, mit denen er entsprechende Ausführungsverträge schließt. Diese Verträge mit den Subunternehmern haben den Vorgaben zu entsprechen, die der Bauherr als Auftraggeber dem Generalunternehmer für die Ausführung gegeben hat.

Der Generalunternehmer trägt das wirtschaftliche und organisatorische Risiko für seine Subunternehmer. Er bleibt hinsichtlich seiner Gesamtleistung seinem Bauherrn verpflichtet und haftet bezüglich Mängeln, Termintreue und Qualitäten seinem Auftraggeber auch für die Leistungen seiner Subunternehmer. Dieses Risiko stellt der Generalunternehmer dem Auftraggeber in Form eines Generalunternehmerzuschlages (in der Regel zwischen 8 und 14 Prozent seiner Auftragssumme) direkt oder indirekt in Rechnung.

Ein Generalunternehmer empfiehlt sich daher immer dort, wo die technische/wirtschaftliche Komplexität eines Bauvorhabens eine erfahrene und leistungsfähige Baufirma nötig macht und die jeweiligen technischen Lösungen zwischen den Baumeisterarbeiten und den Gewerken der Haustechnik stark miteinander verzahnt sind. Weiters sollte ein Generalunternehmer beauftragt werden, wenn die betriebliche Kapazität eines Bauherrn (Bauträgers) nicht auf Einzelausschreibung und Einzelvergabe der jeweiligen Gewerke ausgerichtet ist.

Dem Vorteil der umfassenden Haftung für Mängel der Ausführung durch einen gesamtzuständigen einheitlichen Vertragspartner steht der Nachteil des schlechteren Durchgriffes auf die Subgewerke gegenüber, wenn dieser einheitliche Haftungspartner ausfallen sollte, sowie der Kostennachteil des Generalunternehmerzuschlages.

Für die **Vergabe der Generalunternehmerleistungen** gibt es mehrere Möglichkeiten:

- Pauschalfestpreis: Es findet keine Abrechnung nach Mengen und Massen statt und auch keine Nachbesserung des Preises aufgrund von Kostenänderungskriterien wie einer Erhöhung des Baukostenindex;

- Verrechnungspflicht hinsichtlich der Einzelpositionen;

- Mischformen.

Der Generalunternehmer unterscheidet sich vom Bauträger vor allem dadurch, dass er nach Vorgaben handelt und ihm somit die Bauherrneigenschaft vollständig fehlt.

1.1.5 Abgrenzung zum Generalplaner

Ebenso wie der Generalunternehmer ist der Generalplaner eine rechtlich nicht exakt definierte Type der Wirtschaftspraxis und nicht des Berufsrechtes. Die Bezeichnung sagt also nicht unbedingt etwas über den Tätigkeitsumfang aus und lässt keine zwingenden Schlüsse auf den Vertragsinhalt zu, der nach in der Wirtschaft üblichen, aber im Einzelfall natürlich dispositiven Regeln gestaltet ist.

Der Generalplaner übernimmt in seiner Verantwortung zusätzlich zu den Ausführungsleistungen auch die planerische Gestaltung des Bauvorhabens. Der Umfang dieser planerischen Gestaltung kann sehr weit gehen. Unter Umständen bezieht er sich auch auf die architektonische Gestaltung und kann sogar großen Einfluss auf wirtschaftliche Planungsmomente, wie Grundrissgestaltung oder Nutzungsmix, haben. Das ist vor allem dann der Fall, wenn der Generalplaner direkt oder indirekt auch eine Vermietungsgarantie übernimmt, also einen gewissen wirtschaftlichen Erfolg des Projektes gewährleistet.

Der Generalplaner hat zwar einen größeren Spielraum in seiner Gestaltungsfreiheit des Bauvorhabens und übernimmt über das wirtschaftliche Risiko für die Bauausführung hinaus in der Regel auch kommerzielle Risiken, die sich aus dieser freieren Gestaltung ergeben. Diese Freiheit ist aber nur mittelbar: Sie ist im Rahmen eines in der Regel sehr strikten wirtschaftlichen Erfolgskonzepts zu sehen, das ein Bauherr dem Generalplaner in Hinblick auf einen garantierten Projekterfolg vertraglich überbindet.

Üblicherweise werden bei Generalplanerverträgen qualitative Mindeststandards und quantitative Vorgaben (Nutzflächenminimum) genau festgelegt und wirtschaftliche Zielwerte (Renditen oder Mindestverkaufserfolg) vereinbart. Der Vorteil für den Bauherrn liegt – entsprechende Bonität des Generalplaners vorausgesetzt – in der leichten Überwachbarkeit der kommerziellen Zielsetzungen, in der weitgehenden Entlastung von Steuerungs- und Entwicklungsaufgaben für den unmittelbaren Projektablauf und in der Sicherheit, die wirtschaftlichen Erfolgsziele als Bauherr auch tatsächlich zu erhalten.

Das hohe Risiko, das der Generalplaner übernimmt, schlägt sich in einem entsprechenden Honorar beziehungsweise in Zuschlägen zu den Projektkosten nieder. Das normale Baubetreuungshonorar (in der Regel zwischen 3 und 5 Prozent der Baukosten) wird durch entsprechende Garantieentgelte und Risikoentgelte zusätzlich zu den Entgelten für die Planung und Bauüberwachung beziehungsweise das technische Projektmanagement zu ergänzen sein. Insgesamt ist – abhängig vom Garantie- und Leistungsumfang – mit Projektkostenzuschlägen von 8 bis 12 Prozent für diese Risikoabgeltung zu rechnen.

Den Generalplaner unterscheidet vom Bauträger, dass er nicht Bauherr ist, sondern – unbeschadet seiner Gestaltungsrechte – an die Vorgaben seines Auftraggebers gebunden ist.

1.1.6 Abgrenzung zum Generalübernehmer

Der Generalübernehmer, häufig auch Totalübernehmer oder Totalunternehmer, manchmal auch Totalplaner, genannt, kommt als Begriff ebenso wie Generalunternehmer und Generalplaner aus der Wirtschaftspraxis. Er hat ebenso wie die Begriffe Generalplaner oder Generalunternehmer keine direkte rechtliche Verbindlichkeit, sondern folgt in seinen vertraglichen Ausformungen branchenüblichen Entwicklungen.

Der Generalübernehmer ist im Grunde ein Generalplaner, der zusätzlich Leistungen der Grundstücksbeschaffung, allenfalls sogar der Finanzierung und jedenfalls der Verwertung des Projektes übernimmt.

Seine Leistungen sind umfassend und erreichen unter Umständen den Umfang einer direkten Stellvertretung für den Investor oder Bauherrn. Die General übernehmerschaft kommt in der Regel immer dann in Frage, wenn sich ein potentieller Eigennutzer nach bestimmten Vorgaben eines professionellen „Beschaffers“ seiner Immobilie bedienen will, weil er selbst weder die fachliche Kapazität noch die organisatorischen Möglichkeiten hat, sich mit der Auswahl des Grundstückes, der Abwicklung mit Behörden, Baufirmen, Sonderfachleuten und dergleichen zu befassen. Das Immobilienleasinggeschäft im gewerblichen und industriellen Bereich wird häufig in der Form einer Generalübernehmerschaft abgewickelt und deckt in diesem Fall alle typischen Gesamtleistungen einschließlich der Finanzierung des Projektes ab. Trotzdem ist die Immobilienleasinggesellschaft nur formal und insbesondere in steuerrechtlicher Hinsicht Bauherr und an die Vorgaben des Nutzers gebunden.

Die Generalübernehmerschaft ist auch für (risikofreudige) Kapitalinvestoren interessant, die das Immobiliengeschäft aus der Sicht der Finanzanlage sehen und keine eigenständige Projektentwicklung betreiben wollen. Hohe Bonitäten sind allseits notwendig und ein hohes Maß an Vertrauensvorschuss an den Generalübernehmer ist angebracht. Die Honorare des Generalübernehmers für die Übernahme der Gesamtabwicklung und der entsprechenden Risiken bewegen sich in der Größenordnung von 12 bis 15 Prozent für die Managementleistungen zusätzlich zu den eigentlichen Planungs- und Bauaufsichtsleistungen.

Den Generalübernehmer unterscheidet vom Bauträger, dass er – trotz großer Freizügigkeit in der Detaillierung seiner Projektaufgabe – nicht Bauherr ist, sondern als direkter Stellvertreter des Bauherrn (Investors) dessen wirtschaftliche Vorgaben zu erfüllen hat.

1.2 Wie wird man Bauträger?

Das Bauträgergewerbe ist gem. § 94 Z 35 Gewerbeordnung ein *reglementiertes Gewerbe*, das im Gewerbe der Immobilientreuhänder mit den Immobilienmaklern und Immobilienverwaltern zusammengefasst ist *(siehe Kapitel 1.1)*. Es ist mit diesen beiden Gewerben *nicht verbunden*, sondern nur zusammengefasst. Die auf das Bauträgergewerbe eingeschränkte Berechtigung zur Ausübung des Gewerbes der Immobilientreuhänder berechtigt den Bauträger nicht automatisch zur Ausübung des Gewerbes der Immobilienmakler oder Immobilienverwalter. Wenn ein Bauträger auch diese Gewerbe ausüben will, muss er seine Immobilientreuhänderberechtigung mit der Berechtigung zur Ausübung des Makler- oder Verwaltergewerbes ergänzen. Eine umfassende Gewerbeberechtigung für die Tätigkeit des Immobilientreuhänders ohne Einschränkungen schließt aber selbstverständlich sämtliche Bereiche des Gewerbes, also die des Maklers, Verwalters und Bauträgers, ein.

1.2.1 Reglementiertes Gewerbe

Reglementiertes Gewerbe heißt, dass Voraussetzung für die Ausübung des Gewerbes neben den sonstigen allgemeinen Voraussetzungen der *Nachweis der Befähigung* ist. Diese Bedingung entspricht unverändert der Voraussetzung, wie sie früher vor der Novellierung der Gewerbeordnung in der Gewerbeordnung 1994 idF der Novelle 1997 für die gebundenen Gewerbe Geltung hatte.

Die frühere Bewilligung durch die Gewerbebehörde als Voraussetzung für die Aufnahme der Tätigkeit gibt es nach der Gewerbeordnungsnovelle 2002 nicht mehr. Es genügt die Anmeldung des Gewerbes bei der Bezirksverwaltungsbehörde, die als einheitliche Anlaufstelle für Gewerbeangelegenheiten fungiert. Bei Vorliegen aller Voraussetzungen und Erbringung aller Nachweise für die Ausübung des Gewerbes kann das Gewerbe mit der Anmeldung begonnen werden.

Die **allgemeinen Voraussetzungen für die Ausübung von Gewerben** finden sich in den §§ 8 ff der Gewerbeordnung.
Bei den Gewerbeausschließungsgründen (§ 13 GewO) ist der in der alten Gewerbeordnung noch bestehende generelle Ausschlussgrund des Konkurses weggefallen, allerdings kann ein Insolvenzverfahren auch nach geltender Rechtslage sowohl für physische Personen als auch Rechtsträger unter gewissen Voraussetzungen einen Ausschließungsgrund von der Gewerbeausübung begründen.
Die wichtigsten allgemeinen Voraussetzungen für die Gewerbeausübung sind:

- Eigenberechtigung bei natürlichen Personen.
- Bestellung eines Geschäftsführers bei juristischen Personen, eingetragenen Personengesellschaften (offene Gesellschaften und Kommanditgesellschaften).
- Fehlen von Gewerbeausschließungsgründen:
  Darunter fallen bestimmte gerichtliche, nicht getilgte Verurteilungen, z. B. wegen Vorenthaltens von Sozialversicherungsbeiträgen, Schwarzarbeit, betrügerischer Krida oder Gläubigerschädigung oder wegen strafbarer Handlungen mit mehr als dreimonatiger Freiheitsstrafe oder Geldstrafe von mehr als 180 Tagsätzen. Schwere Finanzvergehen oder Schmuggel, egal ob im Inland oder Ausland, können ebenfalls zum Gewerbeausschluss führen.
  Rechtsträger sind innerhalb eines bestimmten Zeitraumes ausgeschlossen, wenn das Insolvenzverfahren mangels kostendeckenden Vermögens nicht eröffnet oder aufgehoben wurde.
- Österreichische Staatsbürgerschaft ist keine ausschließliche Voraussetzung.
- Ausländische natürliche Personen dürfen Gewerbe wie Inländer ausüben, wenn dies in Staatsverträgen festgelegt worden ist (EU).

- Sonstige Ausländer dürfen Gewerbe wie Inländer ausüben, wenn sie sich gemäß den für sie in Betracht kommenden Rechtsvorschriften zur Ausübung einer Erwerbstätigkeit bereits in Österreich aufhalten dürfen. Ausländer oder Staatenlose, die noch keinen rechtmäßigen Aufenthaltstitel haben (Erstantragsteller), dürfen ein Gewerbe erst dann ausüben, wenn ihnen ein Aufenthaltstitel erteilt wurde, der sie zur Ausübung eines Gewerbes berechtigt.

Für juristische Personen und natürliche Personen und Personengesellschaften nach UGB ist prinzipiell ein Sitz oder eine Niederlassung in Österreich notwendig. Im Bereich der EU gilt Erwerbs- und Niederlassungsfreiheit, das heißt es gibt prinzipiell keine Beschränkungen oder Benachteiligungen der Gewerbeausübung gegenüber österreichischen Staatsbürgern und sonstigen Rechtsträgern.

Geht bei einer physischen Person die Eigenberechtigung verloren, so kann das Gewerbe durch einen vom gesetzlichen Vertreter bestellten Geschäftsführer weiter ausgeübt werden. Scheidet der Geschäftsführer einer juristischen Person oder eingetragenen Personengesellschaft aus, so darf das Gewerbe bis zur Bestellung eines neuen Geschäftsführers, längstens jedoch während 6 Monaten, weiter ausgeübt werden. Eine Verkürzung dieser Frist bei Gefahr für das Leben oder die Gesundheit von Menschen ist durch die Behörde möglich.

Die Gewerbeberechtigung einer juristischen Person endigt, wenn die juristische Person untergeht. Bei einer eingetragenen Personengesellschaft endigt sie, wenn keine Liquidation stattfindet, mit der Auflösung der Gesellschaft, sonst im Zeitpunkt der Beendigung der Liquidation. Auf Grund der Gewerbeberechtigung einer eingetragenen Personengesellschaft darf das Gewerbe durch längstens 6 Monate nach dem Ausscheiden des letzten Mitgesellschafters von einem der Gesellschafter weiter ausgeübt werden; es besteht diesbezüglich Anzeigepflicht an die Behörde.

Bei *Umgründungen* (Verschmelzungen, Umwandlungen, Einbringungen, Zusammenschlüssen, Realteilungen und Spaltungen) geht die ursprüngliche Berechtigung zur Gewerbeausübung auf den Nachfolgeunternehmer als Rechtsnachfolger über, wobei prinzipiell der Nachfolgeunternehmer die Voraussetzungen für die Ausübung des betreffenden Gewerbes zu erfüllen hat.

1.2.2 Befähigungsnachweis

Beim Gewerbe des Bauträgers als reglementiertes Gewerbe ist zusätzlich zu den allgemeinen Gewerbeausübungsbedingungen ein *Befähigungsnachweis*

i. S. d. § 16 GewO erforderlich. Darunter ist der Nachweis zu verstehen, dass der Einschreiter die fachlichen einschließlich der kaufmännischen Kenntnisse, Fähigkeiten und Erfahrungen besitzt, um die dem Gewerbe eigentümlichen Tätigkeiten selbstständig auszuführen. Kann der Einschreiter den Befähigungsnachweis nicht erbringen, so hat er einen Geschäftsführer zu bestellen, der die Voraussetzungen erfüllt.

Die Regelungen für den Befähigungsnachweis für reglementierte Gewerbe, also auch für das Gewerbe der Immobilientreuhänder bzw. der Bauträger, finden sich im § 18 und § 19 GewO. Die näheren Bestimmungen über die Befähigungsprüfung werden durch Kundmachung der Wirtschaftskammer Österreich festgelegt. Als Nachweis für die Befähigung kommen im Allgemeinen folgende Belege in Betracht:

- Zeugnis über die erfolgreich abgelegte Befähigungsprüfung
- Zeugnis über die erfolgreich abgelegte Unternehmerprüfung
- Zeugnis über den Abschluss einer bestimmten Studienrichtung
- Zeugnis über den erfolgreichen Besuch eines Fachhochschul-Studienganges
- Zeugnis über den erfolgreichen Besuch einer Schule oder eines Lehrganges oder die erfolgreich abgelegte Lehrabschlussprüfung
- Zeugnis über eine fachliche Tätigkeit oder über eine Tätigkeit in leitender Stellung oder als Betriebsleiter oder als Selbständiger.

Unter fachlicher Tätigkeit ist eine Tätigkeit zu verstehen, die geeignet ist, die Erfahrungen und Kenntnisse zu vermitteln, die zur *selbständigen Ausübung* des betreffenden Gewerbes erforderlich sind.

Für den Nachweis, dass der künftige Bauträger für seine Berufsausübung die erforderliche Befähigung besitzt, ist eine Prüfung notwendig, soferne nicht eine *bestimmte Ausbildung* nachgewiesen werden kann.

Gemäß **Verordnung des Bundesministers für Wirtschaft und Arbeit** über die Zugangsvoraussetzungen für das reglementierte Gewerbe der Immobilientreuhänder **(Immobilientreuhänder-Verordnung)** vom 28. Jänner 2003 BGBl II 2003/58 bestehen folgende Zugangsvoraussetzungen für das Gewerbe der Bauträger, bei deren Nachweis die fachliche Qualifikation erfüllt ist:

- Zeugnisse über den erfolgreichen Abschluss eines facheinschlägigen Universitätslehrganges oder Fachhochschul-Studienganges und eine mindestens 1-jährige fachliche Tätigkeit, oder

- Zeugnisse
  a) über den erfolgreichen Abschluss der Studienrichtung Betriebswirtschaft oder Volkswirtschaft oder Handelswissenschaften oder Wirtschaftspädagogik oder Rechtswissenschaften oder Bauingenieurwesen oder Wirtschaftsingenieurwesen – Bauwesen oder Architektur und eine mindestens 1-jährige fachliche Tätigkeit oder
  b) den erfolgreichen Abschluss einer berufsbildenden höheren Schule oder deren Sonderformen, deren Ausbildung im Bereich Bautechnik mit einem für das reglementierte Gewerbe spezifischen Schwerpunkt liegt und eine mindestens 1 1/2-jährige fachliche Tätigkeit

  und das Zeugnis über die erfolgreich abgelegte *Befähigungsprüfung*, oder
- das Zeugnis über die erfolgreich abgelegte Befähigungsprüfung für das Gewerbe der Baumeister oder der Zimmermeister und das Zeugnis über die erfolgreich abgelegte *Ergänzungsprüfung* für Baumeister und Zimmermeister, oder
- das Zeugnis über die erfolgreich abgelegte Befähigungsprüfung für die Tätigkeiten der Immobilienmakler oder Immobilienverwalter und das Zeugnis über die erfolgreich abgelegte *Ergänzungsprüfung* für Immobilienmakler und Immobilienverwalter, oder
- das Zeugnis über die erfolgreich abgelegte Prüfung zur Erlangung der Ziviltechnikerbefugnisse auf den Fachgebieten Hochbau oder Bauwesen oder Wirtschaftsingenieurwesen in Bauwesen oder Architektur und Hochbau und das Zeugnis über die erfolgreich abgelegte *Ergänzungsprüfung* für Ziviltechniker.

Eine fachliche Tätigkeit, die für die Tätigkeiten der Bauträger einschlägig ist liegt vor, wenn der Anmelder Bauprojekte *verantwortlich und in leitender Funktion,* insbesondere als Projektleiter, abgewickelt hat und berechtigt war, Weisungen an Projektbeteiligte zu geben.

1.2.2.1 Befähigungsprüfung für das Gewerbe der Bauträger

Die näheren Bestimmungen finden sich in der Verordnung der Wirtschaftskammer Österreich über die Befähigungsprüfung für das reglementierte Gewerbe der Immobilientreuhänder eingeschränkt auf Bauträger **(Bauträger-Befähigungsprüfungsordnung)** vom 30. Jänner 2004.

Die Befähigungsprüfung besteht aus 4 Modulen, die getrennt zu beurteilen sind. Die Reihenfolge der Ablegung der Module bleibt dem Prüfungswerber überlassen, ebenso bleibt es ihm überlassen, bei einem Prüfungsantritt nur zu einzelnen Prüfungsmodulen anzutreten.

Modul 1: Fachlich schriftliche Prüfung
Die schriftliche Prüfung umfasst die Gegenstände der berufsspezifischen, rechtlichen Grundlagen für Immobilientreuhänder und berufsspezifische Fächer für Bauträger. Es werden allgemeine Kenntnisse der für den Immobilientreuhänder relevanten österreichischen Rechtsvorschriften und die daran orientierte Ausarbeitung von Aufgaben und Beantwortung von Fragen aus folgenden Fächern abverlangt:

- Abgaben- und Steuerrecht für Immobilientreuhänder
- Arbeits- und Sozialrecht für Immobilientreuhänder
- Baurecht einschließlich Raumordnungsrecht, Denkmalschutz
- Grundzüge des Facility-Managements
- Grundzüge der Bautechnik für Immobilientreuhänder
- Grundzüge Betriebs- und Volkswirtschaftslehre
- gewerberechtliche Vorschriften für Immobilientreuhänder einschließlich Standesrecht und Organisation der Wirtschaftskammern
- Grundverkehrsrecht
- Handels- und Gesellschaftsrecht für Immobilientreuhänder
- Öffentliches Recht und Verfahrensrecht, insbesondere Behördenorganisation und Verwaltungsverfahren
- Plan- und Vermessungswesen
- Vertragsrecht einschließlich Konsumentenschutzrecht für Immobilientreuhänder
- Wohnbauförderungsrecht
- Wohnrecht wie z. B. Mietrechtsgesetz, Wohnungseigentumsgesetz, Wohnungsgemeinnützigkeitsgesetz einschließlich Nebenbestimmungen
- Zivilrecht für Immobilientreuhänder wie z. B. Bauträgervertragsgesetz

Die Erledigung der schriftlichen Arbeiten muss vom Prüfling in 1,5 Stunden erwartet werden können, die Prüfung ist nach 2 Stunden zu beenden.

Die *berufsspezifischen für den Bauträger relevanten Fächer* umfassen die Ausarbeitung von mindestens einer der folgenden Aufgaben und die Beantwortung von Fragen aus den damit zusammenhängenden Wissensgebieten:
- Erstellung eines Bauträgerleistungsangebotes und eines Verkaufsangebotes
- Darstellung der Wirtschaftlichkeit einer Bauträgerprojektes
- Gesamtorganisation eines Bauträgerprojektes

Die Erledigung der schriftlichen Arbeiten dieses Teils muss ebenfalls in 1,5 Stunden erwartet werden können, die Prüfung ist nach 2 Stunden zu beenden.

Modul 2: Fachlich mündliche Prüfung
Die mündliche Prüfung für den Bauträger umfasst die für die selbständige Ausübung des Gewerbes der Bauträger notwendigen Kenntnisse aus den im Vorigen angeführten Fächern. Insbesondere geht es dabei um folgende Wissensgebiete:
- Berufsbild des Bauträgers
- Finanzierungsmethoden (mittel- und langfristige Projektfinanzierung, Wohnbauförderung, Beteiligungsmodelle)
- Gewährleistungsrecht und Schadenersatzrecht
- Organisation eines Bauträgerprojektes
- Versicherungsrecht für Bauträger
- Zivilrecht für Bauträger wie z. B. Bauträgervertragsgesetz, Wohnungseigentumsgesetz
- Planlesen
- Bau- und Ausstattungsbeschreibung, Flächen- und Kubaturauswertung (ÖNORMEN)
- Vergabewesen (ÖNORMEN), Verträge mit Architekten, Sonderfachleuten und Bauausführenden

Die mündliche Prüfung soll mindestens 20 Minuten dauern und ist nach höchstens 45 Minuten zu beenden.

Modul 3: Unternehmerprüfung und
Modul 4: Ausbilderprüfung
Diese Module sind dann relevant, wenn nicht eine diese ersetzende Ausbildung oder Prüfung nachgewiesen werden kann. Es gelten diesbezüglich die Bestimmungen der Unternehmerprüfungsordnung BGBl 1993/453 in der jeweils geltenden Fassung und § 29 a Berufsausbildungsgesetz. Zusätzlich sind in diesem Zusammenhang die *Ausbildungsvorschriften* für den Lehrberuf Immobilienkaufmann/Immobilienkauffrau gemäß Verordnung des Bundesministers für Wirtschaft und Arbeit, zuletzt ausgegeben am 15. Jänner 2004 BGBl II 2004/10 zu beachten.

Bei der *Unternehmerprüfung* hat der Prüfling die für die selbständige Gewerbeausübung erforderlichen betriebswirtschaftlichen und rechtlichen Kenntnisse nachzuweisen. Der Prüfungswerber hat die Wahl, ob er die Unternehmerprüfung als Prüfungsteil der jeweiligen Befähigungsprüfung oder als Einzelprüfung vor oder nach dieser Prüfung ablegen will.

Die *Unternehmerprüfung* entfällt, sofern der Prüfungswerber durch Zeugnisse nachweist,
- den erfolgreichen Abschluss einer Ausbildung, soweit dabei unternehmerische Kenntnisse in vergleichbarem Umfang vermittelt werden oder
- die erfolgreiche Ablegung einer Lehrabschlussprüfung in einem kaufmännischen Lehrberuf oder einer sonstigen Prüfung mit vergleichbaren Prüfungsstoff oder
- eine ununterbrochene 3-jährige Tätigkeit als Selbstständiger oder in kaufmännisch leitender Stellung in einem Unternehmen.
- Die Ausbilderprüfung beinhaltet im Wesentlichen Kenntnisse der Ausbildungsinhalte für den Lehrberuf Immobilienkaufmann/Immobilienkauffrau gemäß der im Vorigen zitierten Verordnung.

1.2.2.2 Ergänzungsprüfung für Baumeister, Zimmermeister, Ziviltechniker sowie für Immobilienmakler und Immobilienverwalter

Bei Vorliegen von Gewerbeberechtigungen für diese Gewerbe muss nicht die gesamte Befähigungsprüfung für die Bauträger abgelegt werden, sondern ist lediglich der Nachweis über Kenntnisse in Teilbereichen zu erbringen.

- Baumeister, Zimmermeister oder Ziviltechniker (§ 16 Bauträger-Befähigungsprüfungsordnung):
  Diese Berufsgruppen haben eine erleichterte Prüfung, die im Wesentlichen für das Bauträgergewerbe berufsspezifische Fragen umfasst, insbesondere
  - Erstellung eines Bauträgerleistungsangebotes und eines Verkaufsangebotes
  - Darstellung der Wirtschaftlichkeit eines Bauträgerprojektes
  - Gesamtorganisation eines Bauträgerprojektes

  sowie Fragen aus den Fächern des Modul 2 der Prüfung für Bauträger.

- Immobilienmakler und Immobilienverwalter (§ 17 Bauträger-Befähigungsprüfungsordnung):
  Diese Berufsgruppen müssen die Kenntnisse der Fächer wie die Baumeister sowie der Prüfungsmodule 3 und 4 nachweisen.

- Erleichterungen gibt es auch für Prüfungswerber mit Unternehmerprüfung, die sich den Prüfungsstoff des Modul 3 ersparen können sowie für Prüfungswerber mit Ausbilderprüfung, für die das Prüfungsmodul 4 entfällt.

1.2.2.3 Anmeldung zur Prüfung und Wiederholung der Prüfung

Nach der Gewerbeordnung idF der Novelle 2002 werden die Prüfungen bei der *Meisterprüfungsstelle der Wirtschaftskammer Österreich* abgehalten. Die Kommission besteht grundsätzlich aus dem Vorsitzenden und zwei Beisitzern, wobei als Vorsitzender ein geeigneter Beamter des höheren Verwaltungsdienstes fungiert. Die Beisitzer müssen in der beruflichen Praxis stehende Fachleute auf einem der zu prüfenden Fachgebiete sein. Zusätzlich wird bei den Immobilientreuhändern ein Notar oder Rechtsanwalt als weiterer Prüfer zugezogen.

Der Prüfungswerber hat sich für die Prüfung spätestens 6 Wochen vor dem festgesetzten Termin bei der Meisterprüfungsstelle anzumelden. Die Wahl der Prüfungsstelle steht dem Prüfungswerber frei.
Die Meisterprüfungsstelle hat für jedes positiv absolvierte Modul der Meisterprüfung eine Bestätigung auszustellen. Das gilt sinngemäß auch für einzelne Prüfungsteile, wenn diese positiv bestanden wurden.
Hat der Prüfling die Prüfung lediglich teilweise bestanden, so kann die Prüfungskommission unter Berücksichtigung der bei der Prüfung festgestellten Fähigkeiten und Kenntnisse festlegen, welcher Prüfungsteil bei der Prüfung nicht zu wiederholen ist. Bestimmte Fristen, wann eine Wiederholungsprüfung abgelegt werden kann, sind im Gesetz nicht vorgesehen; es entscheidet die Prüfungskommission.
Gegen den Beschluss der Kommission steht dem Prüfling kein Rechtsmittel zu.

1.2.2.4 Individueller Befähigungsnachweis

Kann der nach § 18 GewO vorgeschriebene Befähigungsnachweis nicht erbracht werden, so hat die Behörde das Vorliegen der individuellen Befähigung festzustellen, wenn durch die beigebrachten Beweismittel die für die jeweilige Gewerbeausübung erforderlichen Kenntnisse, Fähigkeiten und Erfahrungen nachgewiesen werden. Die Behörde hat das Vorliegen der individuellen Befähigung mit der Beschränkung auf Teiltätigkeiten des betreffenden Gewerbes auszusprechen, wenn die Befähigung nur in diesem Umfang vorliegt. Sinngemäß sind für den individuellen Befähigungsnachweis die Regelungen anzuwenden, wie sie insbesondere für EU-Rechtsträger gem. § 373d GewO gelten, wenn es um die Anerkennung von äquivalenten Befähigkeitsnachweisen geht, die im EU-Ausland erworben wurden.

In der Regel wird für den Nachweis der Befähigung nicht eine formelle Prüfung, sondern ein so genanntes Fachgespräch ausreichen, das von einem entsprechenden fachkundigen Prüfer mit dem Bewerber geführt und protokolliert wird.

1.2.2.5 Organisation der Wirtschaftskammer Österreich

Die gesetzliche Interessenvertretung der gewerblichen Wirtschaft ist die Wirtschaftskammer Österreich. Jeder Gewerbetreibende wird mit seinem Gewerbeantritt Mitglied der Kammer und hat die entsprechenden Umlagen zu entrichten (Pflichtmitgliedschaft).

Die Wirtschaftskammer Österreich deckt die gesamtösterreichischen Wirtschaftsbelange ab, die neun Landeskammern sind für ihre Landesbereiche zuständig. Die Leitung der Wirtschaftskammer obliegt dem Präsidium und dem Vorstand sowie dem Generalsekretariat. Das Wirtschaftsparlament ist das allgemeine politische Forum.

Die Berufsgruppen sind in sieben fachliche Einheiten (Sparten, Fachorganisationen) gegliedert wie folgt:

- Bank und Versicherung
- Gewerbe und Handwerk
- Handel
- Industrie
- Information und Consulting

Anmerkung: Die Immobilientreuhänder sind in dieser Sparte organisiert

- Tourismus und Freizeitwirtschaft
- Transport und Verkehr

Die externen Serviceorganisationen der Wirtschaftskammer sind:

- die Außenwirtschaft Österreich
- das internationale Schiedsgericht
- Gründerservice junge Wirtschaft und Frau in der Wirtschaft
- WIFI Österreich
- WKO Service GmbH

Die politischen Abteilungen sind gegliedert:

- Bildungspolitik
- Finanz- und Handelspolitik
- Rechtspolitik
- Sozialpolitik und Gesundheit
- Umwelt-, Energie- und Infrastrukturpolitik

Die Fachorganisation der Bauträger ist im Fachverband der Immobilientreuhänder und Vermögensverwalter organisiert. Der Sitz des Bundesfachverbandes ist derzeit in 1040 Wien, Wiedner Hauptstr. 57, Telefon: + 43 590 900 55 22, Fax: + 43 590 900 11 55 22, E-Mail: immobilienwirtschaft@wkimmo.at, Homepage: www.wkimmo.at.

Den Fachverbandsobmann unterstützen der Fachverbandsausschuss, das Sekretariat und Ausschüsse für die Bauträger, Verwalter und Makler.

In den neun Bundesländern sind Landesfachverbände eingerichtet, die analog organisiert sind.

1.2.3 Bauträger-Mitarbeiterqualifikation (ONR 43003)

Mit der ON-Regel 43003 über „Dienstleistungen der Immobilienwirtschaft – Anforderungen an die Qualifikation von Mitarbeitern von Bauträgern mit der Qualifikationsstufe: Referent" vom September 2006 wurden einheitliche Standards für die erforderlichen Kenntnisse und Fertigkeiten festgelegt, die nötig sind, um als Mitarbeiter eines Bauträgers in verantwortlicher Stellung tätig zu sein. Diese Standards sind zwar nicht verbindlich, geben aber doch ein gutes Bild über die Berufsanforderungen wieder.

Kompetenzen eines Bauträger-Referenten:
- Liegenschaftsprüfung
- Wirtschaftlichkeitsanalysen
- Entwicklung von Nutzungs-, Marketing- und Verwertungskonzepten
- Zusammenstellung und Koordination eines Projektteams
- Erstellung von Finanzierungskonzepten und -plänen
- Organisation und Abwicklung von Neubauten oder Sanierungsprojekten in Form von Projektmanagement und -steuerung, Durchführung von Ausschreibungen und Auftragsvergaben und Organisation einer Soll/Ist-Kontrolle für Termine, Kosten und Qualität
- Gesamtverantwortung für die Erledigung aller anstehenden Aufgaben

Qualifikationsanforderungen fachlich:
- Kenntnisse und Erfahrungen am Immobilienmarkt und im Bauträgerwesen sowie Projektentwicklung
- Immobilienfinanzierung und Förderungswesen
- Planlesen, Bautechnik und ökologische und energietechnische Aspekte der Immobilie
- Sanierung von Immobilien

- Projektmanagement, Vergabewesen und Facility-Management
- Kenntnisse zur Nutzung, Betrieb und Bewirtschaftung einer Immobilie
- Immobilienmarketing
- Immobilienrelevantes Steuern- und Abgabenrecht sowie Versicherungswesen

Qualifikationsanforderungen rechtlich:
- Raumordnung und Flächenwidmung
- Bauordnung
- Denkmalschutzrecht, Assanierung, Stadterneuerung
- Zivilrecht (allgemeines Vertragsrecht, Sachenrecht, Konsumentenschutzrecht)
- Grundbuchsrecht und Grundverkehrsrecht
- Wohnrecht
- Bauträgervertragsgesetz
- Bauarbeitenkoordinationsgesetz

Qualifikationsanforderungen methodisch analytisch:
- Bauträgerkalkulation und Rentabilitätsanalysen
- Standort- und Marktanalysen
- Erstellung von Machbarkeitsstudien

Qualitätsanforderungen sozial:
- Beherrschung von Kommunikationstechniken
- Verhandlungsführung
- Konfliktmanagement
- Präsentationstechniken

Sonstige Kenntnisse:
- Gewerberecht und Handelsrecht
- Immobilienrelevante Normen und Regelwerke
- Volkswirtschaft und Betriebswirtschaft

Weiterbildung:
Der Mitarbeiter eines Bauträgers mit der Qualifikation eines Referenten ist zur ständigen Weiterbildung verpflichtet, um seine Qualifikation jeweils auf dem aktuellen Stand zu halten.

1.3 Der Bauträger in Rechtsnormen

1.3.1 Wohnungsgemeinnützigkeitsgesetz (WGG)

Die gemeinnützigen Bauvereinigungen, für die das Wohnungsgemeinnützigkeitsgesetz (WGG) bestimmte Rechte und Pflichten normiert, sind im Grunde nichts anderes als Bauträger: Ihre Tätigkeit ist im gemeinnützigen Wirkungskreis zwar im Großen und Ganzen auf Neubauten und Sanierungen größeren Umfanges im Rahmen des Wohnungs- und Siedlungswesens, also in der Regel auf den Bereich des geförderten Wohnbaues beschränkt, aber sie erledigen genauso wie die gewerblichen Bauträger „die wirtschaftliche und technische Vorbereitung der Baulichkeiten, wobei die Verfassung von Plänen für die Einreichung bei der Behörde und die Ausführungsarbeiten von den hiezu befugten Personen vorzunehmen sind, die Überwachung der Ausführungsarbeiten, die Vornahme der Kostenabrechungen und Durchführung der damit zusammenhängenden Verwaltungsarbeiten" (§ 2 WGG).

Die gemeinnützigen Bauvereinigungen haben nur andere Rechtsgrundlagen ihrer Existenz. Sie entstehen nicht durch die Erlangung einer Gewerbeberechtigung oder einer Befähigungsprüfung, sondern sie werden durch einen Verleihungsakt der jeweiligen Landesregierung in den Status der Gemeinnützigkeit erhoben. Damit erhalten sie das Privileg der Ertragsteuerbefreiung für die Erträgnisse aus ihrer Geschäftstätigkeit, müssen sich aber andererseits einer laufenden Kontrolle und Prüfung durch einen gesetzlich eingerichteten Revisionsverband unterwerfen.

Die Entwicklung der letzten Zeit geht dahin, dass durch schrittweisen Ausbau des gesetzlichen Tätigkeitsfeldes der gemeinnützigen Bauvereinigungen die Grenzen zur Betätigung der gewerblichen Bauträger immer mehr verschwimmen. Gemeinnützige können heute auch frei finanzierte Projekte errichten, Infrastrukturmaßnahmen setzen und nicht nur eigene, sondern auch fremde Objekte verwalten. Sie benötigen dazu keine gesonderte Gewerbeberechtigung. Sie dürfen sich auch an gewerblichen Bauträgern beteiligen oder innerhalb gewisser Grenzen ihr steuerlich privilegiertes Vermögen in gewerbliche Gesellschaften einbringen, sofern ihnen in diesen Gesellschaften bestimmender Einfluss, nämlich mehr als 50 Prozent der Gesellschaftsanteile, zukommt. Andererseits dürfen sich gewerbliche Bauträger nur mit maximal 25 Prozent des Kapitals an gemeinnützigen Gesellschaften beteiligen und sind – wie alle Gesellschafter von Gemeinnützigen – in der Gewinnentnahme beschränkt.

Eindeutig ist im WGG jedoch definiert, dass sich der Tätigkeitsbereich der gemeinnützigen Bauträger nicht auf die Planung von Bauvorhaben und nicht auf die Ausführung von Bauvorhaben erstreckt. Sie können also nicht selbst Baupläne erstellen und keine Baufirma sein oder eine solche direkt betreiben. Diese klare Definition und Abgrenzung zu den planenden und ausführenden Berufen ist aus der historischen Sicht und der Grundidee zu verstehen, dass Interessenkonflikte zwischen der letztlich sozial gebundenen Zielsetzung der Bauvereinigung und wirtschaftlichen Interessen aus der Planung und Ausführung erst gar nicht entstehen sollen.

In allen Bereichen ihrer Tätigkeit unterliegen die Gemeinnützigen strengen Prüfungs- und Verrechnungspflichten. Sie sind – im Unterschied zu den gewerblichen Bauträgern – bei der Höhe ihrer Entgelte gebunden und rechenschaftspflichtig. Ihre Existenzberechtigung leitet sich aus den ihnen übertragenen öffentlichen Aufgaben und ihrer Schutzfunktion gegenüber dem wohnungssuchenden Konsumenten ab. Ansonsten bestehen, rein inhaltlich und praktisch auf die Art ihrer Tätigkeit und ihr Management bezogen, keine gravierenden Unterschiede zu den gewerblichen Bauträgern.

1.3.2 Wohnungseigentumsgesetz (WEG)

Im Wohnungseigentumsgesetz (WEG) heißt der Bauträger Wohnungseigentumsorganisator. Wohnungseigentumsorganisator ist der bücherliche oder außerbücherliche Liegenschaftseigentümer und jeder, der mit Wissen des Eigentümers die organisatorische oder administrative Abwicklung des Bauvorhabens durchführt oder daran beteiligt war.

Der Wohnungseigentumsorganisator beziehungsweise Bauträger ist im Bereich des Wohnungseigentums, unabhängig von seiner Rechtsform und gleichgültig, ob gemeinnützig oder gewerblich, durch verschiedene Schutzbestimmungen zugunsten des Wohnungswerbers in seiner rechtlichen und wirtschaftlichen Disposition eingeschränkt.

Die Abwicklung von Wohnungseigentumsbauten ist allerdings nur ein Teilbereich des Bauträgergeschäftes, wenn auch ein in der Praxis ziemlich wichtiger. Das Bauträgergeschäft umfasst naturgemäß auch die Errichtung von Mietbauten für Wohnzwecke oder gewerbliche Zwecke, die Errichtung von Fabriks-Bürobauten oder sonstigen Bauten welcher Art immer. Für diese Bauvorhaben kommt das Wohnungseigentumsgesetz in der Regel nicht in Betracht.

1.3.3 Bauträgervertragsgesetz (BTVG)

Dieses relativ junge österreichische Gesetz aus dem Jahr 1997, zuletzt grundlegend novelliert 2008, behandelt den Schutz des Konsumenten, der an einen Bauträger vor Fertigstellung eines Bauvorhabens Anzahlungen geleistet hat. Es gilt für jede Rechts- und Vertragsform, mit der ein Bauträger einem Erwerber von Wohn- und Geschäftsräumen gegenübertritt (Bauträgervertrag).

Nach den Bestimmungen des BTVG ist Bauträger derjenige, der sich verpflichtet, einem Erwerber den Erwerb des Eigentums, des Wohnungseigentums, des Baurechts, des Bestandrechts oder eines sonstigen Nutzungsrechts einschließlich Leasings an zu errichtenden oder durchgreifend zu erneuernden Gebäuden, Wohnungen oder Geschäftsräumen einzuräumen. Das gilt auch dann, wenn der Erwerber sein Recht an der Liegenschaft von einem Dritten erwirbt, dieser Vertrag aber mit dem Vertrag über die Errichtung oder durchgreifende Erneuerung des Bauvorhabens eine wirtschaftliche Einheit bildet.

Die Bestimmungen des BTVG sind zwingend, wenn es sich um ein Vertragsverhältnis mit einem Verbraucher im Sinn des Konsumentenschutzgesetzes (KSchG) handelt.

1.3.4 Deutsches Recht

In der deutschen Maklerverordnung zur Gewerbeordnung ist das Bild der verschiedenen Immobilienberufe deutlicher ausgeprägt als in Österreich. Es gibt zwar naturgemäß Berührungspunkte zwischen den Immobilienberufen, jedoch ist die Funktion des Maklers, des Verwalters, des Bauträgers und des Baubetreuers wesentlich klarer abgegrenzt: Bauträger ist, wer gewerbsmäßig Bauvorhaben als Bauherr im eigenen Namen für eigene oder fremde Rechnung vorbereitet oder durchführt und dazu Vermögenswerte von Erwerbern, Mietern, Pächtern oder sonstigen Nutzungsberechtigten oder von Bewerbern um Erwerbs- oder Nutzungsrechte verwendet.

Baubetreuer ist, wer in fremdem Namen für fremde Rechnung Bauvorhaben wirtschaftlich vorbereitet und durchführt.

Diese Definitionen sind als Interpretationshilfe auch für den österreichischen Rechtsbereich anwendbar.

1.4 Bauträger: Berufsbild und Verantwortung

Aus den Rechtsgrundlagen *(siehe Kapitel 1.3)* und aus den Bedingungen, unter denen sich jene, die in diesen Rechtsbereichen tätig sind, bewegen oder bewegen sollten, lassen sich gewisse prinzipielle Gemeinsamkeiten ableiten. Sie können als Grundlage für ein Berufsbild der Bauträger dienen, das im Rahmen der österreichischen Rechtsordnung gültig und praktisch handhabbar ist.

Die im Folgenden beschriebenen Kriterien sind gewissermaßen die Grundpfeiler, auf denen das Berufsbild des Bauträgers aufbaut. Sie müssen im Einzelfall nicht immer im gleichen Ausmaß vorliegen. Es sind auch Formen der Bauträgertätigkeit denkbar, in denen einzelne Elemente stärker oder weniger stark hervortreten. Sie sind aber insgesamt typisch, und ein gänzliches Fehlen einzelner Grundelemente lässt auf ein Berufsbild einer anderen Berufsgruppe schließen.

Abbildung 1: Berufsbild des Bauträgers: Das Fünf-Säulen-Modell

Bauträger
Bauherrnfunktion
Drittbindung
Treuhandelement
Gesamtverantwortung
Konzentrationsprinzip

1.4.1 Bauherrnfunktion

Der Bauträger ist Bauherr beziehungsweise direkter Stellvertreter des Bauherrn.

Bauherr ist, wer auf seine Verantwortung und sein Risiko eine bauliche Anlage vorbereitet und die notwendigen Maßnahmen setzt oder setzen lässt, um sie auszuführen. Bauherr ist, in wessen Sphäre sich der **Bauwille** bildet, das heißt die Absicht, ein bestimmtes Projekt **nach eigenen Vorstellungen** in wirtschaftlicher und funktionaler Hinsicht zu erstellen oder erstellen zu lassen und die dafür erforderlichen Mittel einzusetzen. Dieser Bauwille entsteht **originär,** das heißt, er ist nicht einem Auftraggeberwillen nachgeordnet. Aus dem Bauwillen erwachsen eigene Vorgaben, die dann für die umsetzenden Auftragnehmer verbindlich werden.

Der Bauherr handelt in der Regel in eigenem Namen und definiert das Bauvorhaben unter eigener Verantwortung auch dann, wenn er seine Tätigkeit von einem Bevollmächtigungsvertrag als direkter Stellvertreter des Projekteigentümers in Verbindung normalerweise mit einem Werkvertrag ableitet.

Fehlt das gestaltende und bestimmende Element der Bauherrnfunktion und handelt der Baubeauftragte vorwiegend nach festen Vorgaben Dritter kraft des ihm erteilten Durchführungsauftrages, so kann von Bauträgerschaft im eigentlichen Sinn nicht mehr gesprochen werden. Je nach Umfang des Auftrages handelt es sich dann um Generalunternehmerschaft, Generalübernehmerschaft, Totalunternehmerschaft oder um Aufträge über bestimmte Teilbereiche der Baurealisierung, etwa in Form von Finanzierungs- oder Verwertungsübernahmen.

Bei Bauvorhaben auf eigenen Grundstücken und auf eigene Rechnung ist der Bauträger selbst Bauherr, bei Bauten auf fremden Grundstücken oder für fremde Rechnung und auf fremdes Risiko ist der Bauträger als Baubetreuer zwar nicht selbst Bauherr, vertritt aber die Interessen des Bauherrn als dessen direkter Vertreter und in voller Projektverantwortung.

1.4.2 Drittbindung

Der Bauträger handelt in eigenem Namen, ist aber Dritten verpflichtet, für die er baut.

Er ist zwar Bauherr oder Stellvertreter des Bauherrn und baut auf eigene oder fremde Rechnung in eigenem Namen und auf eigenem oder fremdem Grundstück, die Eigentümerschaft oder eine bestimmte Form der Verfügung über das Grundstück ist aber für die Bauträgerschaft nicht wesentlich. Wesentlich ist viel mehr, dass der Bauträger seine Baumaßnahmen in Hinblick auf eine schon bestehende oder künftige **vertragliche Beziehung zum Nutzer des Bauvorhabens** setzt, mit diesem ein Rechtsverhältnis eingeht und sich diesem direkt oder indirekt verpflichtet beziehungsweise von ihm Anzahlungen oder sonstige Leistungen für die Realisierung des Bauvorhabens entgegennimmt.

Der Bauträger tritt daher mit seinem Projekt in eine direkte Beziehung zum „Markt", er betreibt das Projekt zum Zweck der Verwertung an die Nutzer des Projektes und in direkter Beziehung zu diesen.

Jemand, der nur für sich selbst ein Haus baut oder nach eigenem Gutdünken ein Bauwerk in eigenem Namen und für eigene Rechnung nach völlig freier eigener Disposition errichtet, uneingeschränkt das volle Errichtungs-, Bestands-, Bewirtschaftungs- und Veräußerungsrisiko auf sich nimmt und keinem Dritten gegenüber eine Verpflichtung eingegangen ist, das Bauwerk fertig zu stellen oder in irgendeiner Form zu übergeben, ist daher nicht als Bauträger, sondern als Investor anzusehen. Verkauft er das Projekt nach Fertigstellung, wird er deshalb nicht zum Bauträger, sondern ist einfach Verkäufer: Die vertragliche Beziehung entsteht nur zwischen den beiden (alten und neuen) Eigentümern, die rechtliche Nutzerbeziehung wird nur mittelbar berührt.

1.4.3 Treuhandschaft

Der Bauträger handelt ähnlich einem Treuhänder.

Die treuhänderische Verpflichtung des Bauträgers gegenüber seinem Kunden ist generell aus den jeweiligen Bestimmungen des Bauträgervertrages abzuleiten, besonders aber im Bereich des Wohnbaus und im Verhältnis zu Konsumenten deutlich.

Der Wohnungswerber steht dem Bauträger nicht nur als bloßer Besteller gegenüber, der einen vom Bauträger durchgeführten Bau nach Maßgabe des Bestellvertrages abzunehmen hat. In aller Regel sind schon während der Bauphase Mittel des Betreuten für die Realisierung mit im Spiel, sei es durch direkte Geldleistung und Anzahlungen, sei es durch Haftungs- oder Darlehensübernahmen. Damit besteht für den Bauträger **keine Freiheit mehr in der Verwendung der Baugelder.** Er ist nach Maßgabe des Innenverhältnisses zwischen den Vertragsparteien beziehungsweise aus dem Bauträgervertrag, dem Bauträgervertragsgesetz und allenfalls zusätzlich aus Bestimmungen in den Finanzierungs- oder Förderungsvorschriften zur Rechenschaft verpflichtet.

Es besteht daher beim Bauträger ein grundsätzlicher Unterschied etwa zu einem Errichter eines Fertighauses, bei dem aufgrund eindeutiger Definitionen von Ware und Preis ein Kauf- oder Liefervertrag vorliegt.

Der Bauträger ist jedenfalls dann, wenn er für eine Mehrzahl von Erwerbern tätig ist, zur **Optimierung des Bauvorhabens** in technischer, wirtschaftlicher und rechtlicher Hinsicht verpflichtet. Das gilt auch, wenn die Erwerber zunächst noch anonym sind. Weiters muss der Bauträger das Vertragsverhältnis so gestalten, dass die Rechte *aller* Beteiligten – und zwar sowohl der bereits vorhandenen als auch der künftigen – sichergestellt werden. Diese Optimierungsverpflichtung ist eindeutig ein treuhänderisches Element.

1.4.4 Gesamtverantwortung

Der Bauträger trägt die umfassende unteilbare Verantwortung für das Gesamtbauvorhaben.

Anders als bei der Beauftragung eines Generalunternehmers oder Generalübernehmers ist die Tätigkeit des Bauträgers und seine **Verantwortlichkeit für die Realisierung des Bauvorhabens** in allen Aspekten der Abwicklung **umfassend** zu sehen. Sie inkludiert sämtliche Maßnahmen und Agenden, die gemäß dem Vertragsverhältnis aus der Drittbindung und aus dem Treuhandverhältnis zur Verwirklichung des Bauvorhabens nötig sind.

Zu dieser Verantwortung gehören:

- die Verpflichtung, die nötigen planerischen Arbeiten sachgerecht und rechtzeitig zu veranlassen;
- das Beauftragen der Ausführungsleistungen;
- Leistungen der Finanzierung, der rechtlichen und wirtschaftlichen Obsorge;
- das ordnungsgemäße Verschaffen der Verfügung und rechtlichen Sicherstellung der künftigen Nutzer;
- die Kontrolle aller Baubelange in rechtlicher, wirtschaftlicher, kostenmäßiger und qualitativer Hinsicht.

Die Verantwortung des Bauträgers ist also tatsächlich umfassend: Er haftet seinem Kunden gegenüber als direkter Vertragspartner uneingeschränkt für alle Belange des Baues, und zwar prinzipiell auch für Fehler, die im Bereich seiner Auftragnehmer entstanden sind. Dass der Bauträger die Möglichkeit zum Regress gegenüber Lieferanten und Auftragnehmern für die verschiedenen Bauleistungen hat, ändert nichts an dieser umfassenden Verantwortung.

1.4.5 Konzentrationsprinzip

Der Bauträger soll sich auf seinen eigenen Wirkungskreis konzentrieren.

Die umfassende Tätigkeit des Bauträgers in Verbindung mit seiner Übereignungsverpflichtung beziehungsweise Drittbindung, dem seiner Tätigkeit innewohnenden Treuhandelement und seiner Bauherrneigenschaft birgt die Gefahr, dass der Bauträger seine tatsächliche oder rechtliche Übermacht gegenüber den Betreuten unausgewogen nutzt. In allen Bauträgerrechten gibt es daher Schutzbestimmungen und Einschränkungen dieser Übermacht sowie Vorschriften, um Kollisionen mit verwandten Tätigkeiten zu vermeiden.

Die Funktion des Bauträgers endet ja nicht mit der Fertigstellung und Übergabe des Bauwerks an den von ihm Betreuten, seinen Kunden, sondern reicht darüber hinaus: Er hat dafür zu sorgen, dass die rechtliche Ordnung hergestellt wird und seinem Kunden die vereinbarte Rechtsstellung verschafft wird sowie insbesondere, dass die Gewährleistung ordnungsgemäß abgewickelt wird.

Es ist eine Erfahrungstatsache, dass Bauträger, die gleichzeitig auch Bauführende sind, spätestens in der Phase der Gewährleistung nicht mehr solch eine Initiative und solch einen Eifer an den Tag legen, wie sie aus dem Treuhandelement oder der Drittbindung abzuleiten wären. Grund dafür sind die Interessenkollisionen, die aus solchen Tätigkeitsverknüpfungen entstehen.

Ähnliches – wenn auch mit gewissen Einschränkungen – gilt selbst für die Gebäudeverwaltung. Es ist durchaus überlegenswert, Gebäude von Dritten, die im Rahmen der Bauträgerschaft errichtet wurden, nach objektiven Auswahlkriterien verwalten zu lassen, anstatt sie in die eigene Verwaltung zu nehmen. Dem Vorteil der besseren Kenntnis des errichteten Projektes steht bei Eigenverwaltung der Nachteil des schwächeren inneren Druckes bei Mehrfachfunktionen und damit eine geringere Lösungsbereitschaft bei Problemen gegenüber.

Das Konzentrationsprinzip bedeutet daher, dass bei Mehrfachfunktionen in der Projektabwicklung, z. B. Bauträger mit angeschlossener Baufirma, die Bauträgerfunktion faktisch und rechtlich klar und eindeutig herausgearbeitet und transparent gemacht werden muss. Die „verbundenen" Funktionen dürfen nicht zur Verschleierung der Kernfunktion des Bauträgers dienen.

Die Verwertung und Vermarktung des Bauvorhabens selbst bringt keine nennenswerten Kollisionsprobleme. Es macht im Grunde keinen Unterschied, ob ein Bauträger seine Projekte mit eigenem Vertriebsapparat selbst vermarktet oder sich eines Maklers bedient. Die Wahl des Vertriebsweges wird wohl nach betrieblichen Kapazitäten beziehungsweise danach erfolgen, ob der Bauträger der Meinung ist, selbst oder durch den Makler den Kunden besser bedienen zu können.

1.5 Die Leistungen des Bauträgers

Grundsätzlich ergibt sich das Leistungsbild des Bauträgers aus zivilrechtlich abgeschlossenen Verträgen. Es ist also nicht feststehend, sondern wird durch die Art des Bauvorhabens bestimmt und in der Regel jeweils individuell vereinbart.

Es kommt dabei auch darauf an, in welcher Funktion der Bauträger gegenüber dem Nutzer auftritt und in welcher Rechtsbeziehung er ihm gegenübersteht. Handelt es sich um einen Vertrag mit Konsumenten, ist das Leistungsbild zwar grundsätzlich disponibel, aber nicht gänzlich frei *(siehe Kapitel 1.3.3).* Bei professionellen „Auftraggebern" gibt es derartige Einschränkungen nicht.

Durch den **Bauträger** werden insbesondere **folgende Tätigkeiten veranlasst** beziehungsweise von ihm **selbst durchgeführt:**

- Grundstücksbeschaffung und Prüfung der Projektvoraussetzungen;
- Projektentwicklung und Entwicklung des Bau- und Nutzungskonzeptes und der Finanzierungskonzeption;
- Baureifmachung;
- Zusammenstellen und Leiten des Teams der Planer und Bauschaffenden und Gesamtprojektleitung;
- Verwertung (Organisation der Vermietung oder des Verkaufs an Konsumenten, Investoren oder Betreiber).

Der Bauträger übt diese Tätigkeiten selbst aus oder bedient sich für Spezialfragen, wie etwa Rechtsfragen oder bei komplexeren steuerlichen Überlegungen oder Verwertungsfragen der Dienste von Rechtsanwälten, Notaren, Steuerberatern und Immobilienmaklern.

Das Leistungsbild des Bauträgers kann nicht als taxativ angesehen werden. Der Bauträger hat seine Kunden darüber aufzuklären, dass seine Dienstleistungen zu honorieren sind. Das Honorar ist im jeweiligen Einzelfall nach Maßgabe der übernommenen Leistungen, Haftungen und Risiken zu vereinbaren.

1.5.1 Grundstücksbeschaffung und Prüfung

- ❏ Erfassen des Kundenwunsches und Beschaffen geeigneter Anbote
- ❏ Bewertung der Lage und der Eignung für den gewünschten Bauzweck, der Anbindung an den öffentlichen Verkehr und Individualverkehr und Bewertung der Umgebungsqualität
- ❏ Feststellen der Eigentums-, Bestands- und Nutzungsverhältnisse, Grundbuchsrechte und Lasten
- ❏ baurechtliche Widmungs- und Bebauungsbestimmungen
- ❏ Abklären der Anrainersituation und allenfalls Einschätzen möglicher Kontaminierungen
- ❏ Erkunden der Anschlussmöglichkeiten und Ver- und Entsorgungen
- ❏ Abschätzen der Bodenbeschaffenheit und möglicher Einbauten
- ❏ Erfassen eventueller Freimachungskosten, Ablösen und Abbruchkosten sowie sonstiger Erwerbsnebenkosten
- ❏ Erwirken allfälliger Optionen

1.5.2 Grundlagenphase der Projektentwicklung

- ❏ Erheben und Dokumentieren des Kundenwunsches
- ❏ Analyse der projektrelevanten Rahmenbedingungen
- ❏ Klären der Projektdimensionierung und grundsätzlicher Ausstattungsqualitäten
- ❏ Festlegen des Nutzungsmix
- ❏ Dokumentieren der Projektidee und der Projektziele
- ❏ Standort- und Marktanalysen, Einschätzen der Verwertungschancen
- ❏ Beurteilen des Altbestandes und der Bausubstanz bei Sanierungen
- ❏ Behördenabklärungen
- ❏ Erstellen einer Grobablaufplanung
- ❏ Erstellen einer Machbarkeitsstudie und Gegenüberstellung der eingeschätzten Projektkosten zum geschätzten Ertrag
- ❏ Grundzüge der Projektdarstellung und Finanzierungsüberlegungen

1.5.3 Planungsphase der Projektentwicklung

- ❑ Auswahl des Planers und allenfalls Durchführen einer Planungskonkurrenz (Wettbewerb)
- ❑ Veranlassen der Planungsmaßnahmen und Auswahl der Sonderfachleute (Bodengutachter, Statiker, Haustechnik, Bauphysiker, Akustiker, künstlerische Gestaltung) und relevanter Gutachter (Standortgutachter, Verkehrsgutachter, Sicherheitsgutachter)
- ❑ Zusammenstellen des Planungs- und Projektabwicklungsteams
- ❑ Abklären gesellschaftsrechtlicher und steuerlicher Modelle
- ❑ Terminplanung
- ❑ Finanzierungskonzept
- ❑ laufende Adaptierung der Planrechnungen und Wirtschaftlichkeit je nach Projektfortschritt
- ❑ Organisation des Kontaktes mit Kunden und Nutzern

1.5.4 Baureifmachung und Projektvorbereitung

- ❑ Veranlassen der Vertragsgestaltung und der Erstellung von Leistungsbildern mit den Projektbeteiligten sowie deren Beauftragung
- ❑ Veranlassen, Kontrolle und Freigabe der jeweiligen Planungsschritte von der Vorentwurfs- bis zur Einreichplanung
- ❑ Erstellen eines detaillierten Bau- und Ausstattungsprogramms (Baubuch oder Baubeschreibung)
- ❑ Veranlassen der behördlichen Einreichungen und Genehmigungen sowie Wahrnehmen der Behördenkontakte und Verhandlungen
- ❑ Definition und Abgrenzung der von den Baubeteiligten beziehungsweise den Planern und den Sonderfachleuten zu setzenden Schritte zur baulichen Verwirklichung des Projektes
- ❑ Koordination der Nutzer, Auftraggeber, Behörden, Planer und Konsulenten und allenfalls der finanzierenden Stellen
- ❑ Erstellen von Verträgen beziehungsweise Mitwirken an deren Gestaltung zur Regelung der Rechtsbeziehungen zwischen Bauherrn und Nutzern

- ❑ Termin- und Kostenaktualisierung auf Basis des Baufortschrittes, der Behördenauflagen und der Nutzervereinbarungen
- ❑ periodische Bauherrn-, Planungs- und Baubesprechungen sowie Besprechungen mit den Nutzern und Organisation des Berichtswesens und der Entscheidungsverfahren
- ❑ Festlegen der Grundsätze und Durchführen der Ausschreibung der für die Errichtung des Bauwerkes erforderlichen Leistungen; Prüfung und Analyse der eingelangten Anbote auf Richtigkeit und Preisangemessenheit sowie Veranlassen der Auftragsvergabe
- ❑ Abwickeln von Sonderwünschen und Beratung beim Erstellen von Verkaufs- und Vermittlungsunterlagen
- ❑ begleitende Baukontrolle und Kostenverfolgung (Soll/Ist-Evidenz)
- ❑ Projektsteuerung und Projektleitung (organisatorisch, kaufmännisch und wirtschaftlich)

Die Leistungen des Bauträgers lassen sich durchaus auch mit dem Begriff Baumanagement zusammenfassen, im Unterschied allerdings zu den Planern und Baumeistern nicht in technisch/wirtschaftlicher Hinsicht, sondern eben im Sinn des Berufsbildes der Bauträger in organisatorischer, kaufmännischer und gesamtwirtschaftlicher Hinsicht.

1.5.5 Baubetreuung

Wenn der Bauträger seine Funktion in Vertretung beziehungsweise im Auftrag eines Bauherrn (Auftraggebers) auf dessen Rechnung ausübt, spricht man von Baubetreuung. Das Entgelt für die Baubetreuung beträgt im Normalfall bei standardisierten Bauvorhaben wie Wohnbauten 5 Prozent der Baukosten, im Bereich des geförderten Wohnbaues in der Regel bis zu 3,5 Prozent der Baukosten. Zuschläge zum Baubetreuungshonorar ergeben sich, wenn der Bauträger über die normale Dienstleistung hinaus zusätzliche Haftungen und Leistungen übernimmt.

1.5.6 Das Verhältnis zur Projektsteuerung/ Projektleitung

Weithin unklar in der Immobilienbranche ist die Abgrenzung der Projektentwicklung zur Projektsteuerung/Projektleitung.

Die Meinung ist durchaus weit verbreitet, dass das Vorhandensein eines Bauträgers/Projektentwicklers in Verbindung mit der planerischen Durchführung des Bauprojektes durch die Architekten oder Fachplaner die Projektsteuerung/Projektleitung überflüssig macht bzw. diese Leistungen in den Leistungen der Baubetreuung in organisatorischer und kommerzieller Hinsicht enthalten sind.

Tatsächlich ist diese Meinung jedenfalls bei größeren oder komplexeren Projekten nicht richtig. In den jüngsten Jahren hat sich durch die immer schwieriger werdenden Aufgabenstellungen der Bauprojektplanung und -durchführung ein Leistungsbild der Projektsteuerung und Projektleitung herausgebildet, das als spezielle, fachliche Dienstleistung im technisch/organisatorisch/wirtschaftlichen Bereich der Projektabwicklung etabliert ist – wohl gemerkt der Projekt**abwicklung** und nicht der Projekt**entwicklung.**

Als technisch-wirtschaftliche Dienstleistung ist Projektsteuerung/Projektleitung ebenso wie andere Planungs- und Ausführungsleistungen an die vom Bauherrn (Bauträger, Projektentwickler) erstellten Vorgaben gebunden und hat deren Umsetzung bestmöglich zu unterstützen und zu verwirklichen.

Dem Projektsteuerer und Projektleiter fehlt somit das **orginäre** Moment der Bauherrneigenschaft und er steht damit auf einer anderen funktionalen Ebene des Organisationsschemas – er ist in technisch/wirtschaftlicher Hinsicht quasi Geschäftsführer und Controller des Projektes, nicht aber dessen Gestalter im gesamthaften Sinn.

1.5.6.1 Projektsteuerung/Projektleitung/Projektmanagement

Ein Bauprojekt ist im Grunde nichts anderes als **ein zeitlich abgegrenztes** Unternehmen und unterliegt ähnlichen Grundsätzen.

Der Bauherr (Bauträger, Projektentwickler) ist der Unternehmensinhaber, der Shareholder, der Gesellschafter des Unternehmens „Bauprojekt".

Der **Projektsteuerer** ist sein Controller, derjenige, der den Fluss des betrieblichen Geschehens, also den Fluss der Projektabwicklung, im Laufen hält und durch geeignete organisatorische Maßnahmen für die möglichst reibungsfreie Abwicklung sorgt.

Wird der Controller zum Geschäftsführer mit entsprechenden Vollmachten und hat er die Möglichkeit, aufgrund dieser Vollmachten das Unternehmen und den

Unternehmer extern zu verpflichten und direkt in die Gestaltung einzugreifen, so wird er zum **Projektleiter** und in Verbindung mit seiner Funktion als Controller mit seiner Handlungsvollmacht zum **Projektmanager.**

Die Vollmacht ist naturgemäß nicht unbeschränkt und in ihrem Umfang je nach der getroffenen Vereinbarung unterschiedlich. Sie kann aber durchaus weitreichend sein und sehr weite Handlungsspielräume im Rahmen der gegebenen Vorgaben ermöglichen, wenn dies vom Projektentwickler/Bauherrn gewünscht und vorgesehen ist. Grundsatz ist aber jedenfalls, dass die Vollmacht des Projektmanagers in aller Regel nicht über die grundsätzlichen Dispositionen, wie sie typischerweise dem Bauablauf entsprechen, hinausgeht.

1.5.6.2 Projektsteuerung – Projektleitung

Die **„Honorarrichtlinie Projektsteuerung (HO-PS)"** der Bundeskammer der Architekten und Ingenieurkonsulenten aus 2001 ist aus kartellrechtlichen Gründen zwar nicht mehr verbindlich, die wesentlichen und grundsätzlichen Leistungsinhalte finden sich aber nach wie vor in den Leistungen bzw. Leistungsmodellen der Kammer auf deren homepage (www.arching.at). Interessant sind in diesem Zusammenhang die Leistungsmodelle „Projektleitung, Projektsteuerung, Projektentwicklung und Begleitende Kontrolle", die auf planerisch/organisatorischer Ebene Leistungen der Architekten und Ingenieurkonsulenten beschreiben, die insbesondere bei komplexeren Bauaufgaben durchaus vom Bauträger beauftragt werden sollten, um in Ergänzung seiner dadurch nicht berührten Bauherrnrolle und organisatorischen Oberhoheit über das Projekt den Ablauf der Planung und der Projektdurchführung technisch und planerisch zu unterstützen.

Für die Beauftragung solcher Leistungen gilt prinzipiell Vertragsfreiheit bezüglich Leistungsinhalt und Honorar, im Zweifel wird aber bei Streitigkeiten auf die Branchenüblichkeit der Kammerrichtlinien zurückgegriffen. Die Inhalte der HO-PS sind ebenso wie die der auch nicht mehr offiziell gültigen HO-A 2002 (Honorarleitlinie für Architekten) in der Praxis noch immer eine gern angewandte und bewährte Auftragsgrundlage, weswegen sie hier in freier Interpretation auszugsweise zitiert werden:

Projektorganisation allgemein:
„Projekte sind temporäre Wirtschaftsunternehmen mit nur vertraglicher Bindung der Beteiligten. Deshalb ist zur Erreichung des Projektzieles die Festlegung der Verfahrensregeln besonders wichtig, da die ‚Firmenleitung'

(= Projektleitung) ebenfalls nur temporärer Natur ist und keine hierarchische Struktur anwenden kann, wie dies in Permanenzunternehmen regelmäßig vorkommt.

Die Verfahrensregeln und die Hierarchie sind auf die Besonderheiten des Projektes abzustimmen und vom Bauherrn mit der Bestellung seiner Projektleitung/Projektsteuerung festzulegen."

Für jedes Bauvorhaben muss in der Regel eine neue Organisationsstruktur aufgebaut werden.

Projektsteuerung/Projektmanagement:
Bei der Verwendung der Begriffe Projektsteuerung/Projektmanagement herrscht vielfach Unklarheit. Meist werden die Begriffe synonym verwendet, obwohl es einen wesentlichen Unterschied gibt, der sich in folgender Formel veranschaulichen lässt:

	*Projekt**steuerung***
+	*Projekt**leitung***
=	*Projekt**management***

Erst wenn der Projektsteuerer auch Projektleitungsaufgaben (Vollmacht) übernimmt, spricht man vom Projektmanagement.

Was ist Projektsteuerung?
Definition nach der HOAI (Honorarordnung für Architekten und Ingenieure, BRD):

Leistungen der Projektsteuerung werden von Auftragnehmern erbracht, wenn sie Funktionen des Auftraggebers bei der Steuerung von Projekten mit mehreren Fachbereichen übernehmen.

Hiezu gehören insbesondere:
1. *Klärung der Aufgabenstellung, Erstellung und Koordinierung des Programms für das Gesamtprojekt*
2. *Klärung der Voraussetzungen für den Einsatz von Planern und anderen an der Planung fachlich Beteiligten (Projektbeteiligte)*
3. *Aufstellung und Überwachung von Organisations-, Termin- und Zahlungsplänen, bezogen auf Projekt und Projektbeteiligte*
4. *Koordinierung und Kontrolle der Projektbeteiligten mit Ausnahme der ausführenden Firmen*
5. *Vorbereitung und Betreuung der Beteiligung von Planungsbetroffenen*
6. *Fortschreibung der Planungsziele und Klärung von Zielkonflikten*

7. *Laufende Information des Auftraggebers über die Projektabwicklung und rechtzeitiges Herbeiführen von Entscheidungen des Auftraggebers*
8. *Koordinierung und Kontrolle der Bearbeitung von Finanzierungs-, Förderungs- und Genehmigungsverfahren.*

Mit diesem Katalog trägt die HOAI mit Gültigkeit auch für österreichische Verhältnisse dem Umstand Rechnung, dass ab einer gewissen Projektgröße und Komplexität die überwiegend organisatorischen, technischen, wirtschaftlichen Koordinierungsaufgaben, die Überwachung des Zusammenspiels aller Projektbeteiligten – Planer und ausführende Firmen – sowie sonstiger Beteiligter, die dabei gleichzeitig erforderliche Sorge für die Einhaltung von Qualitäten, Kosten und Terminen so umfangreich werden, dass personell und fachlich nicht entsprechend ausgestattete Auftraggeber mit der Wahrnehmung dieser Aufgaben teilweise überfordert sein können.

Im Kern handelt es sich dabei um Ingenieurleistungen, deren Schwerpunkt in der technisch-geschäftlichen Leitung (Anmerkung: entspricht nicht der TGO laut HOA) liegt, und nicht um Auftraggeberleistungen.

Delegierbare Bauherrnleistungen:

*Die **Projektsteuerung** bezieht sich z. B. auf folgende **delegierbare** Bauherrnleistungen:*

- *Klärung der Aufgabenstellung sowie Koordination und Überwachung des Grundlagenprogramms vom ersten Schritt der Planung bis zur Baufertigstellung*
- *Klärung der Voraussetzung für den Einsatz von Planern und anderer an der Planung fachlicher Beteiligter*
- *Klärung der Schnittstellen und Einsatzpunkte*
- *Vertragsbearbeitung mit Planern und Ausführenden*
- *Aufstellung und Überwachung von Organisations-, Termin- und Zahlungsplänen bezogen auf das Gesamtprojekt und die Projektbeteiligten*
- *Koordinierung und Kontrolle der Projektbeteiligten, also der Planenden und Ausführenden*
- *Fortschreibung der Planungsziele und Klärung von Zielkonflikten*
- *Koordinierung und Bearbeitung von Genehmigungsverfahren*
- *Versicherungsbearbeitung: Bauwesen-Haftpflichtversicherung, kombinierte Versicherungen (all risk Versicherungen etc.)*
- *Kosten und Finanzierung: Kostenermittlung, Kostenverfolgung, Kostenkontrolle, Finanzierung/Zahlflusskontrolle*
- *Klärung der Informationsstruktur*

- *Definition, Sicherstellungen für Grundüberwachung von Qualitätsvorgaben, Ausstattung, Materialien und Produkten, Überwachung und Koordinierung von Ausführungsänderungen*
- *Dokumentation des Gesamtprojektes: Sammeln, Aufbereiten und Ordnen aller projektrelevanten Dokumente, Pläne, Verträge und des Schriftverkehrs*
- *Terminplanung: Aufstellung und Zusammenfassung aller Vorgänge und Tätigkeiten sowie Klärung der zeitlichen und technischen Zusammenhänge und Abhängigkeiten sowohl im Gesamten (Generalterminplan in Makroform) als auch im Detail (Bereichsterminpläne in Mikroform) mit Ermittlung der Vorgangsdauern, Abhängigkeiten und verfügbaren Kapazitäten*
- *Terminüberwachung: periodische Ablaufkontrollen, Checklisten, Veranlassen und Durchführung von SOLL/IST-Vergleichen, Maßnahmen bei Terminüberschreitungen bzw. -veränderungen.*

*Die **Projektleitung** bezieht sich z.B. auf folgende **nicht ohne Vollmacht delegierbare** Bauherrnleistungen:*
- *Setzen der obersten Projektziele*
- *Mittelbereitstellung*
- *Definitive Entscheidung zu Planungsphasen, Abnahmen etc.*
- *Konfliktmanagement*
- *Wahrnehmen der zentralen Projektanlaufstelle*
- *Projektbezogene Repräsentationspflichten etc.*

Der Projektleitung obliegt die direkte Verantwortung für die Erreichung der Projekt- und Auftragsziele. Sie hat Linienfunktion und ist mit Entscheidungs-, Weisungs- und Durchsetzungsbefugnis ausgestattet.

1.5.7 Bauträgervertrag

Für Bauträgerleistungen gibt es keine standardisierten oder gesetzlich geregelten Vertragswerke. Bei Verträgen mit Konsumenten gibt jedoch die ÖNORM B 2120 zum Bauträgervertragsgesetz (BTVG) Empfehlungen für den Mindestinhalt von Bauträgerverträgen. Sie haben allerdings keine bindende rechtliche Wirkung. Es empfiehlt sich aber, diese Mindesterfordernisse für den Bauträgervertrag zu beachten, da sie im Streitfall für die Interpretation des Vertragswillens beziehungsweise als Grundlage für die übliche Nutzererwartung eine wesentliche Interpretationshilfe bieten.

Das Baubetreuungshonorar (Bauträgerentgelt, Management-Fee etc.) ist bei Drittaufträgen die betriebswirtschaftliche Grundlage für die Ertragsrechnung des Bauträgers. Es sollte als kalkulatorische Festgröße auch bei Eigenprojekten für die Projektkostenkalkulation herangezogen werden (Mindestrohertrag aus der eigenen Leistung). Die Höhe dieses kalkulatorischen Bauträgerentgeltes hängt von den Gegebenheiten der jeweiligen Betriebskalkulation ab.

Beim Erstellen von Leistungsverträgen beziehungsweise Bauträgerverträgen empfiehlt es sich, rechtliche Hilfe in Anspruch zu nehmen und genaue Bestimmungen zu treffen, wie die Haftungen der einzelnen Projektbeteiligten abgegrenzt werden.

1.5.8 Dokumentation

Die Dokumentation des Projektablaufes und das Rechnungswesen sind besonders wichtige Bereiche der Bauträgertätigkeit. Die großen Summen, die durch den Bauträger bewegt werden, lassen hier keinen Spielraum oder Platz für saloppe Gestion. Daher ist es wichtig, **Werkzeuge und organisatorische Einrichtungen für folgende Bereiche zu schaffen:**

- Berichts- und Protokollwesen;
- laufende Termin-, Kosten- und Qualitätskontrolle und permanenter Vergleich der Ergebnisse mit den Vorgaben und Projektzielen;
- genaues und verlässliches Verfahren für die Prüfung und Freigabe von Teil- und Schlussrechnungen einschließlich der Führung einer Projektbuchhaltung und Erstellung laufender Statusberichte;
- Festlegen und Einhalten eines Verfahrens für die Leistungsabnahme und -übernahme, Leistungskontrolle sowie die Dokumentation von Mängeln;
- Pflege einer genauen Ordnung der Dokumente in einem praktikablen, den Unternehmensgegebenheiten und dem Projektablauf angepassten Ablagesystem und Sicherstellung eines zielgerichteten Kommunikations- und Informationswesens;
- periodische Abhaltung von Baubesprechungen in der nach der Ablauforganisation gebotenen Form mit den im Regelkreissystem notwendigen Beteiligten;
- Dokumentation des Baugeschehens, Wahrnehmung der Baukoordination nach dem BauKG, Obsorge der behördlichen Abnahmen und Videnden, Abschluss der nötigen Bauversicherungen (Bauherrnversicherung) und Organisation der Übergabe des Objektes an die Nutzer beziehungsweise an die Verwaltung.

1.5.9 Steuerliche Administration

Das Rechnungswesen eines Bauträgers hat auf die speziellen steuerlichen Gegebenheiten des Bauträgers Rücksicht zu nehmen. Diese bestehen insbesondere schwerpunktmäßig im Bereich der Fremdgeldverrechnung einerseits und den umsatzsteuerlichen Besonderheiten andererseits.

Da Treuhandgelder zumeist über einen Notar oder Rechtsanwalt laufen, ist der Verrechnungsschiene mit dieser Berufsgruppe besonderes Augenmerk zuzuwenden.

Dessen ungeachtet, dass die den Bauleistungen entsprechenden Finanzmittel über den Treuhänder abberufen werden müssen, ist bei Sonderleistungen (Ausstattung) der jeweilige Leistungsempfänger (Wohnungswerber) auf den Fakturen anzuführen, um dem künftigen Wohnungseigentümer bei Umsatzsteuerausweis allenfalls den Vorsteuerabzug zu ermöglichen. Im Regelfall wird, da der Bauträger die Leistungen und Lieferungen für das Bauwerk beauftragt, er als Leistungsempfänger auf den Rechnungen aufscheinen. Dabei ist zu beachten, dass der Umsatzsteuerausweis und die Verpflichtung zur Umsatzsteuerabfuhr seitens des Bauträgers an seinen Kunden bereits in der Bauphase gegeben sein kann, wenn gesichert ist, dass die Lieferung umsatzsteuerpflichtig erfolgt *(siehe Kapitel 3.1).*

Ein grundsätzlich unecht steuerbefreiter Vorgang, wie es bei der entgeltlichen Grundstücksübertragung gegeben ist, kann vom Bauträger steuerpflichtig behandelt werden (§ 6 Abs 2 UStG 1994). Die Besonderheit liegt darin, dass grundsätzlich erst bei „Schlüsselübergabe" die Lieferung des Objektes im Sinne des Umsatzsteuergesetzes getätigt wird. Erst zu diesem Zeitpunkt darf die Umsatzsteuer in Rechnung gestellt werden. Der Käufer hätte auch erst in diesem Zeitpunkt das Recht auf Vorsteuerabzug. Aufgrund einer Entscheidung des Höchstgerichts (VwGH 20. 10. 2009, 2006/13/0193) musste die Finanzverwaltung ihre bis zu diesem Zeitpunkt vertretene Rechtsansicht ändern. In den Umsatzsteuerrichtlinien (Rz 799 UStR) wird dem Käufer einer Liegenschaft bereits in der Bauphase der Vorsteuerabzug zugestanden, „wenn er zweifelsfrei darlegen kann (z. B. durch entsprechende Vereinbarungen)", dass eine steuerpflichtige Veräußerung vorgenommen wird. Der Bauträger kann in diesem Fall Umsatzsteuer bei Anforderung von Anzahlungen ausweisen, hat Umsatzsteuer bei Zahlungseingang abzuführen und demgegenüber auch Vorsteuerabzugsberechtigung bereits in der Errichtungsphase des Bauwerks.

Umsatzsteuer sollte immer nur gegenüber einem Unternehmer ausgewiesen werden, der zum Vorsteuerabzug berechtigt ist. Bei einem Nichtunternehmer einer Liegenschaft oder eines Liegenschaftsanteiles (mit oder ohne Wohnungseigentumsbegründung) im Sinne des UStG wird ein Umsatzsteuerausweis immer zu einer höheren steuerlichen Belastung führen als die vom Gesetz her grundsätzlich vorgesehene unechte Steuerbefreiung, das heißt die Lieferung mit 0 Prozent Umsatzsteuer. Dies deshalb, weil mit Umsatzsteuerausweis der Gesamtkaufpreis mit 20 Prozent Umsatzsteuer versehen werden muss, demnach auch von den Grundkosten und Eigenleistungen des Bauträgers. Wenn die Umsatzsteuer nicht ausgewiesen wird, ist hingegen ein Vorsteuerverlust in Höhe der beim Bauträger nicht abzugsfähigen Vorsteuern gegeben. Darüber hinaus sind auch die Nebenkosten der Grundstücksübertragung (Grunderwerbsteuer, Gerichtskosten, Anwaltskosten, Notarkosten, Maklerkosten etc.) von der durch den Umsatzsteuerausweis höheren Bemessungsgrundlage zu leisten.

Daraus ergibt sich folgende Empfehlung: Für Nichtunternehmer oder bei fraglicher Vorsteuerabzugsberechtigung beim Ankauf einer Immobilie keine Umsatzsteuer ausweisen lassen.

Für den Bauträger führt dies jedoch zu dem Problem, dass Grundstücksübertragungen zum Teil mit, zum Teil ohne Umsatzsteuer gegeben sein können, allenfalls auch im selben Gebäude.

Bei Übertragung einer Immobilie in Wohnungseigentum wird – sofern mit einer „privaten“ Wohnnutzung gerechnet wird – die Problematik beim Bauträger-Rechnungswesen nur dann gegeben sein, wenn eine so genannte „Vorsorgewohnung“, das heißt eine Eigentumswohnung, zur Vermietung und langfristigen Vermögensveranlagung veräußert werden soll.

Erschwert wird die Sachlage in diesem Fall dadurch, dass die Verpflichtung zur Umsatzsteuerabfuhr bei Veräußerung einer Immobilie oder eines Immobilienanteiles nicht erst bei Übergabe des Verkaufsobjektes besteht, wenn klargestellt ist, dass die (anteilige) Liegenschaftsübertragung mit Umsatzsteuerausweis erfolgen soll (s. o.). Bereits aus den Teil- bzw. Anzahlungen ist Umsatzsteuer abzuführen. In diesem Zeitpunkt besteht aber auch Vorsteueranspruch für den Bauträger für diesen Teil des Bauobjektes.

Resümee: Das Rechnungswesen des Bauträgers muss auf die Möglichkeit des Umsatzsteuerausweises im Zeitpunkt der Übergabe des Grundstückes oder auch bei Erbringung von Teilleistungen Rücksicht nehmen. Es empfiehlt sich daher, die Vorsteuern eines konkreten Bauprojektes auf einem gesonderten Konto zu erfassen und zunächst auf ein Konto „nichtabzugsfähige

Vorsteuern" zu buchen. Bei umsatzsteuerpflichtiger Übertragung eines Grundstücksanteiles auf Wunsch des Käufers können so allenfalls die Umsatzsteueranteile erfasst werden *(Details siehe Kapitel 3.1)*.

Bei Wahl der umsatzsteuerpflichtigen Grundstückslieferung kann nicht nur die auf das Bauprojekt entfallende Vorsteuer für Material und Leistung von Fremdunternehmungen in Abzug gebracht werden, sondern auch anteilig die Vorsteuer aus den Verwaltungskosten des Unternehmens. Falls ein Bauträger ausschließlich unecht steuerbefreite Leistungen erbringt, besteht für den Bauträger kein Vorsteuerabzug.

Ein Vorsteuerabzug ist auch dann noch nicht möglich, wenn mit dem Käufer in einem Kaufvertrag zwar die umsatzsteuerpflichtige Lieferung vereinbart worden ist, die Vorsteuerabzugsberechtigung jedoch erst bei Lieferung des Grundstückes besteht. Dies ist dann zu unterstellen, wenn „bloße Absichtserklärungen" hinsichtlich der umsatzsteuerpflichtigen Veräußerung bestehen, jedoch „bei Würdigung des vorliegenden Sachverhaltes am Maßstab des allgemeinen Erfahrungsgutes und der Denkgesetze im Zeitpunkt des Bezuges die Wahrscheinlichkeit" der steuerpflichtigen Veräußerung nicht ausreichend dargelegt werden kann.

Bei Kaufvertragsvereinbarung mit Mehrwertsteuerausweis, jedoch ohne oben genannter Sicherheiten einer umsatzsteuerpflichtigen Behandlung, kann der Bauträger nach der Ratenplanmethode dennoch Teilbeträge von der Bemessungsgrundlage inklusive Umsatzsteuer einfordern. In der Teilrechnung darf aber keine Umsatzsteuer ausgewiesen werden. Andererseits besteht aber auch keine Verpflichtung zur Umsatzsteuerabfuhr. Dem steht der Nachteil gegenüber, dass die in den Bauleistungen enthaltenen Vorsteuerbeträge während der Bauzeit noch nicht anteilig vom Finanzamt eingefordert werden können. In Summe wäre diese umsatzsteuerliche Behandlung in Verbindung mit dem Bauträgervertragsgesetz für den Bauträger von der Finanzierungsseite her dann günstig, wenn er möglichst viele Objekte bereits in der Bauphase oder vor Baubeginn mit umsatzsteuerrechtlicher Vereinbarung veräußert, da er dann von einer höheren Bemessungsgrundlage auch die Finanzierungsmittel zur Verfügung hätte. Da der vorsteuerabzugsberechtigte Erwerber idR bereits in der Bauphase Anzahlungs- und Teilrechnungen mit Umsatzsteuerausweis fordern wird, wird Umsatzsteuerpflicht einerseits und Vorsteuerabzugsberechtigung andererseits die wahrscheinlichste Übertragungsvariante z. B. bei Vorsorgewohnungen sein.

1.6 Die richtige Rechtsform für den Bauträger

1.6.1 Einzelunternehmen

Vorteile
+ Der Einzelunternehmer führt das Unternehmen allein: Diese Rechtsform ist daher vor allem für Personen geeignet, die nicht mit Partnern zusammenarbeiten möchten, Entscheidungen allein treffen wollen.
+ keine Aufteilung der Gewinne
+ einfache und kostengünstige Gründung (siehe unten)

Nachteile
– Haftung: Der Einzelunternehmer haftet allein mit dem gesamten Betriebs- und Privatvermögen, sohin unbeschränkt.
– Der Einzelunternehmer hat das Risiko seiner Entscheidungen allein zu tragen.

Gründungsschritte
1. Gewerbeanmeldung
2. Finanzamt: Der Einzelunternehmer hat die gewerbliche Tätigkeit beim Finanzamt anzuzeigen und eine Steuernummer zu beantragen (Betriebseröffnungsanzeige).
3. Antrag auf Eintragung ins Firmenbuch: Eine Eintragung in das Firmenbuch ist nur bei Überschreitung des Schwellenwertes des § 189 UGB zwingend, somit bei einem Jahresumsatz von mehr als € 700.000,–. Der § 189 UGB lautet: (1) Soweit in der Folge nichts anderes bestimmt wird, ist das Dritte Buch anzuwenden auf: 1. Kapitalgesellschaften und unternehmerisch tätige Personengesellschaften, bei denen kein unbeschränkt haftender Gesellschafter eine natürliche Person ist,

2. alle anderen mit Ausnahme der in Abs. 4 genannten Unternehmer, die hinsichtlich der einzelnen einheitlichen Betriebe jeweils mehr als 700.000 Euro Umsatzerlöse im Geschäftsjahr erzielen.

(2) Die Rechtsfolgen des Schwellenwertes (Abs. 1 Z 2) treten ein:

1. ab dem zweitfolgenden Geschäftsjahr, wenn der Schwellenwert in zwei aufeinanderfolgenden Geschäftsjahren überschritten wird; sie entfallen ab dem folgenden Geschäftsjahr, wenn er in zwei aufeinanderfolgenden Geschäftsjahren nicht mehr überschritten wird;
2. jedoch schon ab dem folgenden Geschäftsjahr, wenn der Schwellenwert um mindestens 300.000 Euro überschritten wird oder wenn bei Gesamt- oder bei Einzelrechtsnachfolge in den Betrieb oder Teilbetrieb eines Unternehmens der Rechtsvorgänger zur Rechnungslegung verpflichtet war, es sei denn, dass der Schwellenwert für den übernommenen Betrieb oder Teilbetrieb in den letzten zwei aufeinanderfolgenden Geschäftsjahren nicht erreicht wurde; sie entfallen ab dem folgenden Geschäftsjahr, wenn er bei Aufgabe eines Teilbetriebs um mindestens die Hälfte unterschritten wird.

(3) Rechnungslegungsrechtliche Sonderbestimmungen gehen der Anwendung dieses Gesetzes vor.

(4) Das Dritte Buch ist nicht anzuwenden auf Angehörige der freien Berufe, Land- und Forstwirte sowie Unternehmer, deren Einkünfte im Sinne des § 2 Abs. 4 Z 2 EStG 1988 im Überschuss der Einnahmen über die Werbungskosten liegen, auch wenn ihre Tätigkeit im Rahmen einer eingetragenen Personengesellschaft ausgeübt wird, es sei denn, dass es sich um eine Personengesellschaft im Sinn des Abs. 1 Z 1 handelt.

4. Anzeige bei der gewerblichen Sozialversicherungsanstalt

Gewerberechtliche Voraussetzungen

Gewerberechtsträger ist der Einzelunternehmer. Wenn ein Einzelunternehmen ein Gewerbe ausüben will, für das ein Befähigungsnachweis erforderlich ist, hat er den Befähigungsnachweis zu erbringen. Die Bestellung eines gewerberechtlichen Geschäftsführers, der die notwendigen Befähigungen nachzuweisen hat, ist zulässig. Er muss sich allerdings im Unternehmen entsprechend betätigen.

1.6.2 Offene Gesellschaft (OG)

Begriff

Die offene Gesellschaft (OG) weist drei Merkmale auf:

- Betrieb eines Unternehmens
- unter gemeinschaftlicher Firma;
- unbeschränkte Haftung aller Gesellschafter im Außenverhältnis.

Gesellschafter können sowohl natürliche Personen, juristische Personen (AG, GmbH) oder OG, KG sein.

Das Gesellschaftsvermögen gehört allen Gesellschaftern gemeinsam.

Vorteile
+ einfache Gründung (siehe unten)
+ freie Gestaltungsmöglichkeit der Rechte und Pflichten der Gesellschafter: Das Gesetz sieht für die Ausgestaltung des Innenverhältnisses (Geschäftsführerbefugnis, Aufteilung der Einnahmen etc.) grundsätzlich keine zwingenden Bestimmungen vor; somit sind alle Vereinbarungen zulässig, die nicht sittenwidrig sind.

Nachteil
– unbeschränkte Haftung: Die Gesellschafter einer Offenen Gesellschaft haften für die Verbindlichkeiten der Gesellschaft neben der Offenen Gesellschaft unbeschränkt, sohin mit ihrem ganzen Vermögen. Es gibt keine Betragsbeschränkung (zum Beispiel mit der Höhe eines Anteils). Diese Haftung ist im Außenverhältnis zwingend und kann durch Vereinbarung beziehungsweise durch Gesellschaftsvertrag den Gesellschaftsgläubigern gegenüber nicht ausgeschlossen oder eingeschränkt werden.

Gründung
1. Abschluss eines Gesellschaftsvertrages: Für den Abschluss des Gesellschaftsvertrages gibt es keine Formvorschriften. Er kann sowohl schriftlich, mündlich als auch stillschweigend abgeschlossen werden. Es ist aber die Gestaltung eines schriftlichen Gesellschaftsvertrages durch einen Fachmann dringend zu empfehlen.
2. Antrag auf Eintragung ins Firmenbuch: Die Anmeldung beim Firmenbuch hat durch sämtliche Gesellschafter zu erfolgen.
3. Gewerbeanmeldung
4. Finanzamt
5. Sozialversicherung

Gewerberechtliche Voraussetzungen

Gewerberechtsträger ist die OG.

Die OG hat einen gewerberechtlichen Geschäftsführer zu bestellen. Ist es für die Ausübung eines Gewerbes notwendig, einen Befähigungsnachweis einzubringen, so muss der gewerberechtliche Geschäftsführer, der die notwendige Befähigung nachzuweisen hat, ein zur Geschäftsführung und Vertretung berechtigter persönlich haftender Gesellschafter oder ein mit mindestens zur Hälfte der wöchentlichen Normalarbeitszeit im Betrieb beschäftigter und sozialversicherungspflichtiger Arbeitnehmer sein.

1.6.3 Gesellschaft bürgerlichen Rechts (GesBR)

Begriff

Die Gesellschaft bürgerlichen Rechts ist ein durch Vertrag begründetes Schuldverhältnis, in dessen Rahmen sich zwei oder mehrere Personen verpflichten, zur Erreichung eines gemeinsamen Zweckes durch Einsatz ihrer Mühe (allein) und/oder ihrer Sachen, somit auf irgendeine Weise, beizutragen.

Das Gesellschaftsvermögen gehört der Gesamtheit der Gesellschafter und bildet ein eigenes Haftungssubjekt („Gesamthandseigentum"). Durch die Reform (vgl BGBl I 2014/83) stehen ab 1.1.2015 körperliche Sachen, die

Gesellschafter in das Vermögen übertragen oder die für das Gesellschaftsvermögen erworben werden, nicht im gemeinschaftlichen, sondern im ideellen Miteigentum der Gesellschaft, während unkörperliche Sachen, insbesondere Forderungen, im gemeinschaftlichen Eigentum der Gesellschaft stehen.

Anwendungsfälle:

- Gelegenheitsgesellschaften (zum Beispiel gemeinsames Bauprojekt);
- land- und forstwirtschaftliche Betriebe;
- Innen- oder Außengesellschaften.

Vorteile
+ einfache Gründung, keine Registrierung im Firmenbuch (siehe unten)
+ vielfältige Anwendungsbereiche
+ freie Gestaltungsmöglichkeit des Gesellschaftsvertrages: Es sind grundsätzlich keine zwingenden Bestimmungen zu beachten, das Verhältnis der Gesellschafter zueinander und zur Gesellschaft kann daher frei geregelt werden.

Nachteile
– Jeder Gesellschafter haftet gegenüber Gläubigern unbeschränkt für Gesellschaftsschulden, somit für solche Verbindlichkeiten, die erkennbar für die Gesellschaft aufgenommen wurden.
– Keine Rechtsfähigkeit (wie etwa GmbH, OG oder KG).

Gründung
1. Gesellschaftsvertrag: Für die Errichtung einer Gesellschaft nach bürgerlichem Recht ist keine besondere Form erforderlich. Die Gesellschaft nach bürgerlichem Recht kann sowohl schriftlich, mündlich oder durch schlüssiges Verhalten gegründet werden. Die Eintragung ins Firmenbuch ist nicht zulässig, es sei denn, die Schwellenwerte des § 189 UGB werden überschritten, dann wandelt sich die GesbR in eine OG um und ist zwingend im Firmenbuch einzutragen (Gesamtrechtsnachfolge)!

2. Gewerbeanmeldung
3. Finanzamt

Gewerberechtliche Voraussetzungen

Wird für die Ausübung eines Gewerbes ein Befähigungsnachweis vorgeschrieben, so muss jeder Gesellschafter die notwendigen Berechtigungen mitbringen. Gewerberechtsträger ist der einzelne Gesellschafter, nicht die Gesellschaft.

1.6.4 Kommanditgesellschaft (KG)

Begriff

1. Betrieb eines Unternehmens im Sinne des UGB
2. unter einer gemeinschaftlichen Firma
3. unter unterschiedlicher Haftung der Gesellschafter.
   Es werden unterschieden:
   Komplementäre: Ihre Rechtsstellung entspricht derjenigen der Mitglieder der OG.
   Kommanditisten: Ihre Haftung für Gesellschaftsschulden ist beschränkt oder sogar ausgeschlossen. Sie sind dafür von der Geschäftsführung (kann anders vereinbart werden) und von der Alleinvertretung der Gesellschaft (zwingend!) ausgeschlossen.

   Diese Rechtsform ist vor allem dann geeignet, wenn eine Person die Gesellschaft nach außen hin allein führen möchte, aber nicht genug Kapital hat. Der Kommanditist stellt das Kapital zur Verfügung und kann von der Geschäftsführung und Vertretung ausgeschlossen werden. Dafür haftet er aber im Normalfall auch nur mit seiner Kapitaleinlage.

Vorteile
+ einfache Gründung (siehe unten)
+ freie Gestaltung des Innenverhältnisses: Wie bei einer Offenen Gesellschaft kann das Innenverhältnis bei der Kommanditgesellschaft frei geregelt werden.

Nachteile
– unbeschränkte Haftung des Komplementärs: Der Komplementär haftet wie der Gesellschafter einer OG unbeschränkt für Gesellschaftsschulden.
– Bei der Haftung des Kommanditisten ist zwischen Hafteinlage und Pflichteinlage zu unterscheiden: Hafteinlage: Die Höhe dieser Einlage bestimmt die Haftung des Kommanditisten gegenüber Gesellschaftsgläubigern. Pflichteinlage: Zur Leistung dieser Einlage verpflichtet sich der Kommanditist im Innenverhältnis. Diese Einlage kann in Geld, aus Sachen oder der Erbringung von Leistungen bestehen. Die Pflichteinlage kann daher von der Hafteinlage abweichen. In das Firmenbuch wird nur die Hafteinlage, nicht aber die Pflichteinlage eingetragen. Hat der Kommanditist seine Pflichteinlage in der Höhe der Hafteinlage geleistet, so entfällt seine Haftung gegenüber den Gesellschaftsgläubigern.

Gründung
1. Gesellschaftsvertrag: Für den Gesellschaftsvertrag einer Kommanditgesellschaft sind keine besonderen Formvorschriften vorgesehen. Er kann daher sowohl schriftlich, mündlich oder schlüssig abgeschlossen werden. Ein schriftlicher Vertrag und die Beratung durch einen Fachmann sind dringend anzuraten, da der Kommanditist danach trachten muss, dass seine Hafteinlage im Firmenbuch möglichst rasch registriert wird, da er für Gesellschaftsverbindlichkeiten vor Registrierung im Firmenbuch unbeschränkt haftet. Der Kommanditist wird daher die Geschäfte der Gesellschaft zumindest bis zur Registrierung im Firmenbuch im eigenen Interesse überwachen müssen.
2. Gewerbeanmeldung
3. Finanzamt
4. Sozialversicherung: Der Kommanditist ist, wenn er im Unternehmen eine Arbeitnehmertätigkeit ausübt, nach dem ASVG versichert und ist sohin bei der Gebietskrankenkasse anzumelden. Anmeldung bei der gewerblichen Sozialversicherung: Die Komplementäre sind in der Kranken- und Pensionsversicherung der Selbständigen nach dem GSVG pflichtversichert. Der Kommanditist ist nicht nach dem GSVG pflichtversichert.

Gewerberechtliche Voraussetzungen

Die Kommanditgesellschaft hat einen gewerberechtlichen Geschäftsführer zu bestellen. Ist für die Ausübung eines Gewerbes ein Befähigungsnachweis nötig, so muss der gewerberechtliche Geschäftsführer, der die notwendige Befähigung nachzuweisen hat, ein zur Geschäftsführung und Vertretung berechtigter persönlich haftender Gesellschafter (daher nur ein Komplementär!) oder ein mit mindestens zur Hälfte der wöchentlichen Normalarbeitszeit im Betrieb beschäftigter und voll sozialversicherungspflichtiger Arbeitnehmer sein.

Gewerberecht

Es gelten die gleichen Kriterien wie bei der Kommanditgesellschaft *(siehe Kapitel 1.6.2).*

1.6.5 Gesellschaft mit beschränkter Haftung (GmbH)

Begriff

Die Gesellschaft mit beschränkter Haftung ist eine Gesellschaft mit eigener Rechtspersönlichkeit, deren Stammkapital in Geschäftsanteile mit Stammeinlagen zerlegt ist und für deren Verbindlichkeiten die Gesellschafter nicht haften.

Achtung: Die Gesellschaft selbst haftet den Gesellschaftsgläubigern mit ihrem gesamten Vermögen unbeschränkt, während die Gesellschafter für die Gesellschaftsschulden nicht einmal beschränkt haften. Die Gesellschafter müssen nur das Stammkapital einzahlen und ihre vereinbarten Verpflichtungen der Gesellschaft gegenüber erfüllen.

Vorteile
+ klare gesellschaftsrechtliche Strukturen
+ Die Berücksichtigung unterschiedlicher Fähigkeiten und Gesellschafter ist möglich: Die Rechte und Pflichten der Gesellschafter und der Geschäftsführer können sehr individuell im Vertrag festgelegt werden; das GmbH-Recht kennt diesbezüglich nur wenige zwingende Bestimmungen.
+ Die bloße Kapitalbeteiligung einzelner Gesellschafter ist möglich.
+ Die Gesellschafter haften nicht gegenüber Gesellschaftsgläubigern.

Nachteile
– hoher Gründungsaufwand (siehe unten) – geringe Mobilität der Geschäftsanteile: – Die Durchgriffshaftung der Gesellschaftsgläubiger auf die Geschäftsführer und auch Gesellschafter kann bei Insolvenz und Krida nicht ausgeschlossen werden. – Wenn Mitgesellschafter mit der Einzahlung ihrer Stammeinlagen säumig sind, so können die übrigen Gesellschafter nach dem Verhältnis ihrer Stammeinlagen zur Zahlung herangezogen werden (subsidiäre Deckungspflicht).

Gründung
1. Gesellschaftsvertrag: Der Gesellschaftsvertrag sollte nur nach ausführlicher Besprechung durch einen Rechtsanwalt oder Notar erstellt werden. Vor der unkritischen Übernahme von Gesellschaftsvertragsmustern ist dringend zu warnen. Vor der Gründung sollte auch unbedingt ein Steuerberater beigezogen werden.
2. Der Vertragsabschluss erfordert zwingend die Notariatsaktsform.
3. Einzahlung der Stammeinlage: Auf Bareinlagen muss sofort mindestens ein Viertel der übernommenen Stammeinlage eingezahlt werden, Sacheinlagen müssen sofort im vollen Umfang erbracht werden.
4. Antrag auf Eintragung in das Firmenbuch: Die GmbH ist von sämtlichen Geschäftsführern zur Eintragung in das Firmenbuch anzumelden. Die Einzahlung der Bareinlagen muss durch schriftliche Bestätigung eines Kreditinstitutes nachgewiesen werden. Das Kreditinstitut haftet der Gesellschaft für die Richtigkeit der Bestätigung. Mit der Eintragung entsteht die Gesellschaft mit beschränkter Haftung als juristische Person.
5. Gewerbeanmeldung: Ab der Eintragung in das Firmenbuch ist eine Gewerbeanmeldung möglich.
6. Finanzamt
7. Sozialversicherung: Geschäftsführende Gesellschafter sind nach dem GSVG pflichtversichert, sofern sie nicht bereits nach dem ASVG versichert sind.

Gewerberechtliche Voraussetzungen

Die GmbH muss einen gewerberechtlichen Geschäftsführer bestellen. Handelt es sich um ein Gewerbe, für das die Erbringung eines Befähigungsnachweises vorgeschrieben ist, so muss der gewerberechtliche Geschäftsführer, der die Befähigung nachweisen muss, entweder ein handelsrechtlicher Geschäftsführer oder ein Arbeitnehmer mit mindestens halber wöchentlicher Normalarbeitszeit sein, der voll ASVG-versichert ist.

1.6.6 Sonderfall: GmbH & Co KG

Begriff

Die GmbH & Co KG ist eine Mischform zwischen der GmbH und KG. Unter ihren Komplementären befindet sich mindestens eine GmbH. Diese Gesellschaftsform unterliegt aber insgesamt dem KG-Recht.

Vorteile
+ freie Gestaltung des Innenverhältnisses: Der Gesellschaftsvertrag kann an die Bedürfnisse des Einzelfalls angepasst werden.
+ Haftung: Die GmbH tritt als unbeschränkt haftender Gesellschafter auf.

Nachteil
– Gründungsaufwand: Es sind zwei Gesellschaften zu errichten. Damit sind höhere Gründungskosten verbunden.

Gewerberechtliche Voraussetzungen

Gewerberechtsträger ist die KG. Gewerberechtlicher Geschäftsführer kann nur ein handelsrechtlicher Geschäftsführer der Komplementär-GmbH oder ein Arbeitnehmer (zumindest zur Hälfte der Normalarbeitszeit beschäftigt, nach dem ASVG sozialversichert) sein.

1.6.7 Aktiengesellschaft (AG)

Begriff

Die Aktiengesellschaft ist eine Gesellschaft mit eigener Rechtspersönlichkeit. Ihre Gesellschafter sind mit Einlagen auf das in Aktien zerlegte Grundkapital beteiligt, ohne persönlich für die Verbindlichkeiten der Gesellschaft zu haften. Das Gesellschaftsvermögen steht im Eigentum der Gesellschaft, die einzelnen Gesellschafter haben keinerlei Rechte am Gesellschaftsvermögen.

Vorteile
+ hohe Mobilität der Geschäftsanteile: Die Aktienurkunde ist ein Wertpapier, das die Mitgliedschaft des Aktionärs verbrieft. Die Aktie ist als Wertpapier sehr leicht veräußerlich.
+ Ein Haftungsdurchgriff auf die Gesellschafter ist praktisch nicht möglich.
+ Wenn ein Aktionär mit der Erbringung der Kapitaleinlage säumig ist, können die übrigen Aktionäre nicht für die Erbringung dieser Einlage herangezogen werden.

Nachteile
– komplizierte Gründungsvorschriften, damit hoher Gründungsaufwand (siehe unten)
– hohe Verwaltungskosten

Gründung

Der Gesellschaftsvertrag (Feststellung der Satzung) muss notariell beurkundet werden. Auch die Erklärung der Gründer, die Aktien zu übernehmen, bedarf der notariellen Beurkundung. Es muss ein Gründungsbericht erstattet werden, aufgrund dessen die Gründungsprüfung erfolgt. Das Firmenbuchgericht prüft, ob die Errichtung und Anmeldung der Gesellschaft ordnungsmäßig erfolgt ist.

Gewerberechtliche Voraussetzungen

Die AG muss einen gewerberechtlichen Geschäftsführer bestellen. Handelt es sich um ein Gewerbe, für das ein Befähigungsnachweis vorgeschrieben ist, so muss dieser gewerberechtliche Geschäftsführer, der die Befähigung nachweisen muss, entweder ein Vorstandsmitglied sein oder ein Arbeitnehmer mit mindestens halber wöchentlicher Normalarbeitszeit, der voll ASVG-versichert ist.

1.7 Steuerliche Einkunftsart des Bauträgers

Das Unternehmen des Bauträgers kann in jeder Art einer Rechtsform geführt werden, ausgenommen Stiftungen und Vereine. Ein Einzelunternehmen, protokolliert oder nicht protokolliert, eine Personengesellschaft oder Erwerbsgesellschaft, eine Kapitalgesellschaft und sämtliche Mischformen (GesmbH & Co KG, stille Gesellschaft mit einer GmbH etc.) können gewählt werden *(siehe Kapitel 1.6)*. Hier gelten die allgemeinen Regeln des Steuerrechts, die zumeist auf die handelsrechtlichen Bestimmungen Bezug nehmen.

Ein Bauträger ist bei Umsätzen ab € 400.000,– nach den Steuergesetzen bilanzierungspflichtig, was bei der Immobilienübertragung wertmäßig sehr häufig der Fall sein wird. Der Bauträger als Einnahmen/Ausgabenrechner wird daher selten vorkommen. Dies umso mehr, als die Verlustausgleichsbeschränkungen des § 2 Abs 2 EStG die für Anlegermodelle ursprünglich verwendeten steuerlichen Vorteile zwischenzeitig steuerlich unattraktiv gemacht haben.

Die nachstehenden Ausführungen gehen daher vom Regelfall aus, dass ein Bauträgerunternehmen ein bilanzierendes, protokolliertes oder nicht protokolliertes Einzelunternehmen, eine Personengesellschaft oder auch eine Kapitalgesellschaft in der Rechtsform einer Aktiengesellschaft oder GmbH ist.

In jedem Fall werden Einkünfte aus Gewerbebetrieb gegeben sein.

1.7.1 Aufzeichnungsverpflichtungen

Im Regelfall muss das Unternehmen eines Bauträgers die Grundsätze der ordnungsmäßigen Buchführung beachten. Deshalb wird der Betriebsvermögensvergleich die häufigste Gewinnermittlungsart des Bauträgers darstellen.

Die Pflicht zur Buchführung besteht dann, wenn die Umsatzgrenze von € 400.000,– zweimal überschritten worden ist, und zwar mit dem übernächsten darauffolgenden Jahr. Kapitalgesellschaften (AG, GmbH) und Personengesellschaften (OG, KG) sind zwingend zur Buchführung verpflichtet.

Der Gewinn ist durch doppelte Buchführung zur ermitteln. Als Gewinn gilt der Unterschiedsbetrag zwischen dem Betriebsvermögen am Schluss des laufenden Wirtschaftsjahres und dem Betriebsvermögen am Schluss des vorangegangenen Wirtschaftsjahres. Entnahmen sind dem Unterschiedsbetrag hinzuzurechnen, Einlagen sind abzuziehen.

Nachstehende **Positionen** werden **im Betrieb des Bauträgers** aufzufinden sein:

- Im Anlagevermögen sind jene Wirtschaftsgüter aufzunehmen, die dazu bestimmt sind, dem Betrieb auf Dauer zu dienen, zumindest länger als ein Jahr. Dazu gehören Produktionsmaschinen, Betriebs- und Geschäftsausstattung, Betriebsgebäude, Fahrzeuge etc.

- Anlagevermögen kann abnutzbar (siehe oben) oder nicht abnutzbar sein, wie etwa Grundstücke. Wenn im Betrieb des Bauträgers unverkäufliche Grundstücksreserven enthalten sind, besteht für diese Bilanzposition die Möglichkeit einer Teilwertabschreibung auf den niederen Verkehrswert, was auch handelsrechtlich verpflichtend ist.

- Unter dem Umlaufvermögen sind jene Wirtschaftsgüter aufzunehmen, die dazu bestimmt sind, umgesetzt zu werden. Beim Bauträger wird das insbesondere der Grundstücksbestand sein.

Abgrenzungsprobleme ergeben sich beim Bauträger insbesondere durch die Wechselwirkung zwischen Anlagevermögen und Umlaufvermögen. Im Normalfall wird ein Grundstück zunächst als Umlaufvermögen eingestuft (zum Verkauf bestimmt). Sollte jedoch aufgrund der speziellen Gegebenheiten (Veräußerung nicht oder nur mit finanziellen Einbußen möglich) längerfristig zur Vermietung oder zur Eigennutzung des Bauträger-Unternehmens gewechselt werden, ist in diesem Fall eine Umwidmung mit einer Umbuchung verbunden, die auch auf die umsatzsteuerliche Behandlung Einfluss hat. Wenn man davon ausgeht, dass im Umlaufvermögen noch keine Berechtigung zum Vorsteuerabzug besteht, dass sie im Anlagevermögen bei Eigennutzung zum Teil besteht und bei Vermietung oder sonstiger umsatzsteuerpflichtiger Behandlung anteilsmäßig gesamt besteht, hat diese Umbuchung auch umsatzsteuerrechtliche Bedeutung. In diesem Fall kann der

Unternehmer-Bauträger die Vorsteuer anteilig für das Objekt beim Finanzamt einfordern.

Beispiel:

Ankauf des Grundstückes, Bebauung durch den Bauträger und Verkauf an Privatnutzer in Wohnungseigentum, unecht steuerbefreit; einige Wohnungen können nicht verkauft werden und werden längerfristig vermietet; Vorsteuerabzug steht anteilig zu; wenn im Anschluss an den Vermietungszeitraum doch noch ein Käufer gefunden wird, ist nach der Vorsteuerberichtigungs-Regelung des § 12 Abs 10 UStG 1994 eine anteilige Vorsteuerberichtigung erforderlich.

Insbesondere in Altbauten wird eine Mischung zwischen Umlauf- und Anlagevermögen im Rechnungswesen des Bauträgers kaum vermeidbar sein. Wenn beispielsweise eine zum Teil vermietete, teils bestandsfreie Liegenschaft erworben wird, ist davon auszugehen, dass der Vermietungsteil längerfristig dem Unternehmen dient. Er wird daher im Anlagevermögen des Unternehmens aufzunehmen sein. Wenn eine Wohnung oder ein Geschäft vom Mieter zurückgegeben wird, wird dieser Grundstücksanteil in der Regel in Wohnungseigentum weiterveräußert werden. Sollte der Bauträger zwischenzeitig Investitionen im ehemaligen Bestandsobjekt durchführen, sind in der Regel die in den Fremdleistungen enthaltenen Vorsteuern für dieses Objekt nicht abzugsfähig, ausgenommen im Zeitpunkt des Übertragens und Ausweises mit Umsatzsteuer, jedoch erst zum Zeitpunkt der Lieferung (Schlüsselübergabe), insoweit für den Fiskus noch keine Sicherheit hinsichtlich der umsatzsteuerpflichtigen Übertragung besteht.

Der Zeitpunkt der Übertragung der Bestandsrechte an den Eigentümer ist auch der Zeitpunkt für die Umbuchung vom bisherigen Anlagevermögen auf das Umlaufvermögen. Zu beachten ist, dass sich damit auch der Vorsteuerkürzungsschlüssel für das Gesamtobjekt ändert. Zwischen dem Unternehmen, das mit der Hausverwaltung betraut ist, und dem Bauträgerunternehmen sollte daher laufender Kontakt gepflogen werden, damit diese Umstände durch das Rechnungswesen, aber auch aus ertragsteuerrechtlicher und umsatzsteuerrechtlicher Sicht nachvollzogen werden können.

- Im **Rechnungswesen eines Bauträgers** sind auch Rechnungsabgrenzungsposten für die periodenreine Abrechnung wesentlich, zum Beispiel Vorauszahlungen auf der Ausgaben- wie auch auf der Einnahmenseite.

In bestimmten Fällen ist die Bildung von Rücklagen aufgrund ausdrücklich gesetzlicher Anordnung gewinnmindernd möglich.

- **Rückstellungen** sind Passivposten für ernstlich drohende, aber tatsächlich noch nicht eingetretene Verbindlichkeiten, die im laufenden Jahr ihre wirtschaftliche Ursache haben.

Im Firmenbuch eingetragene protokollierte Gewerbetreibende (so genannte § 5-Ermittler) müssen die handelsrechtlichen Grundsätze ordnungsgemäßer Buchführung und nicht nur die steuerlichen Bestimmungen beachten. Diese handelsrechtlichen Grundsätze sind im Rechnungslegungsgesetz festgehalten. Wichtigster Grundsatz ist das kaufmännische Vorsichtsprinzip: Danach dürfen Gewinne erst dann als solche ausgewiesen werden, wenn sie verwirklicht sind. Drohende Verluste müssen hingegen bereits (in Form von Rückstellung oder Teilwertabschreibungen) berücksichtigt werden.

Der in der Praxis bedeutendste Unterschied zwischen einem Unternehmen, das im Firmenbuch eingetragen ist, und einem bilanzierenden Unternehmen, das nicht im Firmenbuch eingetragen ist, besteht darin, dass Wertveränderungen von Grund und Boden, die zum betrieblichen Anlagevermögen gehören, nur beim protokollierten Unternehmen berücksichtigt werden.

1.7.2 Beachtenswertes beim Rechnungswesen

Die Schwierigkeiten in den steuerlichen und handelsrechtlichen Spezialthemen haben auch **organisatorische Folgewirkungen.** Auf zwei Punkte ist dabei besonders zu achten:

- die Wechselwirkung zwischen dem Anlage- und Umlaufvermögen *(siehe auch Kapitel 1.7.1);*
- die speziellen Regelungen des Umsatzsteuergesetzes hinsichtlich der unechten Steuerbefreiung bei Veräußerung von Grundstücken und hinsichtlich der Vorsteuerabzugsberechtigung bei Umsatzsteuerausweis einer Grundstückslieferung beziehungsweise Vermietung *(siehe auch Kapitel 1.7.1).*

1.7.3 Gewährleistungs- und Schadenersatzansprüche im Steuerrecht

Das Konsumentenschutzrecht, primär aber die Gewährleistungs- und Schadenersatzansprüche nach dem Bauträgervertragsgesetz, haben Auswirkungen auf die Leistungen des Bauträgers. Im Rechnungswesen ist hiefür – je nach Art der erbrachten Leistung (unecht steuerbefreit oder steuerpflichtig) – eine entsprechende Rückstellung inklusive beziehungsweise exklusive Umsatzsteuer zu bilden *(siehe Kapitel 1.7.1)*. Wenn die Rückstellung tatsächlich in Anspruch genommen wird, ist in den Bilanzen des Bauträgers die tatsächliche Verbindlichkeit einzustellen.

2. Projektentwicklung

2.1 Projektkonzept

2.1.1 Wohnbauten

Wohnen ist heute längst nicht mehr eine Frage der bloß quantitativen Bedarfsdeckung und mehr, als bloß ein Dach über dem Kopf zu haben. Diese Zeiten sind vorbei.

Heute ist Wohnen ein bedeutender Faktor der Lebensverwirklichung; die Wohnung spiegelt den Lebensstil und die Lebenshaltung des Bewohners wider; der Wunsch nach dem „schönen Wohnen" bestimmt mehr denn je die Lebensplanung.

Gleichzeitig ist eine gewisse Flexibilisierung des Wohnverhaltens zu beobachten, das heißt die Wohnung ist nicht mehr unbedingt Lebenswohnung, die man erst am Lebensende wieder verlässt. Durch die dynamischer gewordene Gesellschaft, durch die Notwendigkeit, die Lebenssituationen an den immer rascher werdenden beruflichen und wirtschaftlichen Wandel anzupassen, ist, anders als früher, mit mehrmaligem Wohnungswechsel im Verlauf des Lebenszyklus zu rechnen.

Diese Begleitumstände machen das Marketing für Wohnen einerseits schwierig, weil Wohnbaukonzepte sich stärker als bisher an den Wandel in der gesellschaftlichen Einstellung zum Wohnen anpassen müssen. Andererseits ergeben sich dadurch aber auch Chancen, in einem vielfältiger werdenden Markt mit gut zugeschnittenen Projekten Erfolg zu haben.

2.1.1.1 Lage, Preis, Ausstattung (Hard facts)

Die klassische Aussage vieler Immobilienfachleute, dass bei Immobilien nur drei Faktoren maßgeblich sind, nämlich Lage, Lage, Lage, ist zwar nach wie vor grundsätzlich richtig, jedoch zu relativieren. Lagefaktoren sind zumindest in Stadtteilen und Gebieten, die sich in einem Entwicklungsprozess befinden, als mittelfristig temporär und veränderbar anzusehen. So haben sich etwa in Wien die Verkehrslagefaktoren seit dem Ausbau des U-Bahn-Netzes gründlich gewandelt: Die Lage in der Nähe einer U-Bahnstation ist prinzipiell positiv auch in Gebieten, die vor wenigen Jahren noch als unattraktiv galten.

Lage kann, insbesondere bei größeren Projekten, durchaus bis zu einem gewissen Grad „gemacht" werden. Das architektonische Konzept, ein sorgfältig gestaltetes Freiflächenprogramm, integrierte Infrastruktur, wie Geschäfte oder Freizeiteinrichtungen, und geschickt gestaltete Einbindung in die Umgebung können einem Projekt einen eigenständigen Wert und eine besondere Akzeptanz geben und es sozusagen zu einer Insel einer bestimmten Qualität machen. Feinfühlige Architektur und stimmiges Baukonzept können daher objektive Lagenachteile durchaus überspielen oder sogar zum Positiven umdrehen.

Weiters sind Preis und Ausstattungsqualität wesentliche Kriterien einer Miet- oder Kaufentscheidung. In einem transparenter gewordenen Markt stehen dem Kunden heute wesentlich bessere Vergleichsmöglichkeiten zur Verfügung als noch vor Kurzem. Häufig gehen Wohnungsinteressenten geradezu „shopping" und klappern, bewaffnet mit Checklisten und Preisvergleichen, alle möglichen Bauträger ab. Trotzdem fällt die Entscheidung aber letztlich nicht unbedingt nach den rein rationalen Kriterien des Preis- und Ausstattungsvergleiches: Gewinnen wird schließlich derjenige Bauträger, der die bessere Beratung und das bessere Service bietet, mit mehr Sicherheiten vertrauensbildende Faktoren glaubhaft machen kann und die Emotionalität und subjektive Erwartung des Kunden besser trifft.

Die emotionalen Komponenten sind es also, auf die es letztlich ankommt: Sie spielen beim Wohnen eine entscheidende Rolle und sind das wichtigste Kriterium eines guten Wohnprojektes: Ausgehend von der Tatsache, dass heute im Prinzip jeder eine Wohnung hat und der Wunsch nach Wohnungsveränderung gleichzeitig der Wunsch nach Verbesserung der Lebensumstände ist, ist diese Behauptung leicht begreifbar. Wohnen verhält sich dabei nicht viel anders als das Verhältnis der Konsumenten zu ihrem mobilen Wohnzimmer, dem Auto. Obwohl es rein rational um die rein praktische Aufgabe geht, sich möglichst problemlos von A nach B zu bewegen, ist die Anschaffung eines neuen Autos trotzdem weitestgehend von Emotion geprägt: schöner, prestigeträchtiger, neuer – „Freude am Fahren" trotz Stau und Geschwindigkeitsbeschränkungen.

Das Bedürfnis nach Verbesserung der Lebensumstände und Darstellung des eigenen Ichs in einer neuen Wohnumgebung muss daher befriedigt werden. Die Kunden, denen es auf solche emotionalen Komponenten nicht ankommt, befinden sich meistens in Lebensumständen, die Ausnahmesituationen darstellen: Wohnbedarf nach Scheidungen, Ortswechsel unter Zeitdruck und dergleichen können den Spielraum für emotionale Lebensträume einschränken. Diese Zustände sind aber temporär und können nicht Basis einer vernünftigen Projektstrategie sein.

2.1.1.2 Zielgruppe

Ein gutes Immobilienprojekt im Allgemeinen und besonders ein gutes Wohnprojekt zeichnet sich dadurch aus, dass es seine Position auf dem Markt nicht nur nach objektiven Kriterien, wie Preis, Qualität und Lage (objektives Marktsegment), sondern auch nach subjektiven Kriterien einer individuell angesprochenen Zielgruppe (subjektives Marktsegment) sucht. Die Zielgruppenausrichtung eines Projektes ist in subjektiver Hinsicht in erster Linie von seiner gestalterischen Konzeption abhängig. Wohnungstypologie, Wohnungsgrößen, architektonische Gestaltung und Formengebung sowie Farbwahl und Auswahl der Allgemeineinrichtungen sind Elemente dieser Ausrichtung.

Demoskopische Daten und Bedarfsanalysen helfen bei der Auswahl der Zielgruppen, sind aber kein Allheilmittel: So hat man zum Beispiel in den vergangenen Jahren festgestellt, dass die Zahl der Single-Haushalte enorm zunimmt und scheinbar folgerichtig auf diese Situation dadurch reagiert, dass im Bereich der Wohnbauförderung die Wohnungsdurchschnittsgrößen verkleinert und im Verhältnis wesentlich mehr Kleinwohnungen als Mehrzimmerwohnungen auf den Markt gebracht wurden. Rein statistisch gesehen war diese Entscheidung richtig, praktisch von der Kundenerwartung her jedoch falsch. Der Singlehaushalt ist zumindest im Bereich der berufsaktiven Generationen kein Dauerzustand, sondern eine temporäre Lebenssituation. Der Trend zur wechselnden Partnerschaft, zur Lebensbindung erst in fortgeschrittenem Alter heißt nicht zwangsläufig, dass sich solche temporären Singles auf Dauer mit einer Miniwohnung zufrieden geben – der Wunsch nach Raum, großer Wohnung und dem damit verbundenen Prestige ist dem Single, wenn er es sich leisten kann, genauso immanent wie der Bedarf nach mehreren Räumen, wenn sich die Notwendigkeit dazu aufgrund der Familiengröße ergibt. Die Folgen der rein quantitativ orientierten Interpretation der Bevölkerungsstatistik waren klar: beachtliche Leerstandsraten bei Kleinst- und Kleinwohnungen und ein Bedarf an Mehrraum- und Großwohnungen, der nicht befriedigt werden konnte.

Bei der Ausrichtung auf Zielgruppen sind auch die Umgebung und deren absehbare Entwicklung mit einzubeziehen. In Gebieten, die sich in einem städtebaulichen Wandel befinden, kommt der Beobachtung dieser Entwicklungen entscheidende Bedeutung zu, umso mehr, wenn damit ein Verdichtungsprozess an Nutzflächen und Nutzungen verbunden ist. Stadtgebiete, die sich in einem solchen Verdichtungsprozess befinden, zum Beispiel die Hochhausgebiete in Wien, ziehen ein völlig anderes Publikum an als Stadtrandgebiete, denen dieses dynamische Moment fehlt. Die Ausstrahlung von Unruhe, Urbanität und vielleicht sogar Härte solcher Stadtteile muss sich in dazu passenden Wohnformen widerspiegeln, die diesen Rahmenbedingungen Rechnung tragen: junges, aktives Publikum, offene Strukturen, dynamische Architektur, flexible Grundrisse wären hier einige Schlagworte; ein Service- und Verwaltungskonzept, das auf die zu erwartende höhere Fluktuation Rücksicht nimmt, ist ebenfalls angebracht.

2.1.2 Wirtschaftsbauten

Stärker als beim Wohnbau spielen im Wirtschaftsbau naturgemäß nüchterne und rationale Argumente eine wesentliche Rolle. Die emotionale Komponente, nämlich Prestige, Ausstrahlung des Gebäudes und dergleichen, ist zwar auch im Wirtschaftsbau von zunehmender Bedeutung, wird aber rational uminterpretiert: Signifikanz, Werbeeffekt, Wahrnehmbarkeit sind die nüchternen Umformungen dieser Gesichtspunkte.

2.1.2.1 Objektive Lagefaktoren

Die Lage ist bei Wirtschaftsbauten ebenfalls viel stärker von objektiven und messbaren Kriterien bestimmt als bei Wohnbauten. Klar ist, dass insbesondere bei Handelsliegenschaften die Messbarkeit der potentiellen Kundenfrequenz, die quantitativen Kenngrößen der direkten und erweiterten Einzugsgebiete, die Erreichbarkeit mit individuellen und öffentlichen Verkehrsmitteln von entscheidender Bedeutung ist.

Bei Bürobauten spielt der Gesichtspunkt des Einzugsgebietes keine entscheidende Rolle. Hier kommt es in erster Linie darauf an, welche Verkehrsrelationen und Verbindungen zu regionalen und überregionalen Einrichtungen bestehen. In Wien zum Beispiel wurde die Lage an wichtigen Ausfallstraßen oder im Zentrum durch die Lage an U-Bahn-Linien in ihrer Bedeutung übertroffen. In Städten, in denen solche Einrichtungen nicht vorhanden sind, zählen nach wie vor Lagen im Zentrum oder an leistungsfähigen Straßenzügen zu den entscheidenden Kriterien.

2.1.2.2 Signifikanz und Prestige

Ein zunehmend bedeutungsvoller Faktor für Bürobauten ist die Wahrnehmbarkeit und Signifikanz des Gebäudes und damit die Möglichkeit, den darin angesiedelten Unternehmern einen entsprechenden Rahmen für ihre Selbstdarstellung und Darstellung ihrer Corporate Identity zu geben. Die auch in Österreich dramatisch zunehmende Tendenz, diese Signifikanz durch hohe Häuser und Hochhäuser darzustellen, ist der beste Beweis für diese These: Hochhäuser sind Prestigezeichen, Ausdruck von Stärke, Internationalität, Größe und letztlich Macht und sie punkten damit, dass sie diese Ausstrahlung auf die in ihnen beheimateten Unternehmen übertragen oder zumindest übertragen sollten.

Rein rational gesehen sind Hochhäuser nicht unbedingt das Non-Plus-Ultra: Sie brauchen hohen baulichen Aufwand, haben ein schlechtes Verhältnis von Bruttogeschoßfläche zu Nettonutzfläche, benötigen erhöhte technische Ausstattung und Sicherheitseinrichtungen, bieten weniger Grundrissflexibilität, kommen ohne Vollklimatisierung nicht aus und verursachen erhöhten Betriebskosten- und Bewirtschaftungsaufwand, der oft mehr als doppelt so hoch ist wie in „normalen" Bürohausbauten. Was sie vermitteln, ist allerdings – wie erwähnt – Prestige und Signifikanz, zumindest für große Unternehmen, die aufgrund ihrer Flächenbelegung im Stande sind, sich im Ameisenhaufen des Turmes darstellungsmäßig zu behaupten. Kleinere Unternehmen haben diese Chance nicht; sie gehen in der Masse des konzentrierten Flächenangebotes und der Vielzahl der Stockwerke unter und verlieren unter Umständen genau das, was sie durch die Einmietung im teuren Hochhaus erhofft haben: ihre Corporate Identity.

Wie dem auch sei: Hochhäuser haben ihren festen Platz in der Wirtschaftsbautenlandschaft und decken die Bedürfnisse eines bestimmten Bereiches der Immobilienwirtschaft ab. Das Prinzip der Signifikanz und Wahrnehmbarkeit von Gebäuden ist allerdings auch bei kleineren Gebäuden verwirklichbar, ohne die Nachteile der Bauform des Hochhauses in Kauf nehmen zu müssen. Bemerkenswerte Architektur, Aufmerksamkeit durch Positionierung, gute Auswahl der Lage und eine entsprechende technische Infrastruktur können auch kleineren Bauten zu Wahrnehmung und Akzeptanz auf dem Markt verhelfen. Für kleinere und mittlere Unternehmen bieten solche Gebäude die Chance, sich dem Verschwinden in der Masse zu entziehen und sich eigenständiger und besser darzustellen – geringere Betriebskosten, mäßigerer Bau- und damit Mietaufwand und öffenbare Fenster sind ein zusätzlicher Nutzen.

2.1.2.3 Nutzen und Flexibilität

Flächeneffizienz und das Verhältnis von möglichen Arbeitsplätzen zur Geschoßfläche sind für Bürobauten ein entscheidender Faktor. Eine Erfolg versprechende Bürohausplanung wird daher von einem bestimmten Rastermaß (in der Regel 1,25 Meter bis 1,40 Meter und ein Vielfaches davon) der Fassadenteilung und der damit möglichen Raumteilung ausgehen. Dieses Rastermaß bildet die Grundlage für die technischen Einrichtungen des Gebäudes und ist Basis des Konzeptes für Heizung und Lüftung sowie der Ausstattung für Starkstrom- und Schwachstromversorgung und für Beleuchtung.

Eine Abweichung vom standardisierten Bürozimmerraster (2,50 Meter bis 2,80 Meter mal 4,80 Meter bis 5,20 Meter) ist dann sinnvoll, wenn – ausgehend immer von diesem Raster – zusätzliche bauliche und Nutzungsqualitäten eingeführt werden sollen oder der Nutzerwunsch dies erfordert. Prinzipiell ist ein Abweichen von der idealen Trakttiefe bei Mittelgangerschließung von 12,50 Meter bis 14,00 Meter nur dann gerechtfertigt, wenn daraus erhöhte räumliche Qualitäten oder ökonomisch und organisatorisch sinnvolle Nebennutzungen, wie Besprechungs- oder Aufenthaltszonen, Schulungs- und Sozialräume, gewonnen werden können.

Es gibt verschiedene Formen eines Büronutzungskonzeptes: Zellenbüro, Gruppenbüro, Kombibüro oder Großraumbüro beziehungsweise Mischformen daraus. Beim Investorenbau, bei dem die künftigen Nutzer zum Zeitpunkt der Planung und des Baubeginns in der Regel noch nicht feststehen, empfiehlt es sich, das Grundriss- und Flächenteilungskonzept auf den schlechtest möglichen Fall, nämlich das Zellenbüro, auszurichten. Funktioniert das Zellenbüro mit hinreichender Flächeneffizienz, funktionieren auch die anderen Raumnutzungsformen nach dem Motto: Wände weglassen kann man immer.

Zu beachten ist allerdings, dass es nicht nur um das Aufstellen oder Weglassen von Zwischenwänden geht. Viel sensibler als die bloße Raumteilung ist das Heizungs- und Lüftungssystem, das auch dann funktionieren muss, wenn die Grundrisse und Raumteilungen an den Bedarf des Nutzers individuell angepasst werden sollen.

Die technische Ausstattung von Bürobauten sollte unter dem Gesichtspunkt größtmöglicher Flexibilität konzipiert werden. Es macht keinen Sinn, an Schachtdimensionen zu sparen, um vermeintliche Nutzflächenverluste zu vermeiden. Im Zweifel ist es besser, die vertikale und horizontale Vernetzbarkeit in einem Gebäude durch entsprechende Schacht- und Leitungsreserven im Interesse der technischen Zukunftssicherheit zu gewährleisten, auch wenn solche Leitungsführungen vielleicht derzeit noch nicht gebraucht werden. Später lässt sich bei den heutigen Bauweisen eine Anpassung an die technischen Bedürfnisse in der Regel nur mehr sehr schwer oder mit unverhältnismäßig hohem Kostenaufwand herstellen.

Für die horizontale Leitungsverteilung für Stark- und Schwachstrom innerhalb der Büroeinheiten gibt es kein einheitliches Patentrezept. Sowohl Doppelbodenkonstruktionen als auch strukturierte Leitungsführung in Form eines H-Systems (Längsleitungen mit strukturierten Querverbindungen) sind gängig und es gibt keine eindeutigen Vorteile oder Nachteile, die klar für oder gegen ein bestimmtes System sprechen. Wichtig ist, dass, ausgehend vom maximalen Teilungsraster, die Versorgung der jeweils kleinsten Einheit (Zelle) sichergestellt ist. Das gilt gleichermaßen für die Beheizung, Belüftung und Klimatisierung, weswegen in aller Regel einem (leider ökologisch nicht unbedingt vorteilhaften) System von Raumheizung und -kühlung mittels Fan-Coils der Vorzug zu geben ist. Allerdings gewinnen im Licht der steigenden Energiekosten Systeme wie Bauteiltemperierung, Nutzung der Bodentemperatur durch Fundamentabsorber, solare Systeme und Wärmerückgewinnung zunehmende Bedeutung. Nachhaltigkeit, technisch/wirtschaftliche Zukunftssicherheit, niedrige Verbrauchskosten sind immer stärker werdende Argumente in der Vermarktung von Wirtschaftsbauten und lassen es geraten erscheinen, die Sinnhaftigkeit solcher technischer Zusatzeinrichtungen nicht nur nach ihrem Herstellungsaufwand zu beurteilen.

2.1.2.4 Marketing

Für das Marketing von Wirtschaftsbauten gilt es unter allen Umständen, die Fakten aufzubereiten und zu sammeln, die die Gründe darlegen, warum der angebotene Standort für Unternehmen interessant ist. Ein bunter Prospekt allein tut es dabei nicht. Neben den Grundlagen der Standortbewertung (Verkehrsanbindung, Nähe zu öffentlichen Einrichtungen, Einzugsgebiet, Infrastruktur der Umgebung, Kunden- und Nachfragepotentiale etc.) sind verbindliche Aussagen über die Nutzerkosten (Miete und Bewirtschaftungskosten) ebenso unerlässlich wie klare Spezifikationen hinsichtlich der technischen Einrichtungen. Eine entsprechende Serviceorganisation für die Anpassung des Gebäudes beziehungsweise der Etagen an die jeweiligen Nutzerwünsche ist unabdingbar.

2.2 Grundzüge der Projektkalkulation

2.2.1 Prognose und Faktor Zeit

Das Hauptproblem bei Immobilienprojekten ist, dass die wirtschaftlichen Weichen für Millionenbeträge zu einem Zeitpunkt gestellt werden, in dem nicht mit voller Sicherheit gesagt werden kann, wie sich die maßgeblichen Parameter in der Zukunft entwickeln werden. Das gilt sowohl für die Marktentwicklung, die ja nur aufgrund von **Prognosen** bzw. **Erfahrungen** der Vergangenheit eingeschätzt werden kann, als auch für die Baupreise, die selbstverständlich zum Zeitpunkt eines Projektankaufes ebenfalls nur nach Erfahrungswerten eingeschätzt werden können, sowie erst recht für die Planung, deren kostenwirksame Spezifikationen frühestens beim Vorentwurf des Architekten näher eingeschätzt werden können.

Kein Grund allerdings zum Verzagen oder sich schlaflos im Bett zu wälzen, weil der Alptraum des Risikos einen erdrückt. **Eine Prognose ist die Vorschau auf eine bestimmte Erwartung, die sich aufgrund verifizierter Fakten der Vergangenheit und einer sorgfältigen Einschätzung der Zukunftsentwicklung mit ausreichender Wahrscheinlichkeit als zutreffend herausstellen kann.** Diese Definition schließt Spekulation aus. Spekulation ist ein Glücksgeschäft, sie beruht nicht auf einer Prognose, sondern auf einer Chance vergleichbar dem Kartenspiel, wo auch eine gewisse Wahrscheinlichkeit besteht, dass das vierte As zum richtigen Zeitpunkt im Talon liegt, aber die Wahrscheinlichkeit eben nicht kalkulierbar ist.

Eine Projektprognose zu erstellen und darauf einen Projektverwirklichungsentschluss aufzubauen heißt, dass Überlegungen angestellt werden, die die Erfolgschancen des Projektes mit einer Fehlerquote von etwa **10–15 %** als wahrscheinlich erscheinen lassen – wenn nicht Krieg, Hungersnot, Auflösung der Gewerkschaften oder ähnlich apokalyptische Ereignisse stattfinden. Die in dieser Prognose (Feasibility, Machbarkeitsberechnung) erarbeiteten Ansätze müssen als Rahmenbedingungen, zumindest aber als bindende Projektziele, den gesamten Projektablauf durchziehen. Diese **Vorgaben** sollen auch denjenigen, der sie selbst erstellt hat, möglichst stark binden und für das Projekt eine ähnliche Qualität erreichen, wie sie sonstige äußere Rahmenbedingungen, wie etwa Gesetze, haben. Das festzulegen, ist Aufgabe der Projektorganisation, die auch detailliert das Verfahren und die Form festzulegen hat, auf welche Weise die Rahmenbedingungen und Projektziele abgeändert werden können und wer für solche Entscheidungen zuständig ist.

In der weiteren Folge des Projektablaufes, mit zunehmender Genauigkeit der Kostenerfassung und Terminplanung, werden diese **Vorgaben** entsprechend **verdichtet,** ohne dass sie deshalb ihre Bedeutung verlieren dürfen. Sie sind vielmehr durch ständigen **Soll/Ist-Vergleich** im jeweiligen Projektstadium zu prüfen und hinsichtlich ihrer Gültigkeit zu verifizieren, um allenfalls Korrekturmaßnamen in Gang zu setzen.

2.2.2 Risikofaktoren: Zeit, Zinsen, Marktlage

Es ist notwendig, zum Zeitpunkt der Projektentscheidung eine Entwicklung von 3–4 Jahren vorauszusehen; sie ist abzuschätzen und zu bewerten. Diese 3–4 Jahre sind jedenfalls ein realistischer Zeitraum, der nur in den seltensten Fällen nennenswert verkürzt werden kann. In der Bauvorbereitungsphase braucht man einfach gewisse Zeiträume für die Planung, und bei optimistischer Annahme, friedlichen Anrainern und unter der Voraussetzung, dass die Versprechen der Politik zur Verwaltungsvereinfachung und Verschlankung der Bauordnung gehalten werden, kann man diese Phase mit einem Jahr ansetzen, d. h. das Einsparungspotential ist eher marginal. Die Bauphase wiederum, eine ordnungsgemäße Ausschreibung, quantifizier- und qualifizierbare Leistungsbeschreibung vorausgesetzt, kann einschließlich der Vergabeläufe wohl nicht unter 2–3 Jahren erledigt sein. Die Verwertungsphase ist natürlich je nach Objekt unterschiedlich, d. h. im Bereich der kommerziellen Bauten oder der gemischten Nutzungen etwa, wenn es gilt, Büro- oder Geschäftsflächen zu vermarkten, wird man mit der Verwertung idR erst gegen Bauende oder manchmal sogar erst nach Baufertigstellung beginnen können, und auch bei Wohnbauten ist es zunehmend unwahrscheinlich geworden, Wohnungen „ab Plan“ zu verwerten.

Mittelgroßes Projekt – Projektdauer:

Planungsphase	Ankauf → Baubewilligung:	12 – 18 Monate
Bauvorbereitung	Baubewilligung → Vergabe:	4 – 6 Monate
Bauphase	Baubeginn → Bauende:	18 – 24 Monate
Vermarktungsphase	Bauende → Verwertungsende:	2 – 6 Monate
		36 – 54 Monate

Diese Werte setzen einen weitgehend störungsfreien Ablauf voraus.

Der Faktor Zeit hat direkte Auswirkung auf alle wichtigen kostenwirksamen Faktoren:

Zinsen: Je länger die Gesamtzeit, desto höher die Zinsenbelastung.

Baukosten: Je länger die Vorbereitungszeit, desto eher muss mit Baukostenerhöhungen gerechnet werden (Baukostenindex).

Marktlage: Je länger die Verwertung, desto mehr Einfluss haben Marktschwankungen – nicht immer zum Schlechten, es kann natürlich auch besser werden!

Aus der Sicht des Risikos ist die **Planungsphase mit gewissen Zeitreserven** auszustatten, um unvorhersehbare Störungen wie Anrainereinsprüche einzukalkulieren. Es empfiehlt sich insbesondere bei sensibleren Bauvorhaben durchaus, die Anrainer in die Planungsphase in irgendeiner Weise mit einzubeziehen; wie weit das geht, sollte man allerdings genau überlegen: Zu viel Einblick kann auch verwundbar machen und Begehrlichkeiten wecken.

Die **Bauphase** ist, sorgfältige Vergabe vorausgesetzt, eher als **risikoarm** einzuschätzen. Störungsrisiken durch erfüllungsunwillige oder -unfähige Unternehmer können durch entsprechende vertragliche Vorsorgen prinzipiell abgefangen werden: Fertigstellungsgarantien und vernünftige Zahlungs- und Leistungspläne sind unerlässlich.

Am schwersten ist die **Vermarktungszeit** abzuschätzen. Sie hängt naturgemäß nicht nur von der Qualität des eigenen Projektes ab, sondern auch von der Qualität und Menge des Angebotes der Mitbewerber, allenfalls vorhandener Marktsättigung oder positiver oder negativer Entwicklung der Finanzierungskonditionen. Es ist daher unerlässlich, ein gewisses **„Leerstehungsrisiko“** zu kalkulieren, das sich aus der Verzinsung der Grund- und Bauwerkskosten sowie den Bewirtschaftungskosten/Betriebskosten der leerstehenden Einheiten über eine gewisse Zeit errechnet.

2.2.3 Die Grundzüge der Bauträger-Kalkulation (Projektfeasibility)

2.2.3.1 Die Basisformel (Grobfeasibility)

Was muss man wissen, um ein Projekt schnell und einfach auf Plausibilität zu prüfen?

a) Die **erzielbare Nutzfläche** gemäß Bebauungsbestimmungen bzw. Projekt und die **Teilnutzflächen** der Nutzungsarten innerhalb der erzielbaren Gesamtnutzfläche, z.B.:

Wohn-Geschäftsbau mit Tiefgarage: Bebaubare Fläche x Anzahl der Geschoße = BGF x 75 % = NF / 100m² Ø = Anzahl der Tiefgaragenplätze.

BGF = Bruttogeschoßfläche, NF = (Netto) Nutzfläche

b) Die **Verkaufs- oder Mietwerte** der Nutzungsarten (Marktwerte / Maklerinfo)

c) Die üblichen **Renditewerte** bei Ertragsprojekten (Anlegermarkt / Investoreninfo)

Mit diesen Faktoren lässt sich der **Gesamtwert** des Projektes ermitteln:

Miete:	Wohnnutzfläche	x	Ø Miete p.m. x 12	=	€ M 1
	Geschäftsfläche	x	Ø Miete p.m. x 12	=	€ M 2
	Kfz-Plätze Anzahl	x	Ø Miete p.m. x 12	=	€ M 3
			Summe Ertrag p.a.	=	€ Σ E
	Ertragswert = € Σ E x 100 / Renditesatz			=	€ EW
Verkauf:	Wohnnutzfläche	x	Ø Marktpreis	=	€ VK 1
	Geschäftsfläche	x	Ø Marktpreis	=	€ VK 2
	Kfz-Plätze Anzahl	x	Ø Marktpreis	=	€ VK 3
			Summe Verkaufspreis	=	€ Σ V

Vom Wert müssen die **Kosten für Grund und Bau** (GIK = Gesamtinvestitionskosten) abgezogen werden:

Grundlage für die Baukosten sind Erfahrungswerte ähnlicher Projekte.

d) Die **Bau- und Baunebenkosten** einschließlich Zinsen (Errichtungskosten):

Baukosten:	Nutzfläche	x € BK/m²	=	€ BK
Nebenkosten geschätzt:	€ BK	x 25 %	=	€ BNK
		Errichtungskosten	=	€ Σ EK

Achtung: Bei WE-Verkauf ist USt hinzuzurechnen!
Bei Miete genügen Nettokosten!

e) Die **Grundkosten** (Kaufpreis-Einstandswert), zuzüglich allfälliger **Nebenkosten** wie Bestandfreimachung, Kontaminierung, Abbruch und sonstige Nebenkosten einschließlich Zinsen, z.B.:

Grunderwerbskosten:	Wohnnutzfläche x	€ GK/m²	=	€ GEK
Grundnebenkosten geschätzt:		€ GK x 30 %	=	€ GNK
		Grundkosten	=	€ GK

Achtung: Bei Verkauf ist USt von Drittleistungen hinzuzurechnen!
Bei Miete genügen Nettokosten!

Der Differenzwert zwischen Gesamtwert des Projektes und Gesamtkosten bestimmt die Wirtschaftlichkeit des Projektes.

a) **Bei Verkauf im Eigentum:**

		€ Σ V
	–	€ Σ EK inkl. USt
	–	€ Σ GGK inkl. USt
Überschuss + / Verlust –	=	Δ + / –

b) **Bei Miete: Ertragswert:**

Der Ertragswert wird wie erwähnt nach der einfachen Formel: Jahresertrag x 100 / Renditesatz ermittelt. Bei verschiedenen Nutzungsarten kommen u. U. unterschiedliche Renditesätze zur Anwendung – Wohnrenditen sind wegen des geringeren Risikos niedriger (der Ertragswert also höher) als Renditen von Büro- oder Geschäftsobjekten. Der Renditeprozentsatz bestimmt sich nach der Nachfrage am Anlegermarkt.

		€ EW ohne USt
	–	€ Σ EK ohne USt
	–	€ Σ GGK ohne USt
Überschuss + / Verlust –	=	Δ + / –

Resümee: Ein Überschuss von etwa 10–15 % über Kosten ist grundsätzlich für die Wirtschaftlichkeit eines Projektes ausreichend. Damit ist das Projekt wirtschaftlich überlegenswert.

2.2.3.2 Vereinfachte Grobkalkulation (Tabelle) eines Projektes mit verschiedenen Nutzungen; Berücksichtigung der Teilwerte der Nutzungsarten zur Ermittlung der Machbarkeit (Feasibility)

1.) Nutzfläche:

a) Nutzfläche ober Niveau:

Geschoßfläche	brutto	
	netto	.... m²
Anzahl Geschoße	......	
Summe Nutzfläche		**................................ m²**
davon	x Geschoße Wohnen	.... m²
	y Geschoße Büro	.... m²
	z Geschoße Lokal	.... m²
	xx Geschoße Sonstiges	.... m²

b) Nutzfläche unter Niveau:

Geschoßfläche	brutto	.... m²
Anzahl Kfz		.... Stk
Sonstiges		.... m²

2.) Marktwerte:

Wohnen:	€ / m² p.m. Ø Miete	€ / m² Kauf
Büro:	€ / m² p.m. Ø Miete	€ / m² Kauf
Kfz:	€ / Stk. p.m. Miete	€ / Stk. Kauf

a) Ertragswert bei Miete:

Nutzfläche Wohnen x € / m² p.m.	€ ....
Nutzfläche Büro x € / m² p.m.	€ ....
Anzahl Kfz x € / Stk. p.m.	€ ....
Summe p.m.	€ ....
x 12 = Ertrag p.a.	€ ....

Rendite: x % = Ertragswertfaktor $\frac{100}{x}$ = f/W € ....

Ertragswert = Summe Miete p.a. x f/W = € ....

b) Verkaufswerte:	Wohnen x € / m^2	€ ....
	etc. x € / m^2	€ ....
	Summe	€ ....

3.) Kosten:

a) Bereich Grundkosten:

Kaufpreis inkl. Baureifmachung	€ ....
Nebenkosten grob 25–30 % inkl. Zinsen	€ ....
Summe Kosten GK	€ ....

b) Bereich Errichtungskosten:

Baukosten / m^2 ober Niveau	€ ....
/ m^2 unter Niveau	€ ....
Summe BK	€ ....
Baunebenkosten inkl. Bauzinsen 20–25 %	€ ....
Summe Errichtungskosten	€ ....

a + b)	**= Summe Projektkosten**	**€ ....**
	+ Deckungsbeitrag (Gewinn) .... %	€ ....
	Summe Gesamtprojektkosten	**€ ....**
	abzüglich Ertragswert 2)a)	- € ....
	oder Verkaufswert 2)b)	- € ....
	Überschuss / Abgang	**± € ....**

Resümee: Das Projekt ist prinzipiell machbar bei Überschuss, bei Abgang Finger weg! Ist das Ergebnis knapp, empfiehlt sich eine genauere Prüfung der einzelnen Positionen.

Achtung: Bei Verkaufswerten USt nicht vergessen!

2.2.3.3 Grob-Feasibility Wohnhaus frei finanziert

Nutzfläche 6200 m² Stellplätze 78 Stk.

A.)	**Grundkosten**	%	€	€/m²
	Kaufpreis		1.922.000	310
	Ankaufsnebenkosten	4,60 %	88.412	
	Maklerprovision	2,00 %	38.440	
	Grundnebenkosten	1,50 %	28.830	
	Kaufpreis & Grundnebenkosten		2.077.682	335

Finanzierungskosten 3,5 Jahre	3,50 %	254.516	

Grundkosten inkl. Finanzierung		2.332.198	376

B.)	**Errichtungskosten**	%	€	€/m²
	reine Baukosten		8.370.000	1.350
	Architektur	5,50 %	460.350	
	Fachplanung	4,00 %	334.800	
	Baubetreuung / Management	5,00 %	418.500	
	Sonstiges	1,50 %	125.550	
	Vermarktung	3,00 %	251.100	
	Garantie	3,00 %	251.100	
	Errichtungskosten	22,00 %	10.211.400	1.647

Finanzierungskosten (mittlere Fälligkeit) 20 Monate	3,50 %	297.833	

Errichtungskosten inkl. Finanzierung		10.509.233	1.695

C.) GIK (Σ A. + B.)		12.841.431	2.071

D.) Ertrag		Miete p.m.	Ertrag	Reserve	Ertrag netto
Wohnungen	5.200 m²	€ 8,50/m²	€ 44,200	5 %	41.990
Lokal	1.000 m²	€ 12,00/m²	€ 12,000	10 %	10.800
Stellplätze	78 Stk.	€ 60,00/m²	€ 4,680	25 %	3.510

E.) Rendite		
Anteil Grundkosten fix	4,00 %	
Anteil Errichtungskosten	5,54 %	
insgesamt	5,26 %	

F.) Ertragswert	Ertrag netto	Rendite	Ertragswert
Wohnungen	41.990	5 %	10.077.600
Lokal	10.800	6 %	2.160.000
Stellplätze	3.510	5 %	842.400
			Σ 13.080.000
			- GIK 12.841.431
			Δ 238.569

2.2.4 Kosten

2.2.4.1 Kostengliederung (ÖNORM B 1801-1)

Die ÖNORM B 1801-1 enthält detaillierte Bestimmungen und Abgrenzungen bzw. die **Gliederung von Kosten** im Hoch- und Tiefbau. Sie soll als standardisierte Basis für die Kostenermittlung, Kostenkontrolle und Kostensteuerung dienen. Ziel der ÖNORM ist es, durch eine planungs- und ausführungsorientierte Kostengliederung die **Durchgängigkeit der Kostendaten** während aller Phasen der Objekterrichtung von der Phase der Grundlagenermittlung bis zur Phase der Fertigstellung und Inbetriebnahme sicherzustellen.

Für Bauträger, die ja als Veranlasser der Planungs- und Ausführungsleistungen nicht unbedingt selbst die detaillierte Kostenermittlung übernehmen, sondern diese Leistungen an Architekten oder Fachplaner delegieren, ist die ÖNORM B 1801-1 und ihre Gliederung trotzdem von größtem Interesse. Die Bauträgerkalkulation sollte, um eine Harmonisierung mit den vom Architekten oder den Fachplanern gelieferten Kostendaten zu ermöglichen, unbedingt der grundsätzlichen Gliederung der ÖNORM folgen.

Ebenso ist es wichtig, die Begriffe, Definitionen und Unterscheidungsmerkmale der ÖNORM auch im Bauträgerbereich, insbesondere in Dokumentationen oder Verträgen, zu verwenden. Unterschiedliche Ausdrücke für gleiche Begriffe oder falsche Verwendung von Begriffen können unter Umständen bei Diskussionen über die Interpretation von Vertragsbestimmungen heillose Verwirrung stiften. Wo kostenwirksame Rechtsbereiche, wie etwa die Gebührenordnung für Architekten (GOA), sprachlich andere Begriffe als die ÖNORM verwenden, empfiehlt es sich, zur Vermeidung von Schwierigkeiten Klarstellungen vorzunehmen. So berechnen etwa die Architekten ihr Honorar auf der Basis von „Herstellungskosten", ein Begriff, der der ÖNORM fremd ist. Im Großen und Ganzen entspricht dieser Begriff den „Bauwerkskosten" der ÖNORM.

Die ÖNORM ist **rechtlich nicht verbindlich,** d. h. sie muss, um Grundlage von Verträgen zu sein, ausdrücklich als Vertragsinhalt vereinbart werden. Sie ist aber jedenfalls eine wesentliche Grundlage bei der Feststellung von Üblichkeiten oder Usancen und somit unter Umständen bei gerichtlichen Auseinandersetzungen Hilfsmittel für die Interpretation von unklaren Vertragsbestimmungen. In der Praxis wird sich die ÖNORM, weil sie insbesondere auch von öffentlichen Auftraggebern herangezogen wird, ohne Zweifel als standardisierte Grundlage festigen und allgemeine Richtschnur werden; es empfiehlt sich daher, eigene Kalkulationsnormen oder Erfassungs- und Gliederungsmethoden auf ihre Vergleichbarkeit und Kompatibilität mit der ÖNORM zu untersuchen und allenfalls zu adaptieren.

Die ÖNORM ist im Volltext kostenpflichtig bei Austrian Standards plus GmbH (Österreichisches Normungsinstitut – ON), www.austrian-standards.at, Heinestraße 38, 1020 Wien erhältlich.

2.2.4.2 Grundlagen der Kostenermittlung

Unter **Kosten** sind alle Aufwendungen für Güter, Lieferungen, Leistungen und Abgaben, die für die Planung und Ausführung von Baumaßnahmen erforderlich sind, zu verstehen und unter **Kostenmanagement** die Gesamtheit aller Maßnahmen der **Kostenermittlung,** der Kostenkontrolle und der Kostensteuerung. Kostenermittlung ist die Vorausberechnung der entstehenden Kosten bzw. die Feststellung der tatsächlich entstandenen Kosten.

Die Kostenermittlung erfolgt je nach dem Projektstand in unterschiedlichen Genauigkeiten, sozusagen in einem **Verfahren der Verdichtung** nach Maßgabe der im Projektablauf zunehmenden Genauigkeit der Unterlagen. Entsprechend dem Projektfortschritt werden daher in den Phasen der Projekterrichtung verschiedene Arten der Kostenermittlung unterschieden:

❑ **Kostenrahmen:**

Darunter versteht man die Kostenermittlung bzw. die Definition der budgetären Grenzen eines Projektes in der **Grundlagenermittlungsphase** (Projektentwicklungs-Erwerbsphase).

Der Kostenrahmen wird auf Basis des grundsätzlichen Raum- und Funktionsprogramms, des zumindest den Grundzügen nach definierten Qualitätsrahmens und des Terminrahmens erstellt. Er sollte nur nach besonders sorgfältig gehandhabten Kriterien und **nur vom Bauherrn selbst abänderbar** sein und somit eine **Rahmenbedingung** des Projektes darstellen, an die sich alle Projektbeteiligten zu halten haben.

❑ **Kostenschätzung:**

Die Kostenschätzung ist die Kostenermittlung in der **Vorentwurfsphase,** also die Kostenermittlung aufgrund von planerischen Grundlagen, die bereits die grundsätzliche Lösung der Bauaufgabe beinhalten und eine hinlängliche Genauigkeit in quantitativer Hinsicht mit einer Spreizung von **maximal etwa 10 %** ermöglichen.

Die Kostenschätzung wird auf der Basis der Vorentwurfsplanung, der Anlagebeschreibung und des Grobterminplanes erstellt, sie ist daraufhin zu prüfen, ob sie den Erfordernissen des Kostenrahmens entspricht.

❑ **Kostenberechnung:**

Die Kostenberechnung ist die Kostenermittlung in der **Entwurfsphase,** d. h. in derjenigen Planungsphase, die die Grundlage für die Ausführung bildet. Ungenauigkeiten gibt es maximal noch in einer Größenordnung von etwa **5 %,** die Nutzung und der Umfang des Projektes sind klar, die baubehördlichen Fragen abgeklärt, lediglich die Ausführungsdetails fehlen.

Die Kostenberechnung erfolgt auf der Basis der Entwurfs- oder Einreichplanung, der Objektbeschreibung und des generellen Terminablaufplanes. Sie sollte den Rahmen der Kostenschätzung nicht sprengen.

❑ **Kostenanschlag:**

Der Kostenanschlag ist die Kostenermittlung in der **Ausführungsphase** und stellt eine genaue Berechnung aufgrund der zwischenzeitig erreichten

Faktenverdichtung des Projektes mit einer Ungenauigkeitsspreizung von **maximal 3 %** dar.

Sie wird auf Basis der Ausführungsplanung, der Detailplanung, der Leistungsbeschreibung oder eines Leistungsverzeichnisses und des Ausführungsterminplanes erstellt.

- **Kostenfeststellung:**

Die Kostenfeststellung ist die Kostenermittlung in der **Betriebnahmephase,** d. h. sie ist die Zusammenfassung und Feststellung der aus den Vorphasen tatsächlich aufgelaufenen Kosten. Naturgemäß ist die Spreizung in dieser Phase **0** mit Ausnahme derjenigen Bereiche, die aufgrund von Meinungs- oder Bewertungsdifferenzen strittig sind.

Sie wird auf Basis der Bestandsplanung, des Ausstattungs- und Raumbuches bzw. der Abnahmeprotokolle und des Bezugsterminplanes erstellt.

2.2.4.3 Kalkulation Grundkosten

Abbildung 2: Kostengliederung: Kalkulation Grundkosten (Feasibility)

	Projektdaten					
	Adresse		EZ		KG	
	Widmung					
	Eigentümer					
	Grundstücksfläche					0 m²
	Nutzung	Ausbauverhältnis		. 00 : 00 : 00		0
	Summe Nutzflächen					**0** m²
	Summe KFZ Stellplätze					**0**
	Ankauf	1. 8. 20xx		Sanierung	0,0 %	kalk. Zinsen
	Planung bis Baubeginn	12 Monate		Neubau	0,0 %	kalk. Valorisierung
	Fertigstellung	24 Monate		Vermietung		
	Vollverwertung	30 Monate		Verkauf – einz.		
	Projektdauer gesamt	42 Monate		Verkauf – ges.		

.01.	**Anschaffung**	Bezug	%	Euro	USt	Monate	Zinsen €
.01.01	Kaufpreis (lt. Vertrag [inkl USt])			0		42	0
.01.02	Baurechtszins bis Fertigstellung			0		42	0
.01.03	Entschädigungen Dritter, Lizenz, Optionen			0		42	0
.01.04	Baureifmachung, Grundeinlösungen			0		42	0
.01.05	Ersatzpflanzungen			0		42	0
.01.06	KFZ-Ausgleichsabgabe			0		42	0
.01.07	sonstige kostenrelevante Nebenverpflichtungen			0		42	0
.01.08	GrESt-Berechnung			3,5 %	0	42	0
.01.09	Eintragungsgebühr Grundbuch		1,1 %	0		42	0
.01.10	Vertragserrichtung/ Durchführung		2,0 %	0		42	0
.01.11	Maklerprovision		3,0 %	0		42	0
.01.12	Bestandfreimachung			0		42	0
.01.13	Abbruch			0		42	0
.01.14	Entsorgung Altlasten			0		42	0
.01.15	Bewirtschaftungskosten, Bauzaun			0		42	0
.01.16	Wettbewerb, Studien, Entwicklungskonzept			0		42	0
	Summe Anschaffung 01			0			

.02.	**Vermarktung**	Bezug	%	Euro	USt	Monate	Zinsen €
.02.01	Bautafel, Baucontainer, Mustereinheit			0		12	0
.02.02	Modell, Fotos, Rendering			0		12	0
.02.03	Prospekt, Homepage, Werbegestaltung		0		12	0	
.02.04	Inserate, Mailings etc.			0		12	0
.02.05	Events, Werbeaktionen, PR			0		12	0
.02.06	Standortgutachten, Schätzung			0		12	0
.02.07	Makler – Abgeber-provision			0		12	0
.02.08	Aufwandsreserve bis Vollvermietung					12	0
	Summe Vermarktung 02			0			0

.03.	**Finanzierung**	Bezug	%	Euro	USt	Monate	Zinsen €
.03.01	Fremdmittelrahmen	0					
.03.02	Eintragungsgebühr	.03.01 x 130%	1,1%	0		36	0
.03.03	sonstige Krediteinmal-kosten			0		36	0
.03.04	Zinsen			0			
.03.05	abzüglich: Zwischen-erträge, Mieten			0			
	Summe Finanzierung 03			0			0

.04.	**Anschaffung/ Vermarktung/ Finanzierung**	Bezug	%	Euro	USt	Monate	Zinsen €
							0

.05.	**Aufwertung/Entgelte**	Bezug	%	Euro	USt	Monate	Zinsen €
.05.01	Bauträgerentgelt	.04	5,0%	0		12	0
.05.02	Garantieentgelt (Fixpreis)	.04	3,0%	0		12	0
.05.03	Garantieentgelt (Vermietung)	.04	2,0%	0		12	0
.05.04	Valorisierung	.04		0		12	0
.05.05	Rohaufschlag	.04		0		12	0
	Summe Aufwertung/ Entgelte 05	0.1		0			

	Summe Grundkosten	.01		0			

2.2.4.4 Kalkulation Errichtungskosten

Abbildung 3: Kostengliederung: Kalkulation Errichtungskosten (Feasibility)

	Projektdaten					
	Adresse		EZ 0		KG 0	
	Widmung					
	Eigentümer					
	Grundstücksfläche					0 m²
	Nutzung Ausbauverhältnis		. 00 : 00 : 00			
	Summe Nutzflächen					0 m²
	Summe KFZ Stellplätze					0
	Ankauf	1. 7. 20xx		Sanierung	0,0%	kalk. Zinsen
	Planung bis Baubeginn	12 Monate		Neubau	0,0%	kalk. Valorisierung
	Fertigstellung	20 Monate		Vermietung		
	Vollverwertung	4 Monate		Verkauf – einz.		
	Projektdauer gesamt	36 Monate		Verkauf – ges.		

.01.	**Aufschließung**	Bezug	%	Euro	USt	Monate	Zinsen €
.01.01	Aufschließungskosten			0		0	0
	Summe Aufschließung 01			0			

.02.	**Bauwerk-Rohbau**	Bezug	%	Euro	USt	Monate	Zinsen €
.02.01	Aushub			0		0	0
.02.02	Gründung			0		0	0
.02.03	Bodenplatte			0		0	0
.02.04	Erschwernisse			0		0	0
	etc.						
	Summe Bauwerk-Rohbau 02			0			0

.03.	**Bauwerk-Technik**	Bezug	%	Euro	USt	Monate	Zinsen €
.03.01	Heizungsinstallation			0		0	0
.03.02	Lüftungsinstallation			0		0	0
.03.03	Sanitärinstallation			0		0	0
.03.04	Elektroinstallation			0		0	0
	etc.						
	Summe Bauwerk-Technik 03			0			0

.04.	**Bauwerk-Ausbau**	Bezug	%	Euro	USt	Monate	Zinsen €
.04.01	Trockenbau			0		0	0
.04.02	Beläge			0		0	0
.04.03	Sonnenschutz			0		0	0
.04.04	Beleuchtung			0		0	0
	etc.						
	Summe Bauwerk-Ausbau 04			0			0

	Summe Bauwerkskosten		100 %	0			0

.05.	**Einrichtung**	Bezug	%	Euro	USt	Monate	Zinsen €
.05.01	Einrichtungskosten			0		4	0
	Summe Einrichtung 05			0			0

.06.	**Außenanlagen**	Bezug	%	Euro	USt	Monate	Zinsen €
.06.01	Außenanlagenkosten			0		6	0
	Summe Außenanlagen 06			0			0

.07.	**Honorare**	Bezug	%	Euro	USt	Monate	Zinsen €
.07.01	Baubetreuung/ Bauverwaltung	0		0		0	0
.07.02	Örtl. Bauaufsicht	0		0		0	0
.07.03	Büroleistung Architekt	0		0		0	0
.07.04	Generalplaner	0		0		0	0
.07.05	Landschaftsplanung	0		0		0	0
.07.06	Statiker	0		0		0	0
.07.07	Projektanten (HLS, E, Sonstige)	0		0		0	0
.07.08	Planungs- und Baustellenkoordinator	0		0		0	0
.07.09	begleitende Kontrolle	0		0		0	0
.07.10	Reserve	0		0		0	0
	Summe Honorare 07			0			0

.08.	**Nebenkosten**	Bezug	%	Euro	USt	Monate	Zinsen €
.08.01	Kanal	0		0	20%	0	0
.08.02	Wasser	0		0	20%	0	0
.08.03	Elektro	0		0	20%	0	0
.08.04	Gas	0		0	20%	0	0
.08.05	Fernwärme	0		0	20%	0	0
.08.06	sonstige Anschlusskosten	0		0	20%	0	0
.08.07	Gebühren	0		0	20%	0	0
.08.08	Planpausen/Kopien	0		0	20%	0	0
.08.09	Sonstige	0		0	20%	0	0
	Summe Nebenkosten 08			0			0
	Finanzierung						
.08.10	Fremdmittelrahmen	0		0	0%		
.08.11	Kreditgebühr	0		0	0%		
.08.12	Eintragungsgebühr	0		0	0%		
.08.13	sonstige Krediteinmal-kosten	0		0	0%		
.08.14	Zinsen	0		0	0%		
	Summe Finanzierung			0			
	Summe Nebenkosten 08			0			
	Summe 01-08			0			

.09.	**Reserven**	Bezug	%	Euro	USt	Monate	Zinsen €
.09.01	Bauherrenreserve	0	0,0%	0	20%		
.09.02	Garantie/Fixpreis	0	0,0%	0	20%		
.09.03	Haftungsreserve	0	0,0%	0	20%		
.09.04	Valorisierung	0	0,0%	0	20%		
.09.05	Rohaufschlag	0	0,0%	0	20%		
	Summe Reserven/Entgelte 09			0			

	Zusammenstellung	Bezug	%	Euro	USt	Monate	Zinsen €
.01-06.	Summe 01-06 (Baukosten)		100%	0			
.07-08.	Summe 07-08 (Honorare, Nebenkosten,		0,0%	0			
	Finanzierung)		0,0%	0			
.09.	Reserven		0,0%	0			
	Summe Errichtungskosten			0			

2.2.5 Die „Verdichtung" der Kostengenauigkeit im Projektfortschritt

Am Anfang steht der **Kostenrahmen** (das Budget), der sich aus der Projektfeasibility ergibt. Dieser Rahmen darf nicht oder nur im Ausnahmefall gesprengt werden. Projektvorgabe als Rahmenbedingung!

Der **Vorentwurf** lässt bereits eine Kostenschätzung zu, weil das Projekt bereits in den planerischen und qualitativen Grundzügen definiert ist. Genauigkeitsziel +/- 10–12 %.

Im Stadium des **Entwurfes** ist das Projekt bereits berechenbar, die wichtigsten Parameter, wie Grundrisse, Schnitte, Vorstatik, sind vorhanden, die Qualitäten weitgehend (vorbehaltlich der späteren Ausschreibung) geklärt und die Einreichung, das ist die baubehördliche Genehmigung des Entwurfes, erfordert nur mehr kleinere Justierungen. Genauigkeitsziel +/- 5–8 %.

Die **Ausführungs- und Detailplanung** spezifiziert das Projekt im Detail. Mengen- und Massenberechnungen sind möglich, die Einholung von Anboten führt zum Kostenanschlag und weiter zur Vergabe der Ausführungsarbeiten. Genauigkeitsziel 3–4 %.

In der **Kostenfeststellung** (Endabrechnung) geht es nur mehr um das Zusammenzählen des Aufwandes zum – hoffentlich – glücklichen Ende des Projektes im Sinn der Einhaltung des Kostenrahmens.

Abbildung 4: Kostenschema der Verdichtung

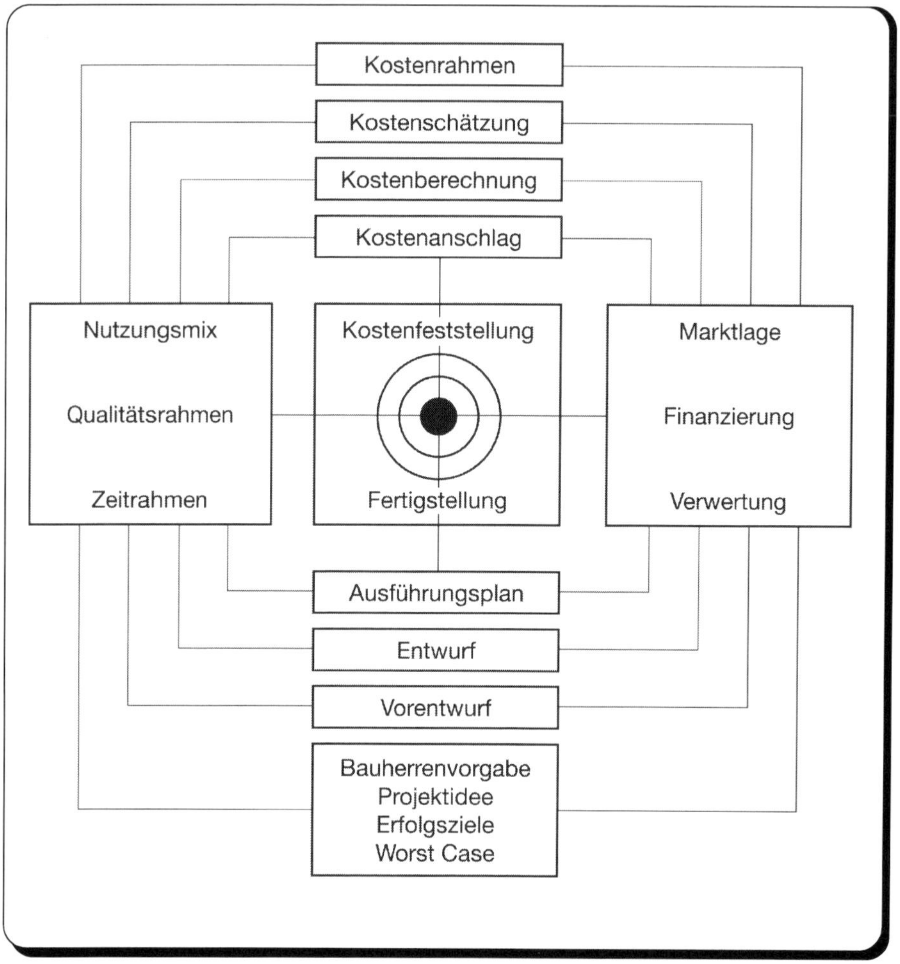

2.2.6 Kostengliederung (ÖNORM B 1801-1)

Kostengruppen oder Kostenbereiche werden zu verschiedenen Gruppierungen (Bauwerkskosten, Baukosten, Errichtungskosten, Gesamtkosten) zusammengefasst. Die Untergliederung der Kostenbereiche kann planungsorientiert nach Elementen (Grobelement, Element, Elementtyp) oder ausführungsorientiert nach Leistungen (Leistungsgruppen, Unterleistungsgruppe, Leistungsposition) erfolgen:

	Baugliederung	Abk.	Bauwerkskosten BWK	Baukosten BAK	Errichtungskosten ERK	Gesamtkosten GEK
0	Grund	GRD				
1	Aufschließung	AUF				
2	Bauwerk-Rohbau	BWR	100 %			
3	Bauwerk-Technik	BWT				
4	Bauwerk-Ausbau	BWA				
5	Einrichtung	EIR				
6	Außenanlagen	AAN				
7	Planungsleistungen	PLL				
8	Nebenleistungen	NBL				
9	Reserven	RES				

Grafik Kostengruppierung gem. ÖNORM

2.2.6.1 Zusammenfassung der Kostengruppen

Die Zusammenfassung von Kostengruppen dient dazu, eine für die eindeutige Zuordnung von Kosten geeignete und für Kostenvergleiche geeignete klare Kostengliederung zu erhalten. Diese Gliederung beinhaltet die Zusammenfassung der Kostengruppen in

- Bauwerkskosten,
- Baukosten,
- Errichtungskosten,
- Gesamtkosten.

Die **Bauwerkskosten** bilden immer die **Basis = 100,** wenn Kostenvergleiche in Prozenten abgebildet werden.

Die Finanzierungskosten sind in der Kostengruppe 9 (Reserven) enthalten.

2.2.6.2 Planungsorientierte Gliederung der Kostenbereiche

Die planungsorientierte Kostengliederung dient dazu, **für die Planung** während der Objekterrichtung eine für die Erzielung von Kostensicherheit geeignete Kostengliederung zu erhalten. Diese Gliederung beinhaltet die Unterteilung der Kostenbereiche in **Elemente** (Grobelemente, Elemente, Elementtypen).

2.2.6.3 Ausführungsorientierte Gliederung der Kostenbereiche

Die ausführungsorientierte Kostengliederung dient dazu, **für die Ausführung** während der Objekterrichtung eine für die Erzielung von Kostensicherheit geeignete Kostengliederung zu erhalten. Diese Gliederung beinhaltet die Unterteilung der Kostenbereiche in Leistungen (Leistungsgruppen, Unterleistungsgruppen, Leistungspositionen).

2.2.7 Die Nutzfläche, das Chamäleon der Bauträgerkalkulation

Eines der zentralen Kriterien für die Erfolgskalkulation eines Bauträgerprojektes ist die Nutzfläche. Sie bestimmt in der Regel

- den angemessenen Anschaffungswert des Grundstückes
- den Baupreis als Grundlage für den Bauwerkvertrag (Baukosten/m^2 Nutzfläche)
- das Finanzierungsvolumen (z.B. Förderung/m^2 Nutzfläche)
- den Mietertrag, Verkaufswert und Ertragswert des Projektes (verwertbare Nutzfläche).

Nutzfläche ist aber leider nicht immer Nutzfläche. Es gibt vielerlei Definitionen und es ist für Erfolg oder Misserfolg eines Projektes entscheidend, über den Bedeutungsinhalt der jeweils anwendbaren Nutzflächenbegriffe Bescheid zu wissen und sie für den jeweiligen Geltungsbereich klar zu definieren und den Verträgen zugrunde zu legen.

Anschaffungswert:

Da der richtige Kaufpreis eines Grundstückes von der späteren Verwertbarkeit des Projektes abhängt, ist die der Kaufpreisentscheidung zugrunde liegende Nutzflächenauswertung der Liegenschaft nach den für die Verwertung geltenden Parametern zu definieren: vermietbare, verkaufbare Nutzfläche. Sie ist nicht immer gleich der „nutzbaren" Nutzfläche.

Baupreis:

Häufig bildet in Bauwerkverträgen, die nicht nach Leistungspositionen, sondern nach funktionaler Baubeschreibung ohne Mengen- und Massenabrechnung vergeben werden, die Nutzfläche (Wohnnutzfläche, Geschäftsfläche) die Entgeltbasis: Besonders im geförderten Bereich ist das weithin üblich (Abrechnung nach geförderter Nutzfläche). Das kann höchst gefährlich werden, weil die förderbare Nutzfläche ja nicht unmittelbar an das gebaute Volumen geknüpft sein muss, sondern innerhalb eines gleich bleibenden Volumens durchaus veränderbar ist – man denke an die Umwidmung von Allgemeinflächen zu Nutzflächen. Selbst wenn damit keine oder nur geringe Herstellungskosten verbunden wären, könnte der Generalunternehmer den vollen m^2-Preis nachverlangen!

Daher: Für pauschalierte Bauwerkverträge sollte nicht die Nutzfläche, sondern immer die Bruttogeschoßfläche oder allenfalls der m^3 umbauter Raum als Entgeltmaßstab herangezogen werden; damit ist das zu bauende Volumen eindeutig bestimmt und das Entgelt nicht mehr von irgendwelchen zufälligen internen Nutzungswidmungen abhängig.

Finanzierungsvolumen:

Förderungsstellen der Länder haben in Österreich immer ihre Spezialbegriffe, was die förderbare Nutzfläche betrifft. So gibt es beispielsweise in Wien als förderbare Nutzfläche die „förderungstragende Nutzfläche", die bestimmte Flächen wie Balkone oder Zuschläge für bestimmte Nutzungen wie Heime oder sogar bestimmte Bauausführungen (Spachtelzuschlag) zur eigentlichen förderbaren Nutzfläche bei der Bemessung des Förderungsdarlehens hinzurechnet. Das heißt aber nicht, dass diese Flächen auch der Vermietung zugrunde gelegt werden dürfen: Hier gilt die „miettragende Fläche", die sich nach Mietrechtsgesetz (MRG) bzw. WGG richtet.

Ein Planer, der das nicht berücksichtigt und z. B. die Loggienflächen nicht gegenüber sonstigen Freiflächen optimiert, kann eine Menge Schaden durch Verlust von Fördermitteln verursachen.

Mietertrag, Verkaufswert:

Im Bereich des geförderten Neubaus sind die Nutzflächenbegriffe des MRG und WGG für die Zulässigkeit der Mietenverrechnung maßgeblich. Freiflächen, die nicht Loggien sind (Terrassen, Balkone) fallen aus der Nutzflächenberechnung heraus und dürfen nicht mit Mieten oder Betriebskosten belastet werden. Das ist zwar alles andere als logisch und marktgerecht, weil das meistens die attraktivsten Freiflächen sind, aber leider Gesetz – das Wohnrecht kennt leider genug solcher Unsinnigkeiten.

Dafür gilt – man beachte die Logik – diese Einschränkung nicht bei Verkauf im Wohnungseigentum. Freiflächen jeder Art können hier bewertet werden, nur bei der Nutzwertfestsetzung und damit bei der Betriebskostenverrechnung wird der Rückgriff auf die Nutzfläche gem. MRG wirksam.

Vorsicht ist auch geboten, wenn Sie ausländische Kunden haben: Der Begriff „rentable space“ im anglo-amerikanischen Raum bedeutet wiederum etwas anderes und kann bei der Bewertung eines Projektes für ausländische Investoren durchaus eine Rolle spielen.

ÖNORM B 1800:

In diesem Wirrwarr gibt es nur eine Hilfe, deren man sich jedenfalls bedienen sollte: die „ÖNORM B 1800 – Ermittlung von Flächen und Rauminhalten von Bauwerken“.

Als Nutzfläche definiert die Norm allgemein: „Die Nutzfläche dient der Nutzung des Bauwerkes auf Grund seiner Zweckbestimmung“. Sie wird unterteilt in Hauptnutzfläche, die der Verwendungsbestimmung des Gebäudes unmittelbar dient, wie z.B. Wohnen, Arbeiten, Pflegen, Bildung, Freizeit, und Nebennutzflächen, die nicht unmittelbar dem Verwendungszweck dienen, wie Garderoben, Müllsammelräume, unausgebaute Dachbodenräume.

Die weiteren Feinheiten und Beispiele für die Berechnung von Flächen und Volumina sind dem Volltext der Norm zu entnehmen, die kostenpflichtig bei Austrian Standards plus GmbH (Österreichisches Normungsinstitut – ON), www.austrian-standards.at, Heinestraße 38, 1020 Wien bezogen werden kann.

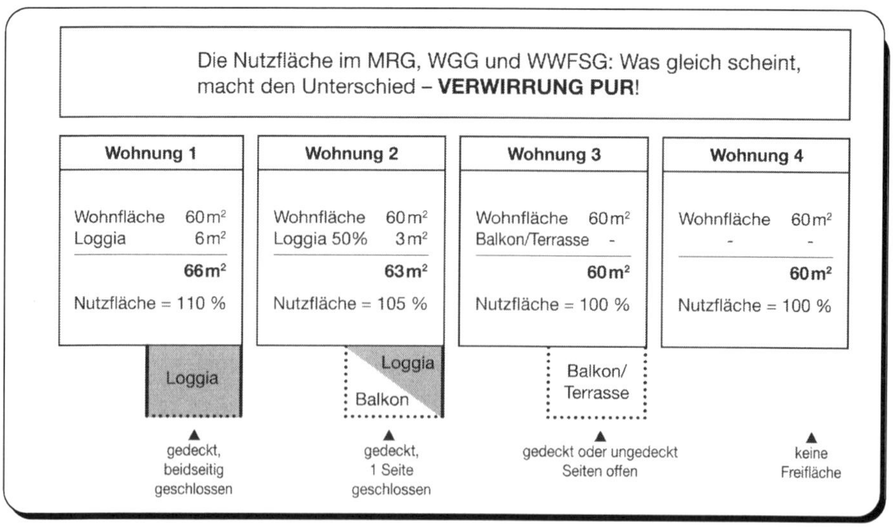

2.2.8 Objektive und subjektive Standortkriterien

Die Kriterien, ob ein Standort für ein bestimmtes Projekt geeignet ist, sind abhängig von der Art des Projektes, etwa ob es sich um ein Wohnhaus oder ein Geschäftshaus handelt, von der Größe eines Projektes oder vom ökonomischen und räumlichen Umfeld. Weiters wird zwischen objektiven und subjektiven Kriterien unterschieden.

Objektive Standortkriterien werden nach allgemeiner Anschauung mehr oder weniger unabhängig von der Art des Projektes als Qualitätskriterien anerkannt und können mit objektivierbaren, nachvollziehbaren Mitteln bewertet werden. Subjektive Standortkriterien werden durch subjektive Einflüsse des Nutzers oder von Nutzergruppen beeinflusst und verändern sich durch gesellschaftliche Verhaltensströme, geänderte Geschmacksrichtungen oder Lebensgewohnheiten.

Objektive Standortkriterien:

- ansprechendes Umfeld
- gute Verkehrsanbindung
- Grünlage/Ruhelage bei Wohnbauten
- Frequenzlage bei Wirtschaftsbauten
- Infrastruktureinrichtungen in der Umgebung
- Grundstückskonfiguration
- Emissionen oder Störungen aus der Nachbarschaft

Subjektive Standortkriterien:

- gute Adresse und Prestige
- Ausstrahlung des Gebäudes und seiner Nachbarschaft
- Genius loci
- Thema und Inhalt eines Bauprojektes

2.2.9 Zielgruppen

Gleichzeitig mit der Ausarbeitung eines bestimmten Projektzieles in gestalterischer, technischer und ökonomischer Hinsicht ist eine wesentliche Frage zu klären: Wozu wird das Gebäude, die Anlage errichtet, wer sind die potenziellen Adressaten, die es benützen sollen, welche Zielgruppe soll angesprochen werden.

Es ist keine Frage mehr, dass die Zeiten der quantitativen Bedarfsdeckung vorbei sind und die anonyme Masse von Wohnungssuchenden, die froh war, überhaupt eine halbwegs ansprechende Behausung zu finden, endgültig der Vergangenheit angehört. Das Angebot ist vielfältiger geworden, der Bedarf ist zumindest im Wohnbereich in Österreich weitestgehend gesättigt, die Kriterien für die Wohnungssuche haben sich gewandelt: Es geht nicht mehr darum, einfach ein Dach über dem Kopf zu haben, sondern zunehmend darum, die Wohnung qualitativ den Lebensansprüchen anzupassen und sich in ihr zu verwirklichen.

Mit der größer gewordenen Mobilität wächst die Wahrscheinlichkeit, dass Wohnungen nicht mehr als „Lebenswohnungen" angesehen werden, sondern zunehmend temporären Lebensumständen angepasst werden müssen beziehungsweise bei Änderungen in diesen Umständen gewechselt werden. Solche geänderten Umstände können durch Änderungen im Familienstand, durch berufliche Entwicklungen, durch Veränderung der Einkommensverhältnisse, durch Wechsel der Partnerschaft oder durch Erreichen bestimmter Altersabschnitte eintreten.

Beim Erstellen eines Bauprogramms sollte diesen Umständen Rechnung getragen werden. Bei den Überlegungen zur Gestaltung des Nutzungs- und Typenmixes müssen die Lebens- und Verhaltensgewohnheiten von möglichen Interessentenschichten in das Bauprogramm einbezogen und dieses darauf abgestimmt werden.

Die gängigste Segmentierung nach Zielgruppen ist die Segmentierung nach Alterskategorien oder Lagekriterien – Schlagwort: Seniorenheim oder Wohnhaus, Luxus im Cottage oder geförderte Mietwohnung.

Subtiler und schwieriger wird es, ein Bauprogramm an Zielgruppen zu adressieren, die man in ihren Lebensgewohnheiten oder Lebenserwartungen ansprechen will. Gerade beim Wohnen spielt die Emotion und die subjektive Erwartung der Interessenten eine enorm große Rolle. Gelingt es nicht, diesen „Lebenstraum Wohnen" anzusprechen, nützen auch die besten objektiven

Fakten, wie perfekte Bautechnik, gute Ausstattung, angemessener Preis, nichts. Die Vermittlung einer Lebensstimmung ist ein entscheidendes Kriterium.

❑ **Zielgruppe Jugend:**
Offenheit, Flexibilität, IT-Zugang, praktischer Grundriss, cool.

❑ **Zielgruppe Familie im Erwerbsleben:**
Behaglichkeit, Licht, Loggia oder Terrasse, genug Platz, Abstellraum, Garage, Zuhause.

❑ **Zielgruppe Senioren:**
Bequemlichkeit, kein Split-Level, Loggia, praktisch, aber gemütlich, Nachbarschaft.

Das sind natürlich nur Schlagworte und Beispiele, die sich verfeinern oder noch genauer präzisieren lassen. Sie sollen aber zeigen, dass das Bauprogramm nicht nur durch seine Architektur, seine formale Ausstrahlung, die Auswahl der Lage und die Auswahl der Grundrisse, sondern auch durch emotionale Begriffe definiert werden muss.

2.2.10 Qualität, Architektur und Wirtschaftlichkeit

Kosten, Bauqualität und **architektonische Ansprüche** müssen kein Widerspruch sein. Sie können vorrangig durch folgende Maßnahmen im Griff gehalten werden:

- intensive Abklärung und permanente Koordination der bauherrenseitigen Planungsziele mit der Architektur
- laufende Harmonisierung von Design- und Konstruktionsplanung
- Einsatz von Serienelementen und Modulen
- Priorisierung technischer Anforderungen nach Nutzungserfordernissen von Designzielen
- Verwendung mängelsicherer Materialien und hinsichtlich Risiko einschätzbarer Technologien
- begleitende Soll/Ist-Kontrolle mit wachsender Genauigkeit bei jedem Planungsabschnitt.

Diese Punkte haben in abgewandelter Form etwa der Gesamtverband der Wohnungswirtschaft, der Bund Deutscher Architekten und der Deutsche Städtetag schon 1993 in einer Empfehlung näher ausgeführt. Für die **Planung und Durchführung von Gebäuden und Außenanlagen** wurden immerhin **101 Hinweise** definiert, die hier beispielsweise wiedergegeben werden:

- Vermeiden von unterschiedlichen Grundrissmischungen in den einzelnen Stockwerken, Vermeidung von verschachtelten Grundrissen

- verstärkter Einsatz typisierter Bauelemente, wie Fenster, Türen, Sanitärzelle, unter Reduzierung der Formatvielfalt in der Fassadengestaltung, Förderung von flexibel einsetzbaren Fertigbausätzen

- Reduzierung des Verhältnisses Wohnfläche zum umbauten Raum (Ausbauverhältnis)

- Vermeiden von horizontalen und vertikalen Versätzen, Sprüngen, Staffelungen im Baukörper, die nicht zur Wohnwertsteigerung beitragen; Orientierung der Baukörperstellung an den Höhenlinien

- Optimieren des Kostenverhältnisses Außenwand zu Außenputz im Hinblick auf die Energieeinsparung; Überprüfen des Verhältnisses Gebäudevolumen zu Außenwandfläche

- Vermeiden modisch, nostalgischer Dachlandschaften mit Übermaß an Anschlüssen, Gaupen, Fenstern usw. auch im Hinblick auf die später nötigen Instandhaltungsmaßnahmen

- Bemessen der Mindestgrößen für Küchen, Bäder und WC nach objektbedingten erforderlichen Maßen

- kurze Anbindung der Ver- und Entsorgungsleitungen von Küche und Bad an senkrechte Installationsschächte, möglichst nur ein Steigstrang je Wohnungseinheit; Verteilungsleitungen und Heizungsrohre usw.

Diese – zweifellos sehr nüchternen – Vorschläge sollen hauptsächlich dazu beitragen, dass die Bauausführung so rasch und einfach wie möglich umgesetzt wird und dass Gestaltungen und Konstruktionen nach dem Prinzip der Rationalität ausgewählt werden. Heutzutage wird man diese Grundsätze wohl an die geänderten planerischen und architektonischen Gegebenheiten anpassen, aber als Prinzip lässt sich daraus schon ableiten: Das architektonische Design muss sich nach den Möglichkeiten der im Kostenrahmen machbaren technischen Ausführung und Mängelsicherheit bewegen. Es hat – außer bei Experimentalbauten, die als solche deklariert sind und für die gewisse Risiken bewusst eingegangen werden – keinen Sinn, einen ideologisch/architektonischen Anspruch sozusagen durchgaloppieren zu lassen: Je höher solche Ansprüche sind, desto stärker muss die begleitende technisch/wirtschaftliche Kontrolle wahrgenommen und planerische und kalkulatorische Disziplin eingefordert werden.

In Österreich hat sich die Bundesinnung der Baugewerbe in Zusammenarbeit mit der TU Wien dem Thema der Früherkennung planerischer Effizienzmängel gewidmet und anhand von Nachkalkulationen verschiedener mit Wohnbauförderungsmitteln errichteter Bauten die Kostenwirksamkeit von Planungsparametern in quantitativer Hinsicht untersucht.

Die daraus gewonnenen Erkenntnisse wurden in einer **Referenzwerttabelle** komprimiert, die mit bestimmten, aus der Planung auch im Frühstadium ableitbaren Kennwerten eine grundsätzliche Aussage ermöglichen soll, ob ein Bauvorhaben wirtschaftlich geplant ist oder nicht.

Der Tabelle liegen zwar die Verhältnisse der Wiener Wohnbauförderung zugrunde, sie lässt sich aber ohne weiteres generalisieren, weil die quantitativen Begriffe im Wesentlichen der ÖNORM B-1800 folgen. Über die gestalterische Wertigkeit der Planung können die Referenzwerte natürlich keine Auskunft geben und die Werte ersetzen auch nicht die Notwendigkeit zur Kalkulation des Bauvorhabens im Detail:

Kolbitsch/Kropik: Studie über Wirtschaftlichkeitsparameter und einen ökonomischen Planungsfaktor für geförderte Wohnbauprojekte in Wien:

Die einzelnen Parameter

Von den Studienautoren wurden 14 Parameter als relevant identifiziert, die nachstehend vorgestellt werden. Die Parameter können thematisch in vier Kategorien zusammengefasst werden:

I. Flächenparameter
II. Volumsparameter
III. Fassadenparameter
IV. Entwurfsparameter

Die Flächenparameter beurteilen die Ausnutzung der vorhandenen Grundfläche, d. h. den Anteil der geförderten Fläche, der allgemeinen Verkehrsfläche, der Funktionsflächen und der restlichen Nutzflächen (Restnutzflächen). Bei Projekten mit Garage wird zusätzlich der Verbrauch von Netto-Grundfläche pro Stellplatz ausgewertet. Die Gruppe der Flächenparameter umfasst daher:

Ia) P 01: geförderte Fläche/Brutto-Grundfläche (gF/BGF)
Ib) P 02: Netto-Grundfläche/Brutto-Grundfläche (NGF/BGF)
Ic) P 03: Funktionsfläche und Restnutzfläche/geförderte Fläche ((FF+RNF)/gF)
Id) P 04: allgemeine Verkehrsfläche/geförderte Fläche (aVF/gF)
Ie) P 05: Garagen-Netto-Grundfläche/Anzahl Stellplätze (GaNGF/Stp)

Der bestimmende Parameter in dieser Gruppe ist P 01, der den Anteil der geförderten Fläche, also der vermietbaren Fläche, an der gesamt verbauten Brutto-Grundfläche misst. Die restlichen Parameter dieser Gruppe dienen als Analyseparameter und zeigen die Aufteilung der idR nicht vermietbaren Nebenflächen auf Verkehrs-, Funktions- und Restnutzfläche bzw indirekt auf die Konstruktions-Grundfläche auf.

Die Volumsparameter beziehen die vertikale Ausdehnung des Projektes in die Betrachtung ein. Der Volumsverbrauch wird durch zwei Parameter beurteilt:

IIa) P 06: Brutto-Rauminhalt/geförderte Fläche (BRI/gF)
IIb) P 07: Garagen-Brutto-Rauminhalt/Anzahl Stellplätze (GaBRI/Stp)

Der bestimmende Parameter in dieser Gruppe ist P 06, der den gesamten Volumsverbrauch des Projektes beurteilt, während P 07 als Analyseparameter speziell auf die Garage eingeht, also nur bei Projekten mit Garage Anwendung findet.

Kolbitsch/Kropik: Studie über Wirtschaftlichkeitsparameter und einen ökonomischen Planungsfaktor für geförderte Wohnbauprojekte in Wien:

Die Fassadenparameter analysieren zum einen das Verhältnis der Fassadenfläche zu der geförderten Fläche, zum anderen den Anteil der Öffnungen, dh der Fenster, Fenstertüren und sonstigen Öffnungen, wiederum gemessen an der geförderten Fläche:

IIIa) P 08: Fassadenfläche/geförderte Fläche (FAF/gF)
IIIb) P 09: Fenster- und Fenstertürfläche/geförderte Fläche (FeTü/gF)
IIIc) P 10: Sonstige Außenabschlüsse/geförderte Fläche (SoA/gF)

Alle drei Parameter dieser Kategorie sind als Analyseparameter einzustufen. Dabei unterliegen P 08 und P 10 vorwiegend den Einflüssen der Planung und der Randbedingungen, während P 09 zum Teil durch gesetzliche Vorgaben (erforderliche Belichtungsfläche der Aufenthaltsräume) beeinflusst wird. Die Grundlagen in Bezug auf die Fassadenplanung werden jedoch bereits in der Grundrissgestaltung bzw bei Wahl der Geschoßhöhen gesetzt. Der Parameter P 08 zeigt die Abweichung von einer kompakten Bauform – ähnlich wie P 02 – auf.

Die Gruppe der Entwurfsparameter beurteilt den Entwurf unter Einbeziehung der kostenmäßigen Auswirkungen seiner Planung, des Formfaktors (Volumen-Oberflächen-Verhältnis) und der statischen Konstruktionen:

IVa) P 11: Länge Unterzüge und Auskragungen/geförderte Fläche (LUA/gF)
IVb) P 12: bewertete Fassadenfläche/geförderte Fläche ((FAF+FeTü+SoA)/gF)
IVc) P 13: bewertete Infrastrukturfläche/geförderte Fläche (bIF/gF)
IVd) P 14: Fassadenfläche/Brutto-Rauminhalt (FAF/BRI)

Diese Parameter analysieren vor allem konstruktive und besondere ökonomische Aspekte des Entwurfs. Der Parameter P 11 beurteilt den Einfluss der Planung auf Statik und Konstruktion.

Die Parameter P 12 und P 13 beziehen die kostenmäßigen Auswirkungen ihrer Entwürfe in die Beurteilung mit ein, indem ihre Teilflächen mit einem Kostenfaktor bewertet werden, der das Kostenverhältnis Gang : Stiege, Gang : Lift, Installationsfläche : Grundfläche bzw Fenster- und Fenstertürfläche : Fassadenfläche und sonstige Außenabschlüsse : Fassadenfläche beurteilt.

Bezüglich ihrer Aussagekraft sind die von den Studienautoren empfohlenen Parameter zur Beurteilung der Wirtschaftlichkeit von geförderten Wohnbauprojekten der Stadt Wien wie folgt zu beurteilen.

Kolbitsch/Kropik: Studie über Wirtschaftlichkeitsparameter und einen ökonomischen Planungsfaktor für geförderte Wohnbauprojekte in Wien:

Allgemein

- Die Parameter sind großteils im Hinblick auf die Förderungsgegebenheiten erstellt. Die mit Fixbeträgen geförderten Flächen gelten als Kostenträger sämtlicher Baumaßnahmen.
- Randbedingungen der Bauwerkserstellung wie Lage und Form des Grundstücks, geologische Verhältnisse, Zufahrtsmöglichkeiten, Situierung der Baustelleneinrichtung, Bauzeit usw gehen nicht ein.
- Bauweise, Ausstattung, Baustoffe und Konstruktionsart fließen nicht oder nur bedingt in die Parameter ein.

Was können die Parameter?

- Die Parameter beurteilen den Baukörper in Bezug auf architektonisch-konstruktive Faktoren wie Flächenökonomie, Gebäudegeometrie und Rauminhalte, indem Verhältnisse von Längen, Flächen, Volumina und Stückzahlen gebildet und mit vorgegebenen Grenzwerten verglichen werden.
- Die Auswertung der Parameter und der ökonomischen Planungsfaktoren unterschiedlicher Projekte für die Bebauung desselben Bauplatzes zeigen die Kosteneffizienz der Planung im Vergleich von Projekten gleicher Randbedingungen.
- Liegen Projektkennwerte innerhalb der Referenzwerte, kann mit hoher Wahrscheinlichkeit davon ausgegangen werden, dass die Planung im Hinblick auf die Förderbedingungen kosteneffizient durchgeführt wurde.
- Insbesondere der ökonomische Planungsfaktor eignet sich zur schnellen und transparenten Bestimmung der Wirtschaftlichkeit der Planung im Vergleich mit unterschiedlichen Projekten für denselben Bauplatz.

Was können die Parameter nicht?

- Andere Einflussfaktoren als die architektonisch-konstruktiven Faktoren, insb standortbedingte, nutzungsbedingte oder herstellungsbedingte Faktoren, gehen in die Betrachtung nicht ein und werden daher durch die Parameter nicht beurteilt.
- Eine ökonomisch vergleichende Beurteilung von Projekten unterschiedlicher Randbedingungen ist über den Vergleich der ökonomischen Planungsfaktoren nicht möglich. Der ökonomische Planungsfaktor hat eine relative, aber keine absolute Aussagekraft.
- Die Auswertung der Parameter und die Kenntnis des ökonomischen Planungsfaktors für ein Projekt ersetzen keine Kostenermittlung des Planers und keine Kalkulation des Bauunternehmers. Es ist nicht möglich, mit absoluter Genauigkeit vom Ergebnis der Auswertung der Parameter, insbesondere des ökonomischen Planungsfaktors, auf die Bauwerkskosten rückzuschließen.
- Manche – aber nicht alle – Einzelparameter sind für einen Vergleich unterschiedlicher Projekte mit unterschiedlichen Randbedingungen geeignet.

Referenzwert-Tabelle des Arbeitskreises (Quelle: VIBÖ, GS Bau)

		Referenzbereich[*]	Einheit von–bis
B01	Bruttogeschoßfläche / Nettogeschoßfläche	1,10–1,20	Faktor
B02	Bruttogeschoßfläche / Wohnnutzfläche	1,50–1,80	Faktor
B03	Nettogeschoßfläche / Wohnnutzfläche	1,30–1,60	Faktor
B04	Umbauter Raum / Wohnnutzfläche	4,80–5,30	Faktor
B05	Wohnnutzfläche / Anzahl Wohnungen[1]	75–90	Quadratmeter
B06	Anzahl Wohnungen / Stiegenhäuser	20–35	Stück
B07	Nettofläche Garage / Stellplätze	23,00–26,00	Quadratmeter
B08	Garage – Netto – Rauminhalt / Stellplätze	60,00–70,00	Kubikmeter
B09	Fassadenfläche / Wohnnutzfläche	0,55–0,75	Faktor
B10	Fassadenfläche / Umbauter Raum	0,10–0,15	Faktor
B11	Fenster, FeTüren, etc / Fassadenfläche	0,15–0,20	Faktor
B12	Fenster, FeTüren, etc / Wohnnutzfläche	0,10–0,15	Faktor
B13	Sonst. Außenabschlüsse / Fassadenfläche	0,03–0,07	Faktor
B14	Summe 11+13 / Fassadenfläche	0,18–0,27	Faktor

[*] wirtschaftlicher Bereich für Planungsbeurteilung [1] Heime: Anzahl der Heimplätze (Betten)

Parameter	Einheit	Erläuterung
Wohnnutzfläche	m2	förderbare Fläche lt. Gesetz bzw. VO
Nettogeschoßfläche lt. ÖN B1800	m2	Nettofläche aller Geschoße inkl. Keller und Garagengeschoße
Bruttogeschoßfläche lt. ÖN B1800	m2	Bruttofläche aller Geschoße inkl. Keller und Garagengeschoße
Umbauter Raum – Bruttorauminhalt lt. ÖN B1800	m3	Bruttofläche X Geschoßhöhe aller Geschoße inkl. Keller und Garagengeschoße
Wohnungsanzahl	WE	Anzahl Wohneinheiten sowie Lokalflächen geteilt durch 80 m2
Stiegenhäuser	Anlagen	Anzahl der Stiegenhäuser
Nettofläche Garage	m2	Nettofläche aller Bereiche Garage inkl. Rampen
Umbauter Raum – Garage	m3	Nettofläche X Geschoßhöhe aller Bereiche Garage inkl. Rampen
Stellplätze im Gebäude	Stk	Alle Parkplätze, Doppelparker mit 2 Parkplätzen zu bewerten
Fassadenfläche	m2	Summe aller Fassadenflächen inkl. Fenster, Türen, etc sowie alle Untersichten gegen Außenluft
Fenster, Fenstertüren	m2	Belichtungsflächen der Wohnungen, Lokalen (förderbare Flächen)
Sonst. Außenabschlüsse	m2	Belichtungsflächen der Stiegenhaus, Gänge, sonst. Nebenflächen

2.2.11 Genius loci

Der Begriff „Genius loci“ bezeichnet eine kaum objektivierbare, in gewisser Weise unabwägbare Komponente in der Bewertung einer Liegenschaft, die vielleicht in ihrer Bedeutung bisher noch unterschätzt wird. Die herrschende Lehre sieht die Bewertung einer Liegenschaft und eines Projektes im Wesentlichen rein quantitativ nach Nutzfläche und objektiver Lage. In einem Markt, der zunehmend zu einer Verdrängung des Schlechteren durch das Bessere neigt, wird es aber immer notwendiger, qualitative oder sogar emotionale Momente stärker ins Spiel zu bringen. Die Abstimmung eines Projektes auf einen bestimmten Ort oder eine bestimmte Umgebung und die daraus abgeleitete Ausrichtung eines Projektes auf ein bestimmtes Thema, eine spezielle Charakteristik oder eine bestimmte Qualität ist daher ein ganz wichtiger Vorgang, der zwischen Bauherrn, Bauträger und Architekten sehr genau und durchaus „mit Gefühl“ abgestimmt werden muss.

Gelingt es, den Inhalt eines Projektes auch auf der Basis der „Ausstrahlung“ eines Ortes, eben des „Genius loci“, zu definieren, können objektive Nachteile einer Lage ausgeglichen und Vorteile gesteigert werden. Dazu empfiehlt es sich, die objektiven und subjektiven Qualitäten eines Ortes sozusagen wie aus einer Zwiebel herauszuschälen und zu prüfen. Was ist wirklich aus diesem Ort und seiner Umgebung, aus der Nachbarschaft und aus einem stimmigen Baukonzept herauszuholen?

Für solche Entscheidungsprozesse sind Ruhe und Konzentration wichtige Voraussetzungen. Der Bauträger muss sich Zeit nehmen, er muss mit den Architekten und Marketingleuten lange und gründlich in die Problemstellung hineingehen und den emotionalen Bereich der Entscheidung aufspüren, der letztlich zur Besonderheit eines Projektes führt. Wenn diese qualitative Betrachtung die quantitative Bewertung permanent ergänzt, vergrößert das die Chance eines Projektes im Verdrängungswettbewerb. Die isolierte Betrachtung eines Projektes ist dabei zu wenig. Es ist notwendig, den Zusammenhang des Projektes mit seiner Umgebung und die Wirkung seiner Einordnung zu untersuchen, um bestmögliche Akzeptanz nicht nur auf dem Markt, sondern auch im gesamten Ortsgefüge zu finden. Das hat überhaupt nichts mit architektonischer Anpassung oder kleinlicher Einfügung zu tun. Es kann sich aus dieser Betrachtung durchaus ergeben, dass das städtebauliche oder architektonische Signal als Kontrapunkt zu einer uninteressanten oder diffusen Ortscharakteristik den (latent vorhandenen) „Genius loci“ erst erweckt.

Die durch ein gutes Projekt entstehende „innere“ Wertsteigerung der Qualität eines Ortes und seiner Umgebung ist auch ein Faktor, der über die subjektiven Momente hinaus zu einer objektiven Wertverbesserung und Steigerung des Projekterfolges führen kann. Insofern ist die Beachtung des „Genius loci“ sehr wohl ein ökonomischer und nicht ein bloß „esoterischer“ Aspekt.

2.2.12 Begriff des Wertes

Die Kostenkalkulation für ein bestimmtes Projekt beruht je nach dem Entwicklungsstand der Planung in unterschiedlichen Genauigkeitsgraden auf der Erfassung von Mengen und Maßen der einzelnen Baubestandteile und den dazugehörigen Stück- und Arbeitskosten. Diese Kostenkalkulation ist unverzichtbar und Bestandteil jedes Projektes.

Kostenkalkulation ist also die rein quantitative Erfassung des Aufwandes, der für die Herstellung eines Werkes notwendig ist. Das Ergebnis dieser Kostenrechnung muss allerdings bewertet werden. Das heißt, es muss untersucht werden, ob die aufgewendeten Kosten für ein Projekt dem erzielbaren Wert auf dem Markt (Mietertragswert, Verkaufswert) entsprechen und einschließlich der Finanzierungskosten, der Kosten des Vertriebs, der Projektbearbeitung und dergleichen den Mitteleinsatz rechtfertigen. Wert ist also die qualitative Rechtfertigung des Kostenaufwandes durch den Verwertungserfolg.

Das untrennbare Begriffspaar „Kostenaufwand/Verwertungserlös“ fließt als Rahmenbedingung in die Projektabwicklung ein. Insofern sind diese beiden Begriffe statisch.

Es gibt jedoch auch **dynamische Faktoren des Wertes,** die bei entsprechender Evaluierung durchaus den statischen Wertbegriff ergänzen und erhöhen können: Begriffe wie

- Nachhaltigkeit,
- gute Wiedervermietbarkeit,
- zukunftssichere technische Gebäudeausrüstung,
- architektonisch/gestalterischer Wert

reichen über den statischen Begriff des Vermarktungserfolges hinaus. In einem schärfer werdenden Markt und bei besserer Vergleichbarkeit von Projekten werden sie heute immer mehr nachgefragt. Selbstverständlich haben Maßnahmen zur Verwirklichung solcher dynamischer Wertfaktoren, deren Wirksamkeit über die Erstverwertung hinausgeht, Rückwirkungen auf die Kosten, weil sie kostenwirksame Maßnahmen und Herstellungen erfordern. Wie weit dieser Zusatzaufwand ökonomisch sinnvoll ist, ist letztlich eine Frage der Marktbewertung.

Innerhalb eines Gesamtprojektes gibt es einen weiteren Wertbegriff: den aus der Finanzierungskraft der Nutzungsart abgeleiteten Nutzungsteilwert. Das klingt kompliziert, ist aber relativ einfach: Jeder Nutzungsbestandteil eines Hauses (einer Anlage) hat seinen eigenen Marktwert: Eine Wohnung ist um den Betrag X vermiet-/verkaufbar, ein Büro um die Miete Y vermietbar und ein Kfz-Stellplatz um die Miete/den Verkaufspreis Z verwertbar. Aus diesen unterschiedlichen Ertrags-/Verkaufswerten der Nutzungsbestandteile ergeben sich unterschiedliche relative Werte innerhalb der Gesamtkosten des Bauwerks (der Anlage). Sie müssen nicht notwendigerweise mit der Relation der rein technisch/quantitativ erfassten Kosten der jeweiligen Baubestandteile gleichgesetzt werden.

Der Ertragswert, nicht die Kosten einer Gesamtanlage, ist für die Finanzierbarkeit des Projektes die entscheidende Größe. Dieser Gesamtertragswert setzt sich aus den Ertragswerten (Teilnutzungswerten) der einzelnen Nutzungsbestandteile des Objektes zusammen. Durch entsprechende Gewichtung dieser Teilwerte lassen sich unter Umständen auch bei ungünstigen Kosten einzelner Nutzungsbestandteile einer Anlage trotzdem insgesamt positive Ergebnisse erzielen.

Eines gilt jedenfalls als Merksatz: Kosten sind hart, Werte sind weich. Kosten sind das Ergebnis objektivierbarer Summierung von Preisen von Bauelementen und deren Zusammenfügung, Werte entstehen aus der Qualifizierung dieser objektiven Bestandteile in Relation zu einem bestimmten Erfolg am Markt.

Beispiel:

		Kosten			*Wert*
Nutzungsart	*m²*	*Kosten/m²*	*Mio. €*	*Wert/Teilwert*	*Mio. €*
Wohnen	*3.000*	*1.500*	*4,50*	*1.200*	*3,60*
Büro	*2.000*	*1.500*	*3,00*	*1.800*	*3,60*
Lokal	*1.000*	*1.200*	*1,20*	*1.450*	*1,45*
Kfz-Plätze	*500*	*900*	*0,45*	*1.000*	*0,50*
		9,15		*9,15*	

Der Kostenanteil der Wohnungen ist hier relativ hoch und ihr Ertrags(Wert-) anteil relativ niedrig gegenüber den anderen Nutzungsarten. Während der Kostenanteil kaum veränderbar ist, weil sich die Kosten von Büroflächen in der Herstellung nicht wesentlich von den Kosten der Wohnungen unterscheiden werden, gibt es sehr deutliche Unterschiede in den erzielbaren Mieten und damit in den Verkaufswerten (Teilwerten).

Die in diesem Beispiel im Wesentlichen auf die Nutzfläche bezogenen und in der Praxis nach Aufwand relativ gering gewichteten „Echtkosten" der Nutzungsarten lassen sich über die Wertgewichtung wesentlich stärker differenzieren als es ihrem rein quantitativen Kostenanteil am Gebäude entspricht. Durch die höher gewichtete Ertragsquote des Büro- und Lokalflächenanteils sinken relativ die Wohnungswerte, das heißt auch bei höheren Teilkosten können in der Vermarktung schwächere Wohnungswerte durch bessere Verwertbarkeit der anderen Bestandteile günstig gehalten werden. Bei der Gestaltung des richtigen Nutzungsmix für die marktgerechte Preispolitik des Projektes sind solche Überlegungen besonders wichtig.

2.2.13 Grundzüge der Bewertung

Die wahrscheinlich wichtigste Variable eines Projektes ist sein Ertragswert und in Abhängigkeit davon die Finanzierungskraft des Gesamtprojektes und seiner einzelnen Nutzungsbestandteile. Viel wichtiger als Kosteneinsparung um jeden Preis ist eine richtige Ausfinanzierung und eine richtige Bewertung des Projektes nach dem Kriterium dieser Finanzierungskraft.

Bei Mietobjekten bestimmt sich der Wert in der Regel nach dem Ertragswert. Dieser Wert lässt sich auf verschiedenste Weise ermitteln. Hier wird von einer einfachen, gebräuchlichen Formel ausgegangen, dem **Ertragswert als kapitalisierte ewige Rente:**

$$\text{Wert} = \text{Jahresertrag} \cdot \frac{100}{\text{Zinsfuß (Rendite)}}$$
$$= \text{Jahresertrag} \cdot \text{Vf (Vervielfältiger)}$$

Die Rendite errechnet sich demnach wie folgt:

$$\text{Rendite} = \text{Jahresertrag} \cdot \frac{100}{\text{Wert}}$$

Der Wert eines Miet- oder Anlageobjektes ist also direkt von der Höhe der möglichen Miete und demjenigen Satz abhängig, den ein Kapitalgeber/Anleger als Verzinsung für sein Geld erwartet. Er steigt bei höherem Mietertrag und bei niederen Renditeerwartungen.

Die Kosten müssen mit dem Wert in Deckung gebracht werden; sie sind eine Fixgröße, während der Wert die Variable darstellt.

Die Rendite darf nicht mit der Amortisation (Tilgung) von Baudarlehen gleichgesetzt werden: Sie beinhaltet keine Rückzahlungskomponente, sondern nur die Verzinsung des Kapitals.

Für die Finanzierungsrechnung ist daher die Höhe der Annuität (Darlehensrückzahlungsrate) auf eine bestimmte Laufzeit zu ermitteln. Aus der Deckungsmöglichkeit der Annuitäten durch die Mieterträge ergibt sich die mögliche Höhe der Fremdmittel; die Differenz auf die Kosten muss durch Eigenmittel abgedeckt werden.

Bei Objekten, die zum Verkauf bestimmt sind, gilt nicht die Rendite als Maßstab, sondern der auf dem Markt mögliche Verkaufspreis.

In beiden Fällen muss der Wert zumindest folgende **Kostenbestandteile** abdecken:

- Grundkosten + Nebenkosten
- Bauwerkskosten + Nebenkosten
- Finanzierungskosten bis zur Vollverwertung
- Vertriebs- und Vermarktungskosten
- betrieblicher Aufwand der Projektabwicklung
- Risikozuschlag
- Gewinnkomponente

- Wert

Wie sich die Faktoren Miete und Rendite auf den Projekterfolg auswirken, zeigt Abbildung 5:

Abbildung 5: Rentabilität eines Ertragsprojektes

KOSTEN: €/m²

Pos. 1	Einstandskosten Grundstück	€	300,–
	+ Nebenkosten 40 % (Zinsen bis Verwertung, GrESt etc.)	€	120,–
	Grundkosten bis Verwertung	€	420,–
Pos. 2	Bauwerkskosten	€	1.100,–
	+ Bauzinsen, Nebenkosten 25 Prozent	€	275,–
	Baukosten bis Verwertung	€	1.375,–
	Gesamtprojektkosten	**€**	**1.795,–**

ERTRAGSWERT:

Miete/m²/p. M.	RENDITE p. a.	VF	WERT	ABWEICHUNG
€ 11,00	6,50 %	15,38	€ 2.030	+ 13,2 %
€ 11,00	6,75 %	14,81	€ 1.955	+ 8,9 %
€ 10,00 (– 9,10 %)	6,50 %	15,38	€ 1.846	– 2,8 %
€ 10,00	6,75 %	14,81	€ 1.777	– 1,0 %
€ 10,00	6,00 %	16,67	€ 2.000	+ 11,4 %

BREAK EVEN:

€ 9,35	6,25 %	16,00	€ 1.795	± 0 %

2.3 Projektorganisation

Die Abwicklung von Bauvorhaben wird immer komplexer. Einerseits wird die Konkurrenzsituation auf dem Markt schwieriger und bringt bei steigender Erwartungshaltung der Kunden erhöhten Druck auf Kosten und Abwicklungsqualität, andererseits wird es gerade bei anspruchsvollen Projektinhalten immer wichtiger, die grundsätzlichen Fragen des Projektablaufes und einer effizienten Projektorganisation permanent im Auge zu behalten. Die hier entwickelten Grundzüge ergeben sich aus Erfahrungen und Beobachtungen in der Praxis. Sie sollen einen möglichst umfassenden Einblick in die integrierte Projektabwicklung geben, die auf relativ wenigen und einfachen, dafür aber umso wichtigeren Grundsätzen beruht.

2.3.1 Die Definition des „Bauwillens"

Um ein Immobilienprojekt erfolgreich entwickeln, durchführen und vermarkten zu können, ist es wichtig zu wissen, was man will; man muss einen bestimmten Bauwillen haben. Die Entscheidungen über das „Was, Wie und Wozu" müssen in einem sehr frühen Stadium des Projektes getroffen werden, nämlich spätestens zum Zeitpunkt des Ankaufsentschlusses. Sie sind in der Regel nur mehr schwer oder jedenfalls nur mit hohem Kostenaufwand reversibel, wenn sich zu einem späteren Zeitpunkt herausstellt, dass die Grundlagen mangelhaft, die Zielrichtungen ungenau oder die Rahmenbedingungen falsch eingeschätzt wurden.

Der Bauwille ist nicht nur im reinen Wortsinn der Wille, irgend etwas zu bauen. Es muss darüber hinaus durch einen komplexen geistigen Entscheidungsfindungsprozess eine bestimmte Absicht und Vorstellung entstehen, wie sich das künftige Projekt entwickeln soll. Für den Bauträger oder den Developer, jedenfalls aber für den Bauherrn entsteht der Bauwille originär, das heißt er erarbeitet sich seine Vorstellungen über das Bauergebnis ohne bestimmende Vorgaben Dritter und nicht abgeleitet von einem Auftrag. Darin unterscheidet er sich vom Generalunternehmer und vom Architekten, denen der Bauherr bestimmte Nutzungen oder ökonomische und funktionale Vorgaben mitgibt, die dann in eine entsprechende Form zu bringen sind.

Ein Bauherr, der den Prozess der Bildung seines Bauwillens nicht ernst nimmt, wird mit seinem Projekt mit großer Sicherheit Schwierigkeiten haben.

Bauwillen und Bauziele nach bloßen ökonomischen Kriterien zu orientieren, ist heute nicht mehr genug. Ohne eine in irgendeiner Form definierte Bauideologie, die dem Projekt Akzeptanz nicht nur auf dem anonymen Markt, sondern im weitesten Sinn in der Gesellschaft sichert, werden Projekte auf Dauer nicht den Wert haben und halten können, den ihnen die rein wirtschaftlichen „seelenlosen“ Projektparameter beimessen.

Der Bauwille ist nicht frei. Er ist durch Rahmenbedingungen (nicht veränderbare Parameter) gebunden, unter denen die Projektziele (veränderbare Parameter) entwickelt werden. Sich über beides klar zu sein, nicht nur im Augenblick der Erstentscheidung, sondern in allen Phasen der Bauabwicklung, ist für den Erfolg eines Projektes entscheidend. Der letztlich gebildete Bauwille muss eindeutig dokumentiert und den Projektbeteiligten immer wieder nahegebracht werden. Es ist fast ein Standardfehler vieler Immobilienprojekte, dass der Bauwille mit Projektdauer sozusagen „ausrinnt“. Niemand weiß dann mehr so genau, was ursprünglich wirklich gewollt war und warum bestimmte Entscheidungen in eine bestimmte Richtung gefallen sind. Das erschwert nicht nur die Abwicklung, sondern auch letztlich die Vermarktung eines Projektes.

Die Zieldefinition (unter Berücksichtigung der Rahmenbedingungen) soll möglichst klar, kurz, aber umfassend und jedenfalls schriftlich dokumentiert werden und den Projektverantwortlichen nachhaltig in Erinnerung gebracht werden. Diese Dokumentation des „Bauwillens“ sollte weiter als die üblichen Lastenhefte gehen, die sich in aller Regel auf quantitative Ziele beziehungsweise Kosten- und Terminziele beschränken. Die qualitativen Ziele werden in der Regel gar nicht oder bestenfalls vage definiert und häufig dem Architekten überlassen. Damit delegiert der Bauherr seine Bauherrnrolle und vor allen Dingen seine originäre Entscheidungsgewalt an einen Auftragnehmer – in den meisten Fällen entstehen dadurch Schwierigkeiten.

Abbildung 6: Vom Bauwillen zum Bauziel

BAUWILLE – BAUZIEL	
WAS	Nutzungsart, Nutzungsmix, Qualität, Nutzfläche, Gestaltungsidee
WIE	Finanzierung, Baukosten, Grundkosten, Organisation, Team, Marketing, Zielgruppenanalyse
WOZU	Rentabilität, Verkaufserfolg, Kundenkreis, Unternehmensziel, Wert
DOKUMENTATION	

2.3.2 Parameter des Bauwillens

Die äußeren Parameter des Bauwillens sind durch verschiedene Gesichtspunkte begrenzt, die unterschiedlich veränderbar sind. Die **Projektabsichten** müssen mit diesen **Parametern** in Deckung gebracht werden:

- Rahmenbedingungen
- Projektziele
- Projektvariable

Abbildung 7: Parameter des Bauwillens

Rahmenbedingung MUSS	= nicht veränderbare Projektparameter zum Beispiel – gesetzliche Grenzen (Bauordnungen, Denkmalschutz etc.) – rechtliche Grenzen (Vertragsbedingungen) – ökonomische Grenzen (Budget, Marktlage) – selbst auferlegte Grenzen (Ideologie, Corporate Identity) Die Rahmenbedingung ist entweder gar nicht oder nur auf oberster Entscheidungsebene (Bauherr) abzuändern. Sie ist ein „Muss".
Projektziel SOLL	= veränderbare Projektparameter zum Beispiel – Qualität; Gestaltung – Nutzfläche, Nutzungsmix – Ausstattungsstandards – Kosten – Termine Das Projektziel darf nie über die Rahmenbedingungen hinausschießen, ist aber innerhalb von Grenzen änderbar. Es ist ein „Soll".
Projektvariable DARF	= wählbare Projektparameter zum Beispiel – Ausstattungsvarianten – technische Alternativpositionen – Finanzierungsvarianten Die Projektvariable dient der flexiblen Zielverwirklichung. Sie ist relativ frei wählbar. Sie ist ein „Darf".

2.3.3 Projektteam und Entscheidungsstruktur

Bei der Abwicklung von Bauvorhaben gibt es häufig eine klare, aus Tradition gewachsene Hackordnung: Der Vertreter des Bauherrn ist der Chef des Baubetreuers oder Projektmanagers, der Baubetreuer ist derjenige, der dem Architekten anschafft, der Architekt prügelt den Generalunternehmer, der Generalunternehmer quetscht seine Professionisten aus usw. Die Verwirklichung von Bauvorhaben ist in diesem traditionellen Bild die Verwirklichung einer reinen (Über)Machtkette von oben nach unten. Das ist zwar scheinbar bewährt, aber nicht ausreichend.

Die Hierarchie der Befehlsgewalt oder die Hierarchie der jeweiligen vertraglichen Vormacht ist für sich allein kein taugliches Mittel, um eine erfolgreiche Bauabwicklung zu garantieren. Schon gar nicht, wenn diese Machthierarchie nichts anderes zum Ziel hat, als die jeweiligen – zwangsläufig unterschiedlichen – Eigeninteressen durchzusetzen und wenn der Interessenkampf zum bestimmenden Faktor in der Bauabwicklung wird.

Der Machthierarchie muss daher eine Hierarchie der Funktionen des jeweiligen Leistungsträgers zur Seite stehen, die sich am Projektziel orientiert. Dazu müssen jene projektbezogenen Befugnisse definiert werden, die eine Aufgabenverteilung im Gesamtgefüge des Projektes festlegen, und zwar ausschließlich nach dem Interesse des Projektes.

Die Funktionen der Projektbeteiligten und Projektverantwortlichen müssen durch eine entsprechende Aufbau- und Ablauforganisation gebündelt und harmonisiert werden. Dazu ist eine klare hierarchische Ordnung der Funktionen im Projektablauf nötig. Sie soll den jeweiligen Funktionen definierte Verantwortungsbefugnisse zuweisen und nicht nach persönlicher Machtbefugnis, sondern nach sachlicher Funktion im Projektablauf organisiert sein. Die Projektorganisation sollte kybernetisch in Regelkreisen aufgebaut sein und es prinzipiell nicht zulassen, dass Verantwortungsebenen übersprungen werden. In einem System von Vorgaben, Prüfung und Ergebnissen können sich so die Projektziele vom Allgemeinen (der Entscheidungsebene des Bauherrn) bis zu den konkreten detaillierten Umsetzungsmaßnahmen in den jeweiligen Funktionsebenen geordnet verwirklichen und verdichten.

2.3.4 Die Funktionen der Projektbeteiligten

Es gibt verschiedene Möglichkeiten, ein Projektteam zweckmäßig zu organisieren. Die letztlich gefundene Struktur hängt auch von den organisatorischen

Gegebenheiten und der Größe des Bauvorhabens ab sowie vom Schwierigkeitsgrad der zu lösenden Aufgabe. Trotzdem ist die jeweilige Struktur in den Grundzügen der Aufbauorganisation eines Projektes gleich und wird in aller Regel in fünf Verantwortungs- beziehungsweise Funktionsebenen zu gliedern sein:

❑ Ebene 1: Bauherr

Der Bauherr ist **alleiniger Entscheidungsträger** über die wesentlichen Parameter des Bauvorhabens. Er ist im Prinzip in die Arbeitsvorgänge zur Umsetzung nicht involviert. Eine entsprechende Organisation zur Überprüfung der Verwirklichung der von ihm gesetzten Vorgaben und Ziele ist notwendig.

❑ Ebene 2: Projektleitungsteam

Hier befindet sich die **eigentliche Steuerungsebene,** die drei wesentliche Gesichtspunkte koordiniert: die Interessen des Bauherrn an der Projektzielverwirklichung, die Organisation und das Management der Bauabwicklung insbesondere im Hinblick auf Kosten und Termine sowie die technische Steuerung und Koordination der Planung in Richtung technischer Einwandfreiheit und Mängelsicherheit.

❑ Ebene 3: Planung

Hier ist das Team der **Architekten** und planerischen Sonderfachleuchte (Statiker, Projektanten usw.) angesiedelt.
Merke: Die gestalterische Planung rangiert in der Verantwortungskette **nach** der Projektleitungsebene. Das ist wichtig; wäre es anders, bestünde die eminente Gefahr der übertriebenen planerischen Selbstverwirklichung mit hoher Wahrscheinlichkeit der Projektzielgefährdung.

❑ Ebene 4: Bauleitung, Bauaufsicht

Dieser Begriff umfasst die **Steuerung der Arbeit auf der Baustelle** selbst bzw. die Maßnahme zur baulichen/technischen Umsetzung der Planungsideen.

❑ Ebene 5: Baufirma/Gewerke

Hier geht es ausschließlich um die bestmögliche **Ausführung** und Durchführung und die Erfüllung der aus den Vorstufen hervorgekommenen Vorgaben.

Man kann die Organisation des Bauprojektes gut mit der eines Unternehmens vergleichen:

Bauherr	=	**Shareholder,** Eigentümer
Projektleitung	=	**Geschäftsführung,** operatives Geschäft
Architekt, Fachplaner	=	**Bereichsverantwortliche** Gestaltung, Technik, Nutzung
Örtliche Bauaufsicht, Bauausführung	=	**Produktion,** Produktionsüberwachung

Abbildung 8: Aufbauorganisation

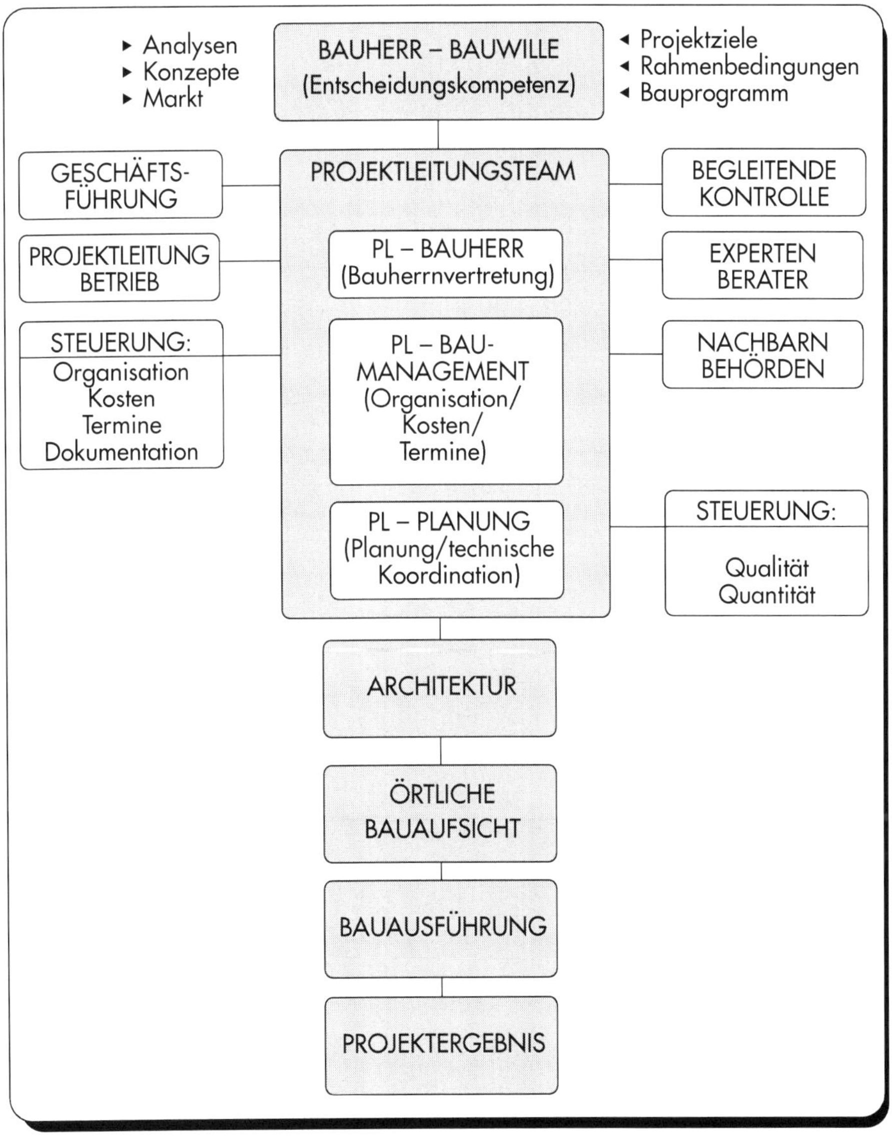

Abbildung 9: Ablauforganisation, Regelkreisschema

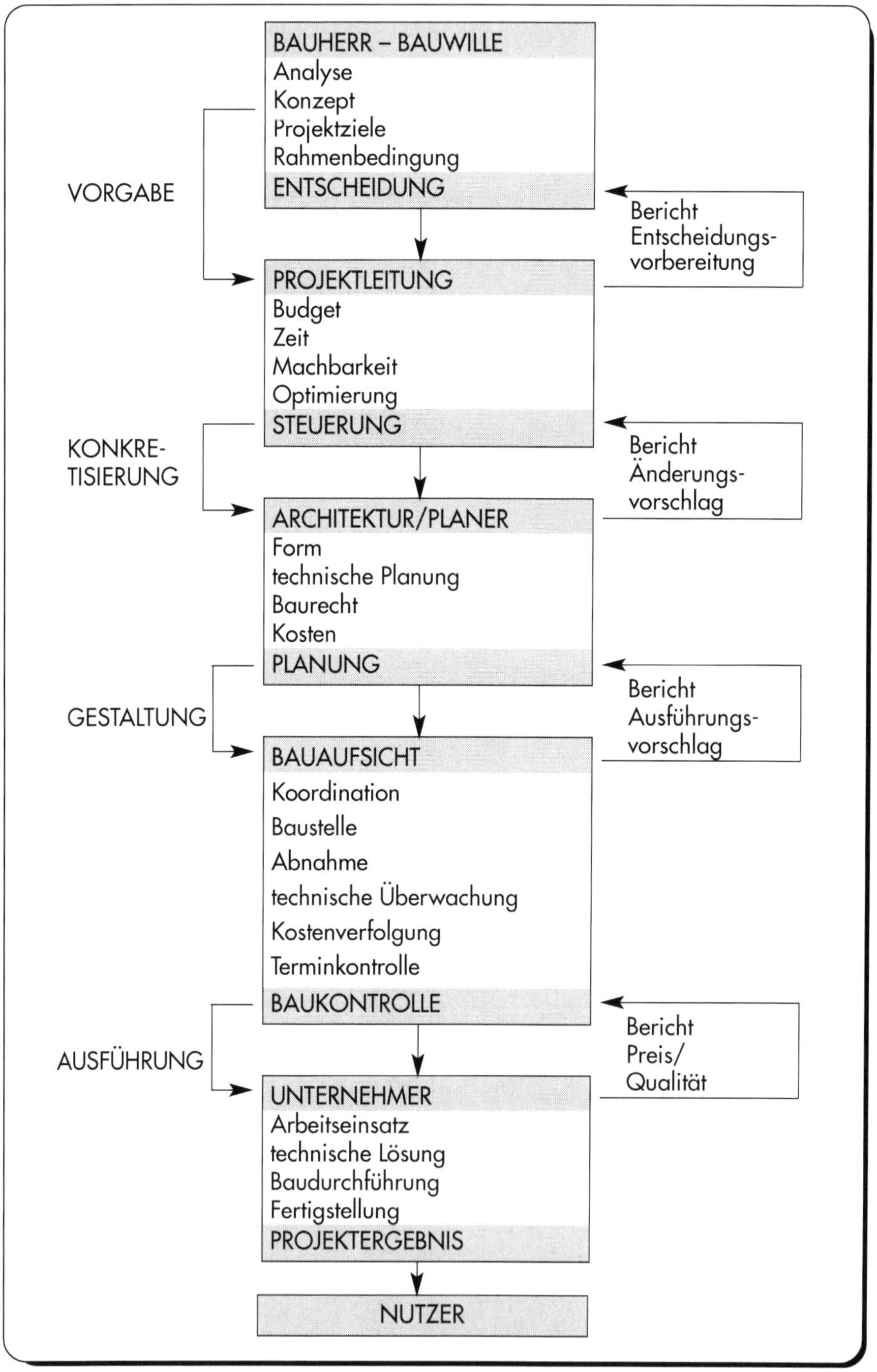

2.3.5 Interessen- und Konfliktmanagement

Ein Bauprojekt ist ein vielschichtiger Körper, zusammengesetzt aus vielen Teilen mit vielen verschiedenen Handelnden, die durchaus nicht gleiche Interessen haben. Es ist daher von entscheidender Bedeutung für den Erfolg eines Projektes, unter Berücksichtigung der Projektziele das Interesse des Projektes als selbstständiges Interesse zu evaluieren und diesem Interesse in der Projektabwicklung zum Durchbruch zu verhelfen. Mit anderen Worten: Das persönliche Interesse des einzelnen Beteiligten muss immer am Gesamtinteresse der Projektverwirklichung gemessen werden. Projekte, bei denen es der Projektleitungsorganisation nicht gelingt, die jeweiligen Einzelinteressen in das Gesamtinteresse des Projektes einzubinden, sind mit Sicherheit zum Scheitern verurteilt.

In der kybernetischen Aufbau- und Ablauforganisation wird diesem Umstand dadurch Rechnung getragen, dass die funktionelle Zuordnung des einzelnen Beteiligten jeweils in einer ganz bestimmten Funktionsebene innerhalb der Konkretisierungshierarchie erfolgt. Ein Ausbrechen aus dieser Ebene ist nicht zulässig – es sei denn über Entscheidung des Bauherrn, der obersten Instanz.

Besonderes Augenmerk ist der Struktur des Planungsteams zu widmen: Die Erfordernisse der technischen Planung (Statik, Haustechnik) müssen mit der gestalterischen Planung (Architekten, Design) harmonisiert werden. Einseitiges Übergewicht ist zu vermeiden. Wildwuchs der Architektur kostet Geld und Funktionalität. Ebenso kann die Übermacht der Technik die Ansprüche der Architektur erschlagen. Der Weg zu dieser Harmonie ist Arbeitsteilung und Ausgleichsmanagement durch die Projektleitung mit Letztentscheidung durch den Bauherrn.

In den USA zum Beispiel ist der allumfassende Gestaltungs- und Planungsanspruch der hiesigen Architekten, die ja bestenfalls dem Statiker ein kümmerliches Randfigurendasein zugestehen und sich als Generalzuständige für sämtliche planerischen Maßnahmen eines Bauvorhabens, vom Design bis zur Ausschreibung und Bauaufsicht fühlen, ein völlig undenkbares System. Niemand würde in den USA auf die Idee kommen, dass der Design-Architekt gleichzeitig auch die Polier- und Konstruktionsplanung macht und als Ausschreibender beziehungsweise Bauaufsichtsbeauftragter nicht nur eine Art Kostenhoheit besitzt, sondern sich quasi selbst kontrolliert.

Vorzuziehen ist daher ein System, bei dem Design-Architekt, Konstruktions-Architekt (Polierplaner), Struktur-Architekt (Statiker) und Contractor (Projektausführer) mit ihrer jeweils ureigensten Spezialaufgabe gesondert beauftragt und miteinander in einer entsprechenden kybernetischen Aufbau-

und Ablauforganisation vernetzt werden. So wird vermieden, dass sie jeweils im Prinzip mit der Gesamtaufgabe überfordert sind, weil sie die jeweils unterschiedlichen Bearbeitungsschwerpunkte nur unvollkommen und nur in stetem Widerstreit mit den eigenen Interessen abdecken können. Denn ein designorientierter Architekt beispielsweise wird den Schwerpunkt seiner Gestaltung naturgemäß auf das Design legen, auch dann, wenn diese Designlösungen Kostenrisiken, Qualitätsrisiken oder allenfalls Risiken der künftigen Erhaltungs- und Unterhaltskosten nach sich ziehen.

Entscheidend für ein System der Spezialisierung der Planungsleistungen bei gleichzeitiger Vernetzung ist jedenfalls die entsprechende Aufbau- und Ablauforganisation *(siehe Abbildung 8 und 9 in Kapitel 2.3.4)*. Wer diese Organisation nicht hat und nicht pflegt, sollte lieber beim Althergebrachten bleiben und allenfalls einen Generalplaner anheuern. Dazu braucht er hinsichtlich Qualität und Kosten zwar das Prinzip Hoffnung, doch lassen sich diese Faktoren durch einen guten Vertrag und eine entsprechende Bonitätsprüfung im Griff halten.

Einer der wichtigsten Leitsätze der Projektabwicklung lautet also: Das Projektganze steht über den einzelnen Unternehmensinteressen der Baubeteiligten.

Die Bedeutung dieses Leitsatzes zeigt sich bei Zielkonflikten: Unter Zielkonflikten wird hier nicht der Konflikt verstanden, der aus unterschiedlichen Auffassungen über Leistungspflichten, Rechte am Projekt oder sonstigen Schwierigkeiten entsteht, die im Zusammenhang mit Verträgen oder Leistungsstörungen an einem Bauwerk entstehen können. Diese Fragen sind zivilrechtlich zu lösen und nicht Gegenstand dieser Ausarbeitung.

Worum es hier geht, sind Zielkonflikte, die entweder aus bestehenden oder geänderten Interessenlagen der Projektbeteiligten heraus oder aufgrund von geänderten äußeren Umständen oder Rahmenbedingungen auf die Richtung eines Projektes einwirken und dessen Zielverwirklichung gefährden können. Die Konfliktlösungsorganisation soll sicherstellen, dass die Zielkonflikte im System der kybernetischen Regelkreise *(siehe Abbildung 9)* durch diejenige Entscheidungsebene behandelt werden, die jeweils an der Schnittstelle zwischen Vorgaben der nächsthöheren Ebene und nachgeordneter Erledigungsebene liegt.

Beispiel:

Wenn im Regelkreis Planung – Bauleitung – Ausführender Auffassungsdifferenzen und Probleme aus der Gestaltung durch den Architekten und deren Auswirkung auf Kosten und Ausführbarkeit entstehen, obliegt es der Bauleitung (örtliche Bauaufsicht), diese Probleme zu klären. Gelingt das auf dieser Ebene nicht und ist das gewünschte Ergebnis durch die Bauleitung nicht herstellbar, geht die Kompetenz an den nächst höheren Regelkreis über.

Der Vorteil einer solchen Regelung liegt auf der Hand: Die jeweiligen Ebenen sind durch die festgelegte Organisation angehalten, die auftretenden Probleme und Konflikte zunächst möglichst in ihrem Bereich zu lösen. Sie müssen die für sie relevanten Projektziele nachfragen und entsprechende Begründungen für die gefundenen Ergebnisse an die höhere Ebene liefern, ohne allerdings – und das ist ganz wichtig – einzelne Regelebenen zu überspringen.

2.3.6 Ablageordnung und Protokollwesen

Die administrative Komplexität eines Bauvorhabens verlangt nach einem guten Ablagesystem. Diese Projektablageordnung ergänzt die allgemeine Ablageordnung des Unternehmens und soll grundsätzlich so gestaltet sein, dass sie in der Gliederung der Hauptkapitel im Wesentlichen dem zeitlichen Ablauf und dem jeweiligen Stadium des Projektes folgt. In der Regel wird die Projektablageordnung mit sechs Hauptkapiteln ausreichend definiert sein. Je nach Erfordernis und angepasst an die betrieblichen Besonderheiten und die betriebliche Struktur des Bauträgers können die Kapitel zusätzlich nach metrischem System unterteilt werden.

Abbildung 10: Hauptkapitel der Projektablageordnung

Kapitel 1:	Grunderwerb durch den Bauträger (eigene Projekte), Aufträge an den Bauträger (Fremdprojekte), Vertragswesen bezogen auf den Erwerb beziehungsweise Realisierungsauftrag
Kapitel 2:	Projektentwicklung, Baureifmachung (Erarbeitung der Grundlagen für das künftige Projekt)
Kapitel 3:	Planung (Architektenplanung, technische Planung, Baubehörde, sonstige Behörden)
Kapitel 4:	Wirtschaftliche Projektgrundlagen (Projektfinanzierung, Wohnbauförderung, Verwertungskalkulation, Budget)
Kapitel 5:	Baudurchführung (Auftragswesen, Kostenkontrolle, Gewährleistung)
Kapitel 6:	Verwertung und Verwaltung (Nutzerverträge, Interessentenkartei, Werbung), Hausverwaltung

Für das Kapitel „Planung" könnte sich etwa folgende Gliederung ergeben:

Abbildung 11: Untergliederung eines Hauptkapitels

PLANUNG (Kapitel 3)	
03.01	Altbestand: Pläne, Baubeschreibung, Bestandsaufnahme, Topographie
03.02	Altbestand-Abbruch: Pläne
03.03	Bauidee: Grundzüge der Projektabsicht, Lastenheft, Erläuterung des Bauwillens
03.04	Projektstudie: Skizzen, Gestaltungsvorschläge
03.05	Lage- und Höhenplan: Geometer
03.06	Vorentwurf: Pläne + Topographie
03.07	Entwurf: Pläne + Topographie
03.08	Einreichpläne Baubehörde: Pläne + Topographie
03.09	Einreichpläne Denkmalamt: Pläne
03.10	Baubewilligung: Verhandlungsschrift, Einsprüche, Auflagen, Bescheid
03.11	Polierpläne: Pläne + Topographie
03.12	Detailpläne
03.13	Verkauf: Pläne + Topographie, Verkaufsbaubeschreibung
03.14	Korrespondenz: Aktenvermerk, allgemeine Korrespondenz
03.15	Bauherrnsitzung: Protokoll
03.16	Baubesprechung: Protokoll

Grundsätzlich sollen Schriftstücke, Vermerke und Korrespondenzen immer die Kennzeichnung (Codierung) des Projektes und den jeweiligen Bezugspunkt der Ablageordnung aufweisen. So wird gewährleistet, dass sie klar zugeordnet und leicht wiederaufgefunden werden können. Auch das Protokollwesen soll nach diesem Ordnungsprinzip gestaltet sein und auf diese Weise die Erkennbarkeit der Zuordnung einzelner Protokollpunkte sicherstellen.

Abbildung 12: Protokoll einer Bauherrnsitzung

Projekt Wallstraße XY
17. BH-Sitzung vom 19. 4. 2014

Teilnehmer (ohne Titel):		Protokoll-ausfertigung:
Bauherr:	Max Meier	✔
	Peter Huber	✔
Projektleitung:	Peter Huber (BH)	
	Ludwig Beer (Planung)	✔
	Sepp Frei (Bau)	✔
Planung:	Theo Fritz (Statik)	✔
	Kuno Plan (Architekt)	✔
Bauleitung:	–	
Bauausführung:	–	
Sonstige:	Max Wert (Verkauf)	✔
Thema:	Bauzeitplan	
Nr.	Codierung nach Ablageordnung: Budget, Bauzeit	

Datum

13. 4. 14

Ergebnis Besprechung:
Verzögerung in der Anlieferung der Bodenplatten für Foyer und Stiegenhaus ist möglich. Die Komplettierung könnte sich um bis zu 14 Tage verspäten.
Gewerk: Bodenleger

Erledigung:
Die Lieferung ist dringlich zu urgieren.
Der Bauzeitplan ist vorsorglich zu überarbeiten.
Verzögerungskosten sind zu erfassen (Pönale, Mietausfall).
Beschleunigungsmaßnahmen (Nachtarbeit) sind zu setzen.

Frist: 25. 4. 14

Veranlasser: Ludwig Beer (PL)
Sepp Frei (PL)
Max Meier (BH)

Info: Kalkulation/REWE

Erledigung:
ja/nein

Abbildung 13: Protokoll einer Baubesprechung

Projekt Wallstraße XY
64. BH-Sitzung vom 20. 4. 2014

Teilnehmer
(ohne Titel):

		Protokoll-ausfertigung:
Projektleitung:	Sepp Frei (Bau)	✔
	Ludwig Beer (Planung)	✔
Planung:	Kuno Plan (Architekt)	✔
Bauleitung:	Ernst Krampf	✔
Bauausführung:	Willi Platte (Fliesen)	✔
	Karl Mörtel (Baumeister)	✔
	Otto Klecks (Maler)	✔

Thema: **Bauzeitplan – Bodenleger allg. Teile**
Nr. .... (Codierung, eventuell nach Ablageordnung): Bauzeitplan, Gewerk

Datum
16. 4. 14

Ergebnis Besprechung:
Die Bodenplatten für die allgem. Flächen (Foyer, Stiegenhaus) sind zollabgefertigt und nunmehr am Weg zur Baustelle. Verzögerungen im Bauzeitplan können durch Nachtarbeit vermeidbar werden:

Erledigung:
Beginn der Nachtarbeit ab 17. 4. 14 Mehrkosten trägt Fliesenleger.
Arbeitseinsatz Maler wird für 25. 4. 14 terminisiert.
Fliesenleger garantiert Fertigstellung bis dahin.

Frist: 25. 4. 14

Veranlasser: Willi Platte
Otto Klecks
Sepp Frei

Info: Kalkulation/REWE

Erledigung:
ja/nein

3. Grundlagen des Liegenschaftsrechts

3.1 Grundstückserwerb

Eigentumserwerb ist nach dem Gesetz „zweiaktig“: „Ohne Titel und ohne rechtliche Erwerbungsart kann kein Eigentum erlangt werden“ (§ 380 ABGB).

Unter dem „Titel“ versteht das Gesetz jede rechtliche Möglichkeit, Eigentum zu erwerben. In der Praxis sind dies schuldrechtliche Geschäfte oder letztwillige Verfügungen etc., die dem Erwerber den Anspruch auf das Eigentum geben.

Die „rechtliche Erwerbungsart“ ist der äußere Vorgang, der unbedingt vorgenommen werden muss, um das Eigentumsrecht zu erlangen. Beim Eigentumserwerb an beweglichen Sachen ist dies in der Regel die „körperliche Übergabe“ von Hand zu Hand, bei Liegenschaften zwingend die Eintragung im Grundbuch.

Der wohl häufigste Titel zum Erwerb des Eigentums an Liegenschaften ist der Kaufvertrag. Zu beachten ist, dass Kaufverträge über Liegenschaften und Liegenschaftsanteile formfrei abgeschlossen werden können und somit schon dann wirksam sind, wenn mündlich die Einigung über Ware und Preis eingetreten ist.

Ein formloser Kaufvertrag – etwa ein beiderseits unterfertigtes Maklerformular – ist somit gültig und klagbar, obwohl die förmliche Vertragsurkunde in grundbuchsfähiger Form erst zu einem späteren Zeitpunkt ausgefertigt wird. Das gilt nur dann nicht, wenn der eindeutige Wille der Parteien erschließbar ist – praktischerweise durch einen Vermerk auf dieser Urkunde –, dass sie vor Erfüllung dieses Formerfordernisses nicht gebunden sein wollen (OGH etwa in SZ 43/152 oder JBl 1966, 142). Das bedeutet, dass für die Schaffung des „Titels“ grundsätzlich die Einigung über Ware und Preis genügt, eine allfällige schriftliche Urkunde hat lediglich Beweischarakter.

Der Gültigkeit eines „formlosen“ Kaufvertrages steht auch nicht entgegen, dass die Parteien die Regelung einzelner Nebenpunkte der späteren grundbuchsfähigen Urkunde vorbehalten oder dass besondere Regelungen über Nebenpunkte überhaupt nicht getroffen wurden, wenn nur die Bindungswirkung des formlosen Vertrages erkennbar ist. Macht jedoch eine der Parteien ihre Bindung erst von der Regelung auch sämtlicher Nebenpunkte abhängig, so entsteht der Vertrag erst mit Abschluss der Vereinbarung auch über die Nebenpunkte. Häufige Fälle solcher Nebenvereinbarungen sind Finanzierungsvorbehalte, besondere Regelungen über die Zahlungsmodalitäten oder die Leistungen, die der Verkäufer noch zu erbringen hat.

3.1.1 Grundzüge des Grundbuchsrechts

Das Grundbuch ist ein von den Bezirksgerichten geführtes öffentliches Register, in das Grundstücke, ihre Eigentümer und die an den Grundstücken bestehenden so genannten „dinglichen“ Rechte eingetragen werden.

Dieses Register ist öffentlich zugänglich, die darin enthaltenen Eintragungen genießen „öffentlichen Glauben“.

Seit einigen Jahren wird das Grundbuch nahezu flächendeckend durch automationsunterstützte Datenverarbeitung geführt. Praktisch kann daher bei jedem österreichischen Bezirksgericht beziehungsweise von jedermann, der über eine entsprechende Zugangsberechtigung verfügt, ein Grundbuchsauszug über nahezu jede österreichische Liegenschaft abgefragt werden. Grundbuchsurkunden sind seit 2006 auch aus der elektronisch geführten Urkundensammlung über Internet abrufbar.

3.1.1.1 Bestandteile des Grundbuchsauszugs

Ein über EDV abgerufener **Auszug aus dem Grundbuch** besteht aus drei Teilen („Blättern“):

❑ „A-Blatt“ (Gutsbestandsblatt)

Es enthält die genaue Bezeichnung der Liegenschaft samt Grundstücken, Flächenausmaß und Benützungsart, weiters sind die mit dem Grundstück verbundenen Rechte (Herrschaftsrechte, Dienstbarkeiten etc.) eingetragen und es sind auch Veränderungen der Grundstücke ersichtlich (Zuschreibungen oder Abschreibungen infolge von Grundstücksteilungen etc.).

❑ „B-Blatt" (Eigentumsblatt)

Es zeigt die Eigentumsverhältnisse an der Liegenschaft sowie bestimmte persönliche Verhältnisse der Eigentümer (z. B. Geburtsdatum, Minderjährigkeit, das Bestehen einer Sachwalterschaft, Insolvenzeröffnung).

❑ „C-Blatt" (Lastenblatt)

Im „C-Blatt" sind die mit dem Eigentum an der Liegenschaft verbundenen Belastungen eingetragen (insbesondere Pfandrechte, Dienstbarkeiten in dienender Stellung, Reallasten und auch sonstige objektive Beschränkungen wie Veräußerungs- und Belastungsverbote, Vor- und Wiederkaufsrechte, verbücherte Bestandrechte etc.).

In der „Urkundensammlung" der Grundbuchsabteilung des jeweiligen Bezirksgerichtes werden alle Urkunden aufbewahrt, die Grundlage für eine Eintragung oder Löschung waren.

Daneben wird beim Grundbuch auch die „Grundbuchsmappe" geführt, das ist eine – informationsreduzierte – „Landkarte", die nur die örtliche Lage der Grundstücke und ihre Grenzen wiedergibt.

3.1.1.2 Arten der Grundbuchseintragungen

Im Grundbuch gibt es drei Arten von Eintragungen (§ 8 GBG):

❑ Einverleibung

Die Einverleibung bewirkt den Erwerb, die Übertragung, Beschränkung oder Aufhebung der dinglichen Rechte.

Einverleibungen (und Vormerkungen) können nur aufgrund von Urkunden bewilligt werden, die in der zu ihrer Gültigkeit vorgeschriebenen Form ausgefertigt sind und einen gültigen Rechtsgrund enthalten (§ 26 GBG).

Weiters müssen die Urkunden frei von sichtbaren Mängeln (Einfügungen, Streichungen) sein, durch die ihre Glaubwürdigkeit geschwächt wird, und, wenn sie aus mehreren Bogen bestehen, so geheftet sein, dass kein Bogen unterschoben werden kann.

Sie müssen eine unverwechselbare Bezeichnung der an dem Rechtsgeschäft beteiligten Personen enthalten sowie die Angabe des Ortes, des Tages, des Monats und des Jahres der Ausfertigung der Urkunde.

❑ Vormerkung

Die Vormerkung dient dazu, einen bedingten Rechtserwerb oder Rechtsverlust zu verbüchern. Sie bezweckt, dass der Grundbuchsrang des Antragstellers gewahrt wird, wenn bestimmte Formalerfordernisse der Urkunde noch nicht vorliegen oder – der praktisch häufigste Fall – wenn die für das Liegenschaftserwerbsgeschäft notwendigen Steuerzahlungen (Grunderwerbsteuer, Erbschafts- oder Schenkungssteuer) noch nicht geleistet wurden.

Wenn der Antragsteller die fehlenden Nachweise (zum Beispiel die steuerliche Unbedenklichkeitsbescheinigung) vorlegen kann, wird die Vormerkung über seinen Antrag „gerechtfertigt" und ist somit das dingliche Recht „einverleibt".

❑ Anmerkung

Die so genannte Anmerkung dient entweder dazu, rechtserhebliche Umstände (etwa persönliche Verhältnisse etc.) im Grundbuch ersichtlich zu machen, oder/und sie löst in bestimmten Einzelfällen besonders geregelte Rechtswirkungen aus, insbesondere bei der „Anmerkung der Rangordnung", „Anmerkung der Streitanhängigkeit", „Anmerkung der Zwangsverwaltung", „Anmerkung der Zusage der Einräumung von Wohnungseigentum" etc.

Entscheidende Funktion der Anmerkung ist, dass sich niemand auf die Unkenntnis der durch die Anmerkung gezeigten Umstände berufen kann.

Daneben dienen so genannte „Ersichtlichmachungen" dazu, etwa Änderungen im Gutsbestand, die ohne rechtliche Bedeutung, aber für die wirtschaftliche Beurteilung der Liegenschaft wichtig sind, aufzuzeigen.

3.1.1.3 Wichtige Prinzipien des Grundbuchsrechts

Einer der wichtigsten Grundsätze des österreichischen Grundsbuchrechts ist der Vertrauensgrundsatz: „Was eingetragen ist, gilt" beziehungsweise „Was nicht eingetragen ist, gilt nicht".

Ein weiterer wesentlicher Grundsatz ist das so genannte Prioritätsprinzip: „Der zeitlich Frühere ist auch der rechtlich Stärkere". Der frühere Antrag geht dem späteren vor und muss vor diesem erledigt werden, maßgebend ist der Zeitpunkt des Einlangens des Antrags bei Gericht (§ 29 Abs 1 GBG).

3.1.2 Der richtige Grundstückskauf

3.1.2.1 Haftung des Verkäufers

Üblicherweise findet sich in **Kaufverträgen** folgende **Vertragsklausel:**

> *„Der Verkäufer haftet nicht für ein bestimmtes Ausmaß oder einen bestimmten Zustand des Kaufgegenstandes, er haftet lediglich dafür, dass der Kaufgegenstand satz- und lastenfrei in das Eigentum des Käufers übergeht."*

Die **Haftung für ein bestimmtes Ausmaß** kann für den Verkäufer bei bestimmten Liegenschaften problematisch sein:

- die Größenangaben im Grundbuch sind unter Umständen aus historischen Gründen nicht richtig;
- es könnte Abweichungen in der Natur durch Ersitzung der Nachbarn bei Grundstücken, die noch nicht im Grenzkataster enthalten sind, geben.

Bei der Prüfung einer **Haftung für die Lastenfreiheit** sollte beachtet werden, dass mangels anderer vertraglicher Vereinbarung § 928 letzter Satz ABGB gilt: „Schulden und Rückstände, welche auf der Sache haften, müssen *[vom Verkäufer]* stets vertreten werden". Das bedeutet, dass der Verkäufer mangels anderer Vereinbarung grundsätzlich dafür haftet, dass der Kaufgegenstand frei von Geldlasten ins Eigentum des Käufers übergeht.

Der Verkäufer haftet im Zweifel auch für die Freiheit von **Dienstbarkeiten.**

Dienstbarkeiten (Servituten) sind beschränkt dingliche Nutzungsrechte an fremden Liegenschaften.

Durch eine Dienstbarkeit kann der Eigentümer des davon belasteten Gutes nur dazu verpflichtet werden, etwas zu dulden oder zu unterlassen. Da die Dienstbarkeit ein „dingliches Recht" darstellt, hat der Inhaber der Dienstbarkeit ein Herrschaftsrecht und somit eine durch die Rechtsordnung geschützte, aus dem Grundbuch im Regelfall ersichtliche Rechtsposition. Diese kann er gegenüber jedermann – auch gegenüber dem Grundeigentümer und dessen Rechtsnachfolger – ausüben.

Zu unterscheiden sind so genannte **„persönliche Dienstbarkeiten"**, wie das **Wohnungsrecht,** das **Fruchtgenussrecht** und das **Gebrauchsrecht,** und **„Grunddienstbarkeiten".**

- Das **Fruchtgenussrecht** ist das dingliche Recht, eine fremde Sache ohne jede Einschränkung, aber unter Schonung der Substanz zu gebrauchen. Fruchtgenussrechte können auch an beweglichen Sachen begründet werden, in der Praxis ist aber die Begründung von Fruchtgenussrechten an Liegenschaften vorherrschend. Der Fruchtgenussberechtigte hat das Recht, die Sache für seine eigenen Zwecke zu nutzen und auch die Früchte daraus zu ziehen. Er hat das Recht, die Liegenschaft zu vermieten oder zu verpachten, umgekehrt muss er aber aus dem Ertrag Ausbesserungen vornehmen.

  Selbstverständlich behindert die Begründung eines Fruchtgenussrechts die Veräußerung der damit belasteten Sache nicht. Wenn das Fruchtgenussrecht im Grundbuch eingetragen ist, so ist der Erwerber der Liegenschaft an die getroffenen Vereinbarungen gebunden. Gleiches gilt, wenn ihm die Tatsache des Fruchtgenusses bekannt gegeben wurde.

- Ein eingeschränktes Genussrecht ist das so genannte **Gebrauchsrecht.** Der Gebrauchsberechtigte darf die Sache nicht uneingeschränkt, sondern nur so weit verwenden, als es der Vereinbarung beziehungsweise seinen persönlichen Bedürfnissen entspricht. Im Zweifel darf der Gebrauchsberechtigte die Sache nicht vermieten.

- Eine Sonderform des Gebrauchsrechts ist das **Recht der Wohnung:** Es ist das dingliche Recht zum Gebrauch einer Wohnung. Von der bloßen Miete oder Pacht unterscheidet sich das Recht der Wohnung durch seine Dinglichkeit, somit der absoluten Wirkung gegenüber jedem Erwerber der Liegenschaft, auf der dieses Recht der Wohnung besteht. Auch dieses Recht kann nur zu Gunsten einer speziellen Person auf deren Lebenszeit im Grundbuch eingetragen werden.

- Wird hingegen eine Dienstbarkeit zu Gunsten oder zu Lasten des jeweiligen Eigentümers einer Liegenschaft eingetragen, so spricht man von einer **„Grunddienstbarkeit".** Dabei ist der jeweilige Eigentümer der Liegenschaft berechtigt oder verpflichtet. Beispiele für Grunddienstbarkeiten sind das Wegerecht, das Recht, eine Leitung über ein fremdes Grundstück zu führen etc.

Wesentlich ist, dass derjenige, der durch die Dienstbarkeit belastet ist, nicht zu einem aktiven Tun, sondern bloß zu einem Dulden oder Unterlassen verpflichtet ist. Der mit einem Wegerecht über seine Liegenschaft belastete Eigentümer hat daher die Benutzung des Weges durch die jeweils berechtigten Personen zu dulden, kann aber nicht dazu verhalten werden, Investitionen in die Erhaltung des Weges zu tätigen.

Umgekehrt ist der zur Ausübung der Dienstbarkeit Berechtigte verpflichtet, seine Rechte möglichst schonend auszuüben. Diese Rechte dürfen keinesfalls eigenmächtig erweitert werden.

Servituten, die aus dem Grundbuch ersichtlich sind, müssen mangels anderer Vereinbarung im Vertrag vom Erwerber jedenfalls übernommen werden.

Nicht grundbücherlich eingetragene Dienstbarkeiten (Wegerechte etc.), die „offenkundig" sind, da auf deren Vorhandensein, Ausmaß und Lage durch deutliche Hinweise, vor allem durch äußere Gestaltung und Einrichtungen, geschlossen werden kann, stehen verbücherten Dienstbarkeiten gleich und müssen im Zweifel übernommen werden.

Die Besichtigung der kaufgegenständlichen Liegenschaft und sorgfältige Beurteilung allfälliger Hinweise auf eine ständige Benützung durch Liegenschaftsnachbarn ist daher schon aus diesem Grund unumgänglich.

Sog. **Reallasten,** wie Ausgedinge etc., sind in der Regel aus dem Grundbuch ersichtlich und sind mangels anderer Vereinbarung vom Erwerber zu übernehmen. Unter Reallasten versteht man Belastungen eines Grundstücks, bei denen der jeweilige Eigentümer des Grundstücks für bestimmte, in der Regel wiederkehrende Leistungen an einen bestimmten Empfänger haftet.

Der aus der Reallast Berechtigte kann in der Regel vom Belasteten ein bestimmtes Tun, im Regelfall eine Versorgungsleistung und dergleichen verlangen. Kommt der Eigentümer des Grundstücks seiner Verpflichtung nicht nach, so kann der Reallastberechtigte Exekution in die belastete Liegenschaft führen.

Reallasten, die eine wiederkehrende finanzielle Verpflichtung des Liegenschaftseigentümers bedeuten, können erst nach Ablauf von drei Jahren nach dem Tod des Berechtigten grundbücherlich gelöscht werden, sofern nicht der Erbe einer früheren Löschung zustimmt (§ 136 Abs 3 GBG). Eine solche Zustimmung kann naturgemäß durch den Käufer einer derartig belasteten Liegenschaft nicht erzwungen werden. Das bedeutet, dass unter Umständen drei Jahre gewartet werden muss, bis das Eigentum des Käufers lastenfrei eingetragen werden kann, bis lastenfreies Wohnungseigentum auf der Liegenschaft begründet werden kann etc.

Sachversicherungsverträge, die für die Liegenschaft abgeschlossen wurden, gehen auf den Erwerber über, sofern sie nicht innerhalb eines Monats ab Erwerb vom Erwerber gekündigt werden (§ 70 Abs 1 Versicherungsvertragsgesetz).

Grundsätzlich gilt, dass ein **Gewährleistungsverzicht** im Zweifel einschränkend auszulegen ist. Die Unbrauchbarkeit der Sache ist davon im Zweifel nicht umfasst.

3.1.2.1.1 Sonderfall Bodenrisiko

Mangels detaillierterer Vereinbarung im Vertrag kann im Einzelfall auch folgende Frage Streitgegenstand werden: Schließt der „formularmäßige" Gewährleistungsverzicht im Kaufvertrag auch den Verzicht auf eine Haftung des Verkäufers ein, wenn für den Käufer unerwartet entsorgungsbedürftige Bodenverunreinigungen auf oder unter der Oberfläche der kaufgegenständlichen Liegenschaft festgestellt werden?

Grundsätzlich haftet der Verkäufer im Rahmen des normalen Gewährleistungsrechts dafür, dass die von ihm verkaufte Sache entweder den vereinbarten oder den im Rechtsverkehr üblicherweise vorausgesetzten Eigenschaften entspricht.

Bei Anwendung der oben genannten – die Gewährleistung ausschließenden – generellen Vertragsklausel hat der Käufer ausdrücklich erklärt, auf eine Haftung des Verkäufers für einen bestimmten Zustand der Liegenschaft zu verzichten. Wurde im Zuge der Vertragsverhandlungen das Thema Bodenverunreinigungen diskutiert und hat der Käufer auch nach diesen Diskussionen eine derartige Vertragsbestimmung und eine damit entfallende Haftung des Verkäufers für einen bestimmten Zustand der Liegenschaft akzeptiert, so wird er wohl nicht mit Erfolg argumentieren können, der Verkäufer hafte für die Entsorgung der doch festgestellten Bodenverunreinigungen.

Wird eine Haftung für einen bestimmten Zustand im Vertrag ausgeschlossen und hat der Käufer einen üblichen Kaufpreis für Bauland bezahlt, so wird mit Recht angenommen werden können, dass der Verkäufer dafür haftet, dass die von ihm verkaufte Sache die gewöhnlich vorausgesetzten Eigenschaften eines Baugrundstückes hat, nämlich dass es ohne zusätzliche Aufwendungen mit üblichen Kosten bebaut werden kann.

In der Praxis zeigt sich, dass dem Thema Bodenverunreinigungen immer wichtigere Bedeutung zukommt. Viele Verkäufer bestehen darauf, von der

Haftung für derartige Belastungen der Liegenschaft freigestellt zu werden. Es bleibt daher in diesen Fällen dem Käufer überlassen, durch entsprechende Bodenuntersuchungen etc. Klarheit darüber zu gewinnen, ob die von ihm zu erwerbende Liegenschaft seinen Erwartungen entspricht oder nicht.

Um Diskussionen zu vermeiden, sollte im Vertrag ausdrücklich geregelt werden, wer das „Bodenrisiko" zu tragen hat.

3.1.2.2 Sicherungsmittel im Grundbuch und bei der Vertragsabwicklung

In der Regel liegt zwischen Vertragsabschluss und „Einverleibung" des Eigentumsrechts des Käufers im Grundbuch eine mehr oder minder lange Zeitspanne. In der Praxis der Kaufvertragsabwicklung haben sich deshalb Grundregeln entwickelt, die der Sicherung der Interessen der Vertragsparteien bestmöglich Rechnung tragen sollen.

Nur nach reiflicher Überlegung und entsprechender Beratung sollte von diesen Grundregeln abgegangen werden.

Aus Sicht des Verkäufers ist es im Regelfall unumgänglich, den Käufer zu verpflichten, den Kaufpreis bei Vertragsunterfertigung treuhändig beim vertragserrichtenden Rechtsanwalt oder Notar zu hinterlegen oder etwa durch Bankgarantie etc. zu besichern. In diesem Zusammenhang muss die Vereinbarung getroffen werden, dass der Treuhänder unwiderruflich beauftragt ist, den Kaufpreis an den Verkäufer auszufolgen, wenn die Rechtsstellung des Erwerbers gesichert ist. Dies ist dann der Fall, wenn der Käufer ohne weiteres Zutun des Verkäufers oder einer Bewilligungsbehörde Eigentum durch Grundbuchseintragung erlangen kann.

Diese gesicherte Rechtsstellung des Erwerbers wird davon abhängen, ob und in welcher Form entsprechende Bewilligungen nach den Grundverkehrsgesetzen notwendig sind, oder noch sonstige im Vertrag vereinbarte Bedingungen eintreten müssen.

Umgekehrt ist es aus Sicht des Käufers notwendig, die eigene gewünschte Rechtsstellung frühestmöglich „abzusichern", indem freiwillige oder unfreiwillige Verfügungen des Verkäufers über die Liegenschaft während der Abwicklungsdauer, also bevor das Eigentumsrecht des Käufers eingetragen ist, vermieden oder ohne Zutun des Verkäufers beseitigt werden können.

3.1.2.2.1 Die „Veräußerungsrangordnung"

Erstes und in der Praxis unverzichtbares Instrument, um die Käuferinteressen abzusichern, ist die Anmerkung der Rangordnung für die beabsichtigte Veräußerung, die so genannte „Veräußerungsrangordnung" (§§ 53 ff GBG). Mit dieser Anmerkung hat der eingetragene Liegenschaftseigentümer einen bestimmten Grundbuchsstand für den Zeitraum eines Jahres gewissermaßen „eingefroren".

Die Anmerkung der Rangordnung wird über beglaubigt unterfertigten Antrag des noch eingetragenen verkaufenden Eigentümers durch das Grundbuchsgericht bewilligt. Der Beschluss des Grundbuchsgerichts über die Bewilligung dieser Anmerkung existiert zwingend nur in einer einzigen Ausfertigung. Sie ist gleichsam ein Schlüssel zum Grundbuch und wird dem im Antrag genannten Empfänger – in der Regel sollte dies der Vertragserrichter sein – zugestellt.

Die Anmerkung ist nur ein Jahr lang wirksam. Innerhalb dieser Frist kann der Erwerber einer Liegenschaft seine gültige Titelurkunde (etwa den von beiden Vertragsparteien beglaubigt unterfertigten Kaufvertrag und die sonstigen zur Eintragung des Eigentumsrechts notwendigen Urkunden) und die einzige Ausfertigung dieses Rangordnungsbeschlusses mit einem entsprechenden Antrag auf Einverleibung seines Eigentumsrechts beim Grundbuch vorlegen. Wenn sein Einverleibungsgesuch bewilligt wird, kann er innerhalb von 14 Tagen ab diesem Bewilligungsbeschluss beantragen, dass alle zwischenzeitig gegen den Verkäufer im Grundbuch eingetragenen Rechte und Belastungen gelöscht werden. Die Zustimmung der davon Betroffenen ist dazu nicht erforderlich.

Beispiele:

Ein betrügerischer Verkäufer hat unabhängig voneinander mit zwei Erwerbern einen Kaufvertrag abgeschlossen. Der zweite Erwerber der Liegenschaft hat sein Eigentum im Grundbuch eintragen lassen, ohne den Rangordnungsbeschluss im Original vorlegen zu können.

Oder: Es wurde später ein Pfandrecht zu Lasten des Verkäufers eingetragen.

Diese Eintragungen und Rechte können ohne weiteres, über bloßen Antrag desjenigen Erwerbers, der dem Gericht den Rangordnungsbeschluss zugleich mit seinem Kaufvertrag vorlegt, gelöscht werden. Somit wird das Eigentum des zweiten Erwerbers zugunsten des ersten gelöscht oder das Pfandrecht wird gelöscht, ohne dass dafür etwas bezahlt werden muss.

Von der **Schutzwirkung** dieser Rangordnung **ausgenommen** sind lediglich bestimmte **Lasten und Eintragungen,** zum Beispiel

- das Pfandrecht zugunsten der Wohnungseigentümergemeinschaft für rückständige Betriebskosten des Verkäufers gemäß § 27 WEG 2002;
- Vorzugspfandrechte der öffentlichen Hand für rückständige Liegenschaftsabgaben;
- die Anmerkung der Hypothekarklage eines der Rangordnung rangmäßig vorgehenden Gläubigers (der sein Pfandrecht an der Liegenschaft durch deren Versteigerung zu Geld machen möchte);
- die der Rangordnung zwar nachfolgende Streitanmerkung, die sich aber auf die Eigentumsrechtseinverleibung des **Veräußerers** bezieht (es wird in der Klage behauptet, der Veräußerer habe gar nicht gültig erworben); das über die diesbezügliche Klage ergehende Urteil wirkt auch gegen denjenigen, der nach der Streitanmerkung im Range einer ihr vorausgehenden Anmerkung ein bücherliches Recht erworben hat;
- die Anmerkung, dass ein Versteigerungsverfahren eingeleitet wird, um eine vollstreckbare Forderung hereinzubringen, für die im Range vor der ausgenützten Rangordnung ein Pfandrecht haftet;
- die Anmerkung der Teilungsklage;
- die Anmerkung der Anfechtungsklage nach § 20 Anfechtungsordnung; diese Anmerkung hat zur Folge, dass das Urteil über die Anfechtungsklage auch gegen Personen wirkt, die nach dieser Anmerkung bücherliche Rechte erworben haben; sie schließt aus, dass der Erwerber sich auf die Unkenntnis des Anfechtungstatbestands berufen kann.

Diese Beispiele zeigen, dass sich der Käufer nicht allein auf die Veräußerungsrangordnung verlassen sollte, sofern er Bedenken gegen die Bonität und Vertrauenswürdigkeit des Verkäufers hat.

3.1.2.2.2 Die Vormerkung des Eigentums

Die **Vormerkung des Eigentums** hat eine Reihe **von Vorteilen:**

- Die Vormerkung des Eigentumsrechts des Käufers ist ebenso rasch möglich wie die Anmerkung der Rangordnung für die beabsichtigte Veräußerung (sofern der Kaufvertrag unbedingt abgeschlossen wurde und nicht genehmigungspflichtig ist).

- Der Grundbuchsführer überprüft die Ordnungsgemäßheit und Richtigkeit der Grundbuchsurkunden (Vertragsfehler, die die Eintragung des Eigentumsrechts hindern, werden zu einem Zeitpunkt offenkundig, zu dem der Kaufpreis noch nicht bezahlt wurde und eine Sanierung somit auch im direkten Interesse des Verkäufers gelegen ist).

- Die Vormerkung mangels Vorliegens der steuerlichen Unbedenklichkeitsbescheinigung ist zeitlich unbeschränkt wirksam. Das bedeutet, dass Rechtsmittelverfahren gegen die Höhe der Grunderwerbsteuer ohne Gefahr eines Rangverlustes geführt werden können.

- Pfandrechtseintragungen gegen den vorgemerkten Eigentümer sind ohne weiteres möglich. Der diesbezügliche Rang bleibt auch nach Rechtfertigung der Vormerkung erhalten.

Zu beachten ist, dass die Vormerkung stark an Bedeutung verloren hat, seit die Möglichkeit besteht, die Grunderwerbsteuer selbst zu berechnen. Denn alle bisher geschilderten Fälle würden bei steuerlicher Selbstberechnung auch sogleich die Einverleibung des Eigentumsrechts des Käufers sowie des Pfandrechts der Finanzierungsbank ermöglichen.

Die Vormerkung ist unter diesen Aspekten nur mehr in solchen Abwicklungsfällen sinnvoll, wo sich der Käufer die Eintragungsgebühren ersparen möchte, da er die Absicht hat, die Liegenschaft weiterzuveräußern und die Veräußerungsrangordnung nicht mehr ausreichend lange wirksam ist (1-Jahres-Frist!) oder sonst nicht als ausreichend „sicher" angesehen wird.

3.1.2.2.3 Die „Anmerkung der Zusage der Einräumung von Wohnungseigentum gemäß § 40 Abs 2 WEG 2002"

Die Anmerkung der Zusage der Einräumung von Wohnungseigentum gemäß § 40 Abs 2 WEG 2002 hat praktisch die Wirkung einer zeitlich nicht auf ein Jahr beschränkten Veräußerungsrangordnung. Zu ihrer Eintragung im Grundbuch ist die beglaubigt unterfertigte schriftliche Zusage des Wohnungseigentumsorganisators und des Liegenschaftseigentümers erforderlich.

Gemäß § 37 Abs 1 WEG 2002 darf der Wohnungseigentumsorganisator vor Erwirkung dieser Anmerkung, die mit dem Wohnungseigentumsbewerber/ Käufer vereinbarten Leistungen (Kaufpreis) nicht übernehmen, da diese zu diesem Zeitpunkt gar nicht fällig sind.

Die Anmerkung der Zusage der Einräumung von Wohnungseigentum gemäß § 40 Abs 2 WEG 2002 ist unverzichtbare Voraussetzung für die – mit Ausnahme der Einverleibung des Wohnungseigentumsrechts an dem entsprechenden Objekt – größtmögliche Sicherheit des Erwerbers im Rahmen eines Wohnungseigentumsprojekts. Sie wird in der „provisorischen Phase“ eingesetzt und wird vom Gesetzgeber auch als „ausreichende grundbücherliche Sicherheit“ im Sinne des § 9 Abs 2 BTVG angesehen (Details *siehe Kapitel 5.1.5.3)*.

Bei Wohnungseigentumsbegründung sind die so gesicherten Wohnungseigentumsbewerber analog der „Veräußerungsrangordnung“ (§ 57 Abs 1 GBG; *siehe Kapitel 3.1.2.2.1)* berechtigt, die Rechte gegenüber Pfandgläubigern des Liegenschaftseigentümers, Wohnungseigentumsorganisators oder Bauträgers auszuüben, die rangmäßig dem Rang ihrer „§ 40 Abs 2 WEG 2002 Anmerkung der Zusage der Einräumung von Wohnungseigentum“ nachgehen: Sie können die diesbezüglichen belastenden grundbücherlichen Eintragungen auch ohne Zutun dieser Gläubiger löschen.

Jeder Erwerber der Liegenschaft ist an die Verpflichtungen des Wohnungseigentumsorganisators gebunden, Wohnungseigentum zugunsten jedes Erwerbers zu verschaffen. Bei Insolvenz des Liegenschaftseigentümers gewährt diese verbücherte Zusage dem Wohnungseigentumsbewerber das Recht, „seine Wohnung“ aus der Insolvenzmasse auszusondern, somit von den sonst unerfreulichen Wirkungen der Insolvenzeröffnung zu befreien und die eigenen Eigentumsrechte zu sichern.

Alle genannten **Sicherungsmittel** beruhen auf folgender Erwägung:

- Sie sollen die Interessen des Käufers dahingehend sichern, dass er für seinen Kaufpreis die entsprechende Gegenleistung erhält, und
- sie sollen die Interessen des Verkäufers daran wahrnehmen, den Kaufpreis für das Kaufobjekt, nämlich die Liegenschaft oder das Wohnungseigentumsobjekt, möglichst früh zu erhalten.

3.1.2.2.4 Die „sichere“ Abwicklung des Vertrages

Die Vielzahl der Entscheidungen des Obersten Gerichtshofes zu diesen Themenkreisen zeigt, dass die genannten Absicherungsinstrumente dennoch mit Risken verbunden sein können, besonders für den Käufer. Vor allem dann, wenn der Käufer den Kaufpreis über Bankdarlehen finanziert und sich die Finanzierungsbank die Eintragung ihres Pfandrechts in einem bestimmten Grundbuchsrang vorbehält, sollte der Käufer der möglichst risikolosen Abwicklung des Vertrages entsprechende Aufmerksamkeit schenken.

Die fristgebundene Wirkung der Veräußerungsrangordnung sichert einen bestimmten Grundbuchsstand nur für ein Jahr. Sie wird dann zum Risiko, wenn der Kaufvertrag unter einer Wirksamkeitsbedingung abgeschlossen wurde, wenn er der behördlichen Genehmigung unterliegt oder wenn sonst Umstände vorliegen, die eine grundbücherliche Durchführung hindern.

Wenn der Käufer – entsprechend einer üblichen Vertragsformulierung – den Kaufpreis bereits bei Vorliegen der Veräußerungsrangordnung bezahlt hat und in der Folge sein Eigentumsrecht wegen der Verzögerung der behördlichen Bewilligung nicht sofort verbüchern kann, läuft er Gefahr, dass die Wirksamkeit der Veräußerungsrangordnung endet. Zwischenzeitlich eingetragene neue Belastungen im Grundbuch, die bei fristgerechter Einverleibung des Eigentumsrechts des Käufers ohne weiteres zu löschen wären (§ 57 GBG), können plötzlich ihre volle Wirkung entfalten. Sie können nur mehr mit Zustimmung des Inhabers des Belastungsrechts gelöscht werden.

Der Käufer sollte sich daher vor einer zu raschen Bezahlung des Kaufpreises hüten. **Das gilt insbesondere dann, wenn zu erwarten ist, dass die Grundbuchseintragung seines Eigentumsrechts nicht innerhalb kurzer Zeit möglich sein wird.**

Manche Verkäufer vertreten auch die Meinung: „Ich unterschreibe nur, wenn der Kaufpreis auf dem Tisch liegt."

Damit in solchen Fällen eine für beide Vertragsparteien sichere Abwicklungsform gewählt werden kann, bedarf es einiger Überzeugungsarbeit vor allem des Vertragserrichters, dessen Aufgabe es ist, beide Vertragsparteien vor Schaden zu schützen. Es sollte aber auch beachtet werden, dass die mittlerweile strengen Regeln der anwaltlichen beziehungsweise der notariellen Treuhandabwicklung im Regelfall eine sofortige Auszahlung des Kaufpreises nicht möglich erscheinen lassen.

Zusammengefasst bedeutet dies, dass immer dann, wenn der Käufer oder der Vertragserrichter Zweifel daran hat, dass eine Kaufvertragsabwicklung rasch mit einer Grundbuchseintragung des Eigentumsrechts des Käufers enden kann, sie den sichersten Weg gehen sollten: Der Käufer erlegt den Kaufpreis treuhändig beim Vertragserrichter und dieser erhält den Auftrag,

- die steuerliche Selbstberechnung der Grunderwerbsteuer vorzunehmen,
- die Einverleibung des Eigentumsrechts des Käufers zu beantragen und
- danach den Kaufpreis an den Verkäufer auszuzahlen.

3.1.3 Besondere Verwertungsformen im Liegenschaftsverkehr

3.1.3.1 Baurecht

Das Baurecht ist das dingliche, veräußerliche und vererbliche Recht, auf oder unter der Bodenfläche eines fremden Grundstückes ein Bauwerk zu haben (§ 1 Baurechtsgesetz).

Seit der Baurechtsgesetznovelle 1990 kann das Baurecht an jedem auch in privater Hand befindlichen Grundstück begründet werden. Bis dahin war dies nur an Grundstücken der öffentlichen Hand und der Kirchen möglich (Baurechtsgesetz 1912).

Das Baurecht gilt als unbewegliche Sache und entsteht durch Vertrag und bücherliche Eintragung im C-Blatt der belasteten Liegenschaft. Im Anschluss an die belastete Einlage ist im Grundbuch eine eigene so genannte „Baurechtseinlage" zu eröffnen. Sie ist wie eine eigene Liegenschaft zu behandeln. In dieser Einlage sind alle Eintragungen gegen die Bauberechtigten zu vollziehen (etwa Veräußerung oder Belastung des Baurechts etc.).

Den Bauberechtigten stehen am Bauwerk die Rechte eines Eigentümers und am Grundstück – soweit im Baurechtsvertrag nichts anderes bestimmt wird – die Rechte eines Nutznießers zu.

Seit der Novelle 1990 kann am Baurecht auch Wohnungseigentum begründet werden.

Zu den zivilrechtlichen Inhalten des Baurechts und den steuerlichen Konsequenzen siehe *Stingl/Nidetzky*, Immobilien & Steuern, Kapitel 9.1 und 9.2.

3.1.3.2 Superädifikat

Zivilrechtlich sind Superädifikate vor allem von jenen Sachen zu unterscheiden, die auf Grund und Boden in der Absicht aufgeführt werden, dass sie **stets darauf bleiben sollen**, zum Beispiel Häuser und Gebäude.

Superädifikate sind demgegenüber

- Bauwerke
- auf fremdem Grund,
- die in der Absicht aufgeführt werden, **dass sie nicht stets darauf bleiben sollen** (§ 435 ABGB).

Superädifikate werden nicht Zubehör des Grundstückes und sind demgemäß Gegenstand eines besonderen Eigentumsrechts.

Zu den zivilrechtlichen und steuerlichen Bestimmungen zum Superädifikat siehe *Stingl/Nidetzky,* Immobilien & Steuern, Kapitel 9.3 und 9.4.

3.1.3.3 Erwerb eines ideellen Miteigentumsanteils

Beim Erwerb eines ideellen Miteigentumsanteils ist im Einzelfall die genaue Überprüfung der Sach- und Rechtslage, insbesondere der Benützungsverhältnisse auf der Liegenschaft beziehungsweise dem Kaufgegenstand, unumgänglich. **Denn der Verkäufer kann nur Rechte übertragen, die er tatsächlich selbst besitzt.**

Seit 1. 7. 2002 können **Benützungsregelungsvereinbarungen** ins Grundbuch eingetragen werden. Somit sind sie auch gegenüber allen Erwerbern von ideellen Miteigentumsanteilen automatisch wirksam.

Der Erwerber beziehungsweise Eigentümer eines ideellen Miteigentumsanteiles ist einer Teilungsklage ausgesetzt, sofern auf eine solche nicht ausdrücklich gültig verzichtet wurde.

3.1.3.4 Erwerb eines ideellen Althaus-Miteigentumsanteils, um den Dachboden auszubauen und ihn weiterzuveräußern

Wenn ein Käufer beabsichtigt, den Dachboden auszubauen und ihn weiterzuverkaufen, wird in der Regel lediglich ein ideeller Miteigentumsanteil an der Liegenschaft erworben und gleichzeitig eine Benützungsregelungsvereinbarung mit dem Veräußerer über den Dachboden abgeschlossen.

Die Anmerkung der Zusage von Wohnungseigentum gemäß § 40 Abs 2 WEG an den zu schaffenden Wohneinheiten *(siehe Kapitel 3.1.2.2.3)* ist – sofern Wohnungseigentum noch nicht begründet wurde – ehestens grundbücherlich einzutragen, um auch gegen spätere Miteigentümer einen durchsetzbaren Anspruch auf Wohnungseigentumsbegründung zu erwirken.

Der Abschluss eines Wohnungseigentumsvertrages ist sofort nach Baubewilligung oder spätestens bei Baufertigstellung empfehlenswert.

Bei derartigen Rechtsgeschäften ist es unumgänglich, die Benützungsregelungsvereinbarung äußerst sorgfältig zu gestalten, denn es ist zu erwarten, dass die wechselseitigen Belastungen durch die Bauführung das bei Vertragsunterfertigung möglicherweise bestehende gute Verhältnis zwischen Veräußerer und Käufer in der Folge beeinträchtigen. Alle Sachverhalte, die dann nicht geregelt sind, können äußerst „streitträchtig" sein.

Zu beachten ist, dass dem Erwerber der ausgebauten Dachgeschoßwohnung, an der erst Wohnungseigentum begründet wird, gemäß § 37 Abs 4 WEG 2002 ein **Gutachten über den Bauzustand der allgemeinen Teile des Hauses, insbesondere über in absehbarer Zeit notwendig werdende Erhaltungsarbeiten, zu übergeben ist.** Dieses Gutachten muss von einem für den Hochbau zuständigen Ziviltechniker oder von einem allgemein beeideten gerichtlichen Sachverständigen für das Hochbauwesen erstellt worden sein. Es darf zum Zeitpunkt der Zusage nicht älter als ein Jahr sein und ist in den Kaufvertrag über den Liegenschaftsanteil, an dem Wohnungseigentum erworben werden soll, einzubeziehen. Wird ein solches Gutachten nicht in den Kaufvertrag einbezogen, so gilt ein Erhaltungszustand des Gebäudes als vereinbart, der in den nächsten 10 Jahren keine größeren Erhaltungsarbeiten erfordert.

Der Bauträger, der einen solchen Dachboden zum Zwecke des Ausbaus und der Veräußerung oder Vermietung erwirbt, unterliegt in seiner Vertragsgestaltung mit seinen Erwerbern dem Bauträgervertragsgesetz. Es ist davon auszugehen, dass der Dachboden durchgreifend erneuert wird und somit die Kriterien für die Anwendung des Bauträgervertragsgesetzes vorliegen.

3.1.3.5 Erwerb der Rechte am Dachboden vom bloßen ideellen Miteigentümer

Beim Erwerb der Rechte am Dachboden vom bloßen ideellen Miteigentümer ist eine genaue Überprüfung notwendig, **ob der Veräußerer überhaupt gültig über den Dachboden verfügen kann.** Das gilt selbst dann, wenn der Veräußerer „reinen Gewissens" eine Benützungsregelungsvereinbarung behauptet, die er seinerzeit mit seinen Miteigentümern abgeschlossen hat und die ihm die Rechte am Dachboden sichern sollte. Denn eine solche Benützungsregelungsvereinbarung kann ohne Wissen des Veräußerers durch spätere Eigentümerwechsel im Bereich der Miteigentümer mangels Überbindung ihre Gültigkeit gegenüber den Erwerbern – und damit praktisch generell – verloren haben. **Es ist daher unbedingt erforderlich, die übrigen Miteigentümer in das Vertragsverhältnis einzubeziehen.**

Eine weitere, in der Praxis oft übersehene Anfechtungsmöglichkeit derartiger Benützungsregelungsvereinbarungen, die einen Nutzungs- und Verwertungsvorbehalt für den Dachboden beinhalten, bietet folgende Konstellation: Die Miteigentümer im Haus sind Wohnungseigentumsbewerber oder sogar schon Wohnungseigentümer; der Verkäufer der Rechte am Dachboden ist der ursprüngliche Alleineigentümer beziehungsweise nunmehrige Wohnungseigentumsorganisator oder er leitet seine Rechte am Dachboden von diesem ab. In diesem Fall wäre dringend zu prüfen, ob die Vereinbarung mit den Wohnungseigentumsbewerbern, mit der diese seinerzeit auf sämtliche Benutzungsrechte an dem Dachboden verzichtet haben, nicht gegen § 38 WEG 2002 (siehe unten) verstoßen hat und damit rechtsunwirksam ist. Ebenso ist zu verifizieren, ob sich der ursprüngliche Alleineigentümer und Wohnungseigentumsorganisator die alleinigen Benutzungs- und Verwertungsrechte an dem Dachboden vorbehalten hat.

Ein Verstoß gegen § 38 WEG 2002 hätte fatale Folgen: Verzichtserklärungen der Wohnungseigentumsbewerber wären in diesem Fall nichtig. Der Dachboden wird dann als „allgemeiner Teil" des Hauses angesehen, über den nur durch einstimmigen Beschluss aller Wohnungseigentümer verfügt werden darf.

Ähnliches gilt für **Garten- und Gangflächen:**

§ 38 Abs 1 Z 1 WEG 2002 normiert, dass vereinbarte Nutzungsvorbehalte des Wohnungseigentumsorganisators hinsichtlich von Teilen der Liegenschaft, die nur mit selbständigen Wohnungen im Wohnungseigentum stehen können oder an denen Wohnungseigentum nicht bestehen kann, rechtsunwirksam sind. Sowohl nach der gesetzlichen Bestimmung als auch nach der dazu ergangenen Judikatur des Obersten Gerichtshofes ist daher ein genereller Nutzungsvorbehalt zugunsten des Wohnungseigentumsorganisators unzulässig, wenn er Flächen betrifft, die im gemeinsamen Miteigentum der Wohnungseigentümer stehen. Der Wohnungseigentumsorganisator hätte sich dann nämlich das Recht einräumen lassen, unter bestimmten Voraussetzungen die Widmung des Dachgeschoßes nach seinem Belieben zu ändern. Er hätte so einen bisher der gemeinschaftlichen Nutzung aller Miteigentümer offen stehenden Raum in eine seiner ausschließlichen Verfügung vorbehaltene Wohnung umgestalten können. Wird eine solche Vereinbarung zugunsten des Wohnungseigentumsorganisators noch in der so genannten Vor- und Gründungsphase getroffen, dann verstößt ein solcher Sondernutzungsvorbehalt gegen das Verbot des § 38 Abs 1 Z 1 WEG 2002. Denn der Wohnungseigentumsorganisator hätte seine in diesem Stadium regelmäßig bestehende Vertragsübermacht dazu benutzt, sich die Befugnisse zu dieser Widmungsänderung schon im Voraus von den einzelnen Wohnungseigentumsbewerbern einräumen zu lassen (OGH 4 Ob 576/80 MietSlg 33.492).

Diese Ungültigkeit ist auch dann gegeben, wenn der Wohnungseigentumsorganisator dem Wohnungseigentumsbewerber für die Einräumung dieses Rechts ein Entgelt bezahlt hat (OGH 4 Ob 537/80 MietSlg 33.491).

Nach der Judikatur des Obersten Gerichtshofes ist diese Rechtsunwirksamkeit allerdings nur unter dem Gesichtspunkt der Übermacht des Wohnungseigentumsorganisators gegenüber dem Wohnungseigentumsbewerber verpönt. Somit soll die Unwirksamkeit nur dort eingreifen, wo die Rechte des Wohnungseigentumsbewerbers beeinträchtigt werden und er den Vertrag bei Gleichgewicht der Vertragslage auch in dieser Form geschlossen hätte.

Es ist jedem Praktiker klar, dass ein Wohnungseigentumsbewerber, der die zukünftige Wohnungseigentumseinheit Top Nr. xy kaufen möchte, nur Interesse an der Ausgestaltung seiner Wohnungseigentumseinheit samt Zubehör und an der Ausgestaltung der ihn direkt betreffenden allgemeinen Flächen des Hauses hat. Unter diesen Gesichtspunkten müsste daher auch eine vertragliche Vereinbarung zulässig sein, wonach es sich der Bauträger vorbehalten darf, in einem Wohnhaus in jenen Stockwerken, in denen die Wohnungseigentumseinheiten noch nicht verkauft wurden, auch die Gangflächen umzugestalten. Ebenso müsste es zulässig sein, Gartenflächen auch noch später nach Bedarf und Wunsch der Käufer beliebig einzelnen Wohnungseigentumseinheiten zuzuteilen. Eine diesbezügliche Vereinbarung entspringt nicht dem Verhältnis Überordnung – Unterordnung, sondern einem völlig normalen Zustand, wie er in der täglichen Praxis der Verwertung von Wohnungseigentumseinheiten tatsächlich vorkommt.

Leider lassen es die zu diesen Fragen veröffentlichten Entscheidungen nicht zu, in einem Vertrag einen derartigen sachgerechten Widmungsvorbehalt des Bauträgers vorzunehmen, ohne auf das Risiko der Unwirksamkeit gemäß § 38 WEG 2002 hinzuweisen.

Es gibt allerdings eine Möglichkeit, um diese unerfreulichen Schwierigkeiten zu vermeiden: Der Bauträger widmet jene Flächen, an denen er sich die Nutzung und spätere Verfügungsmöglichkeit vorbehalten möchte, zunächst als Zubehör zu einer oder mehreren bestimmten, ihm zunächst verbleibenden Wohnungseigentumseinheit(en). Erst im Zuge der Verwertung dieser Wohnungseigentumseinheit(en) nimmt er eine entsprechende Widmungsänderung zu anderen Wohnungseigentumseinheiten vor.

Diese Vorgangsweise wird nach der **Entscheidung OGH 4 Ob 576/80 MietSlg 33.492** ausdrücklich für zulässig erklärt. Die Entscheidung erging zum **Nutzungsvorbehalt** an einem **bestehenden Dachgeschoß** in einem Althaus. Dazu hat der **Oberste Gerichtshof** ausdrücklich ausgeführt:

> „Anders wäre jedoch die Rechtslage dann zu beurteilen, wenn die Klägerin an dem zum Ausbau vorgesehenen Dachgeschoß als Zubehör zur Wohnung Top Nr. 13 unselbständiges Wohnungseigentum im Sinne des § 1 Abs 2 WEG *(nunmehr: § 2 Abs 3)* erworben hätte.
>
> Da der Klägerin in diesem Fall schon aufgrund ihrer Stellung als Wohnungseigentümerin das Recht zustünde, das Dachgeschoß ausschließlich zu nutzen und hierüber allein zu verfügen (§ 1 Abs 1 erster Satz WEG; *nunmehr § 2 Abs 1, 1. Satz*), wäre für die Annahme eines Nutzungsvorbehaltes im Sinne des § 24 Abs 1 Z 1 WEG *(nunmehr: § 38)* kein Raum; das von der Klägerin behauptete Einverständnis der Beklagten mit einem künftigen Ausbau des Dachgeschosses, müsste vielmehr als im voraus erteilte Zustimmung zu einer künftigen mit verschiedenen Baumaßnahmen verbundenen Widmungsänderung hinsichtlich eines Teils der im Wohnungseigentum der Klägerin stehenden Räumlichkeiten gewertet werden.
>
> Ob eine solche vorweg genommene Zustimmungserklärung – sofern sie in der Vor- und Gründungsphase zugunsten des Wohnungseigentumsorganisators abgegeben wird – nach der Generalklausel des § 24 Abs 1 WEG *(nunmehr: § 38)* geeignet ist, die dem Wohnungseigentumsbewerber oder Wohnungseigentümer zustehenden Nutzungs- oder Verfügungsrechte aufzuheben oder zu beschränken, müsste in diesem Fall unter Bedachtnahme auf die Grundsätze des § 13 Abs 2 WEG *(nunmehr: § 16)* beurteilt werden:
>
> Ist die beabsichtigte Widmungsänderung ihrer Art nach so beschaffen, dass sie vom Wohnungseigentümer gemäß § 13 Abs 2 Z 1 WEG *(nunmehr: § 16)* auch gegen den Willen der übrigen Teilhaber vorgenommen werden dürfte, dann wäre die Rechtswirksamkeit einer schon im voraus erteilten Zustimmungserklärung eines anderen Miteigentümers, wie sie die Klägerin hier behauptet, wohl nicht zu bezweifeln.

Wäre die geplante Änderung hingegen deshalb unzulässig, weil sie im Sinne des § 13 Abs 2 Z 1 WEG *(nunmehr: § 16)* eine Schädigung des Hauses oder eine Beeinträchtigung schutzwürdiger Interessen der anderen Miteigentümer, insbesondere eine Beeinträchtigung der äußeren Erscheinung des Hauses, eine Gefahr für die Sicherheit von Personen, des Hauses oder anderer Sachen, zur Folge hätte, dann müsste auch die vorweg genommene Zustimmung eines anderen Teilhabers – durch welche diesem ja die spätere Anrufung des Außerstreitrichters gemäß § 26 Abs 1 Z 1 WEG *(nunmehr: § 52)* abgeschnitten werden könnte – sehr wohl als geeignet angesehen werden, die diesem Teilhaber zustehenden Nutzungs- oder Verfügungsrechte zu beschränken." (OGH 1.12.1981, 4 Ob 576/80)

Muster 1 bringt einen Vorschlag für eine Vertragsbestimmung, die den vom OGH in einigen Entscheidungen entwickelten „gefährlichen" Kriterien, die eine Verwertung dieser Flächen verhindern könnte, Rechnung trägt.

M. 1: Dachgeschoßausbau

Die kaufende Partei nimmt zustimmend zur Kenntnis, dass der Dachboden (die nicht als Zugangs- oder Zufahrtswege gewidmeten unbebauten Flächen der Liegenschaft) den noch nicht verkauften, noch im Eigentum des Bauträgers stehenden Wohnungseigentumseinheiten als Zubehör gewidmet ist, deren Verwendung und Verwertung der verkaufenden Partei vorbehalten bleibt. Die verkaufende Partei wird mit gleichartigen Verträgen sämtliche im Haus geplanten Wohnungseigentumseinheiten an Interessenten veräußern (und insbesondere bei der Zuordnung von Hausgärten auch den Wünschen dieser Interessenten Rechnung tragen). Die kaufende Partei nimmt zur Kenntnis, dass der Bauträger beabsichtigt, die Zubehöreigenschaft des Dachbodens zur Wohnungseigentumseinheit Top ... später aufzuheben, ihn auszubauen und weitere Wohnungseigentumseinheiten zu schaffen.

Der Bauträger muss allerdings beachten, dass ihm bei dieser Vorgangsweise nicht Zubehörflächen, wie Kellerabteile und Hausgärten, „übrigbleiben", weil beispielsweise keiner der zukünftigen Käufer mehr einen solchen Keller oder vor allem Hausgarten erwerben und als Zubehör zu seiner Wohnungseigentumseinheit haben möchte.

Eine Konsequenz der vorgenannten Judikatur wäre in diesem Fall, dass die verbleibenden Flächen nicht verwertbar wären und unter Umständen sogar rechtlich „in der Luft hängen würden“. Denn in konsequenter Weiterverfolgung der genannten Kriterien könnten sie gegen den Willen der übrigen Wohnungseigentumsbewerber auch nicht „neu“ als Allgemeinflächen gewidmet werden, wenn der Erwerber der letzten Wohnungseigentumseinheit, zu der diese Flächen ursprünglich als „Vorrat“ dazu gewidmet waren, sie nicht erwerben möchte.

3.1.3.6 Erwerb der Rechte am Dachboden bei bestehendem Wohnungseigentum

Wenn der Dachboden bei der Nutzwertfestsetzung nicht als eigene Wohnungseigentumseinheit bereits berücksichtigt wurde, ist er „allgemeiner Teil des Hauses“ und steht daher im ideellen Miteigentum aller Wohnungseigentümer. Selbst ein vertraglicher Nutzungsvorbehalt des Dachbodens zugunsten eines Wohnungseigentümers würde gegen § 38 WEG 2002 verstoßen *(siehe Kapitel 3.1.3.4)*.

Wenn eine Baubewilligung für den Dachgeschoßausbau erwirkt wurde, ist von allen Miteigentümern eine Neufestsetzung der Nutzwerte zu beantragen. Alle Wohnungseigentümer müssen eine Vereinbarung über die Neufestsetzung der Nutzwerte unter Berücksichtigung der neu zu schaffenden Dachgeschoßwohnungen beglaubigt unterfertigen; die Anteilsänderung samt Wohnungseigentumsbegründung ist namens aller Wohnungseigentümer zu beantragen.

Es ist sowohl aus zivil- als auch aus steuerrechtlichen Gründen erforderlich zu beurteilen, ob es sich um eine **Schenkung oder einen Verkauf der entsprechenden Miteigentumsanteile** der einzelnen „alten“ Wohnungseigentümer an die nunmehrigen neuen Wohnungseigentümer der Dachgeschoßwohnungen handelt. Das Ergebnis dieser Beurteilung wird davon abhängen,

- ob die bisherigen Miteigentümer diese Vereinbarung über eine Anteilsänderung samt Einräumung von Wohnungseigentum lediglich als Vollziehung bereits früher getroffener Vereinbarungen unterfertigen oder

- ob neue, tatsächlich bisher noch nicht bestehende Vereinbarungen abgeschlossen werden.

3.1.4 Steuern und Gebühren beim Liegenschaftserwerb

Erwerbsvorgänge, soweit sie sich auf Grundstücke beziehen, unterliegen der Grunderwerbsteuer. Ein **Grundstücksumsatz** ist jedoch u. a. in folgenden Fällen von der **Grunderwerbsteuerpflicht** ausgenommen:

- Wenn der Wert € 1.100,– nicht übersteigt;
- der Grundstückserwerb im Rahmen einer Unternehmensübertragung unter speziellen Voraussetzungen des § 3 Abs 1 Z 2 GrEStG bis zu einem Wert von € 365.000,– (Freibetrag);
- der Erwerb unter Lebenden unter Ehegatten oder eingetragenen Partnern zur gleichteiligen Anschaffung oder Errichtung einer Wohnstätte mit höchstens 150 m^2 Wohnnutzfläche unter gewissen Bedingungen (§ 3 Abs 1 Z 7 GrEStG);
- der Erwerb bei behördlichen Maßnahmen zur besseren Gestaltung von Bauland;
- der Erwerb durch ausländische Staaten für Vertretungsbehörden.

Die Steuer ist vom Wert der Gegenleistung zu berechnen. Ist eine solche nicht vorhanden, dann vom Wert (Einheitswert) des Grundstückes.

Der abgeschlossene Vertrag ist bis zum 15. des auf die Entstehung der Steuerschuld zweitfolgenden Monats beim zuständigen Finanzamt für Gebühren und Verkehrssteuern anzuzeigen, damit die Steuer bemessen wird.

Die Grunderwerbsteuer beträgt für den entgeltlichen Erwerb (Kauf, Tausch) 3,5 Prozent vom Kaufpreis. Bei Erwerb vom Ehegatten, eingetragenen Partner, Lebensgefährten bei gemeinsamem Hauptwohnsitz, von oder durch Eltern, von oder durch Kinder, Enkelkindern, Wahlkindern, Stiefkindern und Schwiegerkindern beträgt der Steuersatz 2 Prozent.

Bei Grundstückserwerb durch eine Stiftung erhöht sich die Steuer um 2,5 % der Bemessungsgrundlage („Stiftungseingangssteuer-Äquivalent").

Auch bei entgeltlichen bzw. unentgeltlichen Erwerbsvorgängen von land- und forstwirtschaftlichen Grundstücken sind für oben genannten Personenkreis ähnliche Begünstigungen vorgesehen.

Rechtsanwälte und Notare, die über einen entsprechenden EDV-Anschluss verfügen, können eine so genannte „Selbstberechnung" der Grunderwerbsteuer vornehmen. Dazu geben sie gegenüber der Finanzbehörde eine entsprechende förmliche Erklärung ab, welche Grunderwerbsteuer und Eintragungsgebühr für dieses Geschäft zu bezahlen ist. Allein aufgrund einer derartigen Erklärung des Vertragserrichters kann in diesen Fällen sofort – unter Umständen noch am Tag der beglaubigten Unterfertigung der grundbuchsfähigen Vertragsurkunde – das Grundbuchsgesuch auf Eintragung des Eigentumsrechts des Erwerbers gestellt werden.

Ebenso könnte bei „Selbstberechung" der Grunderwerbsteuer auf sämtliche sonstigen Sicherungsinstrumente, wie Veräußerungsrangordnung, Vormerkung etc. verzichtet werden. Eine rasche Auszahlung des Kaufpreises aufgrund eines raschen Einverleibungsgesuches wäre daher möglich und ist in der Praxis auch durchführbar.

Zu beachten ist die Solidarverpflichtung der Vertragsparteien für die Bezahlung der Grunderwerbsteuer. Gegenüber dem Gebührenfinanzamt trifft sie – ungeachtet einer vertraglichen Regelung im Innenverhältnis – beide Vertragsparteien, **somit auch den Verkäufer** (§ 9 GrEStG).

Bei höheren Kaufpreisen empfiehlt sich daher aus Sicht des Verkäufers dringend die Vereinbarung, dass der Käufer die voraussichtlich zu bezahlende Grunderwerbsteuer beim Vertragserrichter treuhändig zu erlegen hat.

Bei unentgeltlichem Erwerb (Schenkung, Erbe) wird ab 1. 6. 2014 die Grunderwerbsteuer nach Maßgabe der Zugehörigkeit zum Familienverband der Vertragsparteien (2 % bzw. 3,5 %) und des Einheitswertes bzw. gemeinen Wertes der vertragsgegenständlichen Liegenschaft berechnet. Die ab dem 1. 6. 2014 wesentlich geänderten Gesetzesbestimmungen bei unentgeltlicher Übertragung von Grundstücken (u. a. ist der dreifache Einheitswert nur mehr bei Übertragungen innerhalb des Familienverbandes als Bemessungsgrundlage heranzuziehen) werden in *Stingl/Nidetzky*, Immobilien & Steuern, Kapitel 7 im Detail erläutert.

Für die Einverleibung des Eigentums des Erwerbers im Grundbuch ist eine Eintragungsgebühr von 1,1 Prozent der Grunderwerbsteuerbemessungsgrundlage zu entrichten.

Beabsichtigt der Käufer, die von ihm erworbene Liegenschaft weiterzuverkaufen, und ist ihm die durch die Veräußerungsrangordnung ermöglichte Sicherheit zu gering, so könnte er trotz bezahlter Grunderwerbsteuer lediglich die Vormerkung des Eigentumsrechts beantragen. Diese Vormerkung sichert ihn gegenüber dem Verkäufer ab, die Eintragungsgebühr wird aber noch nicht fällig, sondern lediglich die Eingabengebühr in Höhe von maximal € 53,– und die Gebühr für die Vormerkung in Höhe von € 70,–. Verkauft er dann die Liegenschaft weiter, so könnte der neue Käufer gleichzeitig mit seinem Einverleibungsgesuch die Löschung der Vormerkung beantragen und sofort sein Eigentumsrecht einverleiben. Der erste Käufer hätte sich dadurch endgültig die Eigentumsrechts-Eintragungsgebühr erspart.

Die Grunderwerbsteuer wird grundsätzlich von der Gegenleistung bemessen. Dazu zählt alles, was der Erwerber eines Grundstückes dem Veräußerer zu leisten verspricht, um das Grundstück zu erhalten. So ist auch die allenfalls in Rechnung gestellte Umsatzsteuer in die Bemessungsgrundlage einzubeziehen, auch wenn diese vom Käufer von der Finanz rückgefordert werden kann. Bei einem unterpreisigen Erwerb kann das Finanzamt die GrESt vom höheren Wert des Grundstückes (gemeiner Wert) festsetzen.

3.1.4.1 Grunderwerbsteuer von den Baukosten – der Bauherrnbegriff

Die Finanzämter unterziehen auch die zukünftigen Baukosten für die Errichtung eines zwar vertraglich definierten, aber noch gar nicht errichteten Objekts der Besteuerung im Rahmen des Grunderwerbsteuergesetzes. In den vergangenen Jahren ist deshalb eine Vielzahl von Entscheidungen des Verwaltungsgerichtshofes zur Frage der Grunderwerbsteuer von den Baukosten ergangen.

Der Verwaltungsgerichtshof hat in seinen Entscheidungen im Wesentlichen auf den „Bauherrnbegriff" abgestellt und geprüft, ob der Käufer einer noch zu errichtenden Wohnung oder eines Hauses „Bauherr" im Sinne dieser Kriterien ist. **Bauherr** ist, wer

- auf die bauliche Gestaltung des Hauses Einfluss nehmen kann;
- das Baurisiko zu tragen hat, das heißt den bauausführenden Unternehmen gegenüber unmittelbar berechtigt und verpflichtet ist und
- das finanzielle Risiko tragen muss, das heißt, dass er nicht bloß einen Fixpreis bezahlen muss, sondern alle Kostensteigerungen übernehmen muss, aber auch
- berechtigt ist, von den bauausführenden Firmen Rechnungslegung zu verlangen.

Einem Bauherrn obliegt es, das zu errichtende Haus zu planen und zu gestalten, der Baubehörde gegenüber als Bau- und Konsenswerber aufzutreten, die Verträge mit den Bauausführenden im eigenen Namen abzuschließen und die baubehördliche Benützungsbewilligung einzuholen (VwGH 86/16/0122, 92/16/0010 u. v. a.).

Die Rechtsprechung stellt darüber hinaus darauf ab, ob ein „einheitlicher Vertragswille" auf Verschaffung eines fertigen Objekts erkennbar ist. Wenn dies der Fall ist, werden die Baukosten in die Bemessungsgrundlage für die Grunderwerbsteuer einbezogen (VwGH 19/16/0211 ff, 91/16/0031, 90/16/0101-0128, 90/16/0169, 90/16/0154, 93/16/0072). Auf einen **einheitlichen Vertragswillen** kann beispielsweise geschlossen werden

- aus der Prospektgestaltung des Verkäufers,
- aus der Vertragsgestaltung in Form eines „Vertragsbündels",
- aus der Tatsache, dass von Verkäuferseite bereits eine Baubewilligung vorliegt,
- aus dem Vorhandensein eines bereits „in den Startlöchern stehenden" Bauunternehmens, das vom Käufer beauftragt werden muss etc.

Abbildung 14: Bauherrnvarianten im Grunderwerbsteuerrecht

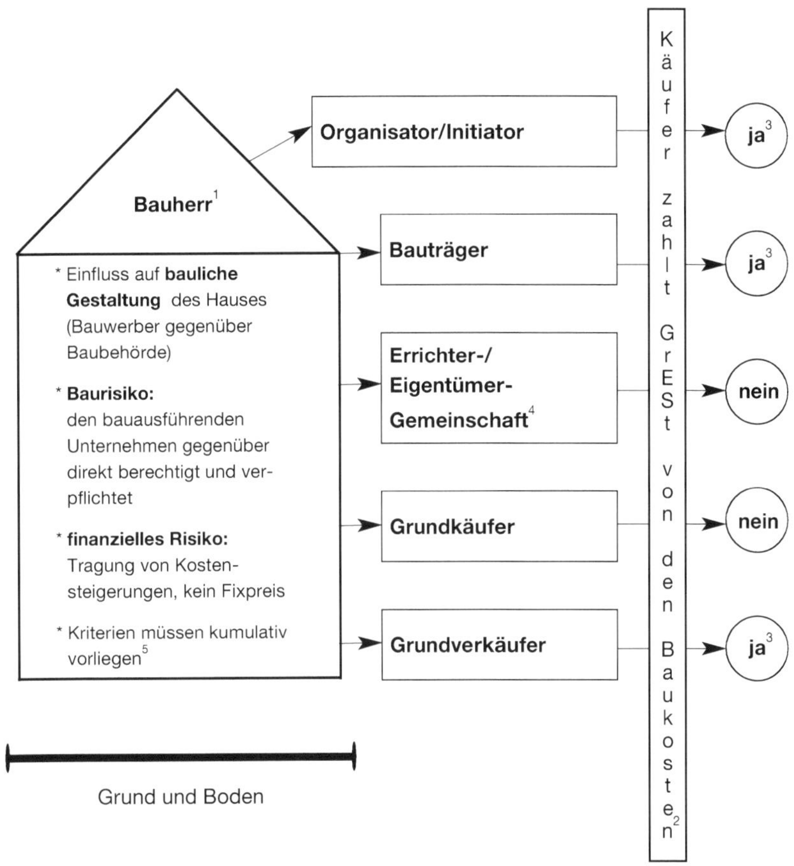

[1] Bauherr ist, wer auf eigene Rechnung und Gefahr ein Gebäude baut oder bauen lässt und das Baugeschehen beherrscht.
[2] Der Endzustand, in dem das Objekt erworben werden soll, ist entscheidend.
[3] Auch wenn über Gebäudeherstellung ein „Werkvertrag" geschlossen wird (z. B. VwGH 19. 11. 1995, 93/16/0017, VwGH 18. 12. 1995, 93/16/0072, ...).
Steht die Leistung des Erwerbers in einem unmittelbaren, tatsächlichen und wirtschaftlichen oder „inneren" Zusammenhang mit dem Erwerb des Grundstückes, dann ist sie als Gegenleistung anzusehen. Für die Frage nach der finalen Verknüpfung zwischen Erwerbsgegenstand und Gegenleistung ist es unerheblich, ob mehrere abgeschlossene Verträge nach dem Willen der jeweils vertragsschließenden Parteien zivilrechtlich ihrem Bestand nach voneinander abhängig sein wollen. Entscheidend für die Qualifikation einer Leistung als Gegenleistung ist, dass die Verpflichtung zur Leistung auf den Erwerb des Grundstücks in dem Zustand, in dem es zum Erwerbsgegenstand gemacht wurde, bezogen ist (VwGH 10. 4. 2008, 2007/16/0223).
[4] Gemeinsamer Beschluss sämtlicher Miteigentümer zur Errichtung des Gebäudes.
[5] VwGH 12. 11. 1997, 95/16/0176.

3.1.5 Sonstige steuerliche Aspekte des Grundstückserwerbs

3.1.5.1 Nebenkosten des Grunderwerbs

Wenn das Grundstück ins Umlaufvermögen aufgenommen wird, sind die mit dem Grundstückskauf verbundenen Nebenkosten (Vermessungskosten, Anwaltskosten, Notarkosten, Grunderwerbsteuer, Gerichtskosten, Maklerkosten etc.) nur dann zu aktivieren, wenn der Wert des Umlaufvermögens nach den Prinzipien des Handelsrechts (strenges Niederwertprinzip) auch diese Nebenkosten beinhaltet. In der Regel werden die Kosten der Grundstücksanschaffung aufwandsmäßig zu berücksichtigen, allenfalls abzugrenzen sein.

Von der steuerlichen und handelsrechtlichen Behandlung des Umlaufvermögens ist die steuerliche Behandlung der aktivierungspflichtigen Anschaffungsvorgänge zu unterscheiden. Hier sind sämtliche Nebenkosten der Anschaffung dem Anschaffungswert der Liegenschaft hinzuzurechnen. Nur dann, wenn das Anlagevermögen auch langfristig unter den Verkehrswert sinkt, ist eine Abwertung zwangsweise vorzunehmen.

3.1.5.2 Grunderwerbsteuer in Kalkulation

Nach ständiger Judikatur des Verwaltungsgerichtshofes ist auch dann die Grunderwerbsteuer von den Baukosten beziehungsweise Sanierungskosten zu entrichten, wenn die Leistungen erst in Zukunft erbracht werden *(siehe Kapitel 3.1.4.1).*

Beispiel:

Ein Bauträger bietet Fertigteilhäuser samt Grund und Boden zum Kauf an. Der Eigentumswerber erwirbt die Liegenschaft direkt vom Grundeigentümer. Gleichzeitig oder aber auch zeitversetzt erteilt er einem Bauunternehmen den Auftrag, ein Fertigteilhaus (oder auch Massivhaus) auf dem eben erworbenen Grundstück zu errichten.

Auch bei Abschluss eines Kaufvertrages (Grund und Boden) und Werkvertrages (Gebäude) ist von einer vertraglichen Einheit auszugehen und die Grunderwerbsteuer von beiden Werten zu berechnen. Verschärfend kommt für den Endverbraucher noch der Umstand hinzu, dass im Werkvertrag die Umsatzsteuer mit 20 Prozent enthalten ist. Von diesem Bruttobetrag muss die

Grunderwerbsteuer an das Finanzamt abgeführt werden. Die Folgewirkung ist damit Steuer von der Steuer.

Diese steuerliche Problematik kann durch nachstehende Praxis zwar nicht vermieden, aber doch gemildert werden:

Der Bauträger erwirbt das Grundstück, erteilt den Auftrag, ein Gebäude zu errichten (ist daher Bauherr) und veräußert Grund und Boden samt Gebäude unecht steuerbefreit an den Letztnutzer. Die an den Bauträger gelegten Rechnungen enthalten zwar auch Umsatzsteuer, der Bauträger ist hiezu auch nicht vorsteuerabzugsberechtigt, er muss jedoch von seinen Leistungen (Personalkosten) und seiner Gewinnspanne keine Umsatzsteuer in Rechnung stellen. Dies führt unter anderem dazu, dass einige Bauträgerfirmen möglichst viele Gewerke in ihr Unternehmen aufnehmen, um den Verlust von Umsatzsteuer bei Leistungen durch Fremdfirmen zu vermeiden. Dies alles unter der Voraussetzung, dass die Lieferung an den Letztverbraucher erfolgt.

3.2 Steuern bei Eigentumsübertragung

3.2.1 Besteuerung des Spekulationsgewinns

Vorab sei erwähnt, dass der Begriff des „Spekulationsgewinnes“ durch das Stabilitätsgesetz 2012 auf bewegliche Wirtschaftsgüter des Privatvermögens (§ 31 EStG 1988) eingeschränkt wurde. Die Einkünfte aus Grundstücksveräußerungen mit dem besonderen Steuersatz sind in § 30 EStG definiert. Diese Einkünfte werden zwar nicht mehr als „Spekulationseinkünfte“ bezeichnet; im Sprachgebrauch wird der Spekulationsgewinn aber weiterhin mit Grundstücksveräußerungen in Zusammenhang gebracht, und daher auch in den nachstehenden Ausführungen verwendet.

Im Betrieb des Bauträgers wird der Spekulationsgewinn und dessen Besteuerung nur bei einer Beratung eine Rolle spielen. Die Veräußerung des Hausbesitzes im Privatvermögen führt ab 1. 4. 2012 zu einkommensteuerpflichtigen Einkünften. Abhängig von der am 1. 4. 2012 zu beurteilenden „Steuerverfangenheit“ eines Grundstückes ist die entsprechende Immobilienertragsteuer an das Finanzamt abzuführen.

Für Veräußerungen im Privatvermögen betrug die Spekulationsfrist bis 31. 3. 2012 bei Grundstücken (grundstücksgleichen Rechten) grundsätzlich 10 Jahre.

Bei Inanspruchnahme von Zehntel- beziehungsweise Fünfzehntel-Absetzungen für Herstellungsaufwendungen gemäß § 28 Abs 3 EStG 1988 innerhalb von 10 Jahren nach der Anschaffung betrug sie 15 Jahre. Wenn der entgeltliche Erwerb vor dem 1. 4. 2002 nachgewiesen werden kann, ist das Grundstück nicht steuerverfangen; es kann idR eine Pauschalierung i. H. v. 3,5 % des Verkaufserlöses als Immobilienertragsteuer angewendet werden. Wenn eine begünstigte Teilabsetzung für Herstellungsaufwendungen beantragt wurde, ist die Grenze der „Steuerverfangenheit" auf den 1. 4. 1997 zurückzuverfolgen. Bei Umwidmungen (pauschaliert mit 15 % vom Erlös besteuert) gilt als Grenze der 1. 1. 1988 für diesen Begriff. Steuerverfangene Grundstücke unterliegen einer ImmoESt i. H. v. 25 % des Spekulationsgewinnes.

Die Berechnung des Zeitraumes zwischen Anschaffung und Veräußerung erfolgt von Tag zu Tag. Maßgebend ist der Abschluss des Verpflichtungsgeschäftes.

Ein Spekulationsgeschäft kann auch dann gegeben sein, wenn ein Grundstück vom Veräußerer unentgeltlich erworben worden ist (Erbschaft, Vermächtnis, Erbteilung, Schenkung etc.), da immer auf den letzten Anschaffungszeitpunkt des Rechtsvorgängers abzustellen ist. Wenn der Geschenkgeber, Erblasser etc. die Liegenschaft am 31. 3. 2012 schon vor mehr als 10 beziehungsweise 15 Jahren angeschafft hat, ist die Veräußerung auch beim Rechtsnachfolger pauschal besteuerungsfähig. Bei Umwidmung von Grundstücken ist die Pauschalierung i. H. v. 15 % vom Verkaufserlös anzuwenden, wenn die Umwidmung ab dem 1. 1. 1988 erfolgt ist. Wenn diese vor diesem Datum erfolgt ist (auch beim Rechtsvorgänger bei unentgeltlichen Übertragungsvorgängen), ist auch für diese Grundstücke die Pauschalierung mit 3,5 % vom Verkaufserlös zulässig. Bei entgeltlichem Erwerb ab 31. 3. 2012 ist die „normale" ImmoESt-Berechnung vom Spekulationsgewinn vorzunehmen. Wesentlich ist daher die Frage, ob eine Liegenschaft entgeltlich oder unentgeltlich angeschafft worden ist. Nach Ansicht des Bundesministeriums für Finanzen ist hiebei auf das „Überwiegensprinzip" Bedacht zu nehmen. Wenn die Belastung (übernommene Hypothek, Entgelt, Rente etc.) mehr oder weniger als 50 Prozent des Verkehrwertes ausmacht, liegt entweder eine Anschaffung oder eine unentgeltliche Übertragung vor. Die Frage der Entgeltlichkeit beziehungsweise Unentgeltlichkeit hat nicht nur Einfluss auf die Spekulationsgewinnbesteuerung, sondern auch auf die Bemessungsgrundlage für die Absetzung für Abnutzung (AfA) bei Vermietung oder außerbetrieblicher Nutzung einer Immobilie (siehe unten).

Zur ab 1. 4. 2012 ganz wesentlich geänderten Berechnung des Spekulationsgewinns siehe *Stingl/Nidetzky,* Immobilien & Steuern, Kapitel 7.2.

Bei Ankauf eines Grundstückes aus einer Landwirtschaft durch den Bauträger ist auch die normale Steuerpflicht oder pauschalierte Besteuerung des Grundstücksverkaufes beim Veräußerer bedeutsam. Eine Parzellierung der Liegenschaft durch einen Landwirt und Verkauf der Liegenschaftsanteile nach Umwidmung der Parzellen wird in steuerrechtlicher Hinsicht für den Landwirt in der Regel den „gewerblichen Grundstückshandel“ zur Folge haben. Dies bedeutet, dass die Differenz zwischen dem Wert des Grundstückes vor der Parzellierung dem Veräußerungserlös gegenübergestellt werden muss; die Gewinnspanne wird steuerpflichtig sein. Diskussionen gibt es mit der Finanzverwaltung naturgemäß über den Wert des eingebrachten, bisher im Privatvermögen befindlichen Grundstückes in den „Grundstückshandelsbetrieb“. Nach der Judikatur des Verwaltungsgerichtshofes ist auf den Einzelfall abzustellen, wobei die Tendenz dahin geht, dass bereits das zum Bauland oder Bauhoffnungsland gewidmete Grundstück als Einbringungswert anzusetzen ist. Wenn jedoch nachgewiesen werden kann, dass die Umwidmung aufgrund besonderer Verbindungen durch den Landwirt oder sonstigen Grundstückseigentümer veranlasst worden ist, kann auch der Aufwertungsgewinn durch die Umwidmung nach Tarif besteuert werden. Die bis zu 50 % belastende Steuer vom Gewinn steht in diesem Fall einer Pauschalierung von 3,5 % bzw. 15 % (bei umgewidmeten Grundstücken) vom Verkaufserlös gegenüber. Details dazu siehe *Stingl/Nidetzky,* Immobilien & Steuern, Kapitel 7.2.5.1.

3.2.2 Hauptwohnsitzbefreiung

Unter **nachstehenden Voraussetzungen** fallen Eigenheime oder Eigentumswohnungen samt Grund und Boden **nicht unter die Steuerpflicht des Einkommensteuergesetzes:**

- sie haben dem Veräußerer von der Anschaffung bis zur Veräußerung ununterbrochen als Hauptwohnsitz gedient;

- die tatsächliche Verwendung als Hauptwohnsitz zwischen Anschaffung und Veräußerung hat mindestens zwei Jahre betragen. Diese Befreiungsbestimmung wurde auch, mit der Einschränkung, dass sie nicht mehr für Erben angewendet werden darf, in die ImmoESt-Regelung des Spekulationsgewinnes ab 1. 4. 2012 übernommen. Sie wurde durch eine zweite Variante erweitert: Wenn innerhalb der letzten 10 Jahre vor der Veräußerung mindestens 5 Jahre der Hauptwohnsitz nachgewiesen werden kann.

3.2.3 Selbst hergestellte Gebäude

Einkünfte aus der Veräußerung von selbst hergestellten Gebäuden sind von der Besteuerung ausgenommen (§ 30 EStG). Ein auf den Grund und Boden entfallender Spekulationsgewinn ist jedoch steuerpflichtig. Der Veräußerungserlös ist in der Folge im Verhältnis der gemeinen Werte auf Grund und Boden und auf Gebäude aufzuteilen.

Durch diese Bestimmung wird vor allem vermieden, dass die Arbeitsleistung des Steuerpflichtigen, wenn er selbst an der Errichtung mitgearbeitet hat, auf diese Weise besteuert wird. Ab 1. 4. 2012 wurde durch eine Gesetzesänderung die Befreiungsbestimmung dahingehend eingeschränkt, dass die Liegenschaft innerhalb der letzten 10 Jahre nicht der Einkunftserzielung dienen durfte.

Der Begriff „selbst hergestellt“ ist in den Einkommensteuerrichtlinien 2000 näher definiert. Der Steuerpflichtige muss die so genannte „strenge Bauherrneigenschaft“ besitzen. Er hat das Bauherrnrisiko zu tragen, auf die Planung und Gestaltung des Hauses wesentlichen Einfluss zu haben, die Fakturen müssen ihm gegenüber aufgeschlüsselt sein etc. Aus all diesen Umständen ist ersichtlich, dass für eine Eigentumswohnung, auch wenn sie vor der Bauerrichtung angeschafft worden ist, niemals die Befreiungsmöglichkeit des selbst hergestellten Gebäudes im Sinne des Einkommensteuergesetzes in Anspruch genommen werden kann. Nach der Judikatur gilt sie auch nicht für den Dachbodenausbau. Details dazu siehe *Stingl/Nidetzky,* Immobilien & Steuern, Kapitel 7.2.5.2. Die nachstehende Übersicht soll nur einen ersten Überblick vermitteln. Zu erwähnen ist, dass die Immobilienertragsteuerregelungen ausschließlich für Privatvermögen oder Immobilien im Anlagevermögen von Betrieben anzuwenden sind, nicht jedoch für Bauträger, welche ihr Liegenschaftsvermögen im Umlaufvermögen ausweisen!

Abbildung 15: Übersicht Spekulationsgewinn bei Immobilien ab 1. 4. 2012

- **Herstellerbefreiung** (Gebäude):
  - Grund pflichtig, Gebäude steuerfrei, wenn große Bauherrneigenschaft nachweisbar
  - gilt nur für Steuerpflichtigen, nicht für Rechtsnachfolger
  - gilt nicht, wenn innerhalb der letzten 10 Jahre zur Einkunftserzielung gedient

- **Hauptwohnsitzbefreiung** (Grund + Gebäude):
  - durchgehende 2-jährige private Nutzung des Veräußerers eines/einer angeschafften oder hergestellten Eigenheimes/Eigentumswohnung, Bezug innerhalb von max. 12 Monaten oder nach in angemessener Zeit erfolgter Instandsetzung oder
  - wenn innerhalb der letzten 10 Jahre vor der Veräußerung mindestens 5 Jahre durchgehend als Hauptwohnsitz gedient
  - gilt nur für Veräußerer, Befreiung gilt nicht für Erben oder Geschenknehmer
  - ausgenommen, wenn gewerblich (als Grundstückshändler) eingestuft = immer Ertragsteuerpflicht

- **Immobilie ohne Befreiung** (ausgenommen Kapitalgesellschaften, Grundstückshändler, Immobilienentwickler):
  - mit einem „besonderen Steuersatz" i. H. v. 25 % vom Spekulationsgewinn allenfalls Inflationsabschlag i. H. v. 2 % ab dem 11. Jahr nach Erwerb, oder auf Antrag nach Tarif (§ 30a Abs 2 EStG)
  - wenn Selbstberechnung durch Parteienvertreter mit Immobilienertragsteuer i. H. v. 25 %, Veranlagungsoption mit „besonderem-Steuersatz" s. o. (§ 30b Abs 3 EStG)
  - Umwidmungsgewinne nach dem 31. 12. 1987 i. H. v. 15 % des Verkaufserlöses (§ 30 Abs 4 Z 1 EStG), Veranlagungsoption durch Berechnung auf Basis des Spekulationsgewinnes, allenfalls Inflationsabschlag i. H. v. 2 % ab dem 11. Jahr nach Umwidmung (§ 30 Abs 5 EStG)
  - Mindestabgabe, wenn am 31. 3. 2012 nicht steuerverfangen (entgeltliche Anschaffung vor dem 31. 3. 2002 bzw. bei Teilabsetzung für Herstellungsaufwand vor dem 31. 3. 1997) i. H. v. 3,5 % des Verkaufserlöses (§ 30 Abs 4 Z 2 EStG), Veranlagungsoption durch Berechnung auf Basis des Spekulationsgewinnes, allenfalls Inflationsabschlag i. H. v. 2 % (§ 30 Abs 5 EStG)
  - „Besondere Einkünfte-Äquivalent": Hinzurechnung der Hälfte der in den letzten 15 Jahren begünstigt abgesetzten Teilabsetzbeträgen gem. § 28 Abs 3 EStG, wenn Gewinn pauschal ermittelt (3,5 % bzw. 15 % vom Verkaufserlös § 30 Abs 4 Z 1 bzw. 2 EStG)

3.2.4 Umsatzsteuerverrechnung bei Liegenschaftsübergang

Der Grundstücksumsatz ist unecht steuerbefreit (§ 6 Abs 1 Z 9 lit a UStG 1994), ein Vorsteueranspruch ist folglich ausgeschlossen (§ 12 Abs 3 Z 1 UStG 1994). Wenn der Käufer des Gebäudes oder Gebäudeteiles Unternehmer im Sinne des Umsatzsteuergesetzes ist, kann er den Bauträger ersuchen, den Grundstücksumsatz umsatzsteuerpflichtig zu behandeln. Da in diesem Fall für den Bauträger der Vorsteuerabzug aus den Errichtungskosten, Verwaltungskosten etc. möglich ist, ist der Nettokaufpreis für den Erwerber entsprechend zu reduzieren *(siehe Kapitel 1.5.9 und nachstehende Abbildung 16).*

Abbildung 16: Grundstücksveräußerung[1] und Umsatzsteuer

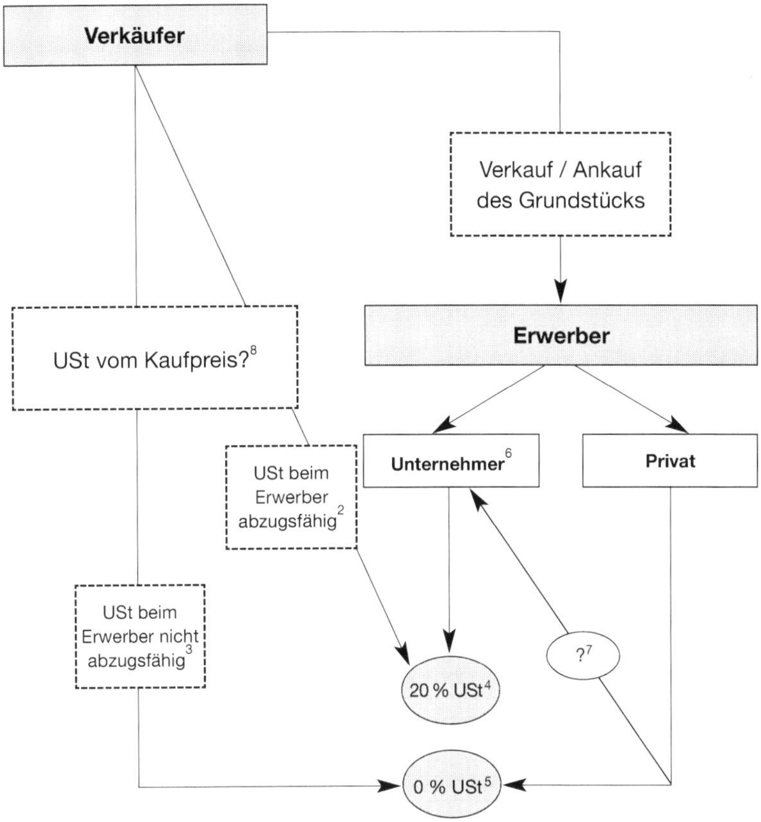

[1] Auch für Baurechte und Gebäude auf fremdem Boden (Superädifikat).

[2] Vorsteuer aus den Baukosten für Bauträger gem. § 12 Abs 11 UStG (Umlaufvermögen) kein Kostenfaktor bzw. Verhinderung der Vorsteuerberichtigungsverpflichtung gem. § 12 Abs 10 UStG

[3] Vorsteuerberichtigungspflicht oder Vorsteuerverlust (Bauträger) = Kostenfaktor, daher Bruttokaufpreis inkl. Vorsteuerverlust oder Vorsteuerberichtigung.

[4] Gem. § 6 Abs 2 UStG auf Wahl des Verkäufers; – auch USt vom Grundanteil, wenn Bauträger auch Grundstück liefert, vom Brutto-Gesamtpreis GrESt (3,5 %), Gerichtsgebühren (1,1 %), USt-Abfuhr bereits mit Erhalt von Anzahlungen gem. BTVG, wenn umsatzsteuerliche Verrechnung klargestellt ist, s. o. Fußnote 2.

[5] Grundstücksumsatz gem. § 6 Abs 1 Z 9 lit a UStG unecht befreit.

[6] IdR Annahme, dass zum Vorsteuerabzug berechtigt, USt in Rechnung stellbar, jedoch keine Verpflichtung;
Vorsteuerabzugsberechtigung dann, wenn gem. Kaufvertrag eine steuerpflichtige Veräußerung nachweisbar oder aus Konzeption des Projektes ableitbar (VwGH 20. 10. 2009, 2006/13/0193 bzw. Rz 799 UStR).

[7] USt-Verrechnung nicht sinnvoll, wenn gem. § 6 Abs 2 UStG nicht zum Vorsteuerabzug berechtigt (z. B. Vermietung an nicht zum Vorsteuerabzug berechtigte Mieter).

[8] Option (USt-Zahlung) gegenüber dem Finanzamt (Rechnung nicht maßgeblich), bis zur Rechtskraft des Bescheides möglich, Optionsmöglichkeit pro Objekt und auf abgrenzbaren Teil des Grundstückes (z. B. Wohnung nein, Geschäft ja), wenn an diesen Teilen grundsätzlich Wohnungseigentum begründet werden könnte (Rz 793ff UStR).

Die Möglichkeit zur Umsatzsteuerverrechnung besteht nicht nur bei Neubauten, sondern auch bei Altgebäuden. Da bei Übertragung eines Grundstücksanteiles an einem Althaus die Beträge einer allenfalls vorzunehmenden Vorsteuerberichtigung nicht jene Höhe erreichen werden, wie sie bei Neubauten gegeben ist, ist die Frage, ob Umsatzsteuer ausgewiesen werden muss, in jedem Einzelfall zu prüfen. Im letzteren Fall besonders unter dem Aspekt der „Liebhaberei"-Prüfung einer Eigentumswohnung durch die Finanzverwaltung. Ab 1. 9. 2012 ist bei Übernahme von vermieteten Objekten darüber hinaus bei nicht zu Wohnzwecken überlassenen Bestandobjekten zu prüfen, ob der Mieter oder Pächter nahezu ausschließlich (mehr als 95 %) umsatzsteuerpflichtige Umsätze erzielt, da andernfalls der neue Eigentümer keine Optionsmöglichkeit auf den Normalsteuersatz hat. Eine an diesen Käufer in Rechnung gestellte Umsatzsteuer wäre in diesem Fall nicht vorsteuerabzugsberechtigend, da der neue Vermieter zwangsweise unecht steuerfrei vermieten (verpachten) muss, auch wenn der übernommene Mietvertrag die Rechnungslegung mit Umsatzsteuer vorsieht! Auch in diesem Fall sei auf die detaillierten Ausführungen in *Stingl/Nidetzky*, Immobilien & Steuern und das nachstehende Beispiel verwiesen.

3.2.5 Vorsteuerberichtigung

Folgende Vorsteuern unterliegen der **Vorsteuerberichtigung:**

- Vorsteuern aus Herstellungs- oder Anschaffungskosten;
- Vorsteuern aus so genannten „Großreparaturen" (Instandsetzung im Sinne des Ertragsteuerrechts), nach Meinung des BMF auch Instandhaltung, welche nicht alljährlich anfällt;
- Vorsteuern, die vom Voreigentümer bei Kauf oder Schenkung in Rechnung gestellt wurden, beziehungsweise Umsatzsteuerbeträge, die anlässlich des Verkaufes oder der Schenkung verrechnet worden sind.

Keine Notwendigkeit zur Vorsteuerberichtigung besteht daher für Vorsteuern der Vorjahre aus laufenden Aufwendungen, wie kleineren Instandhaltungsaufwendungen etc. Eine Vorsteuerberichtigung ist auch dann nicht erforderlich, wenn überhaupt kein Vorsteuerabzug zusteht. Dies ist beispielsweise bei einem Bauträger der Fall, der, wenn er unecht steuerbefreite Grundstücksumsätze tätigt, nicht zum Vorsteuerabzug berechtigt ist. In der Folge gibt es auch keine Berichtigung. Wenn die Liegenschaft innerhalb einer zehnjährigen bzw. zwanzigjährigen Berichtigungsfrist (bei Investitionen ab dem 1. 9. 2012) unter

Lebenden übertragen wird, ist um 10 bzw. 5 Prozent pro Jahr vermindert die Vorsteuerberichtigung zu berechnen und an das Finanzamt abzuführen. Wenn der Erwerber der Liegenschaft jedoch vorsteuerabzugsberechtigter Unternehmer ist, wird er auf die Ausstellung einer Faktura mit Mehrwertsteuer Wert legen. Dadurch kann er einen Vorsteuerabzug und damit eine Reduktion der Gestehungskosten erreichen. Der Veräußerer hat die Möglichkeit, eine Faktura vom Nettoverkaufspreis zuzüglich gesetzlicher Umsatzsteuer auszustellen, die dem Erwerber den vollen Vorsteuerabzug gewährleistet, sofern die Unternehmereigenschaft unbestritten ist. Wenn kein Erfordernis zur Vorsteuerberichtigung gegeben ist, da die Vorsteuern aus Großreparaturen, Herstellungskosten und sonstigen Leistungen, die allenfalls zu berichtigen wären, bereits mehr als 10 oder 20 Jahre zurückliegen, wird der Veräußerer keineswegs die Option gemäß § 6 Abs 2 UStG 1994 ausüben.

Auch dann, wenn möglicherweise eine Vorsteuerberichtigung durch den Veräußerer notwendig erscheint, ist nicht immer der Umsatzsteuerausweis zweckmäßig, wie dem nachstehenden Beispiel zu entnehmen ist.

Beispiel: Umsatzsteueroption bei Verkauf ab 1. 9. 2012

Angabe:

- *10/1995 Ankauf Zinshaus ohne VSt-Verrechnung*
- *1/2005 Lifteinbau um 72.800,–*
- *4/2011 Vermietung eines Bestandobjektes an Arzt (15 % der NFL des Hauses) gem. § 6 Abs 2 UStG mit 20% USt*
- *10/2013 Verkauf des Hauses um 700.000,–*

Lösung:	***Belastung***
Variante 1 ohne USt-Verrechnung:	
unecht steuerbefreiter Grundstücksumsatz gem. § 6 Abs 1 Z 9 lit a UStG,	
daher Vorsteuerberichtigung:	
Vorsteuerabzug 2005: 14.560,– davon 1/10 1.456,–	
noch offene 2 Berichtigungsjahre, daher	
*– **Verkäufer** zahlt an Finanzamt*	*2.912,–*
*– **Käufer** zahlt an GrESt (3,5%) und Gerichtskosten (1,1%) von 700.000,–*	*32.200,–*

Variante 2 mit USt-Verrechnung vom Gesamtkaufpreis:

– ***Verkäufer*** *zahlt an Finanzamt*		*-,–*
– ***Käufer*** *zahlt GrESt (3,5 %) und Gerichtskosten (1,1 %) von 840.000,–*	*38.640,–*	
– ***Käufer*** *kann nur 85% der vom Verkäufer gem. § 6 Abs 2 UStG in Rechnung gestellten Umsatzsteuer von 140.000,– beim Finanzamt rückfordern (= 119.000,–) Vorsteuerverlust*	*21.000,–*	*59.640,–*

Tipp:

Ab 1. 9. 2012 wäre es nicht nur aus grunderwerbsteuerrechtlichen Gründen und wegen der Gerichtskosten für den Käufer sinnvoll, den Vorsteuerberichtigungsbetrag dem Verkäufer zu ersetzen. Gesamtbelastung an Gebühren und Steuern für den Käufer wären in diesem Fall:

Vorsteuerberichtigungsbetrag	*2.912,–*	
4,6 % GrESt und GG von 702.912,–	*32.334,–*	*35.246,–*

Variante 3 mit USt-Verrechnung vom Teilkaufpreis:

Der Kaufpreis wird gem Rz 796 UStR aufgeteilt:

– in den nicht zum Vorsteuerabzug berechtigenden Teil 15 % von 700.000,– =	*105.000,–*	
– in den vorsteuerabzugsberechtigenden Teil 85 % von 700.000,– =	*595.000,–*	
– Verkäufer zahlt an Finanzamt 15 % des Vorsteuerberichtigungsbetrages von 2.912,– s. o. Variante 1		*437,–*
– Käufer zahlt GrESt und Gerichtskosten 4,6 % vom Bto-Differenzkaufpreis i. H. v. 714.000,– (595.000,– + 20 % USt 119.000,–)	*32.844,–*	
vom Netto Kaufpreis i. H. v. 105.000,–	*4.830,–*	*37.674,–*

Tipp:

Die verrechnete USt ist, da auf vorsteuerabzugsberechtigende Gebäudeteile entfallend, abzugsfähig.

Erläuterung und Empfehlung:

Vom Bto-Gesamtkaufpreis wird das Honorar des Anwaltes, Notars, Maklers etc. bemessen, welches bei der Variante mit USt-Ausweis von einer höheren Bemessungsgrundlage verrechnet wird. Letztlich – und besonders beachtenswert – besteht eine 20-jährige Vorsteuer-Berichtigungspflicht!

Der neue Eigentümer als Vermieter hat trotz der zivilrechtlichen Vereinbarung, die der Käufer vom Vermieter übernommen hat, keine Möglichkeit, 20 % USt an den Arzt zu verrechnen.

Begründung des BMF: „Wechsel des Vermieters = neues Mietverhältnis" Folge: Vorsteuerverlust von den laufenden Betriebskosten, Erhaltungs- und Verbesserungsarbeiten etc. Zivilrechtliche Verrechnungsmöglichkeit gem § 30 UStG derzeit in Diskussion.

3.2.6 Rechnungslegung bei Vorsteueranspruch

Ein Vorsteueranspruch für den Erwerber einer Liegenschaft besteht nur dann, wenn eine ordnungsmäßige Faktura gelegt wird. Auf die formalen Voraussetzungen einer Faktura wird verwiesen, Muster 2 bringt einen Vorschlag für ein Abrechnungsformular.

M. 2: Formular zur Umsatzsteuerverrechnung bei Verkauf einer Immobilie

....
(Verkäufer)

....
(Käufer)

........, ...
(Ort, Datum)

ReNr. ....
UID-Nr. Verkäufer.........................
UID-Nr. Käufer.............................

Liegenschaft ....
Umsatzsteuerverrechnung gem § 6 Abs 2 UStG 1994

Sehr geehrte Damen und Herren!

Im Kaufvertrag vom .... (Übergang der Nutzen und Lasten am ....) wurde vereinbart, dass der Grundstücksumsatz gem. § 6 Abs 2 UStG 1994 steuerpflichtig behandelt wird. Demnach erlauben wir uns in Rechnung zu stellen:

Liegenschaftswert netto	....
zuzüglich 20 % Umsatzsteuer	....
Rechnungsbetrag	....

- Wir ersuchen Sie, den ausgewiesenen Umsatzsteuerbetrag auf unser Steuerkonto mit der Steuernummer ..../..............., Ref............ beim Finanzamt .... zu überrechnen (eine Kopie des Überrechnungsantrages ersuchen wir, uns zu übermitteln). *)

- Wir ersuchen Sie, den Rechnungsbetrag*) auf unser

Girokonto .... BLZ .... bei der .... bis zum .... zu überweisen.*)

Mit freundlichen Grüßen

____

*) nicht Zutreffendes streichen

3.2.7 Fruchtgenuss

Die Frage, wann Fruchtgenussrecht eingeräumt wird, ist im Steuerrecht der Immobilie von wesentlicher Bedeutung. Im Rahmen dieses Handbuches wird, da es den Rahmen des Werkes sprengen würde, nicht näher darauf eingegangen. Im Zuge der Beratung durch den Bauträger können die steuerlichen Gestaltungsmöglichkeiten des Fruchtgenussrechts unter Umständen bedeutsam sein.

Details zum Fruchtgenussrecht siehe *Stingl/Nidetzky*, Immobilien & Steuern, Kapitel 7.4.

3.3 Wohnungseigentum

3.3.1 Begründung von Wohnungseigentum im Neu- und Altbau

Wohnungseigentum wird im Wohnungseigentumsgesetz wie folgt definiert: „Wohnungseigentum ist das dem Miteigentümer einer Liegenschaft oder einer Eigentümergemeinschaft eingeräumte dingliche Recht, ein Wohnungseigentumsobjekt ausschließlich zu nutzen und allein darüber zu verfügen.“ (§ 2 Abs 1 WEG 2002)

Unter „sonstigen Räumlichkeiten" sind selbständige Geschäftsräume, selbständige, in sich geschlossene Räume zur Einstellung von Kraftfahrzeugen zu verstehen.

Mit selbständigen Wohnungen oder sonstigen selbständigen Räumlichkeiten können oft Balkone, Terrassen, Keller- oder Dachbodenräume verbunden sein. Dabei handelt es sich um so genanntes „Zubehör-Wohnungseigentum".

An Kfz-Abstellplätzen kann seit 1. 7. 2002 selbständiges Wohnungseigentum bestehen, wenn sie durch Bodenmarkierungen deutlich abgegrenzt werden oder sich auf einer technischen Vorrichtung, etwa aus Metall, befinden, um die Platz sparende Unterbringung von Kraftfahrzeugen zu ermöglichen (Wohnrechtsnovelle 2006). Daneben besteht aber weiterhin die Möglichkeit Abstellplätze im Miteigentum aller Wohnungseigentümer zu belassen und eine Benützungsregelungsvereinbarung zu schließen.

An Teilen der Liegenschaft, die der allgemeinen Benützung dienen oder denen der Zweckbestimmung nach eine ausschließliche Benützung entgegensteht oder die nach der Widmung der Wohnungseigentümer nicht als Wohnungseigentumsobjekte vorgesehen sind, kann kein Wohnungseigentum begründet werden. Das betrifft vor allem Hausbesorgerwohnungen oder gemeinsame Wärmeversorgungsanlagen. Wenn eine Hausbesorgerwohnung frei wird, kann sie durch einen gemeinsamen Beschluss der Wohnungseigentümer/Miteigentümer allenfalls verkauft werden. An dieser Wohnung kann dann auch Wohnungseigentum begründet werden.

Wegen der zivilrechtlichen Beurteilung, dass Wohnungseigentum nur eine besondere Form von Miteigentum darstellt, wurde vom Verwaltungsgerichtshof klargestellt, dass es bei unentgeltlicher gegenseitiger Einräumung des Wohnungseigentums zu keiner Lieferung im Sinne des Umsatzsteuergesetzes kommt. In diesem Fall ist für den Wohnungseigentümer mangels eines umsatzsteuerlichen Vorganges auch kein Vorsteuerabzug möglich.

Wurde zum Beispiel die Liegenschaft bisher von der Miteigentümergemeinschaft vermietet, so erlischt zwar die bisher gemeinsame Betätigung und die Vermietung wird (nach Wohnungseigentumsbegründung) durch den jeweiligen Wohnungseigentümer (unter seiner Umsatzsteuernummer bei seinem Finanzamt) fortgesetzt. Eine umsatzsteuerliche Rechnungslegung zwischen Hausgemeinschaft einerseits und Wohnungseigentümer andererseits ist u. E. jedoch nicht notwendig (strittig, andere Rechtsansicht des BMF siehe Rz 786 UStR).

Umsatzsteuerrechtlich beachtenswert ist jedoch der Fall, dass ein Gebäude auf einer Liegenschaft errichtet wird, die den Bauherrn gemeinsam gehört. Wenn das Gebäude errichtet und anschließend den jeweiligen Anteilen entsprechend Wohnungseigentum begründet wird, erbringt die Bauherrngemeinschaft gegenüber der Grundstücksgemeinschaft zum Zeitpunkt der Übergabe der Eigentumswohnung eine Leistung. In der Regel hat die Bauherrngemeinschaft nun 20 Prozent Umsatzsteuer von den Netto-Baukosten an den jeweiligen Wohnungseigentümer zu fakturieren. Die Errichtergemeinschaft hat aus den an sie erbrachten Leistungen eine Berechtigung zum Vorsteuerabzug. Die Umsatzsteuer in der Rechnung der Errichtergemeinschaft an den Wohnungseigentümer berechtigt diesen – sofern er Unternehmer ist – zum Vorsteuerabzug.

Wenn die Errichtergemeinschaft die strengen Kriterien des Bauherrn (siehe Umsatzsteuerrichtlinien 2000) nicht erfüllt, löst die Übergabe der Wohnungen zur Nutzung in Form von Wohnungseigentum keine Vorsteuerberichtigung aus, obwohl die Finanzverwaltung die Übergabe der Wohnung zur alleinigen Nutzung durch den Wohnungseigentümer als grunderwerbsteuerpflichtigen Vorgang ansieht. Da die Errichtergemeinschaft für an sie erbrachte Vorleistungen nicht zum Vorsteuerabzug berechtigt ist, gibt es auch nichts zu berichtigen. Ab 19. 6. 1998 kann die Errichtergemeinschaft von den Errichtungskosten samt Grund und Boden 20 Prozent Umsatzsteuer an den Endnutzer-Unternehmer in Rechnung stellen, womit die Errichtergemeinschaft auch zum Vorsteuerabzug berechtigt ist. In diesem Fall hat der Wohnungseigentümer-Unternehmer auch eine Vorsteuerabzugsberechtigung in Höhe der an ihn verrechneten Umsatzsteuer.

3.3.2 Verwaltung von Wohnungseigentum

Alle Wohnungs- und sonstigen Miteigentümer der Liegenschaft bilden zu deren Verwaltung die Eigentümergemeinschaft (siehe § 18 WEG 2002). Damit steht fest, dass der Eigentümergemeinschaft bei „gemischten Häusern" (Objekte nur teilweise in Wohnungseigentum stehend, daneben auch noch schlichtes Miteigentum) nicht allein die Wohnungseigentümer, sondern auch die schlichten Miteigentümer als Mitglieder angehören.

Im Sinne des Umsatzsteuerrechts erbringt die Gemeinschaft der Wohnungseigentümer im Rahmen der Verwaltung des gemeinschaftlichen Eigentums entgeltlich Leistungen an die einzelnen Mitglieder. Die Gemeinschaft besitzt daher Unternehmereigenschaft. Um die Wohnungseigentümer für gewisse Leistungen, die von der Gemeinschaft an die Wohnungseigentümer erbracht werden, mit den Mietern gleichzustellen, ist bei Nutzung zu Wohnzwecken der ermäßigte

Steuersatz von 10 Prozent vorgesehen. Der begünstigte Leistungsaustausch zwischen der Gemeinschaft und den Wohnungseigentümern umfasst die von der Gemeinschaft vergebenen Instandhaltungs- und Reparaturarbeiten. Die Gemeinschaft hat die den Miteigentümern anteilig angelasteten Kosten bei Wohnungsnutzung der 10%igen Umsatzsteuer zu unterwerfen, ist aber berechtigt, die von den Handwerkern in Rechnung gestellte Vorsteuer abzuziehen.

Wesentlich ist für die steuerliche Anerkennung der Eigentümergemeinschaft als Unternehmer lediglich, dass die Gemeinschaft nach außen hin in Erscheinung tritt. Dies geschieht laufend durch Vergabe von Erhaltungsarbeiten am Wohnhaus und nach Abschluss aller übrigen mit dem Betrieb der Wohnhausanlage verbundenen Vereinbarungen. Damit die Gemeinschaft der Wohnungseigentümer die Vorsteuerabzugsberechtigung für die eingehenden Rechnungen erlangt, ist darauf zu achten, dass die Rechnungen nicht an den einzelnen Miteigentümer gelegt werden, sondern dass sie an die Gemeinschaft gerichtet sind.

Davon ausgenommen sind naturgemäß jene Leistungen, die der einzelne Wohnungseigentümer direkt an den Professionisten etc. beauftragt, also Maßnahmen, die nicht Aufgabe der Eigentümergemeinschaft sind (zum Beispiel Neuinstallation einer Küche in den Räumlichkeiten des Wohnungseigentümers).

Begünstigt mit 10 Prozent sind nur Leistungen zur Erhaltung, Verwaltung oder zum Betrieb der im gemeinsamen Eigentum stehenden Liegenschaftsanteile oder Anlagen, insoweit Wohnungsnutzung gegeben ist. Für Verbesserungsaufwendungen und Herstellungsaufwendungen ist auch bei Wohnungsnutzung der 20%ige Umsatzsteuersatz anzuwenden. Bei Übertragung von Wohnungseigentum nach dem 1. 9. 2012 darf die Gemeinschaft bei nicht zu Wohnzwecken genutzten Objekten nicht zum Normalsteuersatz optieren, wenn der Eigentümer nicht nahezu ausschließlich (mehr als 95 %) umsatzsteuerpflichtige Umsätze erzielt. Nähere Details siehe *Stingl/Nidetzky*, Immobilien & Steuern, Kapitel 8.

3.4 Privatstiftungen

Mit der Errichtung einer Stiftung soll nach den Absichten des Gesetzgebers die Verselbständigung des Vermögens erreicht und dessen Verwendung an den erklärten Willen des Stifters gebunden werden. Die Privatstiftung ist eine juristische Person, die vom Stifter mit einem Vermögen ausgestattet wurde, um durch Nutzung, Verwaltung und Verwertung dieses Vermögens der Erfüllung eines erlaubten Zweckes zu dienen.

Anders als etwa eine Aktiengesellschaft hat die Privatstiftung keinen Eigentümer, vielmehr gehört das gestiftete Vermögen „gleichsam sich selbst“.

Bei Rechtsgeschäften mit einer Stiftung wird der Bauträger diese als „normalen“ Geschäftspartner sehen, der umsatzsteuerrechtlich wie andere Unternehmer auch behandelt wird. In diesem Werk kann aus Platzgründen nicht näher auf die Thematik eingegangen werden. Sie wird in *Stingl/Nidetzky,* Immobilien & Steuern, Kapitel 10 ausführlich behandelt.

3.5 Besteuerung von Immobilien im Betriebsvermögen

Eine Immobilie im Betriebsvermögen kann einerseits der Vermögensveranlagung dienen, andererseits aber zum Beispiel als Betriebsgebäude (Werkshallen u. a.) verwendet werden; es kann aber auch der Unternehmensgegenstand die „gewerbliche Vermietung“ von Immobilien sein.

Es würde auch bei dieser Thematik den Rahmen des Werkes sprengen, genauer auf diese nur am Rande für den Bauträger relevanten Themen einzugehen. Details dazu siehe *Stingl/Nidetzky,* Immobilien & Steuern, Kapitel 12.

3.6 Veranlagung von Immobilien

3.6.1 Veranlagung im Betriebsvermögen

Die Veranlagung von Immobilien im Betriebsvermögen ist für den Bauträger von der Absatzseite her von besonderem Interesse. *Stingl/Nidetzky,* Immobilien & Steuern, Kapitel 13.1 gibt dazu näher Auskunft.

3.6.2 Gewerblicher Grundstückshandel

Für den Begriff des gewerblichen Grundstückshändlers ist im Steuerrecht die Frage der Befugnis nicht relevant. Auch ohne gewerberechtliche Genehmigung ist im Sinne des Einkommensteuergesetzes ein gewerblicher Grundstückshändler dann zu erblicken, wenn er wiederholt Grundstücksan- und -verkäufe tätigt und der Rahmen der privaten Vermögensverwaltung überschritten wird.

Zur **Abgrenzung** können **folgende Kriterien** herangezogen werden:

- Zeitlicher Zusammenhang zwischen dem Grundstückserwerb und der Veräußerung. Wenn mit den Verkaufserlösen eines Immobilienbesitzes abermals Immobilien erworben werden, wird dies wesentlich zur Einstufung des Grundstückshändlers beitragen.

- Anzahl der veräußerten Objekte.

- Art der Finanzierung: Ein hoher Fremdmittelanteil spricht eher für kurzfristige Veranlagung; das Finanzamt wird daher die Veräußerung und damit die Eigenschaft des Grundstückshandels unterstellen.

- Umfang der Verwertungsmaßnahmen: Sofern nur unbebaute Grundstücke veräußert werden, ist für die Qualifikation als gewerblicher Grundstückshändler eine größere Anzahl von Objekten erforderlich als bei vorangehender Parzellierung mit nachfolgendem Abverkauf. Ebenso ist die Durchführung von Bauaufschließungsmaßnahmen vor Parzellierung zu beurteilen. Auch eine umfangreiche Werbetätigkeit und die Inserate für den Verkauf sprechen für eine gewerbliche Tätigkeit.

- Die bloße Parifizierung und der anschließende Verkauf eines Althausbesitzes in Wohnungseigentum wird nur bei wiederholten Vermögensumschichtungen und einer größeren Anzahl von Verkäufen in kurzem zeitlichem Zusammenhang zu einem Gewerbebetrieb führen. Unschädlich ist es, Notverkäufe vorzunehmen sowie einzelne Wohnungen bei sich bietender Gelegenheit zu verkaufen.

- Auch der Zusammenhang der Tätigkeit mit der übrigen Berufstätigkeit des Steuerpflichtigen ist zu beachten. Ein Bauträger wird im Regelfall immer als gewerblicher Grundstückshändler einzustufen sein, ebenso ein Immobilienmakler. Auch Rechtsanwälte und Notare haben aufgrund ihrer speziellen Kenntnisse des Immobilienbereiches bei wiederholten An- und Verkäufen mit der Einstufung als Grundstückshändler zu rechnen.

3.6.3 Gewerbliche Vermietung

Die vermögensverwaltende Vermietung im Privatbesitz einer Liegenschaft unterscheidet sich von der gewerblichen Vermietung dadurch, dass zu der normalen Gebrauchsüberlassung des Bestandgegenstandes zusätzliche Leistungen hinzutreten, die durch den Vermieter erbracht werden.

Auch wenn Immobilienvermögen in wesentlichem Umfang verwaltet wird, führt dies allein noch nicht zur Annahme einer gewerblichen Vermietung. Es ist vielmehr erforderlich, dass durch den Vermieter neben der laufenden Verwaltungsarbeit weitere Tätigkeiten gesetzt werden, beispielsweise dass er Wach- und Reinigungsleistungen erbringt oder eine gemeinsame Telefonzentrale, zentrale Seminarräume, eine zentrale Datenverarbeitung oder Leihpersonal zur Verfügung stellt. Je nach Art der Vermietung – ob es sich um ein Bürogebäude, Garagen, Fremdenzimmer oder Appartements, Campingplätze oder Sportanlagen, Ausstellungsräume etc. handelt – ist immer auf die Zusatzleistung Bedacht zu nehmen. Bei der Appartement-Vermietung ist zum Beispiel der Vergleich mit einem Hotelbetrieb anzustellen. Möblierte Appartements zu vermieten, bedeutet noch nicht eine „gewerbliche Vermietung". Dazu ist zumindest die laufende Reinigung und sind sonstige laufende Betreuungsaufwendungen erforderlich.

Ab dem Kalenderjahr 2010 kann bei gewerblicher Vermietung die Vorteilhaftigkeit des Gewinnfreibetrages gem. § 10 EStG i. H. v. 13 % des Gewinnes genutzt werden, den es bei der reinen Vermögensverwaltung (Vermietung und Verpachtung) nicht gibt. Die Vorteile der Einstufung eines Vermietungsobjektes ins Betriebsvermögen erhöhen sich noch durch die Möglichkeit, stille Reserven zu übertragen, der Nutzung des Umgründungssteuerrechts, auf die bessere Einstufung bei der „Liebhaberei"-Prüfung, der Verlustvortragsmöglichkeit etc.

3.6.4 Bauherrnmodelle

Wegen steuerlicher Begünstigungsvorschriften erfolgt eine Vermögensveranlagung in Immobilien oft in Form von Beteiligungsmodellen. Im Vordergrund steht eine Verkürzung der Abschreibungsdauer von Herstellungsaufwendungen an Stelle der Aufteilung auf die Nutzungsdauer auf 15 Jahre, in speziellen Fällen auch auf 10 Jahre. Darüber hinaus erlaubt das Steuerrecht die Vorauszahlung von gewissen Werbungskosten, und durch die Fremdfinanzierung kann ein Steuer-Stundungseffekt erzielt werden. Dies deshalb, weil am Beginn der Laufzeit eines Darlehens üblicherweise hohe Zinsenaufwendungen und geringe Kapitalanteile bezahlt werden, demgegenüber am Ende der Laufzeit des Darlehens hohe Kapitalanteile und geringe Zinsenaufwendungen anfallen. Zinsenaufwendungen sind steuerlich abzugsfähig, wenn bei einer Liebhabereiprüfung die Einkunftsquelle nachgewiesen wird. Auch die Vorsteuerabzugsberechtigung macht Bauherrnmodelle bei Anlegern attraktiv.

Im Steuerreformgesetz 2000 wurde eine Verlustausgleichsbeschränkung für Beteiligung an einer Gesellschaft oder an Gemeinschaften eingeführt, wenn das Erzielen steuerlicher Vorteile im Vordergrund steht. Diese Thematik ist besonders zu berücksichtigen. Details dazu siehe *Stingl/Nidetzky,* Immobilien & Steuern, Kapitel 13.3.

3.6.5 Vorsorgewohnungen

Insbesondere als Modell der Pensionsvorsorge wurden in den vergangenen Jahren Eigentumswohnungen propagiert. In der Werbung dazu wurde darauf hingewiesen, dass mit der Veranlagung in Immobilien eine langfristige Wertsteigerung verbunden werden kann, vom Inflationsschutz abgesehen. Verluste aus der Immobilienveranlagung, vor allem bei teilweiser Fremdfinanzierung, ergeben darüber hinaus einen angenehmen steuerlichen Nebeneffekt. Die in den Werbeaussagen oft getroffene Feststellung, dass die Vorsorgewohnung die Möglichkeit eröffnet, umsatzsteuerrechtliche Vorteile zu genießen, ist kritisch zu sehen. Dieser Behauptung muss in dieser allgemeinen Formulierung entgegengetreten werden. Insbesondere die in der Bundesabgabenordnung vorgesehene so genannte „vorläufige Veranlagung“, die Problematik der „Änderung der Bewirtschaftung“ und generell die Einstufung als „Voluptuar“-Veranlagung erhöhen das Risiko dieser Veranlagung.

Empfehlenswert bleibt die Veranlagung in Form einer Eigentumswohnung oder Vorsorgewohnung dann, wenn sie unter dem Gesichtspunkt der Langfristigkeit gesehen wird und die Immobilie überdies auch ohne die angebotenen steuerlichen Vorteile den Anlegerintentionen entspricht. Vor allem die versprochene Wertentwicklung bei der Immobilienveranlagung kann zum bösen Erwachen des Anlegers führen.

Der **Wohnungseigentümer** kann **im Jahr der Bezahlung** unter anderem **sofort absetzen,**

- die Zinsen und Finanzierungsnebenkosten für Darlehen zur Fremdfinanzierung der Immobilie (nicht aber die Darlehenstilgung);
- die Kosten für steuerliche und rechtliche Beratung, soweit kein Zusammenhang mit den Anschaffungs- und Herstellungskosten gegeben ist;
- Betriebskosten, wie zum Beispiel Versicherung, Rauchfangkehrer etc.;
- Maklergebühren, soweit diese im Zusammenhang mit Vermietung stehen.

Bei einer Vorsorgewohnung steht das steuerliche Thema der „Liebhaberei" im Mittelpunkt. Eine Vorsorgewohnung wird als so genannte „kleine Vermietung" im Sinne der Liebhabereiverordnung behandelt. Als Beobachtungszeitraum zur Errechnung eines Gesamtüberschusses ist ein Zeitraum von 20 Jahren vorgesehen. Dieser Zeitraum verlängert sich um maximal drei Jahre ab dem erstmaligen Anfallen von Aufwendungen.

Wenn geplant ist, die Vorsorgewohnung privat zu nutzen, bevor ein Totalüberschuss erzielt wird, besteht die Gefahr, dass die Vermietung insgesamt als Liebhabereibetätigung eingestuft wird. Das hätte zur Folge, dass der Vorsteuerabzug aus den Anschaffungskosten nachträglich aberkannt würde. Auch zugewiesene Verluste würden aberkannt.

Wenn die Eigennutzung innerhalb von 10/20 Jahren ab Vermietungsbeginn einsetzt und bereits ein Totalüberschuss erreicht ist, ist allenfalls eine anteilige Korrektur der Vorsteuer vorzunehmen *(siehe Kapitel 3.2.5)*.

Ein Käufer einer Vorsorgewohnung, der in ein fertig geplantes Projekt einsteigt, hat die Grunderwerbsteuer in Höhe von 3,5 Prozent von den gesamten Anschaffungskosten inklusive Umsatzsteuer zu entrichten. Zusätzliche Nebenkosten sind vor allem die Eintragungsgebühren bei Gericht in Höhe von 1,1 Prozent der Grunderwerbsteuerbemessungsgrundlage sowie Honorare des Rechtsanwaltes, des Notars und des Maklers.

In der Praxis muss wegen der kritischen Betrachtungsweise der Vorsorgewohnungen durch die Finanzverwaltung insbesondere untersucht werden, ob es sinnvoll ist, den Ankauf mit ausgewiesener Umsatzsteuer zu tätigen.

Beispiel:

Ankauf ohne Umsatzsteuer:

Verkaufspreis	*€ 145.000,–*
Vorsteuerverlust für den Verkäufer, im Durchschnitt zwischen 8 % und 12 % der Gestehungskosten	*€ -14.500,–*
Nettoverkaufspreis für Kalkulation des Bauträgers	*€ 130.500,–*
zuzüglich 20 % USt	*€ +26.100,–*
Bruttoverkaufspreis	*€ 156.600,–*

Bei Verkauf an Nicht-Unternehmer ohne Umsatzsteuerausweis betrüge der Gesamt-Bruttoverkaufspreis € 145.000,–.

Wenn die Vermietung als „Liebhaberei" eingestuft wird, kann die Finanzverwaltung die Umsatzsteuer auch nachträglich (bei vorläufiger Veranlagung gem. § 200 BAO) einfordern. Im obigen Beispiel wäre dann gegenüber dem Ankauf ohne Umsatzsteuer ein Betrag von € 11.600,– zusätzlich aufzuwenden, von den darauf lastenden Nebenkosten abgesehen.

Die Erfahrung zeigt überdies, dass die Finanzverwaltung die Einkunftsquelle bei einer Eigentumswohnung/Vorsorgewohnung wesentlich intensiver prüft, wenn die Vorsteuerbeträge rückgefordert werden. Eine Veranlagung erfolgt zudem zumeist vorläufig gem. § 200 BAO. Solange vorläufige Bescheide ergehen, ist die Finanzverwaltung ermächtigt, jederzeit abweichende Bescheide herauszugeben. Das heißt, dass für den Anleger auf Jahre hinaus das „Damoklesschwert" der Verluststreichung und Vorsteuerrückgabe schwebt. Es ist Aufgabe des Bauträgers beziehungsweise des Beraters, auf diese Umstände hinzuweisen.

Bei Ausweis der 20%igen Umsatzsteuer im Kaufvertrag würde von der Finanzverwaltung weiters eine Umsatzsteuer kraft Rechnungslegung i. S. d. § 11 Abs 14 UStG 1994 diskutiert werden, das heißt, dass Umsatzsteuer zum Zeitpunkt des Kaufvertragsabschlusses vom Bauträger/Verkäufer geschuldet würde, ohne dass seitens des Käufers/Unternehmers ein Vorsteuerabzug zustehen würde. Es ist daher zweckmäßig, im Kaufvertrag auf den Umstand hinzuweisen, dass „der Vertrag nicht als Rechnung im Sinne des § 11 Umsatzsteuergesetz 1994" gelten soll *(siehe Kapitel 3.2.6).*

4. Die Errichtung des Bauwerks

4.1 Werkvertrag

Der Bauvertrag ist seinem Wesen nach ein Werkvertrag. Das heißt, der Werkunternehmer (Auftragnehmer oder Hersteller) ist gegenüber dem Werkbesteller (Auftraggeber, Bauherr) verpflichtet, einen bestimmten Erfolg zu erzielen, zum Beispiel ein Gebäude zu errichten oder eine Bauleistung, etwa die Errichtung eines Gebäudeteils, zu erbringen. Der Werkbesteller seinerseits ist gegenüber dem Werkunternehmer verpflichtet, neben der Entgeltzahlung auch die zur Herstellung des Werkes erforderlichen Voraussetzungen in seinem Wirkungsbereich beizustellen, beispielsweise den Baugrund, Genehmigungen, Werkbeschreibungen, Vorleistungen Dritter.

Jeder Bauträger muss also mit seinen Unternehmern Werkverträge abschließen. Das folgende Vertragsmuster kann ihm dabei als Richtlinie dienen. Es ist aber – wie jeder Mustervertrag oder auch Vertragsbestimmungen in Allgemeinen Geschäftsbedingungen – auf die besonderen Gegebenheiten des jeweiligen Unternehmens und des jeweiligen Projekts anzupassen.

M. 3: Kommentierter Mustervertrag für die Errichtung eines Bauwerks

I. AUFTRAGSGRUNDLAGEN

1. Als Grundlagen für den jeweiligen Auftrag gelten

   a) das Auftragsschreiben samt den vorliegenden allgemeinen rechtlichen Vertragsbedingungen,

   b) sämtliche auf die Auftragsdurchführung bezogenen Pläne, Bescheide und Bewilligungen inklusive den in einer Niederschrift zur Bauverhandlung enthaltenen besonderen Auflagen der Baubehörde.

2. Der Auftragnehmer verpflichtet sich, die ihm obliegende Leistung nach den geltenden anerkannten Regeln seines Gewerbes zu erbringen und dabei sämtliche Gesetze, Verordnungen, technische ÖNORMEN etc. zu beachten.

3. Allgemeine Geschäftsbedingungen des Auftragnehmers haben für Anbote beziehungsweise für einen aufgrund eines Anbotes erteilten Auftrag sowie überhaupt für die Geschäftsbeziehung zwischen Auftraggeber und Auftragnehmer keine Wirksamkeit. Dies gilt jedenfalls für die Dauer des gesamten Vertragsverhältnisses und wird auch durch entsprechende gegenteilige Vermerke auf Lieferscheinen, Rechnungen, Briefen und dergleichen des Auftragnehmers nicht berührt. Der Auftraggeber ist ausdrücklich nicht verpflichtet, entgegenstehenden Vertragsbedingungen des Auftragnehmers gesondert zu widersprechen. Hingegen erklärt der Auftragnehmer mit Abgabe eines Anbotes unwiderruflich, sich auf Vertragsdauer auf die Wirksamkeit derartiger eigener Vertragsbedingungen, mögen diese in welcher Urkunde immer enthalten sein, nicht zu berufen.

   Sollte der Auftraggeber im Einzelfall von den vorliegenden allgemeinen Bedingungen abweichende Bedingungen vereinbaren beziehungsweise abweichende Vorschläge des Auftragnehmers akzeptieren, so gilt dies im Zweifel nur für den konkreten Fall und nicht für die sonstigen Vereinbarungen.

Anmerkungen zu Punkt I

Die Vereinbarung, dass die Werkvertragsnorm B 2110 als Vertragsgrundlage angewendet wird, kann m. E. dann entfallen, wenn der Auftrag beziehungsweise die Allgemeinen Geschäftsbedingungen, die einem Auftrag zu Grunde gelegt werden, sorgfältig und umfassend formuliert wurden.

Auch Vereinbarungen und Regelungen über die Geltung entsprechender Vertragsbedingungen sind notwendig, um im Streitfall Auseinandersetzungen über die Gültigkeit der Geschäftsbedingungen des einen oder des anderen Vertragspartners zu vermeiden.

Ob diese Vertragsformulierung auch „in alle Zukunft" ausreichen wird, einen solchen Streit zu verhindern, ist fraglich. Es empfiehlt sich jedenfalls, in der Geschäftskorrespondenz im Zuge der Abwicklung des Bauauftrages auch in Zukunft darauf hinzuweisen, dass alle Vereinbarungen nur zu den Allgemeinen Geschäftsbedingungen des eigenen Hauses abgeschlossen werden.

II. PREISGRUNDLAGEN

1. Die im Anbot beziehungsweise Auftrag enthaltenen Preise sind, wenn nicht konkret anderes vereinbart ist, Pauschal- und Fixpreise bis zur vollständigen Fertigstellung des Bauwerkes. Sie beinhalten neben Wagnis und Gewinn alle Leistungen und Lieferungen, die zur fertigen Erbringung der vereinbarten Leistung notwendig sind, auch wenn sie im Anbot, im Auftragsschreiben oder im Leistungsverzeichnis nicht eigens erwähnt sein sollten. Vom Auftragnehmer nicht erwartete Bedingungen auf der Baustelle (Bodenbeschaffenheit, Zufahrtsmöglichkeiten etc.) haben auf diese Preise beziehungsweise den Gesamtpreis keinen Einfluss.

2. Der Auftragnehmer erklärt, sich an Ort und Stelle des Bauvorhabens über alle für die Durchführung seiner Leistung maßgebenden Gegebenheiten, insbesondere die konkrete Bodenbeschaffenheit einschließlich der Grundwasserverhältnisse bis in eine Tiefe von 50 cm unter der vorgesehenen Fundamentstiefe, informiert zu haben, den Ort der Leistungserbringung sowie dessen Umgebung genau besichtigt zu haben und sämtliche Informationen auch bei der Baubehörde eingeholt zu haben, die zur bedingungsgemäßen Erbringung seiner Leistung erforderlich sind. Allfällige Mehrkosten gegenüber dem Angebot, die deshalb behauptet werden, weil der Auftragnehmer mit von ihm aus welchem Grund immer nicht kalkulierten besonderen örtlichen Verhältnissen auf der Baustelle beziehungsweise etwaigen sonstigen Besonderheiten im Rahmen der Auftragsausführung konfrontiert war, sind vom Auftragnehmer zu tragen.

Anmerkungen zu Punkt II, 1. und 2.

Die vorstehende Bestimmung überbindet dem Unternehmer sämtliche Baustellenrisken.

Insbesondere das Bodenrisiko, das mangels anderer Vereinbarung dem Liegenschaftseigentümer und Auftraggeber zuzurechnen ist beziehungsweise von diesem zu tragen ist, kann auf den Unternehmer wirksam überbunden werden. Aus dieser Vertragsbestimmung ergibt sich weiters die Verpflichtung des Unternehmers, sich mit den örtlichen Gegebenheiten auf der Baustelle ausreichend vertraut zu machen, da er bestätigt, diese Informationen in einem für ihn ausreichenden Ausmaß eingeholt zu haben.

3. Eine Erhöhung oder Verminderung der im Anbot, Auftragsschreiben oder im Leistungsverzeichnis angegebenen Mengen oder Maße hat keine Veränderung der Einheits- beziehungsweise Pauschal- und Fixpreise zur Folge.
4. Nachtragsangebote auch gegenüber Kunden des Auftraggebers sind ohne Ausnahme auf Basis der Preise und der Leistungen des Hauptanbotes zu erstellen.

Anmerkungen zu Punkt II, 3. und 4.

Diese Bestimmung ist wichtig, da der Kunde des Auftraggebers im Regelfall mit dem Unternehmer keine Geschäftsbeziehung hat, bevor er nicht Zusatzaufträge erteilen möchte. Mangels anderer Regelung ist ein Unternehmer nicht verpflichtet, allfällige seinem Auftraggeber gewährte günstigere Preise auch den Kunden des Auftraggebers für Zusatzaufträge und Sonderwünsche zu gewähren. Da im Regelfall vom Auftraggeber mit seinem Kunden vereinbart ist, dass auf einer Baustelle nur jene Professionisten arbeiten dürfen, die vom Auftraggeber beauftragt wurden, wäre der Kunde einem Preisdiktat der auf der Baustelle arbeitenden Unternehmen mehr oder minder schutzlos ausgeliefert.

5. Sollten im Auftragsschreiben ausdrücklich veränderliche Preise vereinbart sein, so gilt:
   a) Preisänderungen während der Bauzeit werden grundsätzlich nur dann anerkannt, wenn sie sich aufgrund nachweisbarer allgemeiner Veränderungen des Lohn- und Preisgefüges im Sinne der einschlägigen ÖNORMEN ergeben und soweit sie von „öffentlichen Kredit- und Förderungsgebern" beziehungsweise „öffentlichen Bauherrn" anerkannt werden.
   b) Das Ausmaß der Preisänderungen wird durch den Auftraggeber in Anlehnung an die jeweiligen Erlässe des für Bauwesen zuständigen Ministeriums oder des Finanzministeriums genehmigt, sofern der Auftragnehmer ein Ansuchen um Preisänderung einbringt und gleichzeitig sämtliche Unterlagen vorlegt, die notwendig sind, um die Änderungen der Preisgrundlagen zu beurteilen. Aufgrund derartiger Unterlagen ist zwischen dem Auftraggeber und dem Auftragnehmer das Ausmaß und der Beginn der Preisänderung gemeinsam festzulegen.
6. Preisänderungen für Zusatzaufträge, die über gesonderten Auftrag vom Auftraggeber oder dessen Kunden erteilt wurden, sind unzulässig, auch wenn diese Aufträge noch nicht ausgeführt wurden.

Anmerkung zu Punkt II, 6.

Diese Bestimmung korreliert mit der obigen Vertragsbestimmung, wonach die Preisbasis für Zusatzaufträge auch des Kunden dieselbe sein muss wie für den Hauptauftrag.

7. Sofern nicht ausdrücklich schriftlich eine Vereinbarung getroffen wurde, gelten Preisänderungen nur für jene Leistungen als vereinbart, mit denen der Auftragnehmer zum Zeitpunkt des Inkrafttretens der Preisänderung nicht in Terminverzug geraten ist. Verzögerte Leistungen sind jedenfalls zu den ursprünglichen Preisen fertigzustellen, ohne dass es einer gesonderten Vereinbarung bedarf.
8. Der Auftraggeber ist berechtigt, von einzelnen Teilleistungen des an den Auftragnehmer erteilten Auftrags ohne Angabe von Gründen zurückzutreten und diese an andere Professionisten zu vergeben. In diesem Fall reduziert sich der Werklohn entsprechend.

Der Auftraggeber ist berechtigt, bei Vertragsverletzungen durch den Auftragnehmer und aus wichtigen offensichtlichen wirtschaftlichen beziehungsweise finanziellen Gründen (Eröffnung des Insolvenzverfahrens, Einstellung der Bautätigkeit, Exekutionsverfahren gegen den Auftragnehmer etc.) das Vertragsverhältnis zu beenden, ohne dass der Auftragnehmer Ansprüche auf Schadenersatz, Stornogebühren und dergleichen hat. Der Werklohn ist in diesem Fall nach Maßgabe der tatsächlich erbrachten Leistung des Auftragnehmers zu errechnen.

III. ZAHLUNGSBEDINGUNGEN

1. Der Auftragnehmer legt nach Maßgabe des im Auftragsschreiben enthaltenen Zahlungsplanes oder (sollte kein Zahlungsplan vereinbart worden sein) nach Maßgabe der von ihm erbrachten Leistungen (laut Leistungsverzeichnis) Teilrechnungen an den Auftraggeber. Diese Teilrechnungen werden an den mit der örtlichen Bauaufsicht Beauftragten zur Prüfung und Zahlungsfreigabe weitergeleitet. Dieser kann auf Wunsch und bei Bedarf ohne Verzug Massenaufstellungen und Abrechnungszeichnungen beziehungsweise sonstige Unterlagen verlangen, die er benötigt, um die verrechneten Leistungen ohne Aufwand überprüfen zu können.
2. Teilrechnungen werden innerhalb von ... Tagen nach Prüfung der örtlichen Bauaufsicht unter Einbehalt eines 10%igen Deckungsrücklasses und nach Abzug eines 3%igen Skontos ausbezahlt.

   Schlussrechnungen werden innerhalb von 90 Tagen nach Prüfung der örtlichen Bauaufsicht unter Einbehalt eines 3%igen Haftrücklasses und nach Abzug eines 3%igen Skontos ausbezahlt. Die Prüfung durch die örtliche Bauaufsicht hat spätestens 14 Tage nach Einlangen der prüffähigen Schlussrechnung samt vollständiger Massenaufstellungen und sonstiger Leistungsnachweise sowie sämtlicher Übergabeprotokolle für jene Wohnungen und Häuser, die zum Zeitpunkt der Übergabe der Schlussrechnung an den Auftraggeber bereits an seine Kunden verkauft oder in Bestand gegeben wurden, beim Auftraggeber zu beginnen, sofern in diesen Übergabeprotokollen keine von den Kunden gerügten, noch nicht behobenen Mängel der Leistungen des Auftragnehmers oder seiner Beauftragten enthalten sind.

Anmerkung zu Punkt III, 1. und 2.

Die Regelungen, wie die Schlussrechnung zu legen ist beziehungsweise wie sie zu prüfen und zu bezahlen ist, können nicht sorgfältig genug formuliert sein.

Oftmals werden Schlussrechnungen gelegt, ohne dass die zu ihrer Überprüfung notwendigen Unterlagen beigelegt wurden. Eine Vielzahl von Streitigkeiten entsteht allein daraus, dass der Unternehmer die Bezahlung der von ihm gelegten Schlussrechnung verlangt, der Auftraggeber deren Fälligkeit mit der Begründung bestreitet, die Schlussrechnung sei nicht prüffähig gewesen. Eine klare Regelung darüber, welche Unterlagen der Schlussrechnung unbedingt und nachweislich beigelegt sein müssen, um deren Fälligkeit zu bewirken, sollte solche Streitigkeiten vermeiden.

3. Sofern das auftragsgegenständliche Bauwerk zum Zwecke der Weiterveräußerung an Kunden des Auftraggebers errichtet wird, ist – analog zu den Bestimmungen des Kauf- beziehungsweise Werkvertrages zwischen dem Auftraggeber und dem Kunden – der Auftragnehmer vom Auftraggeber von allfälligen Zahlungseinbehalten durch Übermittlung einer Kopie des entsprechenden Schreibens des Kunden zu verständigen. Der Auftraggeber ist ungeachtet des oben vereinbarten einbehaltenen Deckungsrücklasses berechtigt, darüber hinausgehend jenen Betrag einzubehalten, den der Kunde dem Auftraggeber wegen einer von ihm behaupteten mangelhaften Leistung nicht bezahlt, sofern sich dieser Einbehalt ganz oder teilweise auf die vom Auftragnehmer erbrachten Leistungen bezieht. Der Auftragnehmer nimmt in diesem Zusammenhang ausdrücklich zur Kenntnis, dass der Auftraggeber im Verhältnis zum eigenen Kunden auf die ordnungsgemäße Erbringung der Werkleistungen durch den Auftragnehmer angewiesen ist. Der Auftragnehmer verpflichtet sich, alles zu unternehmen, damit berechtigte Zahlungseinbehalte durch den Kunden des Auftraggebers unterbleiben.

Anmerkung zu Punkt III, 3.

Der Bauträger steht in der Mitte zwischen Kunden und Professionisten. Er wird einerseits vom Kunden dafür verantwortlich gemacht, dass die Leistung nicht mängelfrei erbracht wurde, andererseits behaupten die auf der Baustelle arbeitenden Professionisten, sie hätten ihre Leistung mängelfrei erbracht, und verlangen Zahlungen. Der Bauträger ist deshalb gut beraten zu vereinbaren, dass er nicht allein das Risiko der Zahlungsverweigerung durch die Kunden trägt.

4. Leistet der Auftraggeber innerhalb der vereinbarten Zahlungsfristen Zahlungen für Teilrechnungen und Schlussrechnungen, so gewährt der Auftragnehmer einen Skonto in Höhe von 3 Prozent des jeweiligen Teilrechnungs- beziehungsweise Schlussrechnungsbetrages (siehe Punkt III.2). Der gesamte Skonto darf dabei 3 Prozent vom gesamten Werklohn nicht übersteigen. Für die Berechnung der Fristen beziehungsweise die Rechtzeitigkeit der Zahlung ist das Datum des Prüfvermerkes des Bauleiters oder der Bauaufsicht (bei Schlussrechnungen nach Bestätigung der mängelfreien Übergabe) beziehungsweise der Eingangsstempel auf der jeweiligen Zahlungsanweisung des Bank- oder Finanzierungsinstitutes, dessen sich der Auftraggeber bedient, maßgeblich. Durch den verzugsbedingten Entfall eines Skontos infolge verspäteter Bezahlung einer Teilrechnung wird der Skonto, der bei fristgerechter Bezahlung der übrigen Teilrechnungen gewährt wird, nicht berührt.

Anmerkung zu Punkt III, 4.

Es empfiehlt sich, ausdrücklich zu regeln, dass der Verzug mit der Bezahlung einer Teilrechnung nur auf den Skonto Einfluss hat, der von dieser Teilrechnung abgezogen werden darf. Es entspricht der Judikatur des OGH, dass berechtigte Zahlungseinbehalte nicht schädlich für den Skonto sind.

5. Forderungen des Auftragnehmers gegen den Auftraggeber dürfen nur mit ausdrücklicher schriftlicher Zustimmung des Auftraggebers, wozu dieser nicht verpflichtet ist, abgetreten werden.

Anmerkung zu Punkt III, 5.

Achtung: Abtretungsverbote sind gemäß § 1396 a ABGB nicht mehr absolut wirksam!

6. Sollte ein Kunde des Auftraggebers direkt mit dem Auftragnehmer Sonderwünsche vereinbaren, so obliegt die Kontrolle, Bezahlung, die Behandlung eventuell auftretender Mängel, die Vornahme von Verbesserungsarbeiten, Gewährleistung etc. hinsichtlich dieser Sonderwünsche ausschließlich dem Kunden beziehungsweise dem Auftragnehmer. Der Auftragnehmer verpflichtet sich, dem Auftraggeber ehestens sämtliche Sonderwünsche seiner Kunden schriftlich bekanntzugeben.

Anmerkung zu Punkt III, 6.

Die Vereinbarung, dass der Unternehmer dem Auftraggeber bekannt geben muss, welcher Kunde welche Sonderwünsche beauftragt hat, erhöht zwar den administra-

tiven Aufwand des Auftraggebers, ist aber für eine ordnungsgemäße Baustellenkoordination notwendig.

IV. BAUABWICKLUNG

1. Der Auftragnehmer hat sein Anbot, das Grundlage für die Auftragserteilung war, in vollständiger Kenntnis der Planunterlagen sowie der für die Werkleistung beziehungsweise Baudurchführung notwendigen geologischen, technischen und verkehrsmäßigen Grundlagen erstellt und haftet dafür, dass er die beauftragte Leistung zu den vereinbarten Bedingungen auch tatsächlich erbringen kann.

   Der Auftraggeber haftet nicht für später vom Auftragnehmer behauptete planliche Mängel, besondere Erschwernisse auf der Baustelle durch geologische Besonderheiten oder Beschaffenheiten auf dem Baugrundstück selbst, da der Auftragnehmer im erforderlichen Ausmaß Gelegenheit hatte, sich über die Dokumente zur Leistungserbringung, die Bodenbeschaffenheit beziehungsweise allfällige Erschwernisse auf der Baustelle ausreichend zu informieren. Der Auftragnehmer hat die ihm übergebenen Planunterlagen, Bodengutachten etc. auf ihre Richtigkeit beziehungsweise ihre technische Durchführbarkeit für seine Zwecke ausreichend überprüft.

   Sollten zum Zeitpunkt der Auftragserteilung noch keine Baubewilligung vorliegen und im Zuge des Baubewilligungsverfahrens behördliche Auflagen vorgeschrieben werden, die bei der Anbotserstellung beziehungsweise Auftragserteilung nicht berücksichtigt werden konnten, so sind derartige Auflagen vom Auftragnehmer zu erfüllen. Soweit damit Mehrkosten verbunden sind, können sie nur dann vom Auftraggeber anerkannt werden, wenn sie unter Vorlage entsprechender Nachweise innerhalb von vierzehn Tagen ab Bekanntgabe derartiger Auflagen an den Auftraggeber in prüffähiger Form dem Auftraggeber bekanntgegeben werden.

2. Soweit der Auftraggeber auf der Baustelle eine örtliche Bauaufsicht beschäftigt, wird der Auftragnehmer den Anweisungen dieser örtlichen Bauaufsicht Folge leisten.

Anmerkung zu Punkt IV, 1. und 2.

Inwieweit eine örtliche Bauaufsicht bevollmächtigt ist, Aufträge zu erteilen, erteilte Aufträge zu ändern etc., bedürfte einer sorgfältigen Regelung auch zwischen dem Auftraggeber und diesen Personen. Der Umfang der an die Bauleitung beziehungsweise Bauaufsicht erteilten Vollmacht sollte auch den Professionisten bekannt gegeben werden. Insbesondere empfiehlt es sich, den Vertragspartnern

Beschränkungen der Vollmacht der Bauaufsicht nachweislich bekannt zu machen.

3. Vor Beginn der Auftragsdurchführung hat der Auftragnehmer auf der Baustelle alle notwendigen Naturmaße zu nehmen.
4. Für die Lagerung des Baumaterials und der Werkzeuge, für die Unterbringung der Arbeitskräfte auf der Baustelle sowie das Abstellen von Kraftfahrzeugen hat der Auftragnehmer selbst Sorge zu tragen beziehungsweise erfolgt all dies auf Rechnung und Gefahr des Auftragnehmers.
5. Anschlüsse für elektrischen Strom beziehungsweise Bauwasser sind vom Auftragnehmer herzustellen, die dafür auflaufenden Kosten sind im vereinbarten Werklohn enthalten. Eine beauftragte Baufirma ist im Rahmen ihres Vertragsverhältnisses mit dem Auftraggeber verpflichtet, Baustrom und Wasser den am Bau beschäftigten Professionisten – mögen diese vom Auftraggeber oder vom Auftragnehmer beauftragt sein – über die gesamte Baudauer zur Verfügung zu stellen. Die hierfür auflaufenden Kosten sind vom Auftragnehmer direkt mit den einzelnen Professionisten zu verrechnen.
6. Der Auftragnehmer hat seine Arbeiten mit den übrigen von ihm oder vom Auftraggeber beauftragten Professionisten, die zur Herstellung des Gesamtwerkes tätig sind, zu koordinieren. Der Auftragnehmer verpflichtet sich im Rahmen seines Auftrages und des bestehenden Bauzeitplanes, seine Leistungen beziehungsweise Teilleistungen so abzuschließen, dass mit den nachfolgenden Professionistenarbeiten unverzüglich, wie im Bauzeitplan vorgesehen, begonnen werden kann.

Anmerkung zu Punkt IV, 6.

Die Koordinationspflicht entspricht § 8 ArbeitnehmerInnenschutzgesetz.

7. Es ist dem Auftragnehmer ohne ausdrückliche schriftliche Genehmigung durch den Auftraggeber nicht gestattet, den Auftrag an andere Unternehmen weiterzugeben. Sofern jedoch bei der Erbringung des Auftrages, insbesondere im Rahmen der Tätigkeit des Auftragnehmers als Generalunternehmer, aus gewerberechtlichen Gründen Subunternehmer beschäftigt werden müssen, ist dies zulässig. Derartige Subunternehmer müssen allerdings die erforderliche gewerberechtliche Befugnis aufweisen und sich verpflichten, nicht nur dem Auftragnehmer selbst, sondern auch dem Auftraggeber und dessen Endabnehmern entsprechende schriftliche Erklärungen zur Übernahme der Gewährleistung für die eigenen Arbeiten nach Maßgabe dieser Vertragsbedingungen abzugeben.

8. Der Auftragnehmer verpflichtet sich, dafür Sorge zu tragen, dass zur Erbringung der vereinbarten Leistung nur ordnungsgemäß angemeldete, mit den entsprechenden Arbeitspapieren ausgestattete Arbeitskräfte verwendet werden. Der Auftragnehmer verpflichtet sich, von den von ihm beauftragten Professionisten gleichlautende Erklärungen einzuholen.

   Der Auftragnehmer haftet dem Auftraggeber für alle Nachteile, die aus der Beschäftigung von Arbeitskräften ohne Beschäftigungsbewilligung, in welcher Form immer, entstehen. Insbesondere haftet er für sämtliche Kosten, die der Auftraggeber aufzuwenden hat, um Verfahren zur Abwehr eigener Strafen und sonstiger Nachteile aus diesen Umständen zu führen.

9. Der Auftragnehmer verpflichtet sich, die erforderlichen Vorkehrungen zur Absperrung und Sicherung der Baustelle zu treffen und entsprechende Warnhinweise anzubringen.

10. Der Auftragnehmer hat durch seine Leistungserbringung anfallenden Bauschutt, Abfall und dergleichen während der Bauzeit laufend von der Baustelle zu entfernen. Sollte der Auftragnehmer diesbezüglichen Anordnungen des Auftraggebers oder der Bauaufsicht nicht innerhalb von drei Tagen nachkommen, so ist der Auftraggeber berechtigt, ohne weitere Verständigung eine Fremdfirma mit dem Abtransport derartiger Materialien zu beauftragen. Die diesbezüglichen Kosten sind von der nächsten an den Auftragnehmer zu leistenden Zahlung abzuziehen. Es wird ausdrücklich vereinbart, dass der Auftraggeber nicht verpflichtet ist, für derartige Arbeiten mehrere Anbote einzuholen, sondern jene Firma beauftragen darf, die bereit und in der Lage ist, die Materialien schnellstens abzutransportieren und für eine Deponierung zu sorgen.

11. Regiearbeiten dürfen nur über schriftlichen Auftrag des Auftraggebers durchgeführt werden, es sei denn, es handelt sich dabei um direkte Zusatzaufträge eines Kunden des Auftraggebers. Die dabei aufgelaufene Arbeitszeit beziehungsweise Materialien sind täglich in das Bautagebuch beziehungsweise in die Regielisten einzutragen und dem Auftraggeber beziehungsweise der örtlichen Bauaufsicht wöchentlich zur Bestätigung vorzulegen. Regiearbeiten werden nur dann dem Grunde und der Höhe nach anerkannt, wenn sie vom Auftraggeber beziehungsweise der örtlichen Bauaufsicht schriftlich bestätigt sind.

V. BAUZEIT

1. Der Auftragnehmer verpflichtet sich, das beauftragte Werk zu den im Auftragsschreiben genannten Terminen zu beginnen und fertigzustellen beziehungsweise zu übergeben. Der Auftragnehmer verpflichtet sich weiters im Rahmen seines Auftrages und des bestehenden Bauzeitplanes, seine

Leistungen beziehungsweise Teilleistungen so abzuschließen, dass mit den nachfolgenden Professionistenarbeiten unverzüglich, wie im Bauzeitplan vorgesehen, begonnen werden kann.

2. Wenn Fertigstellungstermine festgelegt sind, ist der Auftraggeber berechtigt, vom Auftragnehmer den Einsatz zusätzlicher Arbeitskräfte beziehungsweise die Durchführung von Arbeiten auch an Sonn- und Feiertagen beziehungsweise in den Abend- und Nachtstunden zu verlangen, sofern die für die Zwischenfertigstellungsfristen vereinbarten Bauleistungen aus Verschulden des Auftragnehmers nicht erbracht wurden. Sollte den Auftragnehmer an der Bauzeitverzögerung keinerlei Verschulden treffen, so ist der Auftraggeber dessen ungeachtet berechtigt, derartige zusätzliche Arbeitsleistungen des Auftragnehmers zu verlangen, um die Einhaltung der weiteren Zwischen- und Endfertigstellungstermine zu ermöglichen. Diese zusätzlichen Arbeitsleistungen müssen jedoch nach Maßgabe der dem Auftragnehmer dadurch entstehenden Zusatzaufwendungen auf Preisbasis des Hauptauftrages vom Auftraggeber abgegolten werden.

3. Sollte der Auftragnehmer durch höhere Gewalt oder andere Professionisten, die nicht seine Erfüllungsgehilfen sind, oder sonstige Umstände an der Einhaltung seiner Termine behindert werden, so hat er dies dem Auftraggeber innerhalb von drei Tagen schriftlich mitzuteilen. Tut er dies nicht, wird unwiderleglich vermutet, dass eine dadurch bewirkte Terminverzögerung vom Auftragnehmer verschuldet ist.

4. Ungeachtet aller sonstigen Rechtsfolgen aus einer verschuldeten Terminverzögerung hat der Auftraggeber das Recht, für jeden Tag, um den die mängelfreie Übergabe des fertig gestellten Werkes durch Verschulden des Auftragnehmers oder seiner Erfüllungsgehilfen verzögert wird, ein Pönale zu verlangen. Das Pönale ist in der Gesamthöhe nicht beschränkt und beträgt 0,05 Prozent der Auftragssumme (bei Aufträgen unter € 25.000,– 1 Prozent der Auftragssumme) pro Verzugstag. Es wird von den an den Auftragnehmer auszuzahlenden Beträgen abgezogen. Dieses Pönale endet mit mängelfreier Fertigstellung der laut Auftrag vom Auftragnehmer zu erbringenden Leistung, sei es durch den Auftragnehmer selbst, sei es – im Fall eines durch Verschulden des Auftragnehmers bewirkten Vertragsrücktritts des Auftraggebers – bei Fertigstellung der Arbeiten durch eine vom Auftraggeber beauftragte Fremdfirma. In allen Fällen haftet der Auftragnehmer für Schäden des Auftraggebers, sofern sie über den Gesamtbetrag des Pönales hinausgehen.

5. Eine Änderung oder komplette Neufestsetzung der Termine laut Bauzeitplan, eine Änderung des Leistungsumfanges in welchem Ausmaß immer, berührt den vereinbarten Anspruch des Auftraggebers auf Pönale nicht.

Anmerkung zu Punkt V

Nach der Judikatur des Obersten Gerichtshofes entfällt die Pönalevereinbarung, wenn der Umfang der zu erbringenden Leistung beziehungsweise auch der Bauzeitplan in nicht nur geringfügigem Ausmaß geändert wird. In der Praxis wird das vielfach übersehen.

Sollten Zusatzvereinbarungen getroffen werden, die den Leistungsumfang beziehungsweise den Zeitraum der Leistungserbringung wesentlich verändern, so empfiehlt sich – ungeachtet der in den Geschäftsbedingungen enthaltenen Vereinbarung – ein konkreter Hinweis, dass das vereinbarte Pönale auch für den neuen Leistungsumfang beziehungsweise den geänderten Leistungszeitraum weitergilt.

VI. GEWÄHRLEISTUNG UND SCHADENERSATZ

1. Die Bezahlung einer Teilrechnung gilt nicht als Abnahme und Genehmigung der damit verrechneten Leistung.

2. Der Auftragnehmer hat dem Auftraggeber die Fertigstellung seines Werkes spätestens vier Wochen vor deren tatsächlicher Fertigstellung schriftlich anzukündigen und dem Auftraggeber beziehungsweise dessen Bauleiter beziehungsweise Bauaufsicht Termine zur Übernahme des fertig gestellten Werkes vorzuschlagen. Sollte der gegenständliche Auftrag die Errichtung eines Objekts betreffen, für das der Auftraggeber bereits Kunden gefunden hat, so gelten die mit diesen Kunden vereinbarten Übergabebestimmungen sinngemäß auch für den Auftragnehmer. Die Übergabe ist zusammen mit dem Kunden und dem Auftraggeber beziehungsweise dessen Bauleiter vorzunehmen. Das im Zuge der Übernahme beziehungsweise Leistungsabnahme erstellte Übergabeprotokoll ist vom Auftragnehmer jedenfalls zu unterzeichnen. Der Auftragnehmer hat das Recht, entsprechende Bemerkungen in das Übergabeprotokoll aufzunehmen. Wird das Übergabeprotokoll vom Auftragnehmer nicht unterfertigt, so hat er den Inhalt dieses Protokolls ohne allfällige von ihm eingebrachte Bemerkungen gegen sich gelten zu lassen. Im Übergabeprotokoll enthaltene Mängel der Leistung des Auftragnehmers sind raschest auf Kosten des Auftragnehmers zu beheben, wobei sich der Auftragnehmer verpflichtet, derartige Mängelbehebungen im Rahmen der Organisation seines Unternehmens vordringlich zu behandeln.

3. Dem Auftragnehmer sind die entsprechenden Bestimmungen des ABGB, des Konsumentenschutzgesetzes und der entsprechenden Landeswohnbauförderungsbestimmungen bekannt. Soweit daher das Werk des Auftragnehmers zwecks Weiterveräußerung durch den Auftraggeber an seine Kunden erstellt wurde, verpflichtet sich der Auftragnehmer dem Auftraggeber gegenüber zur

Haftung für die Qualität der eigenen Leistung im selben Ausmaß und für dieselbe Zeitdauer, wie der Auftraggeber dem eigenen Kunden gegenüber haftet. Der Auftragnehmer verpflichtet sich daher, Ansprüche von Kunden des Auftraggebers aus einer mangelhaften Werkerstellung, welcher Art immer, direkt gegenüber diesen Kunden zu erfüllen. Der Auftragnehmer gibt ausdrücklich seine Zustimmung, dass der Auftraggeber mit seinen Kunden Vereinbarungen darüber treffen darf, dass der Auftragnehmer vom Kunden direkt auf Gewährleistung und Schadenersatz in Anspruch genommen werden kann. Die Haftung des Auftragnehmers endet daher keinesfalls vor jenem Tag, an dem die Haftung des Auftraggebers gegenüber dem eigenen Kunden endet. Die Fünfjahresfrist des § 933b ABGB idF BGBl I 2001/48 gilt nicht.

4. Sofern der Auftraggeber von seinen Kunden auf Gewährleistung oder Schadenersatz wegen mangelnder Auftragserfüllung des Auftragnehmers in Anspruch genommen wird, verpflichtet sich der Auftragnehmer, dem Auftraggeber jeden Nachteil beziehungsweise sämtliche Kosten zu ersetzen, die der Auftraggeber aufwenden muss, um derartigen Ansprüchen entgegenzutreten. Über Aufforderung des Auftraggebers ist der Auftragnehmer verpflichtet, an sämtlichen Besprechungen und Verhandlungen mit den Kunden teilzunehmen und die erforderlichen Auskünfte und Informationen zu erteilen.

Anmerkungen zu Punkt VI, 1.–4.

Die Vereinbarung, dass der Auftragnehmer dem Auftraggeber gegenüber so lange haftet, wie der Auftraggeber seinen Kunden gegenüber für das vom Auftragnehmer erstellte Werk haftet, ist für den Auftraggeber geradezu lebensnotwendig. Der Gesetzgeber hat dafür eine für Baumängel und deren Folgen m. E. unzureichende Regelung getroffen. Für Verträge, die ab 1. 1. 2002 abgeschlossen werden, gelten die Bestimmungen des „Gewährleistungsrechts-Änderungsgesetzes" BGBl I 2001/48. Siehe dazu Kapitel 4.2.

Diese Vereinbarung ist zugegebenermaßen eine bedeutende Schlechterstellung für den Auftragnehmer, insbesondere dann, wenn der Auftraggeber Wohnungen nicht sofort an Kunden weiterverkauft, sondern beispielsweise erst zwei Jahre nach der Übergabe des gesamten Bauwerks an den Auftraggeber. In diesen Fällen gilt naturgemäß die Gewährleistungsfrist des Bauträgers gegenüber dem Kunden ab Übergabe der Wohnung an den Kunden.

Tritt ein Mangel, für den Gewähr zu leisten ist, nach mehr als einem Jahr nach Übergabe der fertig gestellten, aber bereits zwei Jahre leer stehenden Wohnung an den Kunden auf, so wäre ohne die vorstehende Vereinbarung die Gewährleistungsfrist des Auftragnehmers gegenüber dem Auftraggeber bereits abgelaufen, während der Auftraggeber gegenüber seinem Kunden weiterhin haftet.

Auch eine noch so sorgfältige Prüfung anlässlich der Übergabe schützt den Bauträger in der Praxis nicht davor, dass ihm Mängel, die erst durch die Benützung der Wohnung bemerkt werden, dessen ungeachtet aber dennoch Gewährleistungsmängel darstellen, erst zu einem späteren Zeitpunkt bekannt werden.

Beim klassischen Materialfehler reicht die Möglichkeit, vom Auftragnehmer Schadenersatz auch dann noch verlangen zu können, wenn der Schadenersatz auslösende Mangel nach mehr als drei Jahren bekannt geworden ist, nicht aus. Denn bei einem reinen Materialfehler wäre ein Verschulden des Auftragnehmers beziehungsweise seiner Erfüllungsgehilfen nicht nachweisbar. In einem solchen Fall könnte der Mangel nur aus dem Titel Gewährleistung geltend gemacht werden. Die dafür geltende dreijährige Frist wäre aber in unserem Beispiel schon abgelaufen. Die gemäß § 933b ABGB normierte gesetzliche Rückgriffsfrist von fünf Jahren wäre unter Umständen dennoch zu kurz, sodass sie für Baumängel abbedungen werden sollte. Details dazu siehe Kapitel 4.2.

5. Der Auftragnehmer verpflichtet sich, eigene Subunternehmer und Professionisten, die er mit der Erbringung von Teilen des Auftrages beauftragt, vor Erteilung des Auftrages an diese Unternehmen zu verpflichten, gleichlautende Haftungserklärungen gegenüber dem Auftraggeber und dessen Kunden abzugeben. Er verpflichtet sich weiters, diese Erklärungen vor Arbeitsbeginn der jeweiligen Subunternehmer an den Auftraggeber zu übergeben, widrigenfalls der Auftraggeber berechtigt ist, diesen Subunternehmern die Tätigkeit auf der Baustelle zu untersagen.
6. Der Auftraggeber ist berechtigt, zusätzlich zum Haftrücklass in Höhe von 3 Prozent der Bruttoauftragssumme, vom jeweiligen Schlussrechnungsbetrag jene Beträge einzubehalten, die die Kunden des Auftraggebers ihm gegenüber wegen Mängeln einbehalten, von denen der Kunde behauptet, sie seien vom Auftragnehmer und/oder von dessen Subunternehmern zu vertreten. Dem Auftragnehmer steht das Recht zu, die Auszahlung des Haftrücklasses gegen Vorlage einer abstrakten Bankgarantie eines zur Geschäftsausübung im Inland befugten Bankinstitutes zu verlangen. Die Laufzeit der Bankgarantie muss zumindest drei Jahre ab Übergabe betragen.
7. Bei der Übergabe werden die Mängel im Übergabeprotokoll festgehalten und ein endgültiger Termin zur Mängelbehebung vereinbart. Nach Ablauf der Frist (Frist lt. Übergabeprotokoll oder Frist nach schriftlicher Aufforderung durch den Auftraggeber) zur Mängelbehebung ist der Auftraggeber berechtigt, die Mängel durch einen anderen Professionisten beheben zu lassen. Sämtliche Kosten der örtlichen Bauaufsicht, die mit der Mängelbehebung

zusammenhängen, sind – ungeachtet eines Verschuldens des Auftragnehmers – jedenfalls vom Auftragnehmer zu tragen.

Anmerkungen zu Punkt VI, 5.–7.

Im Bereich der Gewährleistung kann vereinbart werden, dass der zur Gewährleistung berechtigte Auftraggeber die Art der Mängelbehebung bestimmt. Er kann entscheiden, ob er Mängelbehebung oder Preisminderung verlangt. Ohne eine solche Vereinbarung gilt das „Primat der Verbesserung" gem. den §§ 932 und 933a ABGB.

Durch die vorstehende Vereinbarung wäre der Auftraggeber sogar berechtigt, bei verschuldeter Mängelzufügung ohne weitere Verständigung des Auftragnehmers ein anderes Unternehmen mit der Mängelbehebung zu beauftragen. Er ist dabei allerdings verpflichtet, die Regeln der Schadensminderungspflicht einzuhalten und hat daher darauf zu achten, dass die Kosten der Mängelbehebung verkehrsüblich sind.

Wählt der Auftraggeber aus dem Titel der Gewährleistung die Preisminderung, so müsste er diesbezüglich die Regeln der so genannten „relativen Berechnungsmethode" anwenden. Demnach hält sich der vereinbarte Preis zum geminderten Preis so wie der Wert der Sache ohne Mangel zum Wert der Sache mit Mangel.

Der Auftraggeber ist berechtigt, aber nicht verpflichtet, Mängelbehebungsarbeiten durch Inanspruchnahme dieses Haftrücklassbetrages beziehungsweise der Bankgarantie zu finanzieren. Es steht dem Auftraggeber ausdrücklich das Recht zu, den Haftrücklassbetrag auch für andere berechtigte Ansprüche gegen den Auftragnehmer zu verwenden. Sollte der Auftragnehmer seiner Verpflichtung zur Mängelbehebung innerhalb der in den Übergabeprotokollen festgelegten Fristen nicht nachkommen, so ist der Auftraggeber berechtigt, ohne weitere Verständigung die Mängelbehebung auf Kosten des Auftragnehmers durch Fremdfirmen zu veranlassen. Der Auftraggeber ist dabei ausdrücklich nicht verpflichtet, zur Vornahme dieser Arbeiten mehrere Anbote einzuholen, sondern ist berechtigt, jenen Professionisten zu beauftragen, der bereit und in der Lage ist, die Mängelbehebungsarbeiten schnellstmöglich durchzuführen.

8. Alle Auftragnehmer, die auf der Baustelle beschäftigt sind, haften für Beschädigungen an übernommenen und nicht übernommenen Leistungen, die in der Zeit ihrer Tätigkeit am Erfüllungsort entstanden sind, sowie am vorhandenen Baubestand, sofern der oder die Urheber dieser Beschädigung nicht feststellbar sind, anteilsmäßig im Verhältnis ihrer ursprünglichen Auftragssumme je Auftragnehmer. Der jeweilige anteilige Haftungsbetrag wird von der

Schlusszahlung an den Auftragnehmer abgezogen und ist primär für die Kostendeckung der Mängelbehebung durch Dritte heranzuziehen. Der eventuell nach erfolgreicher Mängelbehebung und deren Bezahlung verbleibende Restbetrag wird an den jeweiligen Auftragnehmer zurückbezahlt.

Vom Auftragnehmer festgestellte Beschädigungen sind dem Auftraggeber unverzüglich mitzuteilen. Der Auftraggeber hat die gemeldeten Beschädigungen sowie die von ihm selbst festgestellten Beschädigungen hinsichtlich Art, Umfang und Zeitpunkt des Bekanntwerdens in geeigneter Weise festzuhalten und die in Betracht kommenden haftpflichtigen Auftragnehmer hiervon nachweislich ehestens in Kenntnis zu setzen. Jedem haftpflichtigen Auftragnehmer steht die Möglichkeit offen zu beweisen, dass die Beschädigung weder durch ihn noch durch seine Erfüllungsgehilfen verursacht worden ist.

VII. ALLFÄLLIGES

1. Sollte der Auftraggeber im Einzelfall auf die Anwendung einer Bestimmung dieser Vertragsbedingungen verzichten, so bedeutet dies nicht, dass der Auftraggeber auf diese Vertragsbestimmung auch für zukünftige gleichgeartete Fälle verzichtet.
2. Im Falle des Zahlungsverzuges durch den Auftraggeber ist der Auftragnehmer berechtigt, Verzugszinsen in Höhe der üblichen Zinsen für Geschäftskonten zu verlangen. Darüber hinausgehende Ansprüche stehen ihm nicht zu.
3. Erklärungen und Zusagen des Auftraggebers haben nur dann Wirksamkeit, wenn sie schriftlich abgegeben und firmenmäßig gefertigt werden. Sofern der Auftraggeber eine örtliche Bauaufsicht beschäftigt, ist diese ausdrücklich nicht befugt, Leistungsfristen oder technische Ausführungsänderungen zu vereinbaren.
4. Als Gerichtsstand für sämtliche Streitigkeiten aus der Vertragsbeziehung zwischen den Parteien des Auftrages wird .... vereinbart.
5. Wenn jedoch zwischen dem Auftraggeber und dessen Kunden die Entscheidung über das Vorliegen von Mängeln und die Höhe des von einer Rechnung einzubehaltenden Betrages durch einen Sachverständigen ermittelt wird, gilt das Gutachten dieses Sachverständigen auch zwischen dem Auftraggeber und dem Auftragnehmer, sofern der Mangel auch die Leistung des Auftragnehmers betrifft. In diesen Fällen trägt der Auftragnehmer auch jene Kosten des Auftraggebers, die mit der Behandlung der berechtigten Mängeleinwendungen des Endabnehmers verbunden sind.
6. Der Auftragnehmer hat seine Leistung bis zur Abnahme wirksam gegen Beschädigung zu schützen und zu versichern.

7. Sollten einzelne Bestimmungen dieser allgemeinen rechtlichen Vertragsbestimmungen oder des konkret erteilten Auftrages unwirksam sein oder werden, so berührt dies die Wirksamkeit der übrigen Vertragsbestimmungen nicht. Die unwirksame Vertragsbestimmung ist in diesem Fall einvernehmlich durch eine wirksame zu ersetzen, die dem Sinn der unwirksamen in rechtlich zulässiger Weise am nächsten kommt.
8. Der Auftragnehmer wird vorbehaltlich der Beauftragung einer anderen Person durch den Auftraggeber zum Baustellenkoordinator im Sinne des BauKG bestellt. Der Auftragnehmer nimmt diese Bestellung an und verpflichtet sich, die im BauKG genannten Tätigkeiten und Aufgaben vollständig und ohne gesonderte Verrechnung durchzuführen.

4.2 Gewährleistung

Für die Bauwirtschaft erfreulich, wurde durch das Gewährleistungsrechts-Änderungsgesetz BGBl I 2001/48 vom 8. 5. 2001 das Primat der Verbesserung beziehungsweise Mängelbehebung vor dem Recht auf Preisminderung gesetzlich normiert. Der Unternehmer kann sich aber immer noch auf die Untunlichkeit der Verbesserung berufen, wenn die dafür normierten Kriterien vorliegen.

Auch wurde entgegen der früheren Regel, wonach im Bereich des Schadenersatzes dem geschädigten Käufer das Recht zustand, sofort die Mängelbehebung durch ein anderes Unternehmen zu veranlassen, normiert, dass auch dann, wenn der Mangel verschuldet herbeigeführt wurde, zunächst nur Verbesserung oder Austausch durch den Unternehmer verlangt werden kann. Erst dann, wenn der Werkunternehmer die Verbesserung nicht bewirken kann oder sie sonst untunlich oder unwirtschaftlich wäre, kann auch aus dem Titel des Schadenersatzes Preisminderung in Geld gefordert werden (**§ 933a ABGB**).

Rechte aus der Gewährleistung

§ 932. (1) Der Übernehmer kann wegen eines Mangels die Verbesserung (Nachbesserung oder Nachtrag des Fehlenden), den Austausch der Sache, eine angemessene Minderung des Entgelts (Preisminderung) oder die Aufhebung des Vertrags (Wandlung) fordern.

(2) Zunächst kann der Übernehmer nur die Verbesserung oder den Austausch der Sache verlangen, es sei denn, dass die Verbesserung oder der Austausch unmöglich

ist oder für den Übergeber, verglichen mit der anderen Abhilfe, mit einem unverhältnismäßig hohen Aufwand verbunden wäre. Ob dies der Fall ist, richtet sich auch nach dem Wert der mangelfreien Sache, der Schwere des Mangels und den mit der anderen Abhilfe für den Übernehmer verbundenen Unannehmlichkeiten.

(3) Die Verbesserung oder der Austausch ist in angemessener Frist und mit möglichst geringen Unannehmlichkeiten für den Übernehmer zu bewirken, wobei die Art der Sache und der mit ihr verfolgte Zweck zu berücksichtigen sind.

(4) Sind sowohl die Verbesserung als auch der Austausch unmöglich oder für den Übergeber mit einem unverhältnismäßig hohen Aufwand verbunden, so hat der Übernehmer das Recht auf Preisminderung oder, sofern es sich nicht um einen geringfügigen Mangel handelt, das Recht auf Wandlung. Dasselbe gilt, wenn der Übergeber die Verbesserung oder den Austausch verweigert oder nicht in angemessener Frist vornimmt, wenn diese Abhilfen für den Übernehmer mit erheblichen Unannehmlichkeiten verbunden wären oder wenn sie ihm aus triftigen, in der Person des Übergebers liegenden Gründen unzumutbar sind.

Zu beachten ist, dass der Käufer oder Auftraggeber für einen Mangel, der nach Ablauf von 10 Jahren ab Übergabe aufgetreten ist, beweisen muss, dass der Mangel vom Unternehmer verschuldet herbeigeführt wurde. Tritt der Mangel innerhalb der Zehnjahresfrist auf, so ist es Sache des Unternehmers zu beweisen, dass er den Mangel nicht schuldhaft herbeigeführt hat:

§ 933a Abs 3 ABGB (3) Nach Ablauf von zehn Jahren ab der Übergabe der Sache obliegt für einen Ersatzanspruch wegen der Mangelhaftigkeit selbst und wegen eines durch diese verursachten weiteren Schadens dem Übernehmer der Beweis des Verschuldens des Übergebers.

Der Bauträger, der von seinem Kunden auf Gewährleistung oder Schadenersatz in Anspruch genommen wurde, muss die Fristen des § 933b ABGB beachten. Hat der Bauträger seinem Kunden Gewähr geleistet, so steht ihm nach dieser Bestimmung das gesetzlich normierte Recht zu, von seinem Vormann – das ist jenes mit der Werkerstellung beauftragte, für den Mangel verantwortliche Unternehmen – den an den Kunden geleisteten Aufwand zu verlangen (§ 933b Abs 1 ABGB).

Führt der Bauträger mit seinem Kunden über Gewährleistung Prozess, so tut er gut daran, seinen Vormännern den Streit zu verkünden. In diesem Fall wird nämlich die Rückgriffsfrist gemäß § 933b Abs 2 ABGB gehemmt. Dies bedeutet, dass sie so lange nicht ablaufen kann, wie der Rechtsstreit zwischen dem Bauträger und dem Kunden dauert. Der Bauträger hat aber darauf zu achten, dass er innerhalb von zwei Monaten ab dem Tag, an dem er seinem Kunden tatsächlich Gewähr geleistet hat, die von ihm erbrachten Leistungen beim haftpflichtigen Professionisten gerichtlich geltend macht.

Der haftpflichtige Professionist soll nach Ablauf von fünf Jahren ab Fertigstellung seiner Leistungen überhaupt nicht mehr für diese Regressforderungen haften. Da es in der Praxis oft vorkommt, dass es erst im Zuge eines Sachverständigenbeweises im Rahmen eines Zivilprozesses zu Erkenntnissen über den tatsächlich haftpflichtigen Professionisten kommt, **kann die genannte Fünfjahresfrist für den Bauträger durchaus zu kurz sein.**

§ 933b Abs 2 ABGB „Besonderer Rückgriff"

§ 933b. (1) Hat ein Unternehmer einem Verbraucher Gewähr geleistet, so kann er von seinem Vormann, wenn auch dieser Unternehmer ist, auch nach Ablauf der Fristen des § 933 die Gewährleistung fordern. Dasselbe gilt für frühere Übergeber im Verhältnis zu ihren Vormännern, wenn sie selbst wegen der Gewährleistungsrechte des letzten Käufers ihrem Nachmann Gewähr geleistet haben. Der Anspruch ist mit der Höhe des eigenen Aufwandes beschränkt.

(2) Ansprüche nach Abs. 1 sind innerhalb von zwei Monaten ab Erfüllung der eigenen Gewährleistungspflicht gerichtlich geltend zu machen. Die Haftung eines Rückgriffspflichtigen verjährt jedenfalls in fünf Jahren nach Erbringung seiner Leistung. Die Frist wird durch eine Streitverkündigung für die Dauer des Rechtsstreits gehemmt.

Beispiel:

Durch einen Materialfehler im Bereich der Leistung des beauftragten Spenglers ist ein Nässeschaden entstanden. Der Spengler hat seine Leistungen bereits Wochen und Monate vor Fertigstellung des gesamten Bauwerks fertig gestellt. Die für ihn geltende Fünfjahresfrist beginnt bereits zu diesem Zeitpunkt.

Der Bauträger, der das gesamte Objekt fertig gestellt einige Monate später übernimmt und mit der Verwertung beginnt, wird von einem vom Nässeschaden betroffenen Wohnungskäufer vielleicht erst weitere drei Jahre später auf Gewährleistung geklagt. Im Zuge des Prozesses stellt der Sachverständige nach einem weiteren Jahr den Mangel an den Spenglerarbeiten fest.

Bis zu diesem Zeitpunkt hatte der Bauträger mangels Kenntnis seinem beauftragten Spengler nicht den Streit verkündet, somit waren die Fristen nicht gehemmt worden. Die Verjährungsfrist des § 933b Abs 2 ABGB ist in diesem Fall vielleicht schon abgelaufen, wenn bekannt wird, dass der Spengler tatsächlich den Mangel zu verantworten hat.

Da zwischen Bauträger und den von ihm beauftragten Unternehmen Vertragsfreiheit herrscht, können die Fristen gemäß § 933b ABGB einvernehmlich verlängert werden. Dem Bauträger ist daher zu empfehlen, ungeachtet der neuen Regelungen die gewährleistungsrechtlich strengeren, vorstehend gestalteten Mustervertragsbestimmungen sinngemäß aufrechtzuerhalten (siehe Kapitel 4.1).

5. Die Liegenschaftsverwertung nach dem Bauträgervertragsgesetz

Am 1. 7. 2008 ist eine umfassende Novelle des BTVG in Kraft getreten. Diese Novelle ging auf Initiativen von Konsumentenschutzorganisationen zurück, die, gestützt durch ein Rechtsgutachten von Univ.-Prof. Dr. *Helmut Böhm,* Rechtsschutzdefizite insbesondere im Bereich des Ratenplanmodells orteten und eine Verbesserung der rechtlichen und wirtschaftlichen Stellung und des Schutzes der Konsumenten forderten, die ihr Objekt von einem Bauträger vor Fertigstellung erwerben und dafür erhebliche Geldmittel im Voraus bezahlen. Nach umfangreichen Beratungen einer vom Bundesministerium für Justiz einberufenen Expertengruppe wurde ein entsprechender Text der zu novellierenden Bestimmungen vorgeschlagen, zur Begutachtung versendet und im Frühjahr 2008 im Nationalrat beschlossen.

Das BTVG in seiner novellierten Fassung ist zwingend auf Verträge anzuwenden, die nach dem 1. 7. 2008 abgeschlossen wurden, auch wenn die Errichtung und Verwertung des Bauträgerprojekts bereits früher begonnen wurde.

Das BTVG kommt allerdings grundsätzlich nur dann auf einen derartigen Vertrag zur Anwendung, wenn der Erwerber vertraglich verpflichtet wird,

– vor **Baufertigstellung und Übergabe des fertiggestellten Objekts** und
– Sicherung der Verschaffung der vereinbarten Rechtsstellung des Erwerbers

mehr als € 150 pro Quadratmeter Wohnnutzfläche an den Bauträger oder an „Dritte“ zu bezahlen, wenn diese Zahlungen mit dem Bauträgervertrag im rechtlichen und wirtschaftlichen Zusammenhang stehen.

Selbst wenn daher der Bauträger selbst keine oder nur geringe Zahlungen an sich selbst verlangt, um so die Anwendung des BTVG zu vermeiden, ist das BTVG auch dann anzuwenden, wenn allein die Zahlungen des Erwerbers an Grunderwerbsteuer, Vertragserrichtungskosten, Gemeindeabgaben für Aufschließung, an Versorgungsunternehmen für die Herstellung der entsprechenden Zu- und Ableitungen und vor allem direkte Zahlungen an vom Bauträger vorgegebene Professionisten, die über Auftrag des Erwerbers Sonderwünsche herstellen, in Summe den oben genannten Betrag pro Quadratmeter Wohnnutzfläche erreichen bzw. übersteigen.

Das BTVG definiert den Bauträgervertrag im § 2 Abs 1 als einen „Vertrag über den Erwerb des Eigentums, des Wohnungseigentums, des Baurechts, des Bestandrechts oder eines sonstigen Nutzungsrechts einschließlich Leasings an zu errichtenden oder durchgreifend zu erneuernden Gebäuden, Wohnungen oder Geschäftsräumen".

Der Bauträgervertrag ist als Vertrag sui generis anzusehen, der sowohl Elemente des Kaufvertrags als auch, je nach Vertragsgestaltung, Elemente des Werkvertrags beinhaltet. Daneben sind die Regeln des Bestand-, Leasing- und Wohnungseigentumsrechts anzuwenden, sofern sich die Verschaffungspflicht des Bauträgers auf diese Rechtsinstitute bezieht.

Alle nur denkbaren Vertragstypen, die einem Erwerber dingliche oder obligatorische Rechte an einem Haus, an einer Wohnung oder an einer Geschäftsräumlichkeit einräumen, sollen vom BTVG umfasst sein, somit hat auch jedes, noch so kreativ gestaltete „Vertragssystem", das aber zwangsläufig einem Erwerber im Endeffekt eine der im Bauträgervertragsgesetz genannten Rechtsstellungen gewährleistet, grundsätzlich dem Bauträgervertragsgesetz zu entsprechen, wenn die oben genannten Vorauszahlungen in entsprechender Höhe vom Erwerber zu leisten sind.

In der Praxis werden in erster Linie Kaufverträge und Kaufverträge in Kombination mit Werkverträgen oder Bestandverträge abgeschlossen, wobei Gegenstand dieser Verträge, abgesehen von der Baulichkeit selbst, die Verschaffung von Alleineigentum an einem Grundstück, ideellem Miteigentum an einem Grundstück in Verbindung mit Wohnungseigentum, das Baurecht oder obligatorische Nutzungsrechte sind.

Der Bauträger hat nicht nur die Verpflichtung zur Einhaltung der Formalbestimmungen des Bauträgervertragsgesetzes, sondern es ist je nach der gewählten Vertragskonstruktion zwingend notwendig, die dem Erwerber zu gewährenden Sicherheiten für seine Vorauszahlungen vertraglich zu gestalten.

Zu beachten: die „durchgreifende Erneuerung" im Althaus.

Das Bauträgervertragsgesetz kommt nicht nur für den „Neubau" zur Anwendung, **sondern erfasst ist auch die „durchgreifende Erneuerung" von Wohnungen, Geschäftsräumlichkeiten oder Gebäuden,** sofern nur die sonstigen Kriterien, nämlich Einräumung einer bestimmten Rechtsposition für den Erwerber, verbunden mit einer Zahlung von mehr als € 150 pro m^2 Nutzfläche vor Fertigstellung des Vertragsobjektes, gegeben sind.

Das Gesetz selbst definiert den Begriff der „durchgreifenden Erneuerung" nicht, in den Erläuterungen ist der Hinweis enthalten, dass eine solche dann vorliegt, wenn die Erneuerung in einer Bauphase einsetzt, die etwa mit dem Stadium nach Fertigstellung des Rohbaus und des Daches eines erst zu errichtenden Objektes vergleichbar ist bzw. wenn die Kosten der Renovierung etwa die Hälfte der gesamten fiktiven Neuherstellungskosten erreichen.

Zwingender Vertragsinhalt

Gleichgültig, welche Vertragsgestaltung vom Bauträger gewählt wird, der Bauträgervertrag hat gemäß § 4 BTVG jedenfalls folgende Punkte zu enthalten:

1. das Gebäude, die Wohnung oder den Geschäftsraum samt Zugehör (eigentlicher Vertragsgegenstand) und die vom Erwerber gewöhnlich nutzbaren Teile der Gesamtanlage, wobei das Ausmaß, die Lage und die Widmung des eigentlichen Vertragsgegenstandes und der Anlage jeweils bestimmt zu bezeichnen und aussagekräftige Pläne, Baubeschreibungen sowie eine Beschreibung der Ausstattung und ihres Zustandes zu Grunde zu legen und zu übergeben sind;

2. den Hinweis, dass der eigentliche Vertragsgegenstand oder die Gesamtanlage in einer wildbach- oder lawinenbedingten Gefahrenzone oder einem Hochwasserabflussgebiet liegt oder die betreffende Liegenschaft im Verdachtsflächenkataster geführt oder im Altlastenatlas ausgewiesen wird;

3. den Preis und die vom Erwerber jeweils für Sonder- und Zusatzleistungen zu entrichtenden Beträge, die vom Bauträger angeboten werden oder an vom Bauträger verpflichtend vorgegebene Professionisten bezahlt werden müssen;

4. die Fälligkeit der Zahlungen des Erwerbers;

5. den spätesten Termin der Übergabe des eigentlichen Vertragsgegenstandes und der Fertigstellung der vom Erwerber gewöhnlich nutzbaren Teile der Gesamtanlage;

6. vom Erwerber allenfalls zu übernehmende dingliche oder obligatorische Lasten;

7. die Art der Sicherung des Erwerbers (§ 7);

8. das Konto des Bauträgers, auf das der Erwerber die Zahlungen bei einer Sicherung durch Garantie oder Versicherung zu entrichten hat, wobei der

Erwerber über die damit verbundenen Rechtsfolgen (§ 8 Abs 5) zu informieren ist, sowie

9. den Treuhänder, sofern ein solcher zu bestellen ist (§ 12).

Abgesehen von diesen zwingenden Vertragsbestandteilen kann der Bauträgervertrag sonst frei gestaltet werden. Zu beachten ist allerdings das Schriftformgebot gemäß § 3 BTVG, das nicht nur für den „Basisvertrag“, sondern auch für alle Ergänzungen und Änderungen gilt.

5.1 Kaufvertrag

5.1.1 Beschreibung des Vertragsobjektes

Im Vertrag sind sowohl der eigentliche Vertragsgegenstand, somit das Gebäude, die Wohnung oder der Geschäftsraum samt Zugehör und zusätzlich auch die vom Erwerber gewöhnlich nutzbaren Teile der Gesamtanlage auf der Liegenschaft festzulegen und zu beschreiben, wenn es derartige „gewöhnlich nutzbare Teile“ einer Gesamtanlage gibt.

Dies wird insbesondere bei Wohnhausprojekten im Wohnungseigentum von Bedeutung sein, wenn auf der gesamten Liegenschaft mehrere Bauteile errichtet werden. In einem solchen Fall sind nur jene Gemeinschaftseinrichtungen und Allgemeinflächen als Vertragsgegenstand zu definieren, die für den konkreten Erwerber eines konkreten „eigentlichen Vertragsgegenstandes“ gewöhnlich nutzbar sind, somit Zugangs- und Zufahrtsflächen zum jeweiligen Bauteil, Gemeinschaftsräume für den jeweiligen Bauteil, Spielplätze etc.

Das Ausmaß, die Lage und die Widmung des eigentlichen Vertragsgegenstandes und der Anlage sind jeweils bestimmt zu bezeichnen und aussagekräftige Pläne, Baubeschreibungen sowie eine Beschreibung der Ausstattung und ihres Zustandes sind zu Grunde zu legen und zu übergeben.

5.1.2 Kaufpreis

Die Vereinbarung eines fixen Kaufpreises ist unabdingbarer Inhalt des Bauträgervertrags gemäß § 4 Abs 1 Z 3 BTVG.

Wird ein variabler Kaufpreis vereinbart, so sind die Faktoren, die die Veränderung bewirken können, genau zu definieren und ist eine absolute

Obergrenze zu bestimmen, oder die Festlegung des Preises ist nach den Veränderungskriterien des Wohnungsgemeinnützigkeitsgesetzes zulässig.

Ist die Vereinbarung des variablen Preises unwirksam, so gilt der Basispreis als Preis.

Preisändernde Faktoren sind daher dann gültig vereinbart, wenn sie im Vertrag genau umschrieben sind **und ihr Eintritt nicht vom Willen des Bauträgers abhängt.**

Zulässigerweise können vereinbart werden:

- Preisanpassungen aufgrund der Veränderung des Verbraucherpreisindexes oder anderer amtlicher Wertsicherungsindizes oder
- Preiserhöhungen aufgrund der Erhöhung von Kollektivvertragslöhnen oder anderer Projektkosten, deren Veränderung vom Bauträger nicht beeinflussbar ist.

Wie bereits ausgeführt, ist allerdings zwingend eine Obergrenze des variablen Preises zu vereinbaren.

5.1.3 Verpflichtung zur Lastenfreistellung

Die Verpflichtung zur bedingungsgemäßen lastenfreien Übergabe des kaufgegenständlichen Anteils bzw. der kaufgegenständlichen Wohnung zählt zu den zentralen Erfordernissen und Kriterien eines Bauträgervertrages (**Ausnahme:** die Übernahme bestimmter Darlehen und zu deren Gunsten einverleibter Pfandrechte ist im Kaufvertrag ausdrücklich bedungen, was gemäß § 4 Abs 1 Z 6 BTVG zulässig wäre).

Zu beachten ist § 9 Abs 3 BTVG:

> **§ 9 Abs 3 BTVG** (3) Sofern nicht etwas anderes vereinbart worden ist (§ 4 Abs. 1 Z 6), muss weiter die Lastenfreiheit der Liegenschaft hergestellt oder die künftige Lastenfreiheit gesichert sein. Zwischen dem Hypothekargläubiger und dem Bauträger muss zugunsten des Erwerbers vereinbart sein, dass die Liegenschaft oder der Anteil des Erwerbers freigestellt wird. Davon können nur jene Teile des Preises ausgenommen werden, die der Erwerber trotz Fälligkeit noch nicht entrichtet hat.

Die Überwachung der Lastenfreistellungsverpflichtungen zählt zu den wichtigsten Aufgaben eines allenfalls bestellten Treuhänders.

Es bleibt im Einzelfall dem Bauträger bzw. Treuhänder überlassen, in welcher Form er diese Lastenfreistellungsverpflichtungen zum Schutz der Erwerber durchsetzt.

Bei solchen Gläubigern, die „über jeden Zweifel erhaben sind", also bei Banken, Versicherungen, Gebietskörperschaften, Finanzamt etc., sind bloße Zusagen, zum gegebenen Zeitpunkt in die Lastenfreistellung einzuwilligen, ausreichend, ob dies auch für andere Pfandgläubiger gilt, muss im Zweifel der Treuhänder verantworten.

Die früher bestehenden Probleme und Schwierigkeiten hinsichtlich der Lastenfreistellung eines vom Bauträger verkauften Bauträgerobjekts von Pfandrechten seiner Gläubigerbank sollten durch die Novelle 2008 und die darin erfolgte Neufassung des § 9 Abs 3 BTVG beseitigt worden sein, der Treuhänder hat somit den Abschluss einer derartigen Lastenfreistellungsverpflichtung mit der Gläubigerbank zu überwachen, der Erwerber hat gegen den Pfandgläubiger den Anspruch auf Lastenfreistellung seines Objekts, sofern er nur nachweist, dass er nach Maßgabe des Bauträgervertrags und des Gesetzes zur Zahlung an den Bauträger fällig gewordene Beträge gezahlt hat.

Abgesehen von der Freiheit von Geldlasten hat der Bauträger naturgemäß auch für die Freiheit des Kaufgegenstandes von Bestand- oder Benützungsrechten zu haften, in diesbezügliche Vereinbarungen bzw. Regelungen greift das Bauträgervertragsgesetz nicht ein.

5.1.4 Baubewilligung

Für den Fall, dass der Bauträger dem Erwerber die grundbücherliche Sicherstellung samt Treuhänderbestellung und Kaufpreiszahlung nach Ratenplan anbietet, ist die Erteilung der rechtskräftigen Baubewilligung für das Bauvorhaben gemäß § 10 Abs 3 BTVG wichtige Voraussetzung für die Fälligkeit der ersten Kaufpreisrate.

§ 10 Abs 3 BTVG lässt allerdings die Vereinbarung zu, dass die Fälligkeit der ersten Rate vor Baubeginn, aber nicht vor Baubewilligung, eintritt, wenn auf Grund des hohen Wertes der zu bebauenden Liegenschaft die grundbücherliche Sicherstellung des Erwerbers auf der unbebauten Liegenschaft bereits eine ausreichende Sicherheit bietet.

Der ausreichend hohe Wert der zu bebauenden Liegenschaft ist vom Treuhänder selbst oder durch Gutachten eines Sachverständigen zu ermitteln bzw. zu bestätigen.

5.1.5 Sicherung des Erwerbers im Bauträgervertrag

Der Bauträger hat den Erwerber gegen den Verlust der von diesem auf Grund des Bauträgervertrags geleisteten Zahlungen zu sichern (§ 7 BTVG).

Die Sicherung kann entweder durch schuldrechtliche Sicherung, durch grundbücherliche Sicherstellung des Rechtserwerbs auf der zu bebauenden Liegenschaft in Verbindung mit der Zahlung nach Ratenplan oder durch pfandrechtliche Sicherung erfolgen. Daneben wäre auch Sicherung durch Zahlung auf ein spezielles Treuhandkonto des Bauträgers zulässig, bei welchem die kontoführende Bank vereinbarungsgemäß sicherstellt, dass der Bauträger über die auf dieses Konto eingezahlten Geldmittel erst nach Ende der Sicherungspflicht, also nach Übergabe des fertiggestellten Vertragsobjektes und Sicherung der Erlangung der vereinbarten Rechtsstellung, verfügen kann.

In § 7 Abs 6 BTVG wurden weitere Sicherungsmöglichkeiten normiert, die im Wesentlichen die Sicherung der Vorauszahlungen des Erwerbers bei wohnbaugeförderten Bauträgerobjekten, an welchen dem Erwerber Bestandrechte eingeräumt werden, gewährleisten sollen.

Wichtig ist, dass die einzelnen Sicherungsmöglichkeiten auch nebeneinander eingesetzt werden können.

Ein späterer einvernehmlicher Austausch von Sicherheiten ist zulässig, soweit dadurch der Sicherungszweck nicht beeinträchtigt wird.

5.1.5.1 Schuldrechtliche Sicherung

Allfällige Rückforderungsansprüche des Erwerbers können durch eine ihm eingeräumte Garantie oder eine geeignete Versicherung gesichert werden.

Gemäß § 8 Abs 3 BTVG müssen Garanten Kreditinstitute oder Versicherungsunternehmen sein, die zur Geschäftsausübung im Inland berechtigt sind oder die Garantieerklärung wird von inländischen Gebietskörperschaften abgegeben.

Die schuldrechtliche Sicherung muss nicht nur die Höhe der vom Käufer geleisteten Zahlungen decken, sondern auch Zinsen für drei Jahre, berechnet in einer Höhe, die den jeweiligen Basiszinssatz um mindestens 8 %-Punkte übersteigen muss.

Sowohl die Formulierung der Garantie oder Versicherungsurkunde selbst und/oder die Regelung der Kriterien ihrer Inanspruchnahme sind sowohl für den Bauträger als auch für die garantierende Bank oder die Versicherung und nicht zuletzt auch für den Erwerber, der naturgemäß auf den Wert der Garantie bzw. der Versicherungsurkunde vertraut, entscheidend. Die früheren Diskussionen darüber, ob die Inanspruchnahme der Garantie an bestimmte Voraussetzungen geknüpft werden kann, die der Erwerber nachweisen muss (bis hin zur so genannten „Urteilklausel“, die besagte, dass der Erwerber seine Ansprüche durch rechtskräftiges Gerichtsurteil nachweisen musste, um die schuldrechtliche Sicherung in Anspruch nehmen zu können), sind nach der Novelle 2008 hinfällig, denn seit der Novelle gilt:

Eine taugliche Garantie muss „abstrakt“ und auf erste Anforderung abrufbar sein.

Die schuldrechtliche Sicherung durch Abschluss eines Versicherungsvertrages hat in den vergangenen 10 Jahren keine Anwendung gefunden.

Das Gesetz sieht die schuldrechtliche Sicherung zur **„Sicherung der Rückforderungsansprüche“** des Erwerbers vor. Unter Rückforderungsansprüchen im Sinne der §§ 7 und 14 BTVG versteht das Gesetz grundsätzlich alle Zahlungen, die der Erwerber – aus welchen Gründen immer – vor Fälligkeit oder entgegen den Bestimmungen des BTVG geleistet hat. Zu denken ist dabei an

- Zahlungen vor Abschluss der schriftlichen Vertragsurkunde,
- Zahlungen bei Formungültigkeit der Vertragsurkunde,
- Zahlungen, die entgegen dem Ratenplan gemäß § 10 BTVG geleistet werden.

Die Rückforderungsansprüche umfassen alle Forderungen auf Rückzahlung von ihm geleisteter Beträge, die dem Erwerber aus welchem Titel immer zustehen, also auch nach Vertragsaufhebung etwa auch wegen Rücktritts, wegen Irrtumsanfechtung, wegen Verzugs.

Zu beachten ist, dass die Inanspruchnahme einer schuldrechtlichen Sicherung grundsätzlich als Rücktrittserklärung vom Vertrag gilt.

Die garantiegebende Bank kann die Auszahlung der garantierten Summe davon abhängig machen, dass der Erwerber zuvor alle zu seinen Gunsten im Grundbuch erfolgten Eintragungen gelöscht hat.

Die Sicherungspflicht gemäß § 8 BTVG endet bei Übergabe des fertiggestellten Vertragsobjektes und Verschaffung der vereinbarten Rechtsstellung.

Bloße Gewährleistungsansprüche, die ebenfalls Rückforderungsansprüche sein können, sind von dieser speziellen, das Risiko der Vorauszahlung abdeckenden Sicherungspflicht gemäß BTVG nicht umfasst. Diese Gewährleistungsansprüche sollen auch durch den durch die Novelle 2008 eingeführten, für den Bauträger verpflichtend zu gewährenden Haftrücklass gedeckt werden können *(Näheres dazu siehe unten Kapitel 5.1.6).*

In der Praxis hat sich auch eine Mischform aus schuldrechtlicher und grundbücherlicher Sicherung entwickelt, die die Beschränkung der Bankgarantie auf die Rückforderungsansprüche des Erwerbers auf jenen Betrag ermöglicht, **der vom Erwerber über jenen Betrag hinaus geleistet wurde, der nach Ratenplan jeweils fällig wird.** Diese Vereinbarung ist dann zulässig, wenn sie mit einer grundbücherlichen Sicherstellung der Rechte des Erwerbers verbunden ist.

Das Gesetz nennt auch die Fertigstellungsgarantie, die sogar das positive Vertragsinteresse des Erwerbers deckt, als taugliches Sicherungsinstrument. Sie soll eine Sicherstellung seiner Rückforderungsansprüche, wie sie nach § 8 Abs 1 BTVG gefordert ist, ersetzen können, sofern damit nicht nur die tatsächliche Fertigstellung des Vertragsgegenstands garantiert wird, sondern auch die Rückforderungsansprüche des Erwerbers samt Zinsen gedeckt werden.

5.1.5.2 Grundbücherliche Sicherung

Der Erwerber eines erst zu errichtenden oder durchgreifend umzugestaltenden Bauträgerobjekts, mit dem durch Bauträgervertrag der Erwerb des Eigentums, des Wohnungseigentums oder des Baurechts an einer Liegenschaft vereinbart wurde, kann auch durch eine ausreichende bücherliche Sicherstellung des Rechtserwerbs auf der zu bebauenden Liegenschaft in Verbindung mit der Zahlung nach Ratenplan gesichert werden (§ 9 BTVG).

Die grundbücherliche Sicherstellung setzt zwingend auch die Bestellung eines Treuhänders voraus, der bereits im Bauträgervertrag genannt sein muss.

Als Treuhänder kann nur ein Rechtsanwalt (eine Rechtsanwalts-Gesellschaft) oder ein Notar bestellt werden (§ 12 BTVG).

Die Tätigkeit des Treuhänders endet erst mit dem Ende der Sicherungspflicht des Bauträgers gegenüber dem jeweiligen Erwerber.

Das BTVG regelt im § 12 Abs 3 die grundlegenden Verpflichtungen des Treuhänders:

Er hat den Erwerber über die Natur des Vertrags und die wesentlichen Vertragspunkte in rechtlicher Hinsicht zu belehren, insbesondere

- über die nach dem Vertrag zur Verfügung stehenden Möglichkeiten der Sicherung (§ 7 BTVG) einschließlich der jeweiligen Rechtsfolgen für den Fall der Eröffnung eines Insolvenzverfahrens über das Vermögen des Bauträgers sowie
- über den Haftrücklass (§ 4 Abs 4 BTVG) und seine Rechtsfolgen.

Er hat die Erfüllung der Sicherungspflicht des Bauträgers gemäß BTVG zu überwachen und dem Erwerber über die von ihm entgegengenommenen Zahlungen entweder laufend, mindestens aber jährlich nach Abschluss des Kalenderjahres, spätestens zum 31. Jänner des Folgejahres Rechnung zu legen.

Weiters muss der Treuhänder

- die vertraglichen und grundbuchsrechtlichen Voraussetzungen, insbesondere das Vorhandensein von Freistellungsverpflichtungen der Hypothekargläubiger des Bauträgers prüfen und den Erwerber darüber beraten und
- ihn bei der Einhaltung des Ratenplans durch Überwachung des Baufortschritts unterstützen.

Der Inhalt einer vertraglichen Treuhandschaft wird durch den Auftrag des Treugebers an den Treuhänder definiert. Das Bauträgervertragsgesetz und auch das Wohnungseigentumsgesetz regeln besondere Rechte und Pflichten des Treuhänders, deshalb kann der Treuhänder gemäß BTVG weder Vertreter des Bauträgers gegen den Erwerber noch umgekehrt Vertreter des Erwerbers gegen den Bauträger sein.

Obwohl der Treuhänder nur vom Bauträger bestellt werden kann, bringen es seine gesetzlich definierten Pflichten dem Erwerber gegenüber zwangsläufig mit sich, dessen diesbezügliche Interessen im Anlassfall auch gegen die Interessen des Bauträgers bzw. der das Projekt finanzierenden Bank schützen zu müssen.

Beim klassischen Kaufvertrag im Rahmen eines Wohnungseigentumsprojekts endet daher laut gesetzlicher Definition die Tätigkeit des Treuhänders frühestens

- mit der Anmerkung der Zusage der Einräumung von Wohnungseigentum gemäß § 40 Abs 2 WEG 2002 (die gemäß § 9 Abs 2 BTVG eine ausreichende grundbücherliche Sicherstellung des Erwerbers darstellt) und
- mit der Übergabe der fertiggestellten Wohnungseigentumseinheit.

Die „richtige" grundbücherliche Sicherstellung des Erwerbers gemäß BTVG setzt daher voraus

- dass ein Treuhänder bestellt und die Zahlung nach dem gesetzlichen Ratenplan vereinbart wurde,
- dass das Eigentumsrecht des Erwerbers im Grundbuch eingetragen wird oder dass ein offener Veräußerungsrangordnungsbeschluss und ein verbücherungsfähiger Kaufvertrag samt der zur Eintragung notwendigen Nebenurkunden vorhanden ist, oder
- dass bei Wohnungseigentum die Anmerkung gemäß § 40 Abs 2 WEG 2002 eingetragen wird, die dem Erwerber die Verbücherung seines Wohnungseigentums im entsprechenden Grundbuchsrang ermöglicht, und
- dass entsprechende Erklärungen und Urkunden, die die Lastenfreistellung des verkauften Objekts gewährleisten, vorhanden sind.

5.1.5.3 Treuhänderrangordnung

Durch das Bauträgervertragsgesetz wurde die Möglichkeit zur Anmerkung der Zusage von Wohnungseigentum gemäß § 40 Abs 2 WEG 2002 im Rang einer auf der Vertragsliegenschaft angemerkten „Treuhänderrangordnung gemäß § 42 WEG 2002" geschaffen. Dies ist eine wichtige Voraussetzung für die größtmögliche Sicherheit des Erwerbers im Rahmen eines Wohnungseigentumsprojekts und wird vom Gesetzgeber als „ausreichende grundbücherliche Sicherheit" im Sinne des § 9 Abs 2 BTVG normiert.

Bei noch nicht verkauften Wohnungseigentumsobjekten ermöglicht es die Treuhänderrangordnung, die zeitlich praktisch unbefristeten Rangordnungswirkungen der Anmerkung gemäß § 40 Abs 2 WEG 2002 für zukünftige Wohnungskäufer auszunutzen.

Diese Anmerkung stellt ein Instrument dar, Eintragungen zur Sicherung der Rechte von Wohnungseigentumsbewerbern hinsichtlich ihres zukünftigen lastenfreien Wohnungseigentums zu ermöglichen, die selbst bei Vorhandensein exekutiver Pfandgläubiger des Bauträgers im – früheren – Rang der Treuhänderrangordnung wirken.

Bei Wohnungseigentumsbegründung üben diese so gesicherten Wohnungseigentumsbewerber dann die Rechte gemäß § 57 Abs 1 GBG gegenüber Pfandgläubigern des Bauträgers aus, sofern die Pfandrechte im Grundbuchsrang nach der Treuhänderrangordnung eingetragen wurden.

Dies bedeutet einerseits nichts anderes, als dass jeder Erwerber der Liegenschaft, wenn er nicht Wohnungseigentumsbewerber hinsichtlich einer bestimmten Wohnungseigentumseinheit ist, die Verpflichtungen des Wohnungseigentumsorganisators übernehmen muss, Wohnungseigentum zu verschaffen und die der Anmerkung gemäß § 40 Abs 2 WEG 2002 im Rang nachfolgenden Pfandrechte gegenüber den gesicherten Wohnungseigentumsbewerbern löschen zu lassen.

Andererseits bedeutet dies de facto aber auch einen Exekutionsschutz für den Bauträger hinsichtlich des noch nicht fertiggestellten, dennoch aber wirtschaftlich „in Not geratenen" Bauträgerprojekts, und sichert so die Möglichkeit, auch im Falle wirtschaftlicher Schwierigkeiten des Bauträgers, die noch nicht verkauften Wohnungseigentumseinheiten einigermaßen geordnet zu verwerten.

Spätere Käufer/Wohnungseigentumsbewerber können trotz vorhandener, allerdings dem Rang der Treuhänderrangordnung nachgehender, exekutiver Pfandrechte, die Wirkungen des § 57 Abs 1 GBG ausnützen. Wenn sie also Wohnungseigentum begründen, können sie diese rangmäßig schlechter gestellten Belastungen jedenfalls auch gegen den Willen der Pfandgläubiger löschen.

5.1.5.4 Überprüfung des Baufortschritts

Im Rahmen der grundbücherlichen Sicherstellung besteht die Verpflichtung, die Fertigstellung des vom Bauträger behaupteten Baufortschritts gemäß Ratenplan zu überprüfen (§ 13 BTVG).

Diese Überprüfung kann durch den Treuhänder erfolgen, der Treuhänder hat aber auch das Recht, einen für den Hochbau zuständigen Ziviltechniker, einen allgemein gerichtlich beeideten Sachverständigen für das Bauwesen oder eine im Rahmen der Förderung des Vorhabens tätige inländische Gebietskörperschaft beizuziehen.

Dieser sachverständige Baufortschrittsprüfer muss seit 1. 7. 2008 eine Haftpflichtversicherung mit einer Versicherungssumme von € 400.000 eingedeckt haben.

In der Praxis empfiehlt sich im Vertrag der Hinweis auf die Art und den Umfang der Überprüfungstätigkeit des Sachverständigen im Rahmen der Baufortschrittsüberprüfung nach Ratenplanmethode.

Dies ist vor allem notwendig, um Forderungen des Erwerbers zu vermeiden, der ohne entsprechende Belehrung nicht ganz zu Unrecht aus der Beiziehung eines Sachverständigen eine bestimmte Qualitätssicherung „suggeriert" bekäme, die in dieser Form im BTVG nicht vorgesehen ist.

Sicherlich sachgerecht hat der Gesetzgeber die Überprüfungspflicht des Treuhänders bzw. eines bestellten Sachverständigen auf die reine Baufortschrittskontrolle ohne „Qualitätsgutachten" beschränkt.

Durch die Baufortschrittskontrolle gemäß BTVG soll kein neuer Gewährleistungstatbestand geschaffen werden, denn die Gewährleistungsfrist beginnt erst mit der Übergabe des fertiggestellten Objekts zu laufen, sodass mangels anderer Vereinbarung vor Übergabe des Objekts an den Käufer Gewährleistungsansprüche gar nicht entstehen könnten.

Die Sicherungspflicht des Bauträgers bezieht sich daher in diesem Stadium des Baus lediglich darauf, dass für den Erwerber ein Bauvorhaben errichtet wird, das auf optisch erkennbare „gravierende" Mängel überprüft wird und dadurch ein wertmäßiges Äquivalent für die vom Käufer geforderten Baufortschrittszahlungen darstellt.

Problematisch ist die nach Meinung vieler Baufachleute zu ungenaue Definition des zu erreichenden Baufortschritts gemäß BTVG, da zu wenig beschrieben wird, welche anderen im Gesetz ausdrücklich nicht genannten Bauleistungen ebenfalls erbracht sein müssen, um von einer „Erreichung" des jeweiligen Baufortschritts zu sprechen. Hier haben Definitionen in der ÖNORM B 2120, Fassung 5/2012 – für viele ungenügend – Abhilfe geschaffen.

Die Erläuterungen zum BTVG beschränken sich darauf, „allfällige Zweifelsfragen mit Hilfe der allgemeinen Verkehrsauffassung in der Baubranche" zu beantworten.

Durch die Novelle 2008 wurde der frühere Ratenplan durchgreifend erneuert. Der Bauträger hat die Wahl, seinem Erwerber entweder einen „Ratenplan A mit Zusatzsicherung" oder einen „Ratenplan B" anzubieten.

Beide neuen Ratenpläne sehen vor, dass der Bauträger erst wesentlich später namhafte Zahlungen durch den Erwerber erhält. Durch diese Verschlechterung des Ratenplans zulasten des Bauträgers soll erreicht werden, das dem Erwerber im Krisenfall (Insolvenz des Bauträgers, fehlende Geldmittel des Bauträgers, den Bau weiterzuführen etc.) ein entsprechend großer Teil des noch nicht bezahlten Kaufpreises verbleibt, der es ihm ermöglicht, das Bauträgerobjekt zusammen mit den anderen Erwerbern durch eigene Aufträge an Professionisten fertigstellen zu lassen, ohne dass er dadurch Mehrkosten („Reibungsverluste") in Kauf nehmen muss.

Die Praxis mit in Not geratenen Bauträgerprojekten der ersten 10 Jahre der Geltung des BTVG hat gezeigt, dass der bis zur Novelle 2008 gültige Ratenplan, der von einer ungefähren Gleichwertigkeit der Ratenzahlungen zum Wert der Bauleistungen ausging, derartige „Reibungsverluste" für die Erwerber bewirken konnte.

Wählt der Bauträger den „Ratenplan A", so hat der einem Erwerber, für den das Kaufobjekt der Befriedigung eines dringenden Wohnbedürfnisses dienen wird, eine Bankgarantie von zumindest 10 % des Kaufpreises zu übergeben. Diese Bankgarantie soll – bei Insolvenz des Bauträgers – die dem Erwerber dadurch entstandenen wirtschaftlichen Nachteile abgelten. Wählt der Bauträger den „Ratenplan B", so erhält er die gesetzlich definierten Ratenzahlungen des Erwerbers in einem etwas geringeren Ausmaß, als er sie gemäß „Ratenplan A" bekäme, erspart sich dadurch aber die Kosten der Bankgarantie.

5.1.5.5 Pfandrechtliche Sicherung

Das Sicherungsmittel der „pfandrechtlichen Sicherung" gemäß § 11 BTVG hat sich in der bisherigen Praxis nicht durchgesetzt. Nach dieser Bestimmung können allfällige Rückforderungsansprüche des Erwerbers auch durch ein ausreichende Deckung bietendes Pfandrecht auf einer Liegenschaft, die nicht die Projektsliegenschaft sein darf, gesichert werden. Auch in diesem Fall erstreckt sich die Sicherungspflicht auf nicht länger als dreijährig rückständige Zinsen.

5.1.5.6 Wohnbauförderungsrechtliche Sicherungen

Dieses Modell stellt eine Abwandlung bisheriger Bestimmungen dar und ist auf den ersten Blick eher auf die gemeinnützige Wohnwirtschaft zugeschnitten, die ja traditioneller Weise eher für den geförderten Mietwohnungsbau zuständig ist. In den letzten Jahren hat sich hier allerdings eine Trendumkehr ergeben. Es ist auch gewerblichen Bauträgern in größerem Umfang gelungen, z. B. in Wien in durchaus erfolgreicher Konkurrenz zu den gemeinnützigen Bauvereinigungen geförderten Mietwohnungsbau zu betreiben.

Das Sicherungsmittel der „Bonitätserklärung" sieht sinngemäß vor, dass ein mit entsprechender Bonität ausgestatteter Bauträger im Fall der Errichtung von geförderten Mietwohnungen seine Sicherungspflicht auch dadurch erfüllen kann, dass

a) er den Abschluss des Bauträgervertrages erst nach Vorliegen einer rechtskräftigen **Baubewilligung** und der schriftlichen **Förderungszusicherung** vornimmt,

b) die Finanzierung der gesamten Herstellungskosten des Bauvorhabens nach dem **Finanzierungsplan** des Förderungsgebers gesichert und gewährleistet ist, dass außer der Sicherstellung der Finanzierungsmittel **keine weiteren geldwerten Lasten** vorzeitig ohne Zustimmung der Förderungsstelle oder des Erwerbers verbüchert werden,

c) der Abschlussprüfer oder ein Revisionsverband jährlich einen **uneingeschränkten Bestätigungsvermerk** der Bilanz erteilen und eine Bescheinigung ausstellen, dass allfällige **Rückforderungsansprüche der Erwerber** aufgrund der Eigenkapitalausstattung des Bauträgers gedeckt werden können,

d) diese **Bescheinigung** der Förderungsstelle **vorgelegt wird** und

e) im Fall einer gemeinnützigen Bauvereinigung die Bescheinigung durch den Revisionsverband bzw. den Revisor der zuständigen Landesregierung übermittelt wird und dem Erwerber **Einsichtnahme** gewährleistet wird.

Der Abschlussprüfer oder der Revisionsverband bzw. der Revisor **haften im Rahmen des § 275 Abs 2 UGB** dem Erwerber unmittelbar für die Richtigkeit der Bescheinigung.

Auf den ersten Blick bedeutet diese Sicherstellung einen Vorteil für den Konsumenten, weil das „billige" Sicherungsmittel der Bonitätserklärung keinen nennenswerten Mehraufwand für die Bauvorhaben verursacht. Weiters sieht der Konsument aus dieser Sicherung eben eine entsprechend ausreichende Bonität des Bauträgers, woraus sich das Bauvorhaben zu verwirklichen **eine entsprechende Vertrauensgrundlage** ableiten lässt. Der Erwerber hat aber **keinen direkten Zugriff auf das Vermögen des Bauträgers** oder dessen Haftung und hat auch keine Möglichkeit, die Fortführung des Bauvorhabens durch einen Treuhänder zu veranlassen oder aus dem Bauträgervertrag gegen Rückzahlung des von ihm geleisteten Entgelts wieder auszusteigen. Es bleibt dem Konsumenten nichts anderes übrig, als seine **Ansprüche gegen den Abschlussprüfer** geltend zu machen, wenn etwas passiert, wobei der Prüfer oder der Revisionsverband nur dann Ersatz leisten müssen, wenn sie ihre Prüfpflicht nicht „gewissenhaft" und „unparteiisch" erfüllt bzw. diese „vorsätzlich oder fahrlässig" verletzt haben. **Die Beweislast für die Verletzung der Prüfpflicht trifft den Konsumenten.**

Der Vorteil für den Bauträger liegt ebenfalls eindeutig auf der Kostenseite. Ein gut geführter Bauträger sollte keine besonderen Schwierigkeiten haben, von seinem Wirtschaftstreuhänder einen unbeschränkten Bestätigungsvermerk der Bilanz zu erhalten und den Nachweis zu erbringen, dass die allfälligen Rückforderungsansprüche bilanziell sichergestellt sind. **Wie hoch diese Rückforderungsansprüche sein können, ist allerdings eine offene Frage:** Wird Zahlung des Kaufpreises nach dem Baufortschritt vereinbart und lässt sich, eventuell durch Bestätigung eines Ziviltechnikers, darlegen, dass den geleisteten Anzahlungen jeweils der Sachwert an Grund- und Baukosten in ausreichendem Maß gegenübersteht, wird sich die notwendige bilanzielle Deckung wohl nur auf denjenigen Teil der Mieterfinanzierungsbeiträge erstrecken müssen, welche die Gefahr einer Überzahlung beinhalten, also wahrscheinlich auf allfällige Nachforderungen, die bei Scheitern des Bauvorhabens und Fortsetzung durch den Masseverwalter oder einen anderen Bauträger entstehen können. Da das Fertigstellungskostenrisiko ja beim Mietwohnungsbau nicht beim Mieter, sondern nur beim Bauträger liegt (Nachforderungsrechte wegen Baukostenerhöhungen sind heutzutage erfreulicherweise vollkommen vom Markt verschwunden), entsteht ein denkbarer Schaden für den Wohnwerber eher nur in der **Verzögerung des Bauvorhabens und allfälligen Kosten für Zinsen, Ersatzwohnung und dergleichen.** Ob solche Ersatzforderungen den Rückforderungsansprüchen des Gesetzes gleichzustellen sind, ist fraglich.

5.1.5.7 Sicherung durch Einzahlung auf ein Bankkonto („Bauträgersperrkonto")

Schon im „alten" § 7 gab es dieses Sicherstellungsmodell in praktisch wortgleicher Form. Die textlichen Anpassungen durch die Novelle 2008 sind inhaltlich lediglich Korrekturen im Zusammenhang mit den nunmehrigen begrifflichen Anpassungen des BTVG. **Diese Sicherung ist für alle Erwerbsformen, also Eigentum und Miete etc., anwendbar.**

Kern des „Sperrkontenmodells" ist eigentlich eine doppelte Sicherheit: Einerseits die Sicherheit für den Konsumenten, dass seine Anzahlungen dem Zugriff des Bauträgers solange entzogen sind, bis das erworbene Bestandobjekt **fertiggestellt,** an den Erwerber **übergeben** und (im Fall des Wohnungseigentums) die **Sicherstellung der vereinbarten Rechtsstellung** erfolgt ist und andererseits die Sicherheit für die baufinanzierende Bank, dass die Anzahlungen der Wohnwerber auf Heller und Pfennig widmungsgemäß für den Bau gebunden sind und liquide zur Ausfinanzierung des Bauvorhabens bei Fertigstellung verwendet werden können.

Wieso dieses Sicherungsmittel in der Praxis bisher nur eher selten angewandt wurde, ist eigentlich nicht ganz verständlich. Es schafft **für alle Vertragsteile,** nämlich sowohl für die Bank als auch für die Bauträger und Kunden ein **Höchstmaß an Transparenz** und gewährleistet einen perfekten Überblick über den Zahlungsfluss im Zuge der Verwertung des Bauprojektes. Der jeweilige Verwertungsstand ist für die baufinanzierende Bank jederzeit überblickbar und das Anwachsen der Zuflüsse aus der Verwertung und damit die Performance des Bauträgers im Bezug auf den Erfolg seiner Vermarktungsbemühungen lässt sich einwandfrei verfolgen. Diese Transparenz stärkt natürlich auch die Vertrauensposition des Bauträgers gegenüber der zwischenfinanzierenden Bank, wenn durch das Anwachsen des Kapitals auf dem Sperrkonto der planmäßige Verwertungserfolg praktisch tagfertig nachgewiesen werden kann.

Knackpunkt dieses Sicherstellungsmodells ist natürlich die **Differenz zwischen den Habenzinsen** auf dem Sperrkonto, auf dem die Anzahlungen der Kunden gesammelt werden, **und den Sollzinsen,** die der Bauträger für die Gegenfinanzierung der Grundkosten und Bauleistungen aufbringen muss. Offenbar ist es den Banken in der Vergangenheit nicht ausreichend gelungen, diese Differenz in erträglichem Rahmen zu halten und dieses Modell dürfte sich daher häufig als zu teuer dargestellt haben, weil bei einer herkömmlichen Zwischenfinanzierung, die durch die hereinkommenden Anzahlungen im Zuge der Verwertung rückgeführt wird, ja keine Zinsendifferenz zwischen Soll und Haben entsteht. Da aber **das Sperrkonto bare Sicherstellung** bietet und sonstige Sicherstellungsmittel, die in der Bonität des Bauträgers begründet sind, im Umfang der Sperrkontobelegung entbehrlich macht, sollten sich für diesen Teil der Finanzierung entsprechende Konditionen herausverhandeln lassen. Im Vergleich zu den bauträgerseitigen Kosten der übrigen Sicherungsmittel wie Bankgarantie oder Ratenplan mit oder ohne Zusatzgarantie könnte das „Sperrkontomodell" durchaus zukunftsträchtig sein.

Aus der Sicht des Erwerbers bietet dieses Modell wesentliche Vorteile, was die **Liquidität der Sicherung im Fall des Scheiterns** des Bauvorhabens betrifft. Die vertraglichen Konsequenzen für den Fall dieses Scheiterns können durchaus unterschiedlich vereinbart werden und es ist im Insolvenzfall des Bauträgers nicht notwendigerweise die Konsequenz verbunden, dass wie bei der **„Geld-Zurück-Garantie“ gemäß § 8** die Vertragsauflösung und damit der Verlust der Wohnung folgen müssen. Es ist ohne weiteres denkbar, dass im Bauträgervertrag für einen solchen Fall auch dahingehend Sorge getragen wird, dass die auf dem Sperrkonto angesparten Anzahlungen für den Weiterbau verwendet werden können, etwa wenn in diesem Fall sichergestellt wird, dass dieser Weiterbau innerhalb bestimmter Frist und innerhalb des vereinbarten Kostenrahmens zu erfolgen hat. Genauso gut aber wäre es auch möglich, Rückerstattung des angesparten Erlages und Rückabwicklung des Bauträgervertrages zu vereinbaren.

Insgesamt scheint das „Sperrkontomodell“ ein flexibles, die Interessen aller Baubeteiligten bei entsprechender vernünftiger Ausgestaltung gut balancierendes Instrument zu sein. Inwieweit es kostenmäßig mit den anderen Sicherungsmodellen mithalten kann, wird im Wesentlichen von den Modalitäten des Bauvertrages und den Regelungen darin abhängig sein, was mit den Geldern im Insolvenzfall zu geschehen hat. Danach werden sich wohl auch die Konditionen der den Treuhanderlag gegenfinanzierenden Bank richten.

5.1.5.8 Kombinationen von Sicherungen

Eine Kombination aus verschiedenen Sicherungsinstrumenten ist ausdrücklich zulässig. Ebenso ist ein späterer Austausch von Sicherheiten zulässig, soweit dadurch der Sicherungszweck nicht beeinträchtigt wird und dieser Austausch einvernehmlich zwischen Bauträger und Erwerber geschieht (§ 7 Abs 3 BTVG).

In der Praxis wurden bisher vor allem Kombinationen zwischen Bankgarantie und grundbücherlicher Sicherung entwickelt.

Übergibt der Bauträger eine Bankgarantie in einer entsprechenden gesetzlich vorgeschriebenen Höhe, so kann, da insoweit die Rückforderungsansprüche des Erwerbers gesichert sind, eine Zahlung zu einem beliebigen Zeitpunkt bzw. auch in beliebiger Höhe verlangt werden.

In diesem Fall darf eine durch ausreichende Bankgarantie besicherte Zahlung beispielsweise schon vier Wochen nach Baubeginn und nicht erst bei Erreichen des Baufortschritts „Rohbau mit Dach“ somit „außerhalb“ des Ratenplans entgegengenommen werden.

Es kann somit die Vorgangsweise gewählt werden, dass der, an sich nach dem gesetzlichen Ratenplan erst bei Erreichen des Baufortschritts „Rohbau mit Dach“ fällig werdende, Betrag bereits vorweg vier Wochen nach Vertragsunterfertigung fällig wird, und somit kann die Zinsbelastung des Bauträgers verringert werden.

Sobald der erreichte Baufortschritt „Rohbau mit Dach“ durch den bestellten Sachverständigen geprüft wurde, ist somit der durch Bankgarantie gesicherte Betrag, der vorweg bezahlt wurde, von der schuldrechtlichen Sicherstellung in die grundbücherliche Sicherstellung „übergegangen“ und kann die ausgestellte Bankgarantie entweder an das Bankinstitut zurückgestellt werden oder im Falle einer entsprechenden Vereinbarung neuerlich zur Besicherung der weiteren Kaufpreisraten verwendet werden, die somit neuerlich „vorweg“, somit vor Erreichung des jeweiligen Baufortschrittes, verlangt werden dürfen.

Zu beachten ist, dass die Bankgarantie den Kriterien des § 8 BTVG entsprechen muss und eine entsprechende Wirksamkeitsdauer aufweist, wobei diese Wirksamkeitsdauer im Text der Bankgarantie durchaus mit dem Erreichen des jeweils laut Vertrag genannten Baufortschritts beschränkt werden könnte, da auch dann wieder der ursprünglich durch Bankgarantie besicherte Entgeltteil durch die geprüfte Erreichung des Baufortschritts und den dadurch verkörperten Wert der Liegenschaft bzw. des Bauwerkes gesichert wird.

Sollte es der Bauträger im Zuge der Abwicklung des Projektes aus welchen Gründen immer vorziehen, auf die Bankgarantie zu verzichten, so muss dieser Verzicht vereinbart sein, da es sich dabei praktisch um den Austausch von Sicherheiten handelt.

Obwohl das Gesetz darüber keine Aussage trifft, ist die Zahlung auf ein Anderkonto des Treuhänders keine ratenplanwidrige und damit verbotene Zahlung an den Bauträger, denn sie wird vom Treuhänder, der nicht der Bauträger ist, bis zur Fälligkeit gemäß den Sicherungsvorschriften verwahrt.

Die entsprechenden Bestimmungen des Bauträgervertragsgesetzes über die Fälligkeit einer Rate nach Ratenplanmethode kollidieren nicht mit den Bestimmungen des Gewährleistungsrechts. Die Ausfolgung eines zwar nach den Kriterien des BTVG fälligen Teilbetrags des Gesamtentgelts vom Erwerber kann durchaus gültig nach den Bestimmungen über Gewährleistung bzw. Zurückbehaltung des Werklohns wegen Vorliegens entsprechender Mängel an den Bauträger verweigert werden.

Demselben Gedanken folgend, wäre es allerdings mit umgekehrten Wirkungen durchaus zulässig zu vereinbaren, dass die vom Treuhänder verwahrte Bankgarantie gemäß § 8 BTVG an das Bankinstitut zurückgestellt wird, wenn der nach den Kriterien des BTVG geprüfte Baufortschritt erreicht ist. Die Bankgarantie darf somit für berechtigte Gewährleistungsansprüche des Erwerbers, die ja, sofern es sich nicht um wesentliche und unbehebbare Mängel handelt, nicht von den Schutzwirkungen des BTVG umfasst sind, nicht in Anspruch genommen werden.

Selbstverständlich wäre jede andere Kombination von Sicherungsmitteln denkbar. Die Verpflichtung zum Treuhanderlag auf ein Anderkonto des Treuhänders und zwischenzeitige Verwahrung des Geldes durch den Treuhänder bis zum Erreichen bestimmter Fertigstellungsgrade gemäß Ratenplan ist als Sicherungsmittel ebenfalls zulässig. In diesem Fall müsste eine Vereinbarung darüber getroffen werden, was mit dem Treuhandgeld zu geschehen hat, wenn das Sicherheitsbedürfnis des Erwerbers durch Insolvenz des Bauträgers oder andere vergleichbare Gründe schlagend wird.

Zu beachten ist bei allen Kombinationsmodellen, dass dem Erwerber entsprechend rechtzeitig Textmuster der zu übergebenden Bankgarantien, Bankbürgschaften etc. ausgehändigt werden, um den Erfordernissen des BTVG Genüge zu tun.

5.1.6 Haftrücklass

Der **Haftrücklass muss nur beim Erwerb des Eigentums, Wohnungseigentums oder Baurechts, nicht also beim Mietwohnungsbau vereinbart werden.** Bei Letzterem können ja die Gewährleistungsansprüche durch den Mieter im Wege der Mietzinsminderung durchgesetzt werden.

Rein kostenmäßig gesehen war die **Einführung eines 2%igen Haftrücklasses** durch das BTVG, **berechnet vom Gesamtwert** des erworbenen Projektes, also auch **einschließlich der Umsatzsteuer und zuzüglich derjenigen Beträge,** die *„der Erwerber für vom Bauträger angebotene oder vorgegebene Sonder- oder Zusatzleistungen entrichten muss“* (§ 1 Abs 1 BTVG), eine schmerzliche Neuerung im Gesetz.

Gegenüber dem früheren Geltungsbereich des BTVG bedeutete das eine **wesentliche Erweiterung der Sicherstellungspflicht des Bauträgers:** Er muss nicht nur den eigentlichen Kaufpreis oder die sonstige Gegenleistung laut Bauträgervertrag sicherstellen, sondern darüber hinaus auch diejenigen

Zusatzleistungen oder Sonderwünsche, die der Erwerber in das erworbene Objekt einbringt, wenn diese **Sonderwünsche vom Bauträger angebotene oder vorgegebene Leistungen** beinhalten.

Diese Neuerung **sollte Missbrauch dahingehend vermeiden, dass Bauträger ihre Sicherstellungspflicht unzulässig dadurch verringern, dass sie im Bauträgervertrag nur eine „Stammleistung" vereinbaren,** während wesentliche Ausbauleistungen als Sonderwünsche bzw. Zusatzbestellungen deklariert werden, die zwar bei den vom Bauträger vorgegebenen Ausführenden bestellt werden müssen oder unter Umständen gar nicht abbestellt werden können, aber eben formell als Sonderwünsche außerhalb des Haftungsbereiches des Bauträgers dargestellt werden. Solchen Missbrauch hat es zweifellos da und dort gegeben, auf der anderen Seite ist der **„normale" Sonderwunsch,** zu dem der Erwerber nicht gezwungen wird, der aber zweckmäßigerweise schon aus Haftungsgründen mit den am Bau beschäftigten Professionisten abgewickelt werden muss, durch diese Bestimmung **mit ins Schussfeld geraten.** Der mit den Konsumentenvertretern gefundene Kompromiss, wonach (nur) Sonderwünsche und Zusatzleistungen, die „vom Bauträger angeboten oder vorgegeben" werden, die Bemessungsgrundlage erhöhen und von der Sicherstellungspflicht (und dem Haftrücklass) umfasst sind, sollte ein vernünftiger Mittelweg sein.

Mit dem Haftrücklass gemäß **§ 4 Abs 4 BTVG** betrat das Gesetz aber auch ganz generell vollkommenes Neuland. **Es verließ damit den ursprünglichen Zweck,** Sicherstellung für die während der Bauphase getätigten Anzahlungen des Konsumenten bis zur Fertigstellung des Bauvorhabens zu bieten und dehnte den Sicherstellungszweck sowohl **inhaltlich,** nämlich auf den Bereich der Gewährleistung, als auch **zeitlich,** nämlich auf 3 Jahre nach Fertigstellung des Bauvorhabens, aus.

Der Haftrücklass hat in der Branche Befürchtungen genährt, dass damit zu rechnen sei, dass seitens der Erwerber Mängel konstruiert würden, um per Saldo eine Preisminderung durch Ziehung der Garantie oder Verweigerung der Auszahlung des Haftrücklasses zu erreichen.

Bei genauerer Betrachtung des seit der Novelle verstrichenen Zeitraums und der Praxis scheinen diese Befürchtungen nicht gerechtfertigt: Zunächst ist es schwer zu argumentieren, dass **Bauträger üblicherweise zwar von den Bauschaffenden Haftrücklässe einbehalten,** diese **Haftrücklässe aber nicht an den Konsumenten durchgereicht werden,** sondern alleine und ohne vertragliche Koppelung mit dem Bauträgervertrag vom Bauträger nach dessen Ermessen disponiert werden. Bei Baumängeln muss der Konsument darauf vertrauen, dass seine Haftansprüche durch den Bauträger gegenüber den Professionisten tatsächlich und so sorgfältig geltend gemacht werden, dass sie den vertraglichen Erwartungen des Konsumenten entsprechen – eine Garantie dafür hatte er bisher nicht, sondern er musste sich im Versagensfall mit sonstigen rechtlichen Mitteln behelfen. **Wieso der Bauträger also einen Haftrücklass gegenüber seinen Professionisten beanspruchen können sollte, der Konsument aber keinen gegenüber dem Bauträger, ist mit logischen Argumenten nicht erklärbar.**

Ob der Haftrücklass als **barer Rücklass** zugestanden wird **oder durch Garantie** erbracht wird, ist Geschmackssache. Dem Zinsenverlust des baren Rücklasses stehen die Garantiekosten gegenüber. Vorteil der Garantie ist es aber jedenfalls, dass ihre **Ziehung an bestimmte Verfahren oder sogar an schiedsrichterliche Vereinbarungen geknüpft werden kann,** sodass missbräuchliche Ziehung weitestgehend vermieden wird. Beim baren Haftrücklass bleibt dem Bauträger im Fall der Auszahlungsverweigerung nichts anderes übrig, als notfalls den Rechtsweg zu beschreiten, womit ungewisse Kosten verbunden sind. Insgesamt dürfte daher jedenfalls die **Sicherstellung durch Garantie dem baren Rücklass vorzuziehen sein.**

5.1.7 Baubeginn und Bauzeit

Die Vereinbarung des spätesten Übergabetermins des eigentlichen Vertragsgegenstandes und der vom Erwerber gewöhnlich nutzbaren Teile der Gesamtanlage ist wesentlicher Bestandteil des Bauträgervertrages (§ 4 Abs 1 Z 5 BTVG).

Sollte der Bauträger die Absicht haben, mit dem Bau erst nach Verkauf einer bestimmten Anzahl von Einheiten zu beginnen, so wird ihm vom Bauträgervertragsgesetz im § 6 dazu die Möglichkeit des Abschlusses einer Rücktrittsvereinbarung eingeräumt.

Gemäß § 6 Abs 1 Z 1 BTVG kann der Bauträger vereinbaren, vom Vertrag zurücktreten zu dürfen, wenn Bauträgerverträge über eine bestimmte Mindestanzahl von eigentlichen Vertragsgegenständen in einem Bauträgerprojekt oder über einen bestimmten Anteil der Gesamtnutzfläche nicht zustande kommen. Dieses Rücktrittsrecht steht dem Bauträger längstens bis 6 Monate nach der Vertragsschließung mit dem jeweiligen Erwerber zu.

In der Regel wird sich diese Bedingung auf bestimmte Anteile an der verwertbaren Wohnnutzfläche beziehen, sodass eine solche Rücktrittsvereinbarung etwa lauten könnte:

M. 4: Rücktrittsvereinbarung vom Kaufvertrag

Die kaufende Partei nimmt zur Kenntnis, dass sich die verkaufende Partei das Recht vorbehält, bis einschließlich 6 Monate ab dem heutigen Tag der Vertragsunterfertigung durch schriftliche Erklärung an den Erwerber von diesem Vertrag zurückzutreten, sollte es der verkaufenden Partei bis zu diesem Zeitpunkt nicht gelungen sein, auf der Liegenschaft geplante und baubewilligte zukünftige Wohnungseigentumseinheiten, deren Gesamtwohnnutzfläche nach den baubewilligten Plänen das Ausmaß von … m^2 übersteigt, zu veräußern.

Sollte der Rücktritt gültig erklärt werden, so sind die Vertragsparteien von jeder weiteren Verpflichtung frei. Es können aufgrund einer derartigen Rücktrittserklärung keine wechselseitigen Forderungen, aus welchem Titel immer, gestellt werden.

Sollte eine solche Bestimmung vereinbart werden, so müsste naturgemäß hinsichtlich der Bezahlung der ersten Kaufpreisrate eine korrespondierende Regelung getroffen werden.

Sollte ein Treuhänder bestellt sein, so wird dieser den Erwerber über die Rechtsnatur dieser Bedingung aufzuklären haben und wird vorgesehen werden müssen, eine allfällig nach den sonstigen Kriterien bereits fällige Kaufpreisrate nicht an den Bauträger zu bezahlen, sondern treuhändig zu erlegen, wobei in diesem Fall an den Treuhänder entsprechende Aufträge zur Verfügung über den Treuhanderlag erteilt werden müssen.

Sollte eine Bankgarantie oder Versicherung als schuldrechtliche Sicherung übergeben werden, so müsste der Rücktrittsfall des Bauträgers auch als zahlungsauslösend vereinbart werden.

5.1.8 Vertragsmuster

M. 5: Kaufvertrag über ein zu errichtendes Wohnungseigentumsobjekt

KAUFVERTRAG

abgeschlossen am unten bezeichneten Tage zwischen

1. ... (Bauträger GmbH)

   ... (Adresse)

im Folgenden „verkaufende Partei" genannt und

und

2. ... (Kunde)

   ... (Adresse)

im Folgenden „kaufende Partei" genannt, andererseits, wie folgt:

PRÄAMBEL

a) Die verkaufende Partei ist Eigentümerin der Liegenschaft EZ ...., KG ......, GB ......, bestehend aus dem Grundstück ......

b) Die kaufende Partei hat die Absicht, von der verkaufenden Partei die nachfolgend angeführten Liegenschaftsanteile zu erwerben und darauf das im beiliegenden Plan ersichtliche Vertragsobjekt Top Nr. ... samt Gartenanteil und Abstellplatz errichten zu lassen und gemeinsam mit den sonstigen Liegenschaftseigentümern bzw. Wohnungseigentumsbewerbern Wohnungseigentum zu begründen. Aufgrund des Nutzwertgutachtens des .... ergeben sich die mit den kaufgegenständlichen Wohnungseigentumsobjekten verbundenen Miteigentumsanteile mit .../... für die Wohnung und .../... für den Kfz-Abstellplatz.

1. GEGENSTAND

1.1 Kaufobjekt sind somit .../... Anteile an der Liegenschaft EZ ....., KG ......, womit das ausschließliche Recht auf Nutzung und Verfügung des in der Beilage ./1 näher bezeichneten zu errichtenden Vertragsobjektes Top Nr. ... im Ausmaß von ca. ... m^2 (ohne Keller), und .../... Anteile, womit das ausschließliche Recht auf Nutzung und Verfügung des zu errichtenden

Vertragsobjektes Kfz-Abstellplatz, dessen Lage in der Natur durch die rot schraffierte Fläche auf Beilage ./3 näher beschrieben ist, verbunden ist. Diese Objekte werden im Folgenden kurz Vertragsobjekt Top Nr. ..., bzw Kfz-Abstellplatz ... genannt.

1.2 Die verkaufende Partei verkauft und die kaufende Partei kauft die in Punkt 1.1 näher beschriebenen Vertragsobjekte.

1.3 Einvernehmlich wird festgehalten, dass beabsichtigt ist, die auf der Liegenschaft geplanten Vertragsobjekte samt ideellen Miteigentumsanteilen mit gleichartigen Verträgen an Käufer zu verkaufen oder zu vermieten.

1.4 Einvernehmlich wird weiters festgehalten, dass die verkaufende Partei Herrn/Frau RA/Notar .... zum Treuhänder gemäß § 12 Bauträgervertragsgesetz (BTVG) bestellt hat.

Die kaufende Partei nimmt ausdrücklich zur Kenntnis, dass der Treuhänder neben seinen im BTVG und diesem Vertrag definierten Pflichten im Rahmen der Abwicklung des Bauvorhabens weder für die Errichtung des Bauvorhabens noch für eine Mängelbehebung verantwortlich ist.

Die kaufende Partei nimmt weiters zur Kenntnis, dass es dem Treuhänder aus Standesgründen verboten ist, einen Vertragspartner gegen den anderen zu vertreten oder zu beraten.

1.5 Für das gegenständliche Wohnhausprojekt wurde eine Baubewilligung der Gemeinde .... zu GZ .... rechtskräftig erteilt.

1.6 Festgehalten wird, dass die vertragsgegenständliche Liegenschaft in folgender Gefahrenzone liegt: ...

2. KAUFPREIS

Der vereinbarte Kaufpreis für den Kaufgegenstand beträgt ....€

(in Worten: ....)

und ist wie folgt zur Zahlung fällig:

2.1 Ein Teilbetrag von 10%, das sind ....€

wird bei beglaubigter Unterfertigung des Vertrages beim Treuhänder .... hinterlegt, mit dem einvernehmlich unwiderruflichen Treuhandauftrag, diesen Betrag

*) nach Anmerkung der Zusage der Einräumung von Wohnungseigentum hinsichtlich des Vertragsobjektes Top ... und Kfz-Abstellplatz ... gemäß § 40 Abs 2 WEG im der Rang der Treuhänderrangordnung TZ ....,

*) Vorliegen aller Urkunden für die lastenfreie Einverleibung des Eigentums an den kaufgegenständlichen Liegenschaftsanteilen zugunsten der kaufenden Partei

auf das Konto der verkaufenden Partei zu überweisen.

Von der kaufenden Partei wird die Sicherstellung des Restkaufpreises gemäß den Pkt. 2.2–2.6 durch Vorlage einer unwiderruflichen Finanzierungszusage eines österreichischen Bankinstitutes, einer Versicherung oder einer Bausparkasse binnen drei Wochen ab Vertragsunterfertigung beim Treuhänder nachgewiesen, diese Zusage muss den Treuhänder in die Lage versetzen, ohne weitere Verständigung der kaufenden Partei die jeweiligen Teilkaufpreisraten entsprechend den Baufortschritten abzurufen und bei Vorliegen der sonstigen Voraussetzungen an die verkaufende Partei auszubezahlen.

2.2 Ein Teilbetrag von 30%, das sind ....€,

wird bei Rohbaufertigstellung samt Dacheindeckung fällig. Der Treuhänder erhält den einvernehmlich unwiderruflichen Auftrag, diesen Betrag bei Fälligkeit an die verkaufende Partei auszubezahlen.

2.3 Ein Teilbetrag von 20%, das sind ....€,
wird bei Fertigstellung der Rohinstallationen im Vertragsobjekt Top ... fällig.

2.4 Ein Teilbetrag von 12%, das sind ....€,
wird bei Fertigstellung der Fassade, der Fenster und deren Verglasung fällig.

2.5 Ein Teilbetrag von 17%, das sind ....€,
wird bei Bezugsfertigstellung und Übergabe des Vertragsobjektes Top ... fällig (Schlüsselübergabe).

2.6 Der Betrag von 9%, das sind ....€,
wird bei Fertigstellung der Außenanlagen und allgemeinen Flächen fällig.

2.7 Der Restbetrag von 2%, das sind ....€,
dient als Haftrücklass und wird nach Maßgabe des Vertragspunktes 10 zur Zahlung fällig.

Die Fälligkeit gemäß 2.2–2.7 setzt das Vorliegen der Voraussetzungen gemäß 2.1 voraus.

Die Weiterleitung der Zahlungsschritte an die verkaufende Partei gemäß Punkt 2.2–2.6 hat ausschließlich auf deren Konto Nr. .... zu erfolgen.

Die kaufende Partei nimmt zur Kenntnis, dass diese Baufortschritte dem Ratenplan B gemäß § 10 Abs 2 BTVG entsprechen.

Die Vertragsparteien sind unwiderruflich damit einverstanden, dass beim Treuhänder für die Zahlungen laut diesem Vertrag ein spezielles Anderkonto bei der .... Kontonummer .... eingerichtet wurde und die treuhändige Abwicklung des Zahlungsverkehrs den Regeln des „elektronischen Anwaltlichen Treuhandbuches/der notariellen Treuhandabwicklung" unterliegt.

Sofern Zahlungen der kaufenden Partei gemäß 2.2–2.7 sowie gemäß Pkt. 5 an den Treuhänder zu leisten sind, haben sie nur dann schuldbefreiende Wirkung, sofern sie tatsächlich auf dem vorstehend genannten Anderkonto eingehen, umgekehrt hat die kaufende Partei ihre Zahlungsverpflichtungen aus diesem Vertrag erfüllt, sobald sie sie tatsächlich auf das Anderkonto geleistet hat.

Zinsen auf dem Anderkonto kommen der verkaufenden Partei zugute, soweit sie über die Kontoführungsspesen hinausgehen oder noch nicht fällige Teilbeträge länger als drei Tage auf dem Anderkonto erliegen.

Die verkaufende Partei hat den ihrer Meinung nach erreichten Baufortschritt gemäß Pkt. 2.2–2.6 durch Übermittlung einer schriftlichen Baufortschrittsbestätigung eines sachverständigen Baufortschrittsprüfers samt Zahlungsanforderung sowohl an die kaufende Partei als auch an den Vertragserrichter bekanntzugeben. Der Vertragserrichter ist berechtigt, nach seiner Beurteilung den jeweiligen Baufortschrittsbetrag aus den bei ihm zu erlegenden Kaufpreiszahlungen an die verkaufende Partei bzw. deren Finanzierungsbank weiterzuleiten, sofern aus der Bestätigung hervorgeht, dass der bekanntgegebene Baufortschritt tatsächlich erreicht wurde und sie keinen Hinweis darauf enthält, dass die Bauleistungen, die für die Erreichung dieses Bauabschnitts zu erbringen sind, mit erkennbaren gravierenden Mängeln im Sinne des § 9 BTVG behaftet sind.

Die Überprüfung des Baufortschrittes erfolgt durch einen Baufachmann gemäß § 13 Abs 2 Bauträgervertragsgesetz (BTVG).

1. ALTERNATIVE:
Die Kombination von Bankgarantie und grundbücherlicher Sicherheit

Die Vertragsparteien vereinbaren zur Sicherung der von der kaufenden Partei geleisteten Zahlungen eine schuldrechtliche Sicherung sowie die grundbücherliche Sicherstellung des Rechtserwerbes der kaufenden Partei auf der zu bebauenden Liegenschaft in Verbindung mit der Zahlung nach Ratenplan (§§ 8, 9 und 10 Bauträgervertragsgesetz – BTVG).

Der vereinbarte Gesamtkaufpreis gemäß Pkt. 2 ist in folgenden Teilbeträgen zu den jeweils genannten Fälligkeitsterminen zur Zahlung auf das Treuhandkonto des Treuhänders fällig:

a) ...% 14 Tage ab Unterfertigung dieses Vertrages

b) ...% 60 Tage ab Unterfertigung dieses Vertrages

c) ...% 90 Tage ab Unterfertigung dieses Vertrages

Der Treuhänder erhält den unwiderruflichen Auftrag, diese Beträge an die verkaufende Partei bzw. eine garantiegebende Bank erst dann zur Überweisung zu bringen, sobald ihm eine zu Gunsten der kaufenden Partei ausgestellte Bankgarantie vorliegt.

Diese Garantie hat die Summe der gemäß a) bis c) geleisteten Zahlungen, samt Zinsen aus diesem Betrag in der Höhe von acht Prozentpunkten über dem Basiszinssatz, berechnet auf drei Jahre, zu umfassen und dadurch die von der kaufenden Partei geleisteten Zahlungen im Sinne des § 8 BTVG zu besichern und muss eine Gültigkeitsdauer bis drei Monate nach dem Übergabetermin haben.

Nach Bekanntgabe der Erreichung des Baufortschritts „Fertigstellung des Rohbaus und des Daches" durch die verkaufende Partei (§ 10 Abs 2 Z 2 BTVG) wird der beauftragte Sachverständige den Abschluss dieses Bauabschnittes nach den Kriterien des § 13 BTVG feststellen und hiervon die kaufende Partei verständigen.

Die Vertragsparteien vereinbaren, dass ein Bauabschnitt dann im Sinne des Gesetzes als fertiggestellt gilt, wenn die diesen Bauabschnitt betreffenden Leistungen jeweils laut Bau- und Ausstattungsbeschreibung nach der allgemeinen Verkehrsauffassung in der Baubranche hergestellt und frei von erkennbaren gravierenden Baumängeln sind. Welche Leistungen vom jeweiligen Bauabschnitt gemäß Ratenplan umfasst sind, ergibt sich aus der ÖNORM B2120 in der geltenden Fassung.

Nach Verständigung der kaufenden Partei vom vereinbarungskonformen Abschluss des genannten Bauabschnitts sind die bisherigen Zahlungen durch grundbücherliche Sicherstellung gemäß § 9 BTVG gesichert. Die kaufende Partei ist verpflichtet, folgende weitere Zahlungen zu leisten, die durch die vom Treuhänder verwahrte Bankgarantie besichert werden:

a) ...% des Werklohns innerhalb von 10 Tagen

b) ...% innerhalb von ... Tagen

c) ...% innerhalb von ... Tagen

Nach Bekanntgabe des Abschlusses der Bauabschnitte „Fertigstellung der Rohinstallationen" und „Fertigstellung der Fassade und der Fenster einschließlich deren Verglasung" gem. § 10 Abs 2 Z 2 BTVG hat der sachverständige Baufortschrittsprüfer die Erreichung dieses Bauzustandes nach den oben genannten Kriterien zu überprüfen und zu bestätigen sowie die kaufende Partei davon schriftlich zu verständigen. Dadurch ist erneut eine grundbücherliche Sicherstellung der Zahlungen der kaufenden Partei gemäß § 9 BTVG erfolgt.

Innerhalb von 10 Tagen ab Einlangen dieser Verständigung hat die kaufende Partei weitere ... % des Kaufpreises auf das Treuhandkonto zu bezahlen. Der Treuhänder erhält den unwiderruflichen Auftrag, diesen Betrag erst nach Vorliegen einer entsprechenden Baufortschrittsbestätigung des sachverständigen Baufortschrittsprüfers, wonach der Baufortschritt „Bezugsfertigstellung" nach den Kriterien des BTVG erreicht ist, oder eines Übergabeprotokolls, das keine Mängelrügen der kaufenden Partei hinsichtlich wesentlicher oder unbehebbarer Mängel enthält, an die verkaufende Partei weiterzuleiten. Sollte die kaufende Partei die Unterfertigung eines Übergabeprotokolls oder die Übernahme des Objekts selbst verweigern, so ist der Bauabschnitt „Bezugsfertigstellung" durch den Bausachverständigen nach den oben genannten Kriterien des BTVG festzustellen. Der Treuhänder ist im Falle der positiven Baufortschrittsbestätigung berechtigt, den gesamten vom Sachverständigen freigegebenen Betrag an die verkaufende Partei weiterzuleiten, da insoweit wieder eine grundbücherliche Sicherstellung gemäß § 9 BTVG erreicht wurde.

Sollte in dem Übergabeprotokoll ein Mängeleinbehalt vereinbart worden sein, so ist der diesbezügliche Betrag bis zur Freigabe durch die kaufende Partei zu verwahren.

Die restlichen ... % des Kaufpreises sind innerhalb von ... Tagen ab Bezugsfertigstellung bzw. Innenübergabe auf das Treuhandkonto zu bezahlen. Sie sind bis zur Fertigstellung der „Außenanlagen" bzw. Behebung der Mängel laut Übergabeprotokoll vom Treuhänder zu verwahren.

Der Treuhänder wird unwiderruflich beauftragt, die vorstehend genannte Bankgarantie gemäß § 8 BTVG zu verwahren und diese an die kaufende Partei herauszugeben, sobald sie die Geltendmachung von Rückforderungsansprüchen behauptet. Die verkaufende Partei ist vom Treuhänder von der Rückgabe der Bankgarantie an die kaufende Partei zu verständigen.

Mit der Überprüfung der Erreichung des jeweiligen Baufortschritts wird voraussichtlich der gerichtlich beeidete Sachverständige ... beauftragt, die verkaufende Partei bzw. der Treuhänder sind aber in der Bestellung einer geeigneten anderen Person ungebunden.

Die Vertragsparteien stellen einvernehmlich fest, dass durch die Freigabe einer Baufortschrittszahlung die Gewährleistungsansprüche der kaufenden Partei, die erst mit Übergabe des Kaufobjekts entstehen, nicht berührt werden.

2. ALTERNATIVE:
Die „vorzeitige" Zahlung auf ein Anderkonto des Treuhänders

ANMERKUNG: Die Zahlung eines bestimmten Kaufpreisteilbetrages auf das Anderkonto des Treuhänders bei Erreichen eines nicht im Ratenplan gemäß § 10 BTVG enthaltenen Baufortschritts „Fertigstellung des Estrichs" ist unter den genannten Voraussetzungen auch vor Erreichen der jeweils geprüften Baufortschritte gemäß § 10 BTVG gültig bzw. darf auch verlangt werden.

Die Weiterleitung vom Anderkonto an den Bauträger darf erst bei Vorliegen der entsprechenden Sicherheiten erfolgen, beispielsweise bei Erreichen des Baufortschritts „Bezugsfertigstellung".

3. GESTALTUNG, AUSSTATTUNG

Die Gestaltung des Vertragsobjektes richtet sich nach folgenden beigeschlossenen Urkunden:

a.) Wohnungsplan (Beilage ./1)

b.) Bau und Ausstattungsbeschreibung (Beilage ./2)

c.) Lageplan (Beilage ./3)

4. BAUBEGINN, BAUZEIT

4.1 Die Übergabe des Kaufobjekts Top ... gemäß Punkt 1.1 an die kaufende Partei im Zustand laut Bau- und Ausstattungsbeschreibung (Beilage./2) hat spätestens am .... zu erfolgen.

Die Fertigstellung und Übergabe der für die kaufende Partei gewöhnlich nutzbaren Teile der Liegenschaft sowie des Kfz-Abstellplatzes erfolgen spätestens am ..... Die Fertigstellungsanzeige hat danach innerhalb von einem Monat zu erfolgen.

4.2 Streiks oder sonstige Ereignisse höherer Gewalt, die von der verkaufenden Partei nicht zu beeinflussen sind, berechtigen diese zur entsprechenden angemessenen Verlängerung der Bauzeit.

4.3 Die verkaufende Partei hat die kaufende Partei mittels eingeschriebenen Briefes an die im Vertrag angegebene oder später bekanntgegebene Adresse vom Übergabetermin des Vertragsobjektes Top ... mindestens zwei Wochen vorher zu verständigen und für die Übergabe drei Termine an Werktagen im Zeitraum 9.00 bis 18.00 Uhr vorzuschlagen. Falls die kaufende Partei oder ein von ihr bevollmächtigter Vertreter den Übergabetermin schuldhaft nicht wahrnimmt, gilt das Vertragsobjekt Top ... zum bekanntgegebenen Termin als übergeben.

4.4 Werden bei Übergabe des Vertragsobjektes Top ... Mängel festgestellt, so sind diese im Übergabeprotokoll zu vermerken.

4.5. Bei der Übergabe festgestellte Mängel hindern die Übergabe nicht, sofern diese Mängel eine Benützung des Vertragsobjektes Top ... zu Wohnzwecken nicht hindern. In das Übergabeprotokoll sind auch jene Beträge aufzunehmen, die vom Treuhänder einvernehmlich als Depot für die Behebungskosten der im Protokoll verzeichneten Mängel einzubehalten und zu verwahren sind, bis diese Mängel beseitigt wurden.

5. ÄNDERUNGEN UND ZUSATZAUFTRÄGE

Änderungswünsche und Zusatzaufträge, die die Ausstattung betreffen, können der verkaufenden Partei nach Vertragsunterfertigung bekanntgegeben werden und können nur berücksichtigt werden, wenn dies baulich und technisch möglich ist. Diesfalls verlängern sich die in Punkt 4.1 genannten Fristen im angemessenen Ausmaß.

Änderungen der Gestaltung und der Ausstattung des Vertragsobjektes Top ... sind mit den von der verkaufenden Partei mit der Werkerstellung beauftragten Professionisten direkt zu vereinbaren. Die verkaufende Partei ist davon von der kaufenden Partei unter Übersendung einer Kopie des Auftrages zu verständigen. Mit derartigen Änderungsarbeiten darf erst nach schriftlicher Genehmigung durch die verkaufende Partei begonnen werden, widrigenfalls eine Haftung der verkaufenden Partei für die Einhaltung des Fertigstellungstermins entfällt. Für derartige Arbeiten trifft die verkaufende Partei dann keine Haftung, wenn sie durch von der kaufenden Partei direkt beauftragte Professionisten durchgeführt werden. Vor Übergabe des Vertragsobjektes Top ... an die kaufende Partei dürfen ohne Zustimmung der verkaufenden Partei mit Änderungen und Zusatzaufträgen keine Fremdfirmen beauftragt werden. Die verkaufende Partei wird die von der kaufenden Partei bekanntgegebenen Zahlungen für derartige Sonderwünsche und Ausstattungsänderungen durch Ergänzung des Ratenplans besichern. Die Zahlung der jeweiligen Entgelte an die von der verkaufenden Partei vorgegebenen Professionisten erfolgt nach Maßgabe des Ratenplans für das Gesamtobjekt. Es sind jene Teilbeträge der Sonderwunschrechnung, die zum Zeitpunkt der Rechnungslegung durch den Professionisten nach Maßgabe des Ratenplans fällig sind, zu bezahlen, die restlichen Beträge sind nach Maßgabe der Fälligkeit der weiteren Baufortschrittsraten fällig.

Sofern die verkaufende Partei selbst mit der Vornahme einer Ausführungsänderung oder eines Sonderwunsches beauftragt wird, wird sie mit den diesbezüglichen Arbeiten nur beginnen, wenn spätestens innerhalb von 8 Tagen ab Verständigung der kaufenden Partei von der Annahme des Auftrages der Preis für die beauftragte Ausführungsänderung beim Treuhänder erlegt wird. Der Treuhänder erhält mit dem Erlag den unwiderruflichen Auftrag, diesen Betrag nach Maßgabe der Fälligkeit der Baufortschrittsraten für das gesamte Kaufobjekt an die verkaufende Partei auszubezahlen.

6. GEWÄHRLEISTUNG

6.1 Die verkaufende Partei haftet für das Ausmaß des in Beilage ./1 dargestellten Vertragsobjektes Top ... insofern, als nach Naturmaßaufnahme der Rohbaumasse eine Differenz von mehr als 3 %, maximal 1 m^2, zur im Plan Beilage ./1 ausgewiesenen Wohnnutzfläche nach unten festgestellt werden sollte. Ausführungsänderungen durch die kaufende Partei sind dabei zu berücksichtigen. Die verkaufende Partei leistet Gewähr dafür, dass die kaufgegenständlichen Liegenschaftsanteile mit Ausnahme der den Liegenschaftseigentümer treffenden öffentlichen rechtlichen Pflichten frei von bücherlichen und außerbücherlichen Lasten ins Eigentum der kaufenden Partei übergehen bzw. aus dem Kaufpreis lastenfrei gestellt werden.

6.2 Die verkaufende Partei übernimmt die Gewährleistung im gesetzlichen Umfang auf die Dauer von 3 Jahren ab Übergabe und haftet insbesondere für die technisch und fachlich sichere, sorgfältige und einwandfreie Ausführung des Vertragsobjektes Top ... und des Kfz-Abstellplatzes nach Maßgabe der Bau- und Ausstattungsbeschreibung und der Pläne, sie haftet für die Verwendung qualitativ einwandfreier und zweckentsprechender Baustoffe sowie für eine einwandfreie Funktion gelieferter Gegenstände, Anlagen und Einrichtungen.

Bei Übergabe des Vertragsobjektes Top ... gemäß Pkt. 4.3 wird der kaufenden Partei eine Liste jener Professionisten übergeben, die das Vertragsobjekt Top ... errichtet haben. Gewährleistungs- und Schadenersatzansprüche wegen Mängeln können zusätzlich auch gegen jene Unternehmen geltend gemacht werden, die den Mangel herbeigeführt haben. Die verkaufende Partei tritt der kaufenden Partei diese Ansprüche über Verlangen ab.

7. NUTZUNGSRECHT

Die verkaufende Partei räumt der kaufenden Partei vom Zeitpunkt der jeweiligen Übergabe das ausschließliche Nutzungs- und alleinige Verfügungsrecht über das kaufgegenständliche Vertragsobjekt Top ... und den Kfz-Abstellplatz ... ein.

8. WOHNUNGSEIGENTUM

Die kaufende Partei übernimmt die Rechte und Pflichten aus dem für die Liegenschaft bereits abgeschlossenen Wohnungseigentumsvertrag.

9. AUFSANDUNG

Die verkaufende Partei erteilt ihre ausdrückliche und unwiderrufliche Zustimmung, dass ohne ihr weiteres Wissen und Einvernehmen, jedoch nicht auf ihre Kosten, ob den verkauften .../... Anteilen an der Liegenschaft EZ ...., KG ...., mit welchem untrennbar Wohnungseigentum an der Wohnung Top ... bzw. ob den verkauften .../... Anteilen an der Liegenschaft EZ ...., KG ...., mit welchem untrennbar Wohnungseigentum am Kfz-Abstellplatz ... verbunden ist, das Eigentumsrecht für .... einverleibt werde.

10. HAFTRÜCKLASSGARANTIE

Die kaufende Partei ist berechtigt, den oben unter Vertragspunkt 2.7 genannten Kaufpreisteilbetrag (Haftrücklass) zur Sicherung allfälliger Gewährleistungs- und Schadenersatzansprüche auf Grund mangelhafter Bauleistung für die Dauer von drei Jahren ab der Übergabe der kaufgegenständlichen Eigentumswohnung (des eigentlichen Vertragsgegenstandes) einzubehalten.

Dieser Betrag wird aber vorzeitig zur Zahlung fällig, sobald die verkaufende Partei der kaufenden Partei eine Bankgarantie über einen gleich hohen Betrag und mit gleicher Laufzeit übergibt, durch die die kaufende Partei in die Lage versetzt wird, anstelle des einbehaltenen Kaufpreisteilbetrages den durch die Garantie gesicherten Betrag im erforderlichen konkreten Ausmaß zur Befriedigung der oben genannten Gewährleistungs- und Schadenersatzansprüche von der Bank abzurufen und entsprechend zu verwenden.

Die kaufende Partei darf von dieser Garantie Gebrauch machen, sofern die Verkäuferin ihren Gewährleistungs- und Schadenersatzverpflichtungen gemäß den §§ 922–933a ABGB trotz schriftlicher Aufforderung der kaufenden Partei unter Fristsetzung nicht rechtzeitig nachgekommen ist.

Die Inanspruchnahme der Garantie ist mit jenem Betrag begrenzt, der zur Bezahlung der gerechtfertigten Gewährleistungs- und Schadenersatzansprüche der kaufenden Partei notwendig ist, sollten diese gerechtfertigten Ansprüche geringer sein als der Garantiebetrag.

11. DIVERSES

11.1 Die Parteien verpflichten sich, sämtliche ihnen aus diesem Vertrag auferlegten Verpflichtungen auch auf ihre Rechtsnachfolger im Besitz bzw. Eigentum der vertragsgegenständlichen Liegenschaft zu übertragen und diese ihrerseits zu verpflichten, die Verpflichtungen auch auf alle weiteren Nachfolger zu überbinden.

11.2 Die in der Beilage ./5 detaillierten Kosten und Abgaben, die im Zusammenhang mit der Errichtung und grundbücherlichen Durchführung dieses Vertrages entstehen, insbesondere die Kosten der Unterschriftsbeglaubigung, eine Grunderwerbsteuer, die gerichtliche Eintragungsgebühr und die anteiligen Kosten der Nutzwertfestsetzung trägt die kaufende Partei.

11.3 Die kaufende Partei verpflichtet sich, der verkaufenden Partei Adressenänderungen rechtzeitig bekanntzugeben.

12. INLÄNDERERKLÄRUNG

Formulierung je nach den Grundverkehrsgesetzen der Bundesländer.

13. GRUNDERWERBSTEUER

Die kaufende Partei verpflichtet sich, die durch den Treuhänder mittels „Selbstberechnung der Grunderwerbsteuer" errechnete Grunderwerbsteuer sowie Eintragungsgebühr in der Höhe von € .... binnen vierzehn Tagen auf das Konto des Treuhänder Kto.Nr. .... bei der .... zur Einzahlung zu bringen. Im Falle des rechtzeitigen Erlags ist der Treuhänder beauftragt, die erforderlichen Erklärungen zur Selbstberechnung abzugeben und die Grunderwerbsteuer und Eintragungsgebühr bei Fälligkeit zu bezahlen.

Die kaufende Partei nimmt zur Kenntnis, dass jene Beträge, die zur Abgeltung von Sonderwunschaufträgen und Herstellung von Ausstattungsänderungen an die verkaufende Partei oder an von ihr vorgegebene Professionisten bezahlt wurden, die Bemessungsgrundlage für die Grunderwerbsteuer und Eintragungsgebühr entsprechend erhöhen. Die kaufende Partei nimmt zur Kenntnis, dass der Treuhänder verpflichtet ist, derartige ihm bekanntgegebene Beträge dem Finanzamt für Gebühren und Verkehrsteuern zwecks Bemessung und Vorschreibung einer ergänzenden Grunderwerbsteuer bekanntzugeben.

5.1.9 Der Kaufvertrag über eine Wohnung in einem durchgreifend zu erneuernden Altobjekt

Gemäß § 2 Abs 1 ist das Bauträgervertragsgesetz auch auf Verträge anzuwenden, mit welchen das Eigentum, das Wohnungseigentum, das Baurecht, das Bestandrecht oder ein sonstiges Nutzungsrecht einschließlich Leasing an durchgreifend zu erneuernden Gebäuden, Wohnungen oder Geschäftsräumen übertragen bzw. erworben werden sollen.

Zu beachten ist, dass das Bauträgervertragsgesetz nur auf solche Verträge anzuwenden ist, die eine Baufortschrittszahlung in der „Bauphase" vorsehen, allerdings erhebt sich dann die Frage, ob das Bauträgervertragsgesetz auf solche Verträge anzuwenden ist, bei denen der Baufortschritt bereits über das vorstehend genannte Stadium hinausgegangen ist und der Bauträger daher erst zu einem späteren Zeitpunkt mit der Verwertung überhaupt beginnt.

Da das Bauträgervertragsgesetz auf das Objekt selbst und nicht auf das Verwertungsstadium abstellt und es beim Neubau unbestritten ist, dass der Verkauf etwa einer Wohnung in einem bereits im fortgeschrittenen Stadium der Errichtung befindlichen Neubauobjekt dennoch dem Bauträgervertragsgesetz unterliegt, sogar wenn die Verwertung erst nach Erreichen des Baufortschritts „Rohbau mit Dach“ erfolgt, wird auch beim Sanierungsobjekt zu prüfen sein, ob diese Wohnung oder das gesamte Haus, in dem die Wohnung liegt, vor Beginn der Sanierungsarbeiten „durchgreifend zu erneuern“ war.

Ist dies der Fall, so wird die Verwertung dieses Objekts auch in einem späteren Stadium vor Fertigstellung dem BTVG unterliegen.

M. 6: Präambel zu einem Kaufvertrag über eine Wohnung in einem durchgreifend zu erneuernden Altobjekt

PRÄAMBEL

Die verkaufende Partei ist Eigentümerin der Liegenschaft EZ ... KG ..., auf welcher ein Wohnhaus errichtet ist. Für dieses Wohnhaus wurde die Baubewilligung vor dem 1. 1. 1978 erteilt. Die verkaufende Partei beabsichtigt, dieses Wohnhaus im Sinne des § 2 Abs 1 BTVG durchgreifend zu erneuern und die darin befindlichen Wohnungseigentumsobjekte mittels gleichartiger Verträge an Wohnungseigentumsbewerber zu veräußern. Für die Umbau- und Sanierungsarbeiten wurde eine Baubewilligung zur GZ ... erteilt, die am ... rechtskräftig wurde. Die verkaufende Partei hat mit den Sanierungs- und Umbauarbeiten die Firma ... (oder: gewerberechtlich befugte Professionisten) beauftragt.

In der Präambel wird einerseits darauf hingewiesen, dass es sich um ein Objekt handelt, das älter als 20 Jahre ist, somit auch dem § 37 Abs 4 WEG 2002 unterliegt, andererseits „durchgreifend“ erneuert wird, somit auch den Bestimmungen des BTVG unterliegt. Ähnlich wäre der Vertrag zu gestalten, wenn nicht das gesamte Haus, sondern lediglich die vertragsgegenständliche Wohnungeigentumseinheit „durchgreifend“ zu erneuern wäre.

Da die durchgreifende Erneuerung nach dem Willen des Gesetzgebers zumindest bei Erreichung des Baufortschritts „Rohbau mit Dach“ einsetzt, kann bei der Formulierung einer entsprechenden Vertragsbestimmung davon ausgegangen werden, dass dieser Baufortschritt bei Beginn der Arbeiten bereits als erreicht anzusehen ist.

Selbstverständlich könnte die durchgreifende Erneuerung auch in einem „früheren“ Stadium einsetzen, in diesem Fall wäre bei Vertragsunterfertigung, grundbücherlicher Sicherstellung und Baubeginn wohl nur der 10%ige Anteil des Kaufpreises gemäß Ratenplan B fällig und müsste ein weiterer

Zahlungsschritt bei Erreichen des Baufortschritts „Fertigstellung Rohbau und Dach“ festgelegt werden.

Zu beachten ist, dass das Gesetz ausdrücklich normiert, dass die Ratenplanmethode auf durchgreifende Erneuerung von Altbauten sinngemäß anzuwenden ist (§ 10 Abs 4 BTVG)!

Die Fälligkeit der ersten Kaufpreiszahlung von maximal 40 % des Gesamtkaufpreises (Ratenplan B) muss den gesetzlich normierten Sicherheitskriterien folgen, nämlich nach Anmerkung gemäß § 40 Abs 2 WEG 2002 (obligatorisch), Anmerkung der Treuhänderrangordnung gemäß § 42 WEG 2002 (nicht obligatorisch, aber zu empfehlen), Gewährleistung der Lastenfreiheit (obligatorisch gemäß § 9 Abs 3 BTVG).

In diesem Fall geht der Pfandgläubiger, der in der Regel die Baukosten des Umbaus finanziert, sicher, dass er für den Fall der mängelfreien Fertigstellung des Bauvorhabens den vollen Lastenfreistellungsbetrag erhält.

Sollte das durchgreifend zu erneuernde Projekt älter als 20 Jahre sein (Rechtskraft der Baubewilligung), so ist ungeachtet der durchgreifenden Erneuerung jedenfalls auch der § 37 Abs 4 WEG 2002 zu berücksichtigen. Eine diesbezügliche Vertragsbestimmung könnte wie folgt lauten:

M. 7: Vertragsklausel zum Ausschluss von Erhaltungsarbeiten

> Im Hinblick darauf, dass für das gegenständliche Haus die Baubewilligung vor dem 1. 1. 1978 erteilt wurde, wird zwischen den Vertragsparteien das Gutachten des Dipl.-Ing. ... vom ... als integrierender Bestandteil des Vertrages Beilage ./3 vereinbart, aus welchem hervorgeht, dass im Hinblick auf die durchgreifende Erneuerung der allgemeinen Teile des Hauses notwendige Erhaltungsarbeiten in absehbarer Zeit nicht erforderlich sein werden.

Inhaltlich stellt § 37 Abs 4 WEG 2002 eine Erweiterung der Gewährleistungspflicht des Wohnungseigentumsorganisators dar.

Im vorliegenden Beispiel hilft dem Bauträger bzw. Wohnungseigentumsorganisator die Tatsache der durchgreifenden Erneuerung des Wohnhauses nach den Bestimmungen des BTVG nichts. Ist das Wohnhaus aufgrund einer älter als 20-jährigen Baubewilligung errichtet worden, so ist jedenfalls das entsprechende Gutachten zu übergeben.

Das Gutachten darf nicht älter als 1 Jahr sein. Dem gesetzlichen Erfordernis, das Gutachten in den Kaufvertrag einzubeziehen, wird durch die Definition als „integrierender Bestandteil“ und der Beilagenbezeichnung Rechnung getragen.

Die erweiterte Gewährleistungsverpflichtung des Bauträgers für den Fall der Unterlassung einer derartigen Gutachtenserstellung bzw. Einbeziehung in den Kaufvertrag ist gesetzlich geregelt, der Bauträger haftet in einem solchen Fall für einen Erhaltungszustand der allgemeinen Teile des Hauses, die in den nächsten 10 Jahren keine größeren Erhaltungsarbeiten erfordern.

Der Sachverständige gem. § 37 Abs 4 WEG 2002 ist jedenfalls als Erfüllungsgehilfe des Wohnungseigentumsorganisators/Bauträgers anzusehen, ein schuldhaft unrichtig erstelltes Gutachten führt daher zu Schadenersatzansprüchen sowohl gegenüber dem Sachverständigen als auch gegenüber dem Bauträger.

5.2 Mietvertrag und BTVG

Im Falle der Vermietung neu zu errichtender oder auch durchgreifend zu erneuernder – nicht wohnbaugeförderter – Objekte, ist die schuldrechtliche Sicherstellung gemäß § 8 BTVG für allfällig in der Bauphase vom Mieter zu leistende Baukostenzuschüsse, Mietzinsvorauszahlungen etc. zwingend vorzusehen.

Eine solche Bestimmung könnte etwa lauten:

M. 8: Schuldrechtliche Sicherstellung

> Der Mieter bezahlt 50 % des Baukostenzuschusses/der Mietzinsvorauszahlung bei Vertragsunterfertigung und erhält dafür Zug um Zug eine Bankgarantie der … Bank über einen Betrag, der der bezahlten Summe zuzüglich 36 % (8 % Zinsen über dem Basiszinssatz müssen für die nächsten 3 Jahre geschätzt werden) entspricht. Der Mieter ist berechtigt, von dieser Bankgarantie Gebrauch zu machen, sollte über das Vermögen der Vermieterin das Insolvenzverfahren eröffnet werden und der Insolvenzverwalter berechtigt den Eintritt in den Mietvertrag ablehnen oder sonst die vertragsgemäße Fertigstellung der gegenständlichen Wohnung und auch der von der Sanierung betroffenen allgemeinen Teile des Hauses aus Gründen, die nicht beim Mieter liegen, innerhalb der im Vertrag vereinbarten Frist unmöglich sein.

Wie bereits ausgeführt, muss die schuldrechtliche Sicherstellung im Sinne des § 8 BTVG die bezahlte Summe zuzüglich dreijährig rückständiger Zinsen sichern.

Nach dem derzeit geltenden Basiszinssatz dürfte ein ca. 36%iger Zuschlag zur bezahlten Summe jedenfalls ausreichend sein. Die schuldrechtliche Sicherstellung hat gemäß § 8 BTVG eine Laufzeit bis zum Ende der Sicherungspflicht des Bauträgers, somit bis zur Übergabe der fertiggestellten Wohnung zu dauern.

Im Falle der Sicherstellung gemäß § 8 BTVG ist der Bauträger nicht auf den Zahlungsplan gemäß § 10 BTVG (Ratenplanmethode) beschränkt, theoretisch könnte die Bezahlung des gesamten Kaufpreises (der gesamten Mietzinsvorauszahlung, des gesamten Baukostenzuschusses, der gesamten legalen Ablöse etc.) verlangt werden.

Die Sicherung des Erwerbers kann auch dadurch gewährleistet werden, dass Zahlungen des Erwerbers auf ein bei einem Kreditinstitut treuhändig für Rechnung des Erwerbers geführtes Konto des Bauträgers erfolgen und mit dem Kreditinstitut zu Gunsten des Erwerbers vereinbart ist, dass der Bauträger über diese Zahlungen und die angewachsenen Zinsen erst nach der tatsächlichen Übergabe des fertiggestellten Vertragsobjektes unter Sicherung der Erlangung der vereinbarten Rechtsstellung verfügen kann (§ 7 Abs 6 Z 2 BTVG).

Auch im Falle einer Sicherstellung nach dieser Bestimmung kann ein beliebiger Zahlungsplan vereinbart werden.

5.3 Die Bauträgervertrags-ÖNORM

Die ÖNORM B 2120 „Mindesterfordernisse für einen Bauträgervertrag" wurde in der Fassung 5/2012 in aktualisierter Form veröffentlicht. Vor allem im Bereich der Definition der Baufortschritte wurde versucht, viele in der Praxis diskutierten Abgrenzungsprobleme in eine „normgerechte" Regelung zu fassen. Auch Mustertexte für Treuhandvereinbarungen sind im Rahmen des „informativen Teils" enthalten. Die Anwendung dieser ÖNORM verlangt – wie bei allen „rechtlichen" ÖNORMEN – eine entsprechende Vereinbarung der Vertragspartner, sie gilt nicht „automatisch".

5.3.1 Inhalt und Anwendungsbereich der ÖNORM B 2120

Die ÖNORM enthält allgemeine Empfehlungen über die Mindestinhalte für Bauträgerverträge nach dem Bauträgervertragsgesetz (BTVG) zum Schutz der Erwerber. Sie gilt daher nur dann, wenn der Erwerber gemäß Bauträgervertrag vor Fertigstellung des Bauwerkes Zahlungen von mehr als 150,– € pro m^2 Nutzfläche für die Errichtung oder durchgreifende Erneuerung an den Bauträger leisten muss, wobei auch Zahlungen an Dritte zu berücksichtigen sind, die der Erwerber für vom Bauträger angebotene oder vorgegebene Sonder- oder Zusatzleistungen entrichten muss.

Die ÖNORM B 2120 ist rechtlich nicht verbindlich, ist aber genauso wie die ÖNORM B 1801-1 über die Kostengliederung *(siehe Kapitel 2.2)* eine wichtige Interpretationshilfe bei Streitigkeiten. Ein wesentlicher Teil der ÖNORM befasst sich mit Definitionen, die für die Anwendung des BTVG wichtig sind:

• Bauträgervertrag (gemischter Vertrag)

Vertrag über den Erwerb des (Mit-)Eigentums, Wohnungseigentums, des Baurechts, des Bestandrechts oder jedes sonstigen Nutzungsrechts an zu errichtenden oder durchgreifend zu erneuernden Gebäuden, Wohnungen oder Geschäftsräumen.

Ein Bauträgervertrag liegt auch dann vor, wenn zwar der Erwerber sein Recht an der Liegenschaft von einem Dritten erwirbt, dieser Vertrag aber mit dem Vertrag über die Errichtung oder durchgreifende Erneuerung des Gebäudes, der Wohnung oder des Geschäftsraums eine wirtschaftliche Einheit bildet.

• Bauträger

Bauträger ist, wer die wirtschaftliche, rechtliche und organisatorische Verantwortung im eigenen Namen oder im Rahmen einer Gesamtvertretung übernimmt, gleichgültig ob dies für eigene oder fremde Rechnung erfolgt, und wer damit Vertragspartner des Bauträgervertrages ist. Dieser Begriff muss sich jedoch nicht mit jenem des Gewerberechts decken. Der Bauträger kann auch Wohnungseigentumsorganisator im Sinne des WEG 2002 sein.

• Vertragsgegenstand im Sinne von § 4 Abs 1 Z 1 BTVG

Die dem Erwerber einzuräumenden Rechte an Gebäuden, Wohnungen oder sonstigen selbständigen Räumlichkeiten samt vertragsgemäßem Zubehör, auf die sich der Bauträgervertrag bezieht (eigentlicher Vertragsgegenstand), sowie die notwendigerweise oder widmungsgemäß mit deren Nutzung verbundenen Benutzungsrechte an Gemeinschaftseinrichtungen der Liegenschaft (gewöhnlich nutzbare Teile der Gesamtanlage). Beispiele für Zubehör sind Gärten oder

Kellerabteile. Hinsichtlich Abstellplätzen für Kraftfahrzeuge wird jedenfalls empfohlen, den Erwerb in Vertragseinheit mit dem eigentlichen Vertragsgegenstand zu regeln.

• Durchgreifende Erneuerung

Sanierungs- beziehungsweise Umbaumaßnahmen, die über den Umfang der wohnungsinnenseitigen Sanierung dadurch hinausgehen, dass etwa Grundrissveränderungen und Änderung an der technischen Infrastruktur des Hauses und der Erschließung vorgenommen werden und dass vor allem Eingriffe in die konstruktive Substanz, insbesondere Deckenauswechslungen, Dachgeschoßausbau, Veränderungen von Wohnungszwischen- und sonstigen tragenden Wänden stattfinden. Diese Maßnahmen erfordern in der Regel Kosten, die wenigstens die Hälfte der Neubaukosten betragen. Ausgangswert ist hiebei der zuletzt verlautbarte Wohnbaukostenrichtwert der Bundesinnung der Baugewerbe, verknüpft mit dem Baukostenindex Wohnhaus/Siedlungsbau, bezogen auf die gelegene Sache. Diese Kosten umfassen den bekannten Erneuerungsaufwand für den Vertragsgegenstand einschließlich der anteiligen Kosten für die Herstellung des bedungenen Zustandes der allgemeinen Teile der Liegenschaft.

• Pläne und Ausstattung

Planunterlagen, die Grundlage des Bauträgervertrages sind; sowie der schriftlich bedungene Liefer-Herstellungsumfang (Leistungsumfang).

• Baubeginn

Tatsächlicher Beginn der Bauarbeiten, im Falle des Neubaues der Aushub, im Fall der durchgreifenden Erneuerung entsprechende Vorbereitungsarbeiten einschließlich allfälliger Abbrucharbeiten.

• Baufortschritt

Ergebnis der Beurteilung gemäß § 10 BTVG (Zahlung nach Ratenplan).

• Fertigstellung des Rohbaus und des Daches

Grad der Fertigstellung, bei dem die tragenden Teile, Rauch- und Abgasfänge, Brandwände, Stiegenhäuser und die Dachkonstruktionen samt (erster) Abdichtung fertig gestellt sind.

• Rohinstallation

Grad der Fertigstellung, bei dem zumindest die Verrohrungen von Gas-, Heizungs-, Wasser-, Abwasser- und Elektroleitungen im Gebäude samt Anschlussmöglichkeiten des Vertragsgegenstandes fertig gestellt sind.

• Bezugsfertigstellung

Grad der Fertigstellung, bei dem der Vertragsgegenstand im bedungenen Zustand fertig gestellt und dessen Benutzbarkeit samt Zugang und Zufahrt zum Gebäude ohne wesentliche Behinderung möglich ist.

• Übergabe, Übernahme

Vorgang, mit dem der Vertragsgegenstand in der vereinbarten Form aus dem Gewahrsam des Bauträgers in den Gewahrsam des Erwerbers zur Nutzung durch diesen übergeht. Siehe dazu detailliert die ÖNORM B 2120 in der Fassung 2008.

• Zustand

Bedungener Fertigstellungs- oder Erhaltungsgrad der Ausstattung oder Minderausstattung.

Der Volltext der ÖNORM B 2120 ist kostenpflichtig beim Österreichischen Normungsinstitut (ON [Austrian Standards Institute]), Heinestraße 38, 1020 Wien, erhältlich (www.as-search.at).

5.3.2 Vertragstypen der ÖNORM

Ohne Anspruch auf Vollständigkeit erwähnt die **ÖNORM** folgende **Vertragstypen,** die in ihrem Geltungsbereich auftreten können:

- Kaufvertrag/Wohnungseigentums-Vertrag
- Mietvertrag (genossenschaftliche Nutzung) mit und ohne Kaufoption
- Auftrag und Werkvertrag
- Baurechtsvertrag
- Gesellschaftsvertrag (ABGB)
- Pachtvertrag
- Teilzeitnutzungsvertrag (Time-Sharing)

- Mietkauf und Leasing
- sonstige (gemischte) Verträge

Die **Vertragspartner des Bauträgervertrages** sind:

- der Bauträger
- allfällige Vertragspartner in wirtschaftlicher Einheit zum Bauträger
- der Erwerber

Mindestinhalt für jeden Bauträgervertrag ist im Sinne der ÖNORM die möglichst genaue und zweifelsfreie Beschreibung des Vertragsgegenstandes. Dazu gehört jedenfalls die Beschreibung der Liegenschaft selbst hinsichtlich ihrer relevanten Grundbuchsdaten, Adresse und Widmung beziehungsweise Benützungsart.

Das konkrete Objekt, das erworben werden soll (die Wohnung, das Lokal oder der sonstige Raum) ist mit entsprechenden Planunterlagen genau zu spezifizieren. Im Normalfall werden Pläne im Mindestmaßstab 1:100 zu übergeben sein. Zubehörflächen, wie freie Abstellplätze, Hausgärten etc. sollten zumindest im Maßstab 1:200 ausgewiesen werden.

Um dem Erwerber eine Übersicht über die räumliche Situation der Gesamtanlage zu geben, sollte ein Übersichtsplan im Mindestmaßstab 1:200 über das Geschoß beigestellt werden. Er sollte auch die Kennzeichnung des Objektes hinsichtlich seiner Widmung beinhalten, weiters sollte die Lage des Objektes innerhalb der Gesamtanlage erkennbar sein. Wenn sich besonders gewidmete Gemeinschaftsräumlichkeiten (zum Beispiel Waschküchen oder Sauna) in anderen Gebäuden beziehungsweise Stiegenhäusern befinden, so ist auch dies planlich darzustellen. Ein Lageplan mit Kennzeichnung der Bau- und Gemeinschaftsflächen im Mindestmaßstab 1:500 sollte jedenfalls Bestandteil des Vertrages sein.

Die **Bau- und Ausstattungsbeschreibung** *(siehe auch Kapitel 6.4)* sollte grundsätzlich folgendermaßen gegliedert sein:

- Art der Bauführung (Neubau, Aufstockung, durchgreifende Erneuerung)
- Aufschließung der Liegenschaft, Art der Objekte sowie Gemeinschaftseinrichtungen, Räume und Anlagen
- Beschreibung des Bauwerks

- Bauablaufplan:
  Stand des Bauverfahrens und spätester Übergabetermin

- Beschreibung des einzelnen Vertragsgegenstandes:
  Ausstattungsbeschreibung sowie Erläuterungen über die Voraussetzungen für allfällige Abänderungen der Ausstattungsbeschreibung und das Verfahren für die Handhabung von Sonderwünschen beziehungsweise die genaue Definition allfälliger Selbstausbauverpflichtungen

- Beschreibung der mitvermieteten oder mitverkauften Zubehörflächen und der mitbenutzbaren allgemeinen Teile der Liegenschaft, wie Kinderspielplatz, Autoabstellplatz etc.

Die **Kosten** sind im **Bauträgervertrag** genau zu definieren. Die ÖNORM sagt darüber Folgendes aus:

• Entgelt

Zu definieren sind der rechtliche Charakter (Mietvorauszahlung, Finanzierungsbeitrag, Kaufpreis etc.) sowie die Höhe und Fälligkeit der bis zur Fertigstellung vom Erwerber zu leistenden Beträge. Anzugeben ist, ob es sich um einen Fixpreis handelt beziehungsweise wenn nicht, welche für die Ermittlung des Entgeltes heranzuziehenden Kostenänderungfaktoren, wie Baukostenindex etc., in Frage kommen, weiters die Obergrenze des Entgeltes beziehungsweise, ob das Entgelt der Geltung des WGG unterliegt.

Die Höhe des voraussichtlichen laufenden Entgelts sowie die Aufschlüsselungen für die Verteilung der zu übernehmenden Lasten (zum Beispiel Nutzwert oder Nutzflächenschlüssel) sind ebenso anzugeben wie die Zahlungsform.

• Bewirtschaftungskosten

Die voraussichtlichen Bewirtschaftungkosten und der Grad ihrer Verbindlichkeit sind anzugeben, das heißt es ist zumindest anzugeben, ob es sich um unverbindliche Annahmen handelt oder ob die Angaben auf genaueren Schätzungen mit allenfalls gewissen Bandbreiten beruhen.

5.3.3 Sicherungen

Im Vertragstext sind laut ÖNORM jedenfalls die Art der Sicherungen anzuführen sowie der Wortlaut der Sicherung beziehungsweise die gesetzliche Bestimmung, die an die Stelle des Wortlautes der Sicherung tritt. Dem

Erwerber muss spätestens eine Woche vor Abgabe der Vertragserklärung der volle Sicherungswortlaut zugesandt werden.

Mehrere Sicherungen können nebeneinander eingesetzt werden. Es ist auch ein späterer Austausch der Sicherheit zulässig, soweit dadurch der Sicherungszweck nicht beeinträchtigt wird. Die Sicherungspflicht des Bauträgers endet mit der tatsächlichen Übergabe des im vertragsgemäßen Zustand hergestellten Vertragsobjektes unter Sicherung der Erlangung der vereinbarten Rechtsstellung.

Zu den einzelnen Sicherungsarten führt die ÖNORM auszugsweise Folgendes aus:

5.3.3.1 Schuldrechtliche Sicherstellung

Sicherstellungen können unter anderem die Ausstellung einer Garantie oder Versicherung zugunsten des Erwerbers sein. Diese Sicherungsmittel umfassen die gesamten vom Erwerber in Bezug auf den Bauträgervertrag geleisteten Zahlungen einschließlich gesetzlich vorgesehener Zinsen (§ 14 BTVG). Der Erwerber ist für seinen Rückforderungsanspruch auf seine Zahlungen oder einen Teil derselben bei Wegfall des Bauträgervertrages wirtschaftlich abzusichern. Die Garantie muss die Zahlung auf erstes Anfordern (abstrakte Garantie) vorsehen.

Im Sicherungsvertrag kann auch vorgesehen sein, dass sich die Verpflichtung im Ausmaß von nachgewiesenen Zahlungen an den Begünstigten beziehungsweise dessen von ihm bekannt gegebenen Erfüllungsort verringert oder dass sie bei gänzlicher Zahlung des Garantiebetrages erlischt. Aufgrund des Erlöschens der Garantie kann auch die Rückgabe des Garantieoriginales vorgesehen sein.

Die Zahlungsfrist ist festzulegen, die Anforderung hat auf schriftlichem Wege zu erfolgen und die Laufzeit der Sicherungsmittel hat sich bis zur tatsächlichen Übergabe und der Sicherung der Erlangung der vereinbarten Rechtsstellung zu erstrecken.

5.3.3.2 Sicherstellung durch Treuhänder

Bei der Sicherstellung durch Treuhandvereinbarung muss laut ÖNORM im Bauträgervertrag mindestens der Name und die Anschrift des Treuhänders aufscheinen sowie das Kreditinstitut samt Bankleitzahl und das Konto, über das die Zahlungen geführt werden. Weiters sollte angeführt sein, ob es sich um einen Rechtsanwalt oder Notar handelt, der die Treuhandschaft ausübt. Der Beginn und das Ende der Treuhandschaft ist anzugeben und es ist auf die wesentlichen Pflichten des Treuhänders hinzuweisen:

1. Belehrungspflicht

2. Abwicklungs- und Sicherungspflicht

3. Rechnungslegungspflicht

Der für die Feststellung des Baufortschrittes zu bestellende Sachverständige kann entweder ein Ziviltechniker für den Hochbau oder ein allgemein beeideter und gerichtlich zertifizierter Sachverständiger für das Bauwesen oder eine inländische Gebietskörperschaft sein, die im Rahmen der Förderung des Vorhabens tätig ist. Die Person beziehungsweise Institution ist genau zu bezeichnen, der Name und die Anschrift müssen vollständig sein.

5.3.3.3 Pfandrechtliche Sicherstellung

Wird ein Deckungspfandrecht bestellt, ist es laut ÖNORM mindestens notwendig, den Wert der zur Deckung herangezogenen Liegenschaft festzustellen und zu erheben, ob das angebotene Pfandrecht ausreichend gedeckt ist. Diese Feststellung kann durch einen allgemein beeideten und gerichtlich zertifizierten Sachverständigen für das Immobilienwesen erfolgen, dessen Name und Anschrift im Bauträgervertrag enthalten sein müssen.

5.3.4 Muster und Beispiele

Die ÖNORM enthält im informativen Teil verschiedene Muster, die als Hilfe für die Erstellung eines Bauträgervertrages herangezogen werden können und deren Inhalt sozusagen im Sinne des BTVG „typengeprüft" ist. Solche Muster sind:

Anhang A (informativ) Empfohlener Vertragsinhalt eines Bauträgervertrags über ein Mietobjekt – Punktation

Anhang B (informativ) Empfehlungen für ergänzende Vertragsbestimmungen zum Bauträgervertrag über ein Mietobjekt mit Kaufoption – Punktation

Anhang C (informativ) Empfohlener Vertragsinhalt eines Bauträgervertrags über ein Wohnungseigentumsobjekt (Kaufvertrag) – Punktation

Anhang D (informativ) Empfohlener Vertragsinhalt eines Bauträgervertrags über ein Einfamilienhaus/Reihenhaus im Alleineigentum/im schlichten Miteigentum – Punktation

Anhang E (informativ) Bau- und Ausstattungsbeschreibung – Muster

Anhang F (informativ) Antrag und Bescheinigung gemäß § 7 Abs. 6 Z 3 BTVG

Anhang G (informativ) Beispiel einer abstrakten Garantie gemäß § 8 BTVG

Anhang H (informativ) Sperrkontomodell gemäß § 7 Abs. 6 Z 2 BTVG

Anhang I (informativ) Verpflichtungserklärung zur Lastenfreistellung gemäß § 9 Abs. 3 BTVG und Zessionsvereinbarung

Anhang J (informativ) Treuhandvereinbarung Käuferfinanzierungsbank

Anhang K (informativ) Beispiel für die Information über die besonderen Rücktrittsrechte des Erwerbers

Anhang L (informativ) Beispiel für einen Auftrag an den Baufortschrittsprüfer gemäß § 13 BTVG

5.3.5 Die Sicherungsmittel in der Praxis

Weder das BTVG noch die ÖNORM werten die einzelnen Sicherungsmittel oder priorisieren deren Verwendung. Es können auch durchaus Sicherungsmittel nebeneinander bestehen.

Bei der Wahl, welche Sicherungsmittel des **BTVG** oder welche Kombination von Sicherungsmitteln für den Bauträger zweckmäßig ist, lassen sich eindeutige Präferenzen und Empfehlungen nur bedingt herausarbeiten. Zu unterschiedlich sind die wirtschaftlichen und vertraglichen Verhältnisse. Trotzdem seien hier einige Überlegungen angestellt, die unter Umständen als Hilfe dienen können:

5.3.5.1 Das „Bonitätsmodell" bei geförderten Mietwohnungen (§ 7 Abs 6 Z 3 BTVG)

Siehe dazu Kapitel 5.1.5.6.

5.3.5.2 Die Sicherstellung durch Garantie (§ 8 BTVG)

Für alle Rechtsformen des Erwerbes (Miete, Wohnungseigentum oder sonstiges Nutzungsrecht) ist die schuldrechtliche Sicherstellung der Wohnwerberzahlungen in der Regel durch **Bankgarantie** (oder geeignete Versicherung) vorgesehen. Mit ihr können die finanziellen Ansprüche auf Rückerstattung von Anzahlungen im Fall des Scheiterns des Projektes abgesichert werden: *„Allfällige Rückforderungsansprüche des Erwerbers können durch eine ihm eingeräumte Garantie oder eine geeignete Versicherung gesichert werden"*.

Im Wesentlichen sind diese Garantien so genannte **„Geld-Zurück-Garantien"**, mit denen dem Erwerber das Recht eingeräumt wird, von einem bonitätsstarken Dritten (in der Regel einer Bank, weniger einer Versicherung) Zahlung bzw. Rückzahlung seiner Anzahlungen zu erhalten, wenn es zum Abbruch des Bauvorhabens kommt oder sonstige Bedingungen eintreten, die vereinbarungsgemäß gemäß Bauträgervertrag die Fälligkeit der Garantie herbeiführen.

Der Vorteil dieses Sicherungsmittels ist evident: Ein Bauträger, der im Stande ist, eine derartige Geld-Zurück-Garantie zu geben, stellt sich zweifellos als starker vertrauenswürdiger Vertragspartner dar und verstärkt die Absicherung nicht nur mit seiner eigenen Bonität, sondern auch mit der Bonität der die Garantie gewährenden Bank oder Versicherung. Allerdings wird wohl nicht jeder Bauträger in der Lage sein, von seiner Bank eine derartige Absicherungsmöglichkeit zu erhalten und an seine Kunden weitergeben zu können. Es wird daher in der Praxis eher wahrscheinlich sein, dass die **Garantie in Ergänzung zu anderen Sicherstellungsmitteln** tritt, nämlich eventuell zur **Abdeckung von Spitzen des Ratenplanes** (§ 9 iVm § 10 BTVG), um einen besseren Zahlungsfluss zu ermöglichen.

Für den Konsumenten liegt der Vorteil des Sicherungsmittels klar auf der Hand: Die **geldliche Sicherstellung ist optimal,** aber dafür hat er in Kauf zu nehmen, dass durch die Einlösung der Garantie oder der Versicherung die **Auflösung des Bauträgervertrages** herbeigeführt wird nach dem Motto: **Geld zurück – Wohnung zurück.** Wenn der Erwerber schon entsprechende Anschaffungen getätigt oder einen alten Wohnsitz aufgegeben hat, kann das natürlich höchst unangenehm sein.

Die Konsequenz der **Vertragsauflösung bei Ziehung der Garantie** verhindert die Gefahr, dass die an den Konsumenten direkt ausgestellte Bankgarantie missbräuchlich gezogen werden könnte, weil diesem Missbrauch ja auch der Wohnungsverlust folgen würde – die **Bankgarantie** ist daher, abgesehen vom Sicherungseffekt, eigentlich ein **stabilisierendes Moment der Vertragsbeziehung.**

5.3.5.3 Die Sicherstellung durch Ratenplan (§ 9 Abs 2 iVm § 10 BTVG)

Dieses Sicherungsmittel ist das **„klassische" Sicherungsmittel bei Erwerb des Eigentums,** des Wohnungseigentums oder des Baurechts.

Kern dieser Sicherung ist das Ziel, dass im Fall des Scheitern des Projektes der Erwerber nur so viel eingezahlt hat, dass der Bau aus den restlichen noch offenen Beträgen des Kaufpreises auch dann **ohne Nachbelastungen fertiggestellt werden kann, wenn die Fortsetzung des Baus durch den Insolvenzverwalter oder eventuell durch neue Firmen mit Mehrkosten fortgeführt werden muss.**

Gegenüber dem Garantiemodell hat das Ratenplanmodell den Vorteil, dass der Erwerber, der eine starke persönliche Bindung zu seinem künftigen Wohnort hat, nicht damit rechnen muss, dass es im Problemfall zu einer Auflösung des Bauträgervertrages kommt.

Beim Ratenplan gibt es **zwei Varianten,** nämlich den **„Ratenplan A mit Zusatzgarantie"** oder **„Ratenplan B ohne Garantie".** Welche Variante für den Bauträger jeweils die bessere ist, ist Geschmackssache und im Prinzip wirtschaftlich gleichwertig. Aus Sicht des Bauträgers hat die Variante A mit Zusatzgarantie den Vorteil, dass der mit dem Erwerber vereinbarte Zahlungsplan eine höhere Barleistung beinhalten kann, was zu einer früheren Entlastung von der Zwischenfinanzierung für die Grund- und Baukosten führt, auf der anderen Seite sind aber die **Kosten der Beibringung der Bankgarantie** über die gesamte Laufzeit der Sicherstellungsdauer einzukalkulieren, womit der Vorteil der höheren Barleistung in der Regel wahrscheinlich zunichte gemacht wird. Zusätzlich fallen **Treuhand- und Verwahrungskosten** an, die aber wahrscheinlich in aller Regel vom Bauträger auf den Erwerber als Sicherungsempfänger überwälzt werden.

Aus der Sicht des Erwerbers sollten beide Ratenplanvarianten im Prinzip neutral sein. Zwar muss der Erwerber beim Ratenplan A mit Garantie um 10 % höhere Zahlungen gegenüber dem Ratenplan B erbringen und eventuelle Nebenkosten mit der Ausstellung und Verwahrung der Garantie tragen, wenn der Bauträger diese Kosten nicht übernimmt, dafür steht ihm aber zusätzlich zur Sicherstellung durch die Bonität des Bauträgers eine weitere Sicherung durch einen bonitätsstarken Garantiegeber (Bank oder Versicherung) zur Verfügung und damit eine unter Umständen im Insolvenzfall bessere Sicherungsreserve.

Um allfälligen **Missbrauch der Garantie** zu vermeiden, der ja insofern denkbar ist, weil anders als beim Garantiemodell gemäß § 8 die **Garantieeinlösung nicht zur Auflösung des Bauträgervertrags führt,** lassen sich im Bauträgervertrag **Modalitäten und Verfahrensweisen vereinbaren, mit denen Regeln für das Ziehen der Garantie aufgestellt werden** und unliebsame Überraschungen vermieden werden können. Auf jeden Fall aber sei angemerkt, dass die Garantie zum Ratenplan A **nicht mit der Gewährleistungsgarantie gemäß** § 4 Abs 4 BTVG iVm § 10 Abs 2 Z 1 lit g bzw. Z 2 lit g BTVG zu **verwechseln** ist: Die Zusatzgarantie zum Ratenplan **endet mit der Erfüllung der Leistung durch den Bauträger,** also mit der Fertigstellung der Anlage, weil sie zwar alle vermögenswerten Nachteile umfasst, die dem Erwerber aus der Verzögerung oder der Einstellung des Bauvorhabens aufgrund der Eröffnung eines Insolvenzverfahrens des Bauträgers erwachsen, die aber logischerweise dann nicht mehr entstehen können, wenn der Bauträger die Anlage fertiggestellt hat. Als weitere Einschränkung ist anzufügen, dass die Garantie nur für den Fall beizubringen ist, dass der Erwerb der **Deckung des dringenden Wohnbedürfnisses des Erwerbers oder eines nahen Angehörigen** dienen soll (§ 9 Abs 4 BTVG).

5.3.5.4 Das „Sperrkontomodell" (§ 7 Abs 6 Z 2 BTVG)

Siehe dazu Kapitel 5.1.5.7.

5.3.5.5 Der Haftrücklass (§ 4 Abs 4 iVm § 10 Abs 2 BTVG)

Siehe dazu Kapitel 5.1.6.

5.4 Wohnhaussanierung und Verbesserung

5.4.1 Erhaltung und Verbesserung im Steuerrecht

Im Ertragsteuerrecht ist der Erhaltungsbegriff des Miet- und Wohnungseigentumsrechts in zwei Begriffe zu trennen: Instandhaltung und Instandsetzung.

Die Instandhaltung ist mit einer Kleinreparatur, die Instandsetzung mit einer Großreparatur gleichzusetzen. Instandhaltungsaufwendungen liegen vor, wenn es sich um laufende Reparaturarbeiten handelt, die nicht zu einem Austausch von wesentlichen Teilen eines Gebäudes führen oder nicht als

Instandsetzungsaufwand anzusehen sind. Dabei handelt es sich um laufende Wartungsarbeiten, Austausch von nicht wesentlichen Gebäudeteilen (25%-Grenze ist zu beachten), Ausmalen des Stiegenhauses und Ähnliches.

Bei Instandsetzungsaufwendungen werden mehr als 25 % eines Hauses ausgetauscht, unter anderem Fenster und Türen, Dach und Dachstuhl, Stiegen und Zwischenwände, Unterböden, Aufzugs- und Heizungsanlagen, Sanitärinstallationen, Elektro-, Gas-, Wasser- und Heizungsinstallationen etc.

Der Instandsetzungsaufwand hat gegenüber dem Instandhaltungsaufwand den Nachteil, dass er bei Wohngebäuden auf 10 Jahre zu verteilen ist. Bei Geschäftsgebäuden kann beim Finanzamt eine Sofortabsetzung beantragt werden. Diese Feststellungen gelten für den Bereich des Betriebsvermögens wie auch des Privatvermögens im Vermietungsfalle.

Im Falle der entgeltlichen Übertragung der Immobilie unter Lebenden (ab 1. 1. 2008 nicht bei unentgeltlicher Übertragung = Schenkung) fällt die Zehntel-Absetzung für den Instandsetzungsaufwand weg, überdies ist in der Regel auch eine Vorsteuerberichtigung (da „Großreparatur“ im Sinne des UStG) erforderlich. Sie hat nur dann zu unterbleiben, wenn Hausanteile in Form von Miteigentumsanteilen übertragen werden, ohne dass die Unternehmereigenschaft verloren geht.

Verbesserungsaufwendungen werden unter dem Überbegriff des Herstellungsaufwandes eingestuft. Unter Herstellungsaufwand sind vor allem jene Aufwendungen zu verstehen, durch die eine Neu- oder Wiederherstellung bewirkt wird. Dabei wird die Substanz beziehungsweise das Wesen des Wirtschaftsgutes verändert oder ein Wirtschaftsgut anderer Art hergestellt.

Herstellungsaufwand ist grundsätzlich aktivierungspflichtig und auf die Nutzungsdauer des Wirtschaftsgutes abzuschreiben. Dies ist beispielsweise bei Aufstockung des Gebäudes, Aufstellen von Zwischenwänden und Errichten von WC-Anlagen (Kategorieanhebung etc.) der Fall.

Bei Liegenschaften im Privatvermögen gibt es für **nachstehende Herstellungsaufwendungen** die Möglichkeit einer **Fünfzehntel-Absetzung:**

- nützliche Verbesserungsaufwendungen im Sinne der §§ 3–5 MRG (zum Beispiel Aufzugseinbau, zentrale Waschküche etc.);
- öffentlich geförderte Sanierungsmaßnahmen, wenn sie nach den Wohnhaussanierungsgesetzen gefördert sind;

• Aufwendungen aufgrund des Denkmalschutzgesetzes.

Wenn die Darlehenslaufzeit kürzer als 15 Jahre ist, kann die Aufteilung sogar auf diese Laufzeit erfolgen, mindestens jedoch auf 10 Jahre, insoweit gesetzliche Mieten verrechnet werden.

Nachteilig wirkt sich die begünstigte Teilabsetzung für Herstellungsaufwand dann aus, wenn die Liegenschaft entgeltlich unter Lebenden übertragen wird. Bei Veräußerung fiel bis 31. 3. 2012 die Spekulationsgewinneinstufung für einen Zeitraum von 15 Jahren an, sodass am 31. 3. 2012 eine verlängerte Prüfung des Zeitraumes hinsichtlich der Steuerverfangenheit des Grundstückes bis zum 31. 3. 1997 zurück zu erfolgen hat *(siehe Kapitel 3.2.1)*, die noch offenen Zehntel- oder Fünfzehntel-Absetzungen fallen weg.

Bei Übertragung des Gebäudes von Todes wegen oder ab 1. 8. 2008 auch bei Schenkungen können restliche Teilbeträge (ebenso die Zehntel-Absetzung beim Instandsetzungsaufwand) beim Erben oder Legatar bzw Geschenknehmer fortgeführt werden (bis 31. 7. 2008 nur bei Übergang von Todes wegen und auch nur dann, wenn der Erbe oder Legatar die AfA vom Einheitswert berechnete).

Nähere Ausführungen sind den Einkommensteuerrichtlinien 2000 zu entnehmen oder siehe *Stingl/Nidetzky*, Immobilien & Steuern, Kapitel 6.

5.4.2 Mietereinbauten

Bei Objekten im Vollanwendungsbereich des Mietrechtsgesetzes sind Mietereinbauten vom Vermieter nach den Bestimmungen des § 10 MRG abzufinden. Bei Geschäftsobjekten ist nach dem Mietrechtsgesetz keine Sondervorschrift für Investitionsersatz vorgesehen. Es gelten die Bestimmungen des ABGB.

Steuerrechtlich ist bei Mietereinbauten zu prüfen, ob der Vermieter sofort wirtschaftlicher Eigentümer der Einbauten wird oder ob das wirtschaftliche Eigentum erst bei Mietvertragsende auf den Vermieter als Eigentümer der Investitionen übergeht, was der Regelfall sein wird. Wenn der Vermieter in den Genuss der Mietereinbauten kommt, ohne hiefür Entgelte leisten zu müssen, ist im Zeitpunkt der Übergabe des Bestandobjektes ein Zufluss beim Vermieter zu unterstellen, den er voll einkommensteuerpflichtig zu behandeln hat. Demgegenüber steht für den Vermieter die Möglichkeit, den Betrag auf die Nutzungsdauer verteilt abzusetzen.

5.4.3 Dachbodenausbau

Der Ausbau des Dachbodens kann durch den Eigentümer oder den Mieter erfolgen.

Im Mietrechtsgesetz ist festgehalten, dass für durch Um-, Auf-, Ein- oder Zubau neugeschaffene Mietgegenstände, für die nach dem 8. 5. 1945 eine Baubewilligung erteilt wurde, ein angemessener Mietzins vereinbart werden darf. Darüber hinaus gibt es im § 18c MRG die Möglichkeit, einen Ausbau auch gegen den Willen eines einzelnen Mieters durchzusetzen, wenn für die Benützungsrechte Ersatz geboten wird (zum Beispiel Waschmaschine, Wäschetrockner im Keller anstelle der Waschküche auf dem Dachboden).

Baut der Eigentümer aus, stellen die Investitionen steuerlich einen Herstellungsaufwand dar, der nach Ansicht der Finanzverwaltung auf die Restnutzungsdauer des Objektes abzuschreiben ist (siehe Einkommensteuerrichtlinien 2000).

Zu berücksichtigen ist jedoch, dass Investitionen, die gleichzeitig Instandsetzungs- oder Instandhaltungsaufwand darstellen, als Erhaltungsaufwand in wesentlich kürzerer Frist abgesetzt werden können *(siehe Kapitel 5.4.1).*

Bei Verkauf von Dachbodenflächen in Wohnungseigentum ergeben sich neben den wohnungseigentumsrechtlichen Folgen für den Verkäufer auch steuerrechtliche. Wenn der Hauseigentümer Teile seiner Liegenschaft an einen Interessenten veräußert, liegt bei Veräußerung ab 1. 4. 2012 jedenfalls ein Spekulationsgewinn zur Besteuerung vor. Darüber hinaus können sich steuerliche Nachteile in Form der Einbeziehung von begünstigt abgesetzten Teilabsetzbeträgen für Herstellungsaufwand in die pauschalierte Spekulationsgewinnberechnung ergeben. Weitere Auswirkungen können hinsichtlich der Vorsteuerberichtigung gem. § 12 Abs 10 UStG 1994 gegeben sein, so nicht Umsatzsteuer gem. § 6 Abs 2 UStG 1994 in Rechnung gestellt wird. Steuerlich scheidet der verkaufte Anteil aus der Einnahmen-/Ausgabenrechnung aus. Der bisherige Eigentümer muss ab Veräußerung die anteiligen Aufwendungen für den Dachboden steuerrechtlich außer Ansatz lassen.

5.4.4 Subventionsverrechnung

Subventionen sind steuerrechtlich immer mit den Aufwendungen gegenzuverrechnen. Eine Subvention in Form von Annuitätenzuschuss beinhaltet sowohl einen Kapital- als auch einen Zinsenanteil. Nach den Einkommensteuerrichtlinien darf der Gesamtbetrag der Subventionen mit den tatsächlichen Aufwendungen verrechnet werden. Die Zinsen sind in diesem Fall nach Maßgabe der Bezahlung in voller Höhe abzugsfähig.

Nähere Ausführungen zur Subventionsverrechnung im Steuerrecht siehe *Stingl/Nidetzky,* Immobilien & Steuern, Kapitel 6.12.1.1.

6. Baubeschreibung

6.1 Baubeschreibung und Ausführende

Die Baubeschreibung ist neben den rechtlichen Vertragsbedingungen der wichtigste Bestandteil eines Bauwerkvertrages. Sie beschreibt die Leistungen, die zu erbringen sind, und die bedungenen Qualitäten. Je genauer und vollständiger die Baubeschreibung ist, desto weniger Überraschungen in Form von Qualitätsdifferenzen, Nachträgen oder Änderungen gibt es.

Die Genauigkeit einer Baubeschreibung hängt davon ab, wie genau die Unterlagen sind, die ihr zu Grunde liegen. Sie wird bei Vergabe von Bauleistungen im Stadium der Einreichplanung geringer sein als im Stadium der Polier- und Detailplanung. Wenn in einem früheren Stadium vergeben wird, ist die exakte Spezifikation der Leistungen über Leistungsverzeichnisse und Mengen- und Maßeberechnungen in der Regel nicht möglich. Sie muss durch eine verbale Beschreibung beziehungsweise eine funktionale Baubeschreibung ersetzt werden.

6.1.1 Ermittlung der Mengen und Maße

Die genaueste Art der Baubeschreibung ist die Zergliederung der Bauaufgabe in die einzelnen Leistungspositionen. Diese Leistungspositionen werden in ihrer Quantität dargestellt und sind Einzelteile von Bauelementen, die hinsichtlich ihrer Qualität und Beschaffenheit als Elementtypen zusammengefasst werden.

Die Ausschreibung von Leistungen aufgrund von Einzelpositionen setzt eine sehr genaue Planung zumindest in der Qualität der Ausführungsplanung voraus.

Vorteil dieser genauen Detaillierung der Leistungsbeschreibung ist der geringe Spielraum für Diskussionen über den Umfang der vom Werkunternehmer zu erbringenden Leistung und damit ein hohes Maß an Kostensicherheit. In der Regel wird diese Methode dann angewandt, wenn die Leistung des Werkunternehmers nach tatsächlich ausgeführten Mengen und Maßen abgenommen und abgerechnet werden soll und nicht beabsichtigt ist, die Leistungserbringung zu pauschalieren. Ein entsprechendes Verfahren und entsprechende organisatorische Vorsorge für die Abnahme der Leistungen sind notwendig. Der Bauträger muss die betrieblich-organisatorischen Voraussetzungen entweder im eigenen Bereich durch eine eigene Bauabnahme oder durch eine delegierte Bauabnahme in Form einer Abnahmeprüfung durch den Architekten vorsehen.

6.1.2 Objektbeschreibung

Die Objektbeschreibung definiert in der Regel in verbaler Form die Spezifikationen und Qualitäten des Projektes, ohne im Einzelnen auf detaillierte Leistungspositionen und eine Zergliederung der Bauelemente nach Mengen und Maßen einzugehen. Sie ist auch in Mischformen üblich, das heißt sie wird häufig ergänzt durch detaillierte positionsmäßige Beschreibung (Leistungsverzeichnis) der für einen seriösen Kostenvoranschlag notwendigen Schlüsselgewerke, insbesondere durch Leistungsverzeichnisse der Gewerke der Haustechnik (Bauwerk-Technik). Dazu zählen in erster Linie die Gewerke Heizung/Lüftung/Sanitär und Elektro. Diese Gewerke werden meistens in Form von Projekten und Leistungsverzeichnissen durch Sonderfachleute (Projektanten) in ihren quantitativen Auswirkungen dargestellt und dienen nicht nur zur Ausschreibung der Leistungen selbst, sondern auch als Hilfsmittel, um die Gesamtausführungsleistungen bei Generalunternehmervergaben zu bewerten.

In der Regel führt die Objektbeschreibung zu einer Vergabe der Bauleistungen in Form von Pauschalen, das heißt, die Mengen und Maße werden nicht detailliert verrechnet und die periodische Abnahme und Abrechnung der einzelnen Leistungspositionen entfällt. Die Baufortschrittskontrolle erfolgt durch periodische Leistungsbewertungen.

Der wesentliche Vorteil der Objektbeschreibung liegt in der Möglichkeit, die Vergabe der Bauleistungen bereits in der Phase der Entwurfsplanung vornehmen zu können. Der Nachteil liegt darin, dass dem Bauunternehmer eine gewisse Freiheit in der Wahl der einzelnen Leistungspositionen und bei Ausführungsalternativen eingeräumt werden muss. Ist die Objektbeschreibung zu ungenau oder zu kursorisch, drohen Diskussionen über die richtigen Qualitäten beziehungsweise über die Angemessenheit von Änderungskosten im Fall von Sonderwünschen oder bei vom Auftragnehmer veranlassten Projektänderungen.

Wenn die Entwurfsplanung und die Baubeschreibung so weit und gründlich definiert ist, dass sie auch in der späteren genaueren Ausführungs- und Detailplanung keine wesentlichen Projektänderungen hinnehmen muss, hat die Objektbeschreibung und die damit verbundene Pauschalierung des Werklohnes den großen Vorteil der Kostensicherheit für das Gesamtprojekt. Es besteht im Gegenzug aber auch nicht die Chance, dass Kostensenkungen eintreten können, wenn sich Minderungen bei Mengen und Maßen ergeben sollten.

6.1.3 Gliederung der Baubeschreibung (ÖNORM B 1801-1)

Die für die Kostengliederung maßgebliche ÖNORM B 1801-1 *(siehe Kapitel 2.2.4.1)* sieht für die Zusammenfassung von Kostenbereichen eine bestimmte Gliederung vor *(siehe Abbildung 17)*.

Abbildung 17: Zusammenfassung von Kostenbereichen

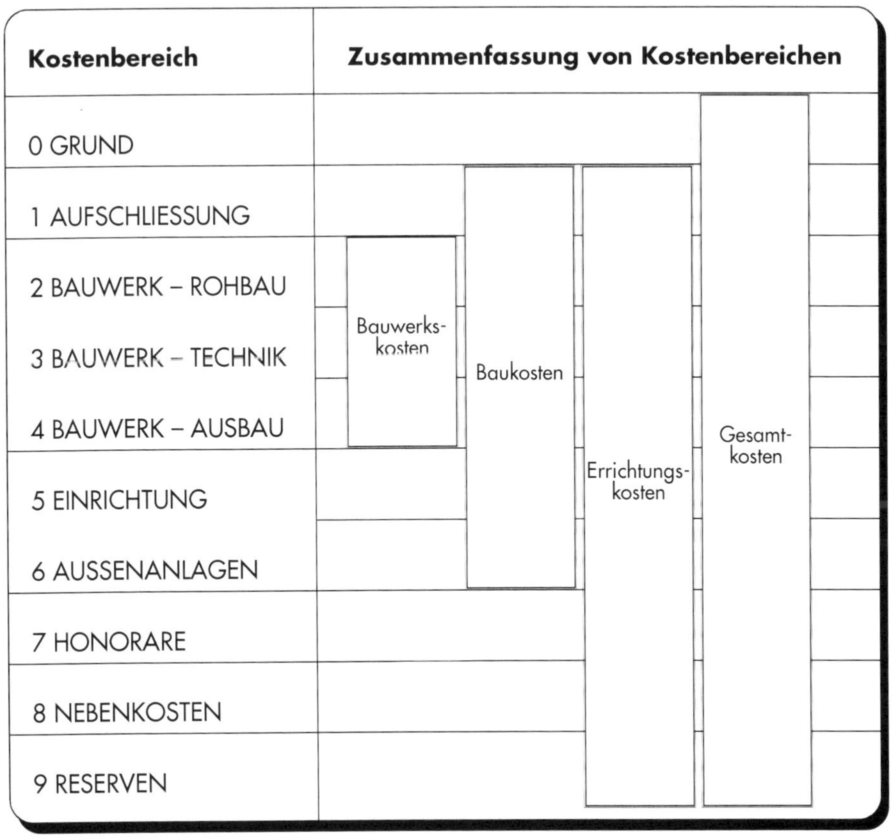

Entsprechend dieser Gliederung sollte auch bei der Baubeschreibung vorgegangen werden. Die ÖNORM sieht folgende Gliederung der Grobelemente vor, die bei Bedarf innerhalb der Kostenbereiche zusätzlich erweitert und ergänzt werden können:

Abbildung 18: Gliederung der Grobelemente nach ÖNORM B 1801-1

0 Grund
0A Allgemeine Maßnahmen
0B Grunderwerb
0C Erwerbsnebenkosten
0D Spezielle Maßnahmen

1 Aufschließung
1A Allgemeine Maßnahmen
1B Baureifmachung
1C Erschließungen
1D Spezielle Maßnahmen

2 Bauwerk-Rohbau
2A Allgemeine Maßnahmen
2B Erdarbeiten/Baugrube
2C Gründungen/Bodenkonstruktionen
2D Horizontale Baukonstruktionen
2E Vertikale Baukonstruktionen
2F Spezielle Baukonstruktionen
2G Rohbau zu Bauwerk-Technik

3 Bauwerk-Technik
3A Allgemeine Maßnahmen
3B Förderanlagen
3C Wärmeversorgungsanlagen
3D Klima-/Lüftungsanlagen
3E Sanitär-/Gasanlagen
3F Starkstromanlagen
3G Schwachstromanlagen (Informationstechnologie)
3H Gebäudeautomation
3I Spezielle Anlagen

4 Bauwerk-Anlagen
4A Allgemeine Maßnahmen
4B Innenverkleidungen
4C Außenverkleidungen
4D Spezielle Verkleidungen
4E Ausbauteile innen
4F Ausbauteile außen
4G Spezielle Ausbauteile

5 Einrichtung
5A Allgemeine Maßnahmen
5B Betriebseinrichtungen
5C Ausstattungen
5D Kunst am Bau

6 Außenanlagen
6A Allgemeine Maßnahmen
6B Geländeflächen
6C Befestigte Flächen
6D Bauliche Außenanlagen – Rohbau
6E Bauliche Außenanlagen – Technik
6F Bauliche Außenanlagen – Ausbau
6G Einrichtungen Außenanlagen
6H Einfriedungen

7 Honorare
7A Allgemeine Maßnahmen
7B Vorbereitung/Objektplanung
7C Bauherrnaufgaben
7D Planungsleistungen
7E Gutachten/Beratungen
7F Eigenleistungen

8 Nebenkosten
8A Allgemeine Maßnahmen
8B Baunebenkosten
8C Versicherungen

9 Reserven
9A Allgemeine Maßnahmen
9B Reservemittel

6.2 Funktionale Baubeschreibung

Eine Spielart der Objektbeschreibung, die aber auch bei der Leistungsbeschreibung möglich ist, ist die funktionale Baubeschreibung. Sie definiert die einzelnen Leistungspositionen beziehungsweise Bauelemente nach dem Zweck und der Funktion, die sie im Zug der Ausführung erfüllen sollen. Dieser Zweck ist nicht nur als technische Funktion beziehungsweise Qualitätsspezifikation der einzelnen Leistungspositionen (zum Beispiel U-Werte für Fenster) bestimmt, sondern oft darüber hinaus als qualitativ/technisches Ziel im Zusammenwirken mehrerer Leistungspositionen oder Bauelemente.

Interessant sind solche funktionalen Beschreibungen immer dann, wenn es auf einen bestimmten Zweck des Gebäudes oder der Anlage ankommt, etwa bei Gebäuden, die energietechnisch optimiert werden sollen. Dadurch, dass eine bestimmte Energiebilanz oder ein bestimmter (rechnerischer) Verbrauchswert an Energie für das gesamte Gebäude als Zielvorgabe angesetzt wird – gleichgültig welchen Beitrag die einzelnen Bauelemente oder Elementtypen beziehungsweise Leistungspositionen dafür leisten –, ergibt sich für die ausführenden Unternehmen ein gewisser Spielraum in den Einzelspezifikationen. Solange der vertragliche Endwert nicht beeinträchtigt oder verletzt wird, sind somit Ausführungsvariablen möglich.

Die funktionale Baubeschreibung hat den großen Vorteil, dass sie das technische Bauziel ergebnisorientiert definiert und damit insbesondere bei der Vergabe von Generalunternehmerleistungen Haftungs- und Gewährleistungsfragen besser lösen kann. Dafür ist in Kauf zu nehmen, dass dem Unternehmer eine relativ große Wahlmöglichkeit für technische Alternativen gelassen werden muss. Sie kann unter Umständen zu Lasten etwa der architektonischen Qualität gehen, weil das Bedürfnis des Unternehmers nach technischer Absicherung in diesen Fällen tendenziell größer ist als dessen Bereitschaft, sich architektonischen Wünschen zu beugen. Probleme können sich auch dadurch ergeben, dass sich das Zielergebnis erst nach Fertigstellung der Gesamtleistung bewerten lässt und dem Auftraggeber kaum Einfluss auf Teilleistungen möglich ist. Damit besteht das Risiko enormer Mängelfolgen, wenn die Gesamtziele schließlich nicht erreicht werden konnten.

6.3 Genauigkeit

So wichtig es ist, die Baubeschreibung beziehungsweise Leistungsbeschreibung im Verhältnis zum Unternehmer möglichst genau und mit möglichst wenig Spielraum zu gestalten, so diffizil ist zu große Genauigkeit im Verhältnis zum Kunden.

Das heißt natürlich nicht, dass der Kunde, der ja bekanntlich König sein sollte, weniger Anspruch auf Erfüllung seiner Erwartungen hat als der Bauträger als Auftraggeber gegenüber seinem Lieferanten oder Werkunternehmer. Es kommt vielmehr darauf an, in welchem Verhältnis der Bauträger seinem Kunden gegenübertritt und welche Risiken er übernimmt. Weiters kommt es darauf an, ob das Projekt als Bestellerbau oder allgemein für den Markt errichtet wird.

Beim Bestellerbau, das heißt bei einem Projekt, das etwa im Wirtschaftsbau oder Industriebau im Wege eines Baubetreuungsvertrages nach den Spezifikationen des Bestellers abgewickelt werden soll, wird im Genauigkeitsanspruch von Bauträger zu Werkunternehmer und von Besteller/Bauherr zu Bauträger/Baubetreuer kein wesentlicher Unterschied sein. In aller Regel wird bei solchen Bauten auch das Subunternehmervertragsverhältnis gegenüber dem Besteller offenzulegen sein. Damit bekommt der Besteller die Möglichkeit, nach den vom Baubetreuer ausgearbeiteten technisch-qualitativen Spezifikationen unter Umständen auch direkt Gewährleistungsansprüche durchgreifbar zu machen.

Anders liegt die Sachlage bei Investorenbauten oder bei Bauten, die für den allgemeinen Markt errichtet werden und bei denen der Bauträger das Verwertungsrisiko trägt. Ohne eine gewisse Flexibilität in der Gestaltung des Projektes auch während der Verwertungs- und Bauphase und ohne die Möglichkeit, Adaptierungen an die Marktlage vornehmen zu können, wäre das Risiko des Bauträgers bei solchen Projekten nicht abschätzbar. Daher ist ein wohl ausgewogenes Maß an vertraglicher Klarheit und genauer Definition der qualitativen Merkmale des Bauwerkes gegenüber dem Kunden geboten. Gleichzeitig muss eine gewisse Flexibilität des Bauträgers bei der Durchgestaltung des Bauvorhabens sichergestellt werden. Vertragsklauseln in Baubeschreibungen, wie „Änderungen freibleibend“ oder „Änderungen der Ausstattung oder des Lieferumfanges nach Maßgabe von Planänderungen vorbehalten“ oder „Änderungen bleiben vorbehalten, sofern sie den Bestand der Wohnung nicht wesentlich beeinträchtigen“, gehen aber jedenfalls weit über ein vernünftiges Verhältnis zwischen Vertragssicherheit und Flexibilität hinaus. Sie sind im Streitfall wohl auch nicht haltbar.

Empfehlenswert ist es auch, in der Baubeschreibung zumindest in den Grundzügen einen Überblick über die Gesamtanlage und deren Bestandteile zu geben (Anzahl der Wohnungen, sonstige Nutzungen, Allgemeinräume,

Grundzüge des Baukonzepts). Planliche Darstellungen des zum Verkauf beziehungsweise zur Vermietung vorgesehenen Objektes sind essentiell und müssen in den Vertrag integriert werden. Als Maßstab empfiehlt sich zumindest ein Plan 1:100, besser ist jedenfalls ein Polierplan 1:50, in den auch die einzelnen technischen Ausstattungen, wie Elektrostecker und Schalter beziehungsweise Geräte und sonstige Anschlüsse, eingezeichnet sind.

Wichtig ist es auch, das Ausmaß möglicher Änderungen aufgrund technischer oder behördlicher Notwendigkeiten zu definieren und den Genauigkeits- und Verbindlichkeitsgrad der planlichen Unterlagen anzugeben. Das kann etwa in einer prozentmäßig ausgedrückten Flächen- oder Maßtoleranz geschehen, innerhalb deren Grenzen der Plan als Vertragsinhalt gültig bleibt. Wird diese Toleranz überschritten, sind die rechtlichen Konsequenzen daraus (Preisänderung oder Rücktrittsrecht) vertraglich zu definieren.

M. 9: Kundenbezogene Baubeschreibung – Wohnen

PROJEKT „X"-ADRESSE
BAU- UND AUSSTATTUNGSBESCHREIBUNG
NEUBAU

1. LAGE UND ALLGEMEINE CHARAKTERISTIK

Projekt „X" liegt am westlichen Ortsrand von „Y". Die Anbindung an das Straßennetz erfolgt über die X-Straße; die nächste öffentliche Haltestelle (Bahnlinie XY) liegt in etwa 1,5 km Entfernung. Im Umkreis von ... km liegen folgende öffentliche Einrichtungen:

- z.B. Volksschule
- .....

Das Projekt liegt in keiner Gefahrenzone (Hochwasser, Wildbach, Lawinen, Altlasten). An Emissionen aus der unmittelbaren Umgebung ist im Zusammenhang mit einer ca. 0,6 km entfernten Altmetall-Aufbereitungsanlage zu rechnen.

Projekt „X" besteht aus 4 aneinander gekoppelten Häusern in freier Anordnung mit jeweils 2 Wohnungen, eingebettet in eine Grünlandschaft mit Baumbestand und Erholungsbereichen. Die Architektur ist modern, kubisch mit Flachdach und Putzoberflächen.

Die Häuser orientieren sich mit ihren Eingängen zu einer internen Erschließungsstraße und haben an der straßenabgewandten Seite Gartenflächen vorgelagert.

Alle Wohnungen verfügen über private Freiflächen, entweder Eigengärten oder Terrassen. Sie bilden ein großzügiges, repräsentatives Raumprogramm, gehobene Ausstattung, lichtdurchflutete Räume und flexible Raumnutzung.

An der X-Straße befindet sich die Tiefgarage, mit zwei Stellplätzen je Wohneinheit. Die Garage ist durch Außentreppen mit der Anlage verbunden.
Die Häuser sind in allen Geschoßen durch Lifte erschlossen und bieten damit Komfort und zusätzliche Erleichterungen, auch für ältere Menschen.

2. ALLGEMEINE TECHNISCHE DATEN

- Energieausweis: Passivhaus (< 12 kWh/m² p.a.)
- Materialien: prinzipiell frei von FCKW/FHCKW
- Pelletsheizung zentral mit Warmwasserbereitung, Wandheizung, individuelle Verbrauchsfernablesung über Bussystem
- Dezentrale Lüftungsanlagen je Wohnung
- Wasserversorgung und Abwasserentsorgung aus öffentlichem Netz. Brauchwasser aus Zisterne. Einzelwasserzähler
- Anschluss an das Kommunikationsnetz der .... (Telefon, Internet, FS)

3. NUTZUNGSÜBERSICHT

Haus Nr.	Geschoße	Stiegen/ Lift	Anzahl Objekte	Nutzungsart	Allgemein-anlagen
1	2	1/1	2	Wohnung	
2	2	1/1	2	Wohnung	
3	2	1/1	2	Wohnung	
4	2	1/1	1	Lokal	
			1	Wohnung	
					Spielplatz
					Garten
					18 Kfz-Plätze im Keller

4. AUFSCHLIESSUNG

- Anbindung an das öffentliche Straßennetz: X-Straße
- Entsorgung: Abwässer/Regenwasser werden an das öffentliche Kanalnetz (Trennsystem) angebunden
- Stromversorgung: über das Stromnetz von ...
- Kommunikation: Telefonzuleitung, Telekabel mit Internet gegeben

5. BAUWERK – ROHBAU

Horizontale Baukonstruktion

FUNDAMENTE	Dichtbetonbodenplatte + Wanne
DECKENKONSTRUKTION	
Garagendecke	Stahlbeton (42 cm), Wärmedämmung (rd. 20 cm), Estrich benzin-/säurefest
Geschoßdecke	Stahlbeton (20 cm) mit Estrich
Kellerdecke	Stahlbeton (20 cm), Estrich
DACHKONSTRUKTION	
Flachdach	Umkehrdach mit Kiesschüttung, teilweise extensives Gründach
Satteldach (Haus)	Kaltdach
Terrassendach	Umkehrdach mit Betonsteinen

Vertikale Baukonstruktion

AUSSENWANDKONSTRUKTION UNTER NIVEAU
Dichtbeton

AUSSENWANDKONSTRUKTION OBER NIVEAU
Ziegel: Hochlochziegel 20 cm (Stahlbeton wo statisch erforderlich) mit 16 cm Vollwärmeschutz und teilweise mit außenliegender Verkleidung

TRENNWÄNDE ZU STIEGENHÄUSERN
Ziegel oder Stahlbeton nach statischer Erfordernis min. 20 cm

TRENNWÄNDE ZWISCHEN BESTANDOBJEKTEN
Ziegel oder Stahlbeton nach statischer Erfordernis min. 20 cm
Fassade
EG: Putz (Vollwärmeschutz)
OG: Lärchenholzverkleidung auf Lattenrost

INNENWANDKONSTRUKTION
Ziegel: Düwa-Steine 10cm (Stahlbeton wo statisch erforderlich bzw. Ständerwände nach baulichen Erfordernissen)

6. BAUWERK – TECHNIK

Aufzüge

1 Personenlift je Stiege erschließt (neben Außentreppen) die Häuser und gewährleistet einen barrierefreien Zugang zu den Eingängen der Wohnungen

Wärmeversorgungsanlage

SYSTEM
Zentrale Biomasse-Kesselanlage (Pellets) für Heiz- und Warm-Wasserversorgung

VERTEILUNG
Wandheizung über Wohnungsheizverteiler:
Ein im Mauerwerk, tlw. auch Boden, eingeschlitztes Kupferrohr erwärmt den Bauteil und die Wände. Wohnräume und Küche mittels Raumthermostat regulierbar.
Temperatursteuerung über Raum- und Außenthermostat (3 Zonen).

VERBRAUCHSZÄHLUNG
Fernablesung elektronisch zentral über Bussystem.

Lüftungsanlage

Die Frischluftzufuhr wird in den Zimmern über schallgedämmte Zuluftelemente durch passives Nachströmen der Außenluft ermöglicht – im Wohnraum mit Wärmerückgewinnung (System XY).

Die Abluft der Wohn-/Schlafbereiche wird über Spaltlüftung in WC und Bädern über zweistufige Ventilatoren mit Grundlaststellung als Dauerlüfter abgesaugt.

Elektroausstattung – allgemein

Die Lage von Schaltern, Steckdosen und Lichtauslässen ist dem Verkaufsplan zu entnehmen. Geringfügige Lageänderungen bleiben vorbehalten. Bei sämtlichen Wand- und Decken-Auslässen im Inneren wird die Verdrahtung hergestellt (ohne Beleuchtungskörper, ohne Geräte).

- Türklingel und Gegensprechanlage (gerichtet für Videomodul) in jeder Wohnung
- SAT-Anschlussdose in jedem Aufenthaltsraum (nutzerseits digitale Receiver erforderlich)
- Netzfreischaltung im Hauptschlafraum
- Leerverrohrung für Telefon/Internet in jedem Aufenthaltsraum
- Leerverrohrung/Vorsorge für elektrische Ansteuerung der Außenjalousien

Elektroinstallation – innerhalb der Wohnung

Raum	Anzahl	Detail
Eingangsbereich	1	Taster mit Glockensymbol und Namenschild
außen	1	Wandauslass mit Aus- bzw. Wechselschalter od. Sensor
Vorraum	1–2	Deckenauslässe mit Wechsel-, Kreuz- oder Stromstoßschaltung mit Taster (nach Erfordernis)
	2	Schukosteckdosen
	1	UP-Reihenverteiler mit Leitungsschutz- und Fehlerstromschutzschalter Wohnungseingangstür
	1	Gegensprechanlage/Türklingel
Flur	1–3	Wand- oder Deckenauslässe mit Wechsel-, Kreuz- oder Stromstoßschaltung mit Taster (je nach Erfordernis)
	2	Schukosteckdosen

Raum	Anzahl	Detail
Küche	1–2	Wandauslässe direkt schaltbar
	1	Deckenauslass mit Ausschalter
	6	Schukosteckdosen Arbeitsplatzhöhe
	1	Schukosteckdose für Kühlschrank
	1	Schukosteckdose für Geschirrspüler
	1	Anschlussdose für E-Herd
	1	Schukosteckdose für Reinigung
Wohnraum	2–3	Deckenauslässe mit Aus- oder Wechselschalter
	5–6	Schukosteckdosen
	1	Antennensteckdose
	1–2	Leerrohr/e für Telefon/Internet
Zimmer	1	Deckenauslass mit Aus- oder Wechselschalter
	4	Schukosteckdosen
	1	Antennensteckdose
	1–2	Leerrohr/e für Telefon/Internet
Bad 1	1	Wandauslass über Waschbecken (Dauerstrom)
	4–6	Downlights in abgehängter Decke
	1	Wandauslass (Leerrohr) für Strahler
	1	FR-Steckdose für Waschmaschine
	1	Kontrolllichtschalter für erhöhte Abluftwirkung des Dauerlüfters
	1	Erdungsanschluss für Badewanne
	1	Steckdose mit Klappdeckel neben Waschtisch
Bad 2		Verwendung für Ausbau wie Bad 1 vorgerichtet
WC	1	Wandauslass mit Ausschalter, ggf. Kontrolllicht für erhöhte Abluftwirkung des Dauerlüfters (außen)
Abstellraum	1	Wandauslass mit Ausschalter
	1	Schukosteckdose
Garten/Terrasse	1–2	Wandauslass mit innenliegendem Ausschalter
	1	FR-Schukosteckdose

Sanitärausstattung – innerhalb der Wohnung

Raum	Anzahl	Detail
Bad	1	Doppel-Waschtisch (weiß) mit Einhandmischer (verchromt)

Raum	Anzahl	Detail
	1	Einbauwanne (weiß) mit Ab- und Überlauf-garnitur
	1	Wannenfüll- und Brausebatterie, Handbrause und Brausehalter
	1	Anschlussmöglichkeit Waschmaschine (Wasserzu- und -ablauf)
	1	Dauerentlüftung, erhöhte Leistung gesondert schaltbar
	1	Großflächiger Wandspiegel
	2	Handtuchtrockner-/Sprossen-Heizkörper (Ganzjahresbetrieb)
Bad 2		Ausbau vorgerichtet (inkl. Rohinstallation); Belagsfertig
WC	1	Hänge-WC: Keramikschale mit Kunststoffsitzbrett und Deckel (weiß)
	1	Unterputz-Spülkasten mit Spartaste
	1	Handwaschbecken (weiß) mit Einhandmischer (verchromt)
		Dauerentlüftung, erhöhte Leistung gesondert schaltbar
Küche		Keine Geräte; Anschluss für Abwasch/ Geschirrspüler
	1	Abluftventilator
Garten/Terrasse	1	Wasseranschluss bei Gartenterrasse mit Frostschutzventil

Allgemein

Tiefgarage – 34 Stellplätze mit einer Mindestbreite von .... cm
– Fahrradabstellplätze

7. BAUWERK – AUSBAU (AUSSTATTUNG)

Innenverkleidung

BODENBELAG

Abstellraum Keramische Bodenfliesen (20x20 cm, dunkelblau)
Bad 1 Keramische Bodenfliesen (20x20 cm, dunkelblau), Verfugung dunkelgrau

Bad 2	Kautschuk
Flur	Fertig-Stabparkett Buche geklebt, Sockelleiste aus gleichem Material
Küche	Feinsteinzeug (30x30 cm, meliert), Sockel aus gleichem Material, Verfugung dunkelgrau
Vorraum	Feinsteinzeug (30x30 cm, meliert)
WC	Keramische Bodenfliesen (20x20 cm, dunkelblau), Verfugung dunkelgrau
Wohnbereiche	Fertig-Stabparkett Buche geklebt, Sockelleiste aus gleichem Material
Zimmer	Fertig-Stabparkett Buche geklebt, Sockelleiste aus gleichem Material
Parteienkeller	Estrich versiegelt

WAND-/DECKEN-VERKLEIDUNG

Abstellraum	Leimfarbe mit 40%igem Dispersionsanteil (weiß abgetönt)
Bad 1	Fliesen bis zur Decke (20x20 cm, weiß/matt), Verfugung weiß
Bad 2	Innendispersion (weiß abgetönt)
Flur	Leimfarbe mit 40%igem Dispersionsanteil (weiß abgetönt)
Küche	Wand/Decke: Innendispersion (weiß abgetönt)
Vorraum	Leimfarbe mit 40%igem Dispersionsanteil (weiß abgetönt)
WC	Fliesen bis zur Decke (20x20 cm, weiß/matt), Verfugung weiß
Wohnbereiche	Leimfarbe mit 40%igem Dispersionsanteil (weiß abgetönt)
Zimmer	Leimfarbe mit 40%igem Dispersionsanteil (weiß abgetönt)
Parteienkeller	Innendispersion (weiß), Trennung mittels Lochblech

Außenverkleidung

Balkon	Boden Feinsteinzeug
Dachterrasse	Betonstein im Sandbett
Gartenterrasse	Betonstein im Sandbett, Rasenaussaat
Terrasse	Einkornplatten ca. 40x40 cm Beton im Sandbett

Ausbauteile Innen

TÜREN

Innentür	– Holztürblatt (weiß) Höhe 2,10 m, stumpf einschlagend, sperrbar, Türdrücker, Langschild – Abstellraumtür: Lüftungsschlitz – WC-Tür: WC-Beschlag
Zarge	Systemstahlzarge (weiß) mit Dichtung

TREPPEN

Maisonette	Eingestemmte Holztreppe ohne Setzstufen, Metallhandlauf, Geländer: Füllungen Einscheibensicherheitsglas ESG

ZUBEHÖR

Parteienkeller	Trennwand: Verzinkte Stahl-Lochbleche zwischen Teleskopstützen Tür: Bauweise analog Trennwände (90x200 cm), Griffbügel und Vorhangschloss

Ausbauteile Außen

TÜREN

Eingangstür	Vollbautür Höhe 2,10 m, beschichtet, Klimaklasse III, einbruchhemmend analog Ö-Norm Widerstandsklasse 3, 5-fach verriegelt, mit Zylinderschloss, Magnetzentralschlüsselsystem, Türdrücker, Langschild

FENSTER-/TÜREN

Wohnungsfenster	Holzfenster deckend lasiert (RAL) mit Alu-Clip außen, Drehkippbeschlag
Terrassentür	Holzfenster deckend lasiert (RAL) mit Alu-Clip außen, Drehkippbeschlag
Fensterbank innen	Holz (RAL)

VERGLASUNG
U-Wert, Anzahl Scheiben

SONNENSCHUTZ
Generell Außenjalousien (ausgenommen Oberlichten im Bad), windsicher bis 60km/h, Farbe (RAL)

GELÄNDER/BRÜSTUNGEN
Loggia, Terrassen: Lochblech, Holzbrüstung

SONSTIGES
z. B. Ausbaumöglichkeit für Wintergarten

8. AUSSENANLAGEN

Allgemeine Fläche

Kleinkinderspielbereich	Sandkiste, Spielgerät, Sitzgelegenheit

Befestigte Fläche

Fußweg	Tlw. Plattenbelag ca. 40x40 cm im Sandbett verlegt. Unterschiedlich gestaltete Wegzwischenelemente (Pflanzen, Schotter, wassergebundene Decke etc.), Einfassungssteine.
Spielplatzfläche	Kleinkinderbereich: Sandkiste und Sitzmöglichkeit

Entsorgungsanlage

Müllplatz	Befestigte Fläche mit begrünter Einfriedung und Pergola an der ...gasse

Geländefläche

Bepflanzung	Baumaltbestand wird so weit als möglich erhalten. Zusätzliche Pflanzung von heimischen Bäumen und Sträuchern.

9. ANGEBOT ZUSATZAUSSTATTUNGEN

Modul Fußboden

Stabparkett	Esche	€ ... / m^2
	Kirsche	€ ... / m^2

Modul Einbruchsschutz

	Rollladenkasten	€ ... / lfm.
	Videoüberwachung Eingang	€ ... / Stk.

Modul XYZ

6.4 Baubeschreibung: ÖNORM B 2120 (BTVG)

Das Bauträgervertragsgesetz (BTVG) enthält Bestimmungen zum Schutz von Konsumenten gegenüber Bauträgern, an die sie Anzahlungen geleistet haben, und sieht gewisse Mindestvorschriften für den Bauträgervertrag vor.

Ein wesentlicher Bestandteil des Bauträgervertrages ist die Baubeschreibung und Ausstattungsbeschreibung, das ist die Darstellung der baulichen, technischen und qualitativen Eigenschaften des Gebäudes, der Anlagen, der Wohnungen und sonstigen Räumlichkeiten sowie der schriftlich bedungene Liefer- und Herstellungsumfang (Leistungsumfang).

Da das BTVG selbst nur allgemeine Grundsätze aufstellt, wurde der Inhalt und Umfang des Bauträgervertrages in der ÖNORM B 2120 ausführlich behandelt. Diese ÖNORM dient als Interpretationshilfe und als Hilfe, um übliche Inhalte (Usancen) im Bauträgerbereich für die Vertragsauslegung festzustellen. Sie enthält in der aktuellen Fassung vom Mai 2012 Muster von Bau- und Ausstattungsbeschreibungen, Vertragstexten, Lastenfreistellungsvereinbarungen und Muster für einen Auftrag an den Baufortschrittsprüfer, die rechtlich nicht verbindlich sind, aber wesentliche Anhaltspunkte für die Gestaltung von Verträgen liefern.

Eine Bau- und Ausstattungsbeschreibung ist im Sinne der ÖNORM B 2120 folgendermaßen zu gliedern:

a) Beschreibung des Projektes

- Art der Objekte (Wohnungen, gewerblich genutzte Flächen, Büros usw.)
- Aufschließung der Liegenschaft
- Gemeinschaftseinrichtungen – Räume und Anlagen (Hausbesorgerwohnung, Kinderwagenabstellraum, Müllraum, Garage u. dgl.)
- sonstige Einrichtungen auf der Liegenschaft, wie Sendeanlagen oder Werbeträger
- Hinweis auf die Qualität der Planmaße (Rohbaumaße für Grundrisse, Empfehlung für Naturmaße für Einbauten)

b) Beschreibung des Bauwerkes

- Außenwände (Art der Konstruktion)

- Trenn- und Stiegenhauswände (Materialien, zum Beispiel Mantelbeton beidseitig verputzt, Vorsatzschale ja/nein)
- Innenwände (nicht tragend), Schachtabmauerungen: Materialien
- Decken: Material
- Fassaden: Art, zum Beispiel Putzfassade, vorgehängte Fassade u. dgl.
- Dach: Art, System und Material der Dacheindeckung
- Ver- und Entsorgung: Gas, Wasser, Strom und Kanal
- Heizung, Warmwasser: Art der Versorgung (Heizzentrale oder Einzelthermen, Ablesevorrichtung)
- Wärme- und Schallschutz: Systemangabe, eventuell Dämmwerte
- Sonstiges: zum Beispiel ökologische Maßnahmen

c) Bauzeitplan

- Stand des Bauverfahrens: Baubewilligung ja/nein, Datum der Baubewilligung
- Baubeginn: Datum
- voraussichtliche Übergabe der Wohnung/der Geschäftsräumlichkeit: Datum
- späteste Übergabe der Wohnung/der Geschäftsräumlichkeit: Datum
- voraussichtliche Übergabe der Außenanlagen und der Gartenflächen: Datum
- späteste Übergabe der allgemeinen Teile, Außenanlagen und Gartenflächen: Datum

d) Ausstattungsbeschreibung

- Böden
- Finalbelag, gegliedert nach Räumen (Wohnzimmer, Zimmer, Wohnküche u. dgl.)
- Finalbelag für Nassräume (Bad, Dusche etc.) und sonstiger Räume
- Finalbelag für Terrassen, Loggia oder Balkon und für sonstige Räume, zum Beispiel Einlagerungsraum, Keller

e) Wände

- Art der Oberflächenausführung (zum Beispiel Anstrich oder Tapete), gegliedert nach Räumen
- Material der Oberflächenverkleidung (zum Beispiel Fliesen) für bestimmte Räume, insbesondere Nassräume wie Bad und WC
- Art der Fassaden im Bereich von Freiflächen (Terrassen, Loggia oder Balkon)

f) Decken

- Art der Oberflächenbehandlung in den verschiedenen Räumen und allfällige Verkleidungen (Fliesen, abgehängte Decke oder Ähnliches)

g) Fenster und Fenstertüren

- Material des Fensters, Art der Verglasung (zum Beispiel Isolier- oder Wärme-Schutzverglasung), Art des Mechanismus (Drehkippbeschlag oder Ähnliches), Art und Lage des Sonnenschutzes (zum Beispiel Außenjalousien oder Außenrollos)

h) Türen

- Eingangstüren: Material, Ausstattung (zum Beispiel Türspion und Namensschild), allenfalls Hinweis auf Einbruchschutz
- Innentüren: Material, Ausstattung
- Terrassen- beziehungsweise Loggientüren: Material und Art der Verglasung, Art des Mechanismus, eventueller Sonnenschutz
- Zargen: Material, Oberflächen und Formate

i) Einrichtung Sanitär

- Küche/Kochnische: Anzahl und Art der Anschlüsse
- Bad: Anzahl und Art der Einrichtungsgegenstände
- WC: Art der Anschlüsse und Einrichtungsgegenstände

j) Installation, Elektro (ohne Geräte)

- Anzahl und Art der Steckdosen (Ein-, Zweifachsteckdosen je Raum)

- Anzahl und Art der Deckenauslässe
- Anzahl und Art der Wandauslässe
- Anzahl und Art der Schalter (zum Beispiel Wechselschalter, Kreuzschalter)
- Art der Anschlüsse je Raum (zum Beispiel Waschmaschinenanschluss, Ventilator, E-Herd, Telefonleerverrohrung, TV/Sat-Auslässe, Geschirrspüler u. dgl.)
- Anzahl der Stromkreise und deren Zuordnung (zum Beispiel für E-Herd, Waschmaschine u. dgl.)

k) Einrichtung Elektro

- Torsprechanlage: Art und Lage

l) Installation Gas (ohne Geräte)

- Art und Lage der Anschlüsse

m) Geräte Gas

- Art des Gerätes (zum Beispiel Kombithermen oder Wärmezentrum)

n) Rauch- und Abgasfänge

- Art und Lage (Einzelrauch- und Abgasfänge oder Rauch- und Abgas-Sammler)

o) Entlüftungen

- Art-, Lage- und Anschlussmöglichkeiten (zum Beispiel Anschlussmöglichkeit für Dunstabzug in der Küche)

p) Heizung und Warmwasseraufbereitung

- Art und Ablesevorrichtungen sowie Regelungsmöglichkeiten

q) Hauseingang

- Lage und Ausgestaltung des Eingangsbereiches, Ausgestaltung der Gänge und des Stiegenhauses (zum Beispiel Klingeltaster vor jeder Wohnungstür, Minutenlichtanlage)

- Art und Antrieb des Garagentores, Art der Öffnung (Schlüsselkontakt oder Funksteuerung) und Beschreibung der sonstigen Anlagen (zum Beispiel CO-Warnanlage, mechanische Entlüftung, Doppelparker)

r) bauliche Veränderungen/Sonderwünsche

- In der Regel sollen Sonderwünsche durch den Erwerber zulässig sein, sofern sie den Bau nicht verzögern, behördlichen Auflagen, architektonischen Belangen sowie dem Konzept des Bauprojektes nicht widersprechen und sofern der Erwerber sie dem Bauträger zuvor bekannt gibt. Sie dürfen den Ablauf des Bauvorhabens nicht wesentlich beeinträchtigen. Der Fertigstellungstermin darf durch Sonderwünsche nicht überschritten werden.

7. Das BauKG

Seit 1. 7. 1999 ist auf österreichischen Baustellen das Bauarbeitenkoordinationsgesetz (BauKG, BGBl I 1999/37) zu berücksichtigen. Es setzt die Art 2 bis 7 der Richtlinie 92/57/EWG des Rates vom 24. 6. 1992 über die auf zeitlich begrenzte oder ortsveränderliche Baustellen anzuwendenden Mindestvorschriften für die Sicherheit und den Gesundheitsschutz in österreichisches Recht um.

Ziel der EU-Richtlinie sowie des dazu ergangenen BauKG ist es, die Sicherheit und den Gesundheitsschutz der auf Baustellen beschäftigten Arbeitnehmer zu verbessern, indem Koordinationspflichten für Bauherrn und Projektleiter geschaffen werden. Auf diese Weise soll das in der Bauwirtschaft für Arbeitnehmer besonders hohe Unfallrisiko herabgesetzt werden.

Erreicht werden soll dies auch dadurch, dass die Bauherren und/oder Projektleiter bereits vor Aufnahme der eigentlichen Bauarbeiten – also im Planungsstadium – verpflichtet werden, die Sicherheit und den Gesundheitsschutz jener Arbeitnehmer zu beachten, die auf der Baustelle sowie bei späteren Reparatur- und Wartungsarbeiten an fertig gestellten Bauwerken eingesetzt werden.

Seit 1. 8. 2014 existiert zur Umsetzung des BauKG die ÖNORM B 2107.

7.1 Anwendungsbereich des BauKG

7.1.1 Betroffene Berufsgruppen

Das BauKG soll die Sicherheit und den Gesundheitsschutz der Arbeitnehmer auf Baustellen gewährleisten, indem die Vorbereitung und Durchführung von Bauarbeiten koordiniert wird (§ 1 BauKG). Schutzobjekt des Gesetzes sind daher die Bauarbeiter.

§ 2 Abs 1 BauKG normiert den Adressaten des Gesetzes: den Bauherrn. Bauherr im Sinne dieses Bundesgesetzes ist eine natürliche oder juristische Person, in deren Auftrag ein Bauwerk ausgeführt wird.

In erster Linie treffen also den Bauherrn die Verpflichtungen aus dem Gesetz.

7.1.2 Sachlicher Anwendungsbereich

Das BauKG ist für alle Baustellen anzuwenden, auf denen Arbeitnehmer beschäftigt werden (§ 1 Abs 2 BauKG). Als Baustelle gelten „zeitlich begrenzte oder ortsveränderliche Baustellen, an denen Hoch- und Tiefbauarbeiten durchgeführt werden. Dazu zählen insbesondere folgende Arbeiten: Aushub, Erdarbeiten, Bauarbeiten im engeren Sinn, Errichtung und Abbau von Fertigbauelementen, Einrichtung oder Ausstattung, Umbau, Renovierung, Reparatur, Abbauarbeiten, Abbrucharbeiten, Wartung, Instandhaltungs-, Maler- und Reinigungsarbeiten, Sanierung“ (§ 2 Abs 3 BauKG).

Das Gesetz ist somit grundsätzlich überall dort anzuwenden, wo Arbeitnehmer in fremdem Auftrag Bauarbeiten durchführen.

Aus der Definition des Begriffes Baustelle im § 2 Abs 3 BauKG ergibt sich weiters, dass **Bauarbeiten** nicht im engeren Sinn zu verstehen sind, sondern **dass sämtliche Arbeiten**

- an,
- in,
- unter und
- um

Bauwerken und Grundstücken **darunterfallen.**

Das Gesetz ist in jedem Fall grundsätzlich anzuwenden. Je nach dem Umfang der Arbeiten ist gesondert zu prüfen, ob Koordinatoren bestellt werden müssen, ein Sicherheits- und Gesundheitsschutzplan erstellt werden muss etc.

7.2 Verpflichtungen des Bauherrn

7.2.1 Alle Baustellen

Jeder Bauherr hat dafür zu sorgen, dass die allgemeinen Grundsätze der Gefahrenverhütung gemäß § 7 ArbeitnehmerInnenschutzgesetz (ASchG) bei Entwurf, Ausführungsplanung und Vorbereitung des Bauprojekts berücksichtigt werden. Das betrifft insbesondere die architektonische, technische und organisatorische Planung, weiters die Einteilung der Arbeiten, die gleichzeitig oder nacheinander durchgeführt werden, sowie die Abschätzung der voraussichtlichen Dauer für die Durchführung dieser Arbeiten (§ 4 Abs 1 BauKG).

Der **§ 7 ASchG** lautet:

Grundsätze der Gefahrenverhütung

§ 7. Arbeitgeber haben bei der Gestaltung der Arbeitsstätten, Arbeitsplätze und Arbeitsvorgänge, bei der Auswahl und Verwendung von Arbeitsmitteln und Arbeitsstoffen, beim Einsatz der Arbeitnehmer sowie bei allen Maßnahmen zum Schutz der Arbeitnehmer folgende allgemeine Grundsätze der Gefahrenverhütung umzusetzen:

1. Vermeidung von Risiken;
2. Abschätzung nicht vermeidbarer Risiken;
3. Gefahrenbekämpfung an der Quelle;
4. Berücksichtigung des Faktors „Mensch" bei der Arbeit, insbesondere bei der Gestaltung von Arbeitsplätzen sowie bei der Auswahl von Arbeitsmitteln und Arbeits- und Fertigungsverfahren, vor allem im Hinblick auf eine Erleichterung bei eintöniger Arbeit und bei maschinenbestimmtem Arbeitsrhythmus sowie auf eine Abschwächung ihrer gesundheitsschädigenden Auswirkungen;

4a. Berücksichtigung der Gestaltung der Arbeitsaufgaben und Art der Tätigkeiten, der Arbeitsumgebung, der Arbeitsabläufe und Arbeitsorganisation;

5. Berücksichtigung des Standes der Technik;
6. Ausschaltung oder Verringerung von Gefahrenmomenten;
7. Planung der Gefahrenverhütung mit dem Ziel einer kohärenten Verknüpfung von Technik, Tätigkeiten und Aufgaben, Arbeitsorganisation, Arbeitsabläufen, Arbeitsbedingungen, Arbeitsumgebung, sozialen Beziehungen und Einfluss der Umwelt auf den Arbeitsplatz;
8. Vorrang des kollektiven Gefahrenschutzes vor individuellem Gefahrenschutz;
9. Erteilung geeigneter Anweisungen an die Arbeitnehmer.

Der Bauherr hat weiters dafür zu sorgen, dass eine Unterlage für spätere Arbeiten am Bauwerk erstellt wird (§ 8 Abs 1 BauKG). Diese „Unterlage" muss für die Dauer des Bestandes des Bauwerkes in geeigneter Weise aufbewahrt werden.

7.2.2 Baustellen, auf denen gleichzeitig oder aufeinanderfolgend Arbeitnehmer mehrerer Arbeitgeber tätig werden

Die folgenden Verpflichtungen gelten für sämtliche Baustellen, an denen Mitarbeiter verschiedener Professionisten in zeitlichem Zusammenhang tätig sind. Das ist beispielsweise schon bei der Reparatur eines Wasserrohrbruches größeren Ausmaßes der Fall, wenn nicht nur Arbeiten durch einen Installateur, sondern auch beispielsweise Elektriker und Maler beauftragt werden und die Arbeiten rasch durchgeführt werden.

Für diese Baustellen hat der **Bauherr**

- einen Planungskoordinator für die Vorbereitungsphase und
- einen Baustellenkoordinator für die Ausführungsphase zu bestellen.

Darüber hinaus hat der Bauherr selbstverständlich ebenfalls **§ 7 ASchG** zu beachten und

- die Unterlage für spätere Arbeiten zu erstellen oder erstellen zu lassen.

7.2.3 Größere Baustellen

Im Sinne des BauKG sind größere Baustellen solche, bei denen die Dauer der Arbeiten voraussichtlich mehr als 30 Arbeitstage beträgt und auf denen mehr als 20 Arbeitnehmer gleichzeitig beschäftigt werden, oder deren Umfang 500 Personentage übersteigt.

Der Bauherr einer solchen „größeren“ Baustelle hat jedenfalls § 7 ASchG zu beachten und eine Unterlage für spätere Arbeiten erstellen zu lassen.

Für „größere“ Baustellen, auf denen Dienstnehmer mehrerer Arbeitgeber in zeitlichem Zusammenhang beschäftigt werden, hat der Bauherr jedenfalls **folgende Verpflichtungen:**

- Er muss die Vorankündigung erstellen;
- er hat die Koordinatoren für die Planungs- und Ausführungsphase zu bestellen;
- er hat den Sicherheits- und Gesundheitsschutzplan gemäß § 7 BauKG zu erstellen.

7.2.4 Besonders gefährliche Baustellen

Unabhängig von der Größe der Baustelle hat der Bauherr die Verpflichtung, jedenfalls einen Sicherheits- und Gesundheitsschutzplan für solche Baustellen zu erstellen, auf denen Arbeiten zu verrichten sind, die mit besonderen Gefahren für Sicherheit und Gesundheit der Arbeitnehmer verbunden sind (§ 7 BauKG).

Es sind dies insbesondere Baustellen, bei denen die Gefahr des Abstürzens, Verschüttetwerdens und Versinkens besteht, sofern diese Gefahr durch dic Art der Tätigkeit, die angewandten Arbeitsverfahren oder die Umgebungsbedingungen auf der Baustelle erhöht wird. Das ist vor allem bei Arbeiten im Verkehrsbereich oder in der Nähe von Gasleitungen der Fall.

Nach dem Wortlaut des Gesetzes ist daher für **„gefährliche Baustellen"**, egal wie groß und zeitaufwendig sie sind, vom Bauherrn jedenfalls

- ein Sicherheits- und Gesundheitsschutzplan und
- eine Unterlage für spätere Arbeiten zu erstellen und naturgemäß
- der § 7 ASchG zu beachten.

Werden auf einer solchen gefährlichen Baustelle Dienstnehmer verschiedener Professionisten beschäftigt, so sind zusätzlich die beiden Koordinatoren zu bestellen.

7.3 Koordinatoren

Wenn der Bauherr Bauarbeiten in Auftrag gibt, bei denen auf der Baustelle gleichzeitig oder aufeinanderfolgend Arbeitnehmer mehrerer Arbeitgeber tätig werden, ist er zwingend verpflichtet, **zwei Koordinatoren** zu bestellen:

- **einen Planungskoordinator** für die Vorbereitungsphase – das ist der Zeitraum vom Beginn der Planungsarbeiten bis zur Auftragsvergabe – und
- **einen Baustellenkoordinator** für die Ausführungsphase – das ist der Zeitraum von der Auftragsvergabe bis zum Abschluss der Bauarbeiten.

Der Bauherr kann sich allerdings persönlich von der Verpflichtung befreien, diese Koordinatoren zu bestellen. Dazu muss er gültig einen Projektleiter bestellen und diesem die Verpflichtung zur Koordinatorenbestellung tatsächlich übertragen.

Das Gesetz sieht ausdrücklich vor, dass dieselbe Person Planungs- und Baustellenkoordinator sein kann. Nach der Novelle 2002 kann auch der Bauherr selbst Koordinator sein, wenn er die persönlichen Voraussetzungen erbringt.

7.3.1 Qualifikation der Koordinatoren

Gemäß § 3 Abs 2 BauKG darf als Koordinator eine natürliche oder juristische Person oder eine sonstige Gesellschaft mit Rechtspersönlichkeit bestellt werden, die über eine für die jeweilige Bauwerksplanung oder Bauwerksausführung einschlägige Ausbildung und eine mindestens dreijährige einschlägige Berufserfahrung verfügt.

Dazu zählen insbesondere Baumeister und Personen, die eine sonstige baugewerbliche Ausbildung erfolgreich abgeschlossen haben, sowie Personen, die ein Universitätsstudium, ein Fachhochschulstudium, eine höhere technische Lehranstalt oder eine vergleichbare Ausbildung, jeweils auf dem Gebiet des Hoch- und Tiefbaus erfolgreich abgeschlossen haben.

Wenn eine juristische Person zum Koordinator bestellt wird, ist eine natürliche Person zu benennen, die die Koordinationsaufgaben tatsächlich für die juristische Person wahrnimmt.

Die Koordinatoren müssen – im Verhältnis zum Bauherrn – nicht unbedingt betriebsfremde Personen sein. Wenn ein Betriebsangehöriger des Bauherrn als Planungs- oder Baustellenkoordinator eingesetzt ist, dann ist anstelle des Koordinators der Bauherr für die Einhaltung der Koordinatorenpflichten verantwortlich (§ 9 Abs 3 BauKG). Daraus folgt, dass der Bauherr selbst die Koordinatorenaufgaben innerhalb seines Unternehmens durchführen darf, dabei aber zwingend die beruflichen Qualifikationen gemäß § 3 Abs 3 BauKG erfüllen muss und die Koordinatorenaufgaben „betriebsintern" auch auf Mitarbeiter übertragen darf.

7.3.2 Planungskoordinator

7.3.2.1 Pflichten

Der Planungskoordinator ist zuständig für Sicherheits- und Gesundheitsschutz in der Vorbereitungsphase des Bauprojekts, das ist der Zeitraum vom Beginn der Planungsarbeiten bis zur Auftragsvergabe.

Er hat die Umsetzung der allgemeinen Grundsätze der Gefahrenverhütung gemäß § 7 ASchG bei Entwurf, Ausführungsplanung und Vorbereitung des Bauprojekts zu koordinieren. Insbesondere muss er diese allgemeinen Grundsätze der Gefahrenverhütung bei der architektonischen, technischen und organisatorischen Planung beachten (§ 4 Abs 2 BauKG).

Der Planungskoordinator hat weiters für besonders gefährliche Baustellen beziehungsweise für größere Baustellen, bei denen die Dauer der Arbeit mehr als 30 Arbeitstage beträgt und auf denen mehr als 20 Arbeitnehmer gleichzeitig beschäftigt werden oder deren Umfang 500 Personentage übersteigt, den Sicherheits- und Gesundheitsschutzplan auszuarbeiten oder ausarbeiten zu lassen (§ 7 BauKG).

Der Planungskoordinator hat zuletzt darauf zu achten, dass der Bauherr oder der Projektleiter, wenn ein solcher eingesetzt ist, den Sicherheits- und Gesundheitsschutzplan berücksichtigt. Er hat – anstelle des Bauherrn – die Unterlage für spätere Arbeiten gemäß § 8 BauKG zusammenzustellen, und er hat auch darauf zu achten, dass der Bauherr oder der Projektleiter diese Unterlage berücksichtigt.

Die Tätigkeit des Planungskoordinators beginnt mit dem Beginn der Planungsphase und sollte mit dem Abschluss der Planungsphase, nämlich mit der Erteilung der Aufträge, enden. Da der Planungskoordinator aber jedenfalls auch überwachen muss, dass auf der Baustelle die Richtlinien des von ihm erstellten Sicherheits- und Gesundheitsschutzplanes eingehalten werden (§ 4 Abs 2 Z 3 BauKG) beziehungsweise dass die Unterlage für spätere Arbeiten gemäß § 8 BauKG tatsächlich berücksichtigt wird, wird er, sollte er nicht zum Baustellenkoordinator bestellt worden sein, auch später noch weitere Überwachungsverpflichtungen haben.

7.3.2.2 Befugnisse

Der Planungskoordinator hat mit Ausnahme der Koordinations- und Überwachungsaufgaben keine Weisungs- und Sanktionsbefugnis kraft Gesetzes.

7.3.2.3 Haftungen

Der Planungskoordinator haftet dem Bauherrn gegenüber für die ordnungsgemäße Erfüllung seiner Verpflichtungen aus dem abgeschlossenen „Planungskoordinatorenvertrag“. Den Bauarbeitern gegenüber haftet er dafür, dass das BauKG eingehalten wird.

7.3.3 Baustellenkoordinator

7.3.3.1 Pflichten

Der Tätigkeitsbereich des Baustellenkoordinators wird in § 5 BauKG sehr ausführlich geregelt:

Der Baustellenkoordinator hat zu koordinieren, dass die allgemeinen Grundsätze der Gefahrenverhütung gemäß § 7 ASchG bei der technischen und organisatorischen Planung, bei der Einteilung der Arbeiten, die gleichzeitig oder nacheinander ausgeführt werden, bei der Abschätzung der voraussichtlichen Dauer für die Durchführung dieser Arbeiten sowie bei der Durchführung der Arbeiten umgesetzt werden. Er hat weiters zu koordinieren, dass die Bestimmungen über Sicherheits- und Gesundheitsschutz bei der Arbeit, die für die betreffende Baustelle gelten, umgesetzt werden und muss die ordnungsgemäße Anwendung der Arbeitsverfahren überwachen.

Der Baustellenkoordinator hat darauf zu achten, dass die Arbeitgeber der auf der Baustelle beschäftigten Dienstnehmer die Sicherheits- und Gesundheitsschutzpläne sowie die allgemeinen Grundsätze der Gefahrenverhütung gemäß § 7 ASchG anwenden. Weiters muss er darauf achten, dass die auf der Baustelle tätigen Selbständigen (Ein-Mann-Unternehmen oder Arbeitsgesellschafter) den Sicherheits- und Gesundheitsschutzplan und die allgemeinen Grundsätze der Gefahrenverhütung gemäß § 7 ASchG anwenden, wenn dies zum Schutz der Arbeitnehmer (der anderen Professionisten) erforderlich ist.

Der Baustellenkoordinator hat schließlich für die gegenseitige Information der Arbeitgeber und der auf der Baustelle tätigen Selbständigen zu sorgen. Er muss den Sicherheits- und Gesundheitsschutzplan und die Unterlage für spätere Arbeiten unter Berücksichtigung des Fortschritts der Arbeiten und eingetretener Änderungen anpassen oder anpassen lassen und muss die erforderlichen Maßnahmen veranlassen, damit nur befugte Personen die Baustelle betreten.

7.3.3.2 Tätigkeitszeitraum

Das Gesetz normiert, dass der Baustellenkoordinator „spätestens bei der Auftragsvergabe" zu bestellen ist. Die Ausführungsphase beginnt mit der Auftragsvergabe und endet mit dem Abschluss der Bauarbeiten.

Die Tätigkeit des Baustellenkoordinators endet mit Fertigstellung der Bauarbeiten und einer allfällig notwendigen Anpassung der Unterlage für spätere Arbeiten.

7.3.3.3 Befugnisse

Der Baustellenkoordinator wird zur Erfüllung seiner weitreichenden und verantwortungsvollen Aufgaben vom Gesetzgeber nur sehr spärlich mit Weisungs- und Machtbefugnissen ausgestattet. Er hat nach dem Gesetz nur – wenn er auf der Baustelle Gefahren für Sicherheit und Gesundheit der Arbeitnehmer feststellt – den Bauherrn oder Projektleiter sowie die Arbeitgeber und die allenfalls auf der Baustelle tätigen Selbständigen zu informieren.

Er hat das Recht, sich dann an das Arbeitsinspektorat zu wenden, wenn er der Auffassung ist, dass die getroffenen Maßnahmen und bereitgestellten Mittel nicht ausreichen, um die Sicherheit und den Gesundheitsschutz am Arbeitsplatz sicherzustellen, nachdem er erfolglos eine Beseitigung der Missstände verlangt hat (§ 5 Abs 4 BauKG).

Da es das Ziel des BauKG ist, Missstände auf der Baustelle im Hinblick auf Sicherheits- und Gesundheitsschutz rasch und effektiv zu beseitigen, ist es sicher im Sinne des Gesetzes, wenn die Befugnisse des Baustellenkoordinators ausgeweitet werden. Es wird deshalb empfohlen, dem Baustellenkoordinator folgende Rechte vertraglich einzuräumen: Er darf auf der Baustelle direkt im Sinne seiner Aufgaben vorgehen, direkte Weisungsrechte in Sicherheitsfragen ausüben und die Dienstgeber der auf der Baustelle beschäftigten Arbeiter direkt dazu verpflichten, seine Anweisungen im Sicherheits- und Gesundheitsschutzbereich zu befolgen.

7.3.3.4 Haftungen

Der Baustellenkoordinator haftet mangels weitergehender vertraglicher Vereinbarungen nach dem bloßen Wortlaut des Gesetzes dem Bauherrn gegenüber nur für die Erteilung all jener Informationen, die es dem Bauherrn ermöglichen, Abhilfe gegen Sicherheits- und Gesundheitsrisken auf der Baustelle zu treffen.

Er haftet weiters für die erforderliche Information und Koordination der auf der Baustelle zugleich oder in zeitlichem Zusammenhang tätigen verschiedenen Professionisten.

Er haftet dem Bauherrn gegenüber dafür, dass der Sicherheits- und Gesundheitsschutzplan im Zuge des Fortschritts der Arbeiten angepasst wird.

Er haftet dem Bauherrn zuletzt für die erforderliche Anpassung der Unterlage für spätere Arbeiten gemäß § 8 BauKG im Hinblick auf den Fortschritt der Bauarbeiten.

7.3.4 Projektleiter

Der Projektleiter ist „eine natürliche oder juristische Person ..., die vom Bauherrn mit der Planung, der Ausführung oder der Überwachung der Ausführung des Bauwerks beauftragt ist“ (§ 2 Abs 2 BauKG). Als Projektleiter kann auch ein sachkundiger Dritter bestellt werden, der Arbeiten im Zusammenhang mit dem Bauvorhaben im Auftrag des Bauherrn durchführt. Personen, die aufgrund einer Bauordnung, der Gewerbeordnung oder des Ziviltechnikergesetzes befugt sind, können jedenfalls als Projektleiter eingesetzt werden.

Projektleiter können sowohl Selbständige als auch Betriebsangehörige des Bauherrn sein, auch an der Ausführung des Bauwerks beteiligte Unternehmer (zum Beispiel der Baumeister).

Die nähere Vertragsbeziehung zwischen Bauherrn und Projektleiter sollte im Interesse des Bauherrn genauer geregelt werden, da das Gesetz für den Bauherrn, der sich eines Projektleiters bedient, eine nicht unbedeutende Haftungsbefreiung vorsieht: Hat der Bauherr einen Projektleiter eingesetzt, so kann er ihm die Bauherrnpflichten der Bestellung der beiden Koordinatoren, der Beachtung des § 7 ASchG, der Erstellung der Vorankündigung, der Erstellung eines Sicherheits- und Gesundheitsschutzplanes und der Erstellung der Unterlage für spätere Arbeiten übertragen (§ 9 BauKG). Diese Übertragung der entsprechenden Arbeiten und Verpflichtungen auf den Projektleiter ist jedoch nur mit dessen Zustimmung möglich.

Zu beachten ist, dass ein Betriebsangehöriger des Bauherrn (etwa von Bauträgern, gemeinnützigen Wohnungsunternehmungen, Bauunternehmungen etc.) zwar rechtsgültig als Projektleiter eingesetzt werden kann. Auf diesen „angestellten Projektleiter“ können die vorgenannten nicht unerheblichen Verpflichtungen des Bauherrn selbst aber nicht mit schuldbefreiender Wirkung für den Bauherrn übertragen werden.

Über die Qualifikation und die fachlichen Befähigungen des Projektleiters sagt das Gesetz – außer dass er „fachkundig“ sein muss – nichts aus. Da dem Projektleiter aber bei der Planung und/oder der Bauausführung wesentliche Aufgaben zukommen, wird jeder Bauherr gut beraten sein, nur eine fachlich entsprechend qualifizierte Person zum Projektleiter zu bestellen.

Zu beachten ist, dass die bloße Bestellung zum Projektleiter nicht automatisch bedeutet, dass dieser auch verantwortlich im Sinne der Verpflichtungen des Bauherrn gemäß BauKG ist. Er wird erst dann verantwortlich, wenn die oben genannten Verpflichtungen des Bauherrn ausdrücklich auf den Projektleiter übertragen werden und dieser zugestimmt hat. Da das Gesetz keine bestimmte Form dafür anordnet, ist auch eine schlüssige Zustimmung ausreichend.

Die Zustimmung, dass der Projektleiter die nicht unbeträchtlichen Bauherrnverpflichtungen übernimmt, sollte sich jeder Bauherr in schriftlicher Form bestätigen lassen. Umgekehrt sollte jeder Projektleiter, der die Bauherrnverpflichtungen gemäß BauKG nicht übernehmen möchte, dies zu seinem eigenen Schutz ausdrücklich ausschließen.

Der Projektleiter, der der Übertragung der Bauherrnverpflichtungen zugestimmt hat, haftet – abgesehen von seinen vertraglich mit dem Bauherrn individuell vereinbarten sonstigen Verpflichtungen im Rahmen der Baustelle – dann für die vorstehend genannten Bauherrnverpflichtungen im Rahmen des BauKG.

Der Projektleiter darf ausdrücklich einen Angehörigen seines Unternehmens oder Betriebes als Planungs- und/oder Baustellenkoordinator einsetzen. In diesem Fall treffen allerdings die Verpflichtungen der Koordinatoren und die damit verbundenen Haftungen den Projektleiter selbst (§ 9 Abs 4 BauKG).

7.4 Vorankündigung

Für Baustellen, bei denen die Dauer der Arbeiten voraussichtlich mehr als 30 Arbeitstage beträgt und auf denen mehr als 20 Arbeitnehmer beschäftigt werden oder deren Umfang 500 Personentage übersteigt, ist eine Vorankündigung zu erstellen.

Die Verpflichtung, diese Vorankündigung zu erstellen, trifft den Bauherrn. Er kann sie an einen bestellten Projektleiter mit dessen Zustimmung übertragen.

Die **Vorankündigung** muss **folgende Angaben** enthalten:

- Datum der Erstellung,
- genauer Standort der Baustelle,
- Name und Anschrift des Bauherrn, eines bestellten Projektleiters sowie eines bestellten Planungs- und Baustellenkoordinators,
- Angaben über die Art des Bauwerks,
- Angaben über den voraussichtlichen Beginn der Arbeiten und über deren voraussichtliche Dauer,

- Angaben über die voraussichtliche Höchstzahl der Beschäftigten auf der Baustelle,
- Angaben über die Zahl der auf der Baustelle tätigen Unternehmen und Selbständigen,
- Angabe der bereits beauftragten Unternehmen.

Die Vorankündigung ist spätestens zwei Wochen vor Beginn der Arbeiten an das zuständige Arbeitsinspektorat zu übermitteln und sichtbar auf der Baustelle aufzuhängen. Der Sinn des Aushangs der Vorankündigung auf der Baustelle ist es, dass jeder auf der Baustelle tätige Arbeitnehmer und Selbständige die Möglichkeit haben soll, sich über die auf der Baustelle tätigen Personen und Unternehmen zu informieren.

Die Vorankündigung ist bei Änderungen anzupassen. Das bedeutet, dass jeder Wechsel in der Person beziehungsweise in den Unternehmen der auf der Baustelle Tätigen eine Änderung der Vorankündigung bewirkt. Die Änderungen sind dem Arbeitsinspektorat mitzuteilen und auf der Baustelle sichtbar zu machen.

Unterlässt es der Bauherr oder der beauftragte Projektleiter, die Vorankündigung zu erstellen beziehungsweise sie an das Arbeitsinspektorat zu übersenden oder unterlässt er den Aushang der Vorankündigung, so begeht er eine Verwaltungsübertretung und ist mit € 145,– bis € 7.260,– zu bestrafen (§ 10 BauKG).

Von den Arbeitsinspektoraten wurden Formulare für Vorankündigungen entworfen. Sie sind bei den Arbeitsinspektoraten erhältlich.

7.5 Sicherheits- und Gesundheitsschutzplan

Der Bauherr hat dafür zu sorgen, dass vor Eröffnung der Baustelle ein Sicherheits- und Gesundheitsschutzplan (SiGe-Plan) erstellt wird (§ 7 BauKG). Das gilt für Baustellen, für die eine Vorankündigung gemäß § 6 BauKG erforderlich ist, somit für größere Baustellen (mehr als 30 Arbeitstage und mehr als 20 Arbeitnehmer gleichzeitig, oder mehr als 500 Personentage), oder für Baustellen, auf denen Arbeiten zu verrichten sind, die mit besonderen Gefahren für die Sicherheit und Gesundheit der Arbeitnehmer verbunden sind.

Für gefährliche Arbeiten ist daher ein Sicherheits- und Gesundheitsschutzplan auch dann zu erstellen, wenn die Baustelle „kleiner“ ist als vorstehend geschildert.

Dem Sicherheits- und Gesundheitsschutzplan kommt erhebliche Bedeutung für die Vermeidung von Gefahren und Verletzungen auf der Baustelle zu. Es sollte daher einschlägigen Fachleuten überlassen werden, ihn zu erstellen. Sein wesentlicher Inhalt ist in § 7 Abs 3 BauKG detailliert geregelt.

Folgende Punkte sind beim Erstellen des Sicherheits- und Gesundheitsschutzplans zu berücksichtigen:

- Der Plan muss die maßgebenden Arbeitnehmerschutzvorschriften anführen, die für die jeweilige Baustelle und die jeweiligen Bauarbeiten anzuwenden sind. Dabei ist auch „das Gelände der Baustelle" – es ist wohl die Umgebung der Baustelle gemeint – zu berücksichtigen.

- Sollten auf der Baustelle Erdarbeiten erfolgen, so sind die Ergebnisse der Baustellenuntersuchung (Boden, Einbauten, Lage der Erdleitungen, Grundwasserstand etc.) in den Plan aufzunehmen und den Maßnahmen für die Gefahrenverhütung zugrunde zu legen.

- Weiters sind die gemeinsamen Einrichtungen aufzunehmen, die von Arbeitnehmern mehrerer Unternehmen genützt werden, etwa Einrichtungen für Baustromversorgung, Nutzwasser, sanitäre Einrichtungen für die auf der Baustelle tätigen Arbeitnehmer, Aufenthaltsräume, Trinkwasser, Waschgelegenheiten, Brandschutzeinrichtungen etc.

- All diese gemeinsamen Einrichtungen sind insoweit zu beschreiben und Verantwortungsbereichen zuzuweisen, als dies bei der Vielzahl und der Verschiedenheit der auf der Baustelle tätigen Arbeitnehmer zur Gefahren- und Unfallverhütung notwendig ist.

- Besondere Bedeutung kommt im Sicherheits- und Gesundheitsschutzplan den Gerüsten zu, die etwa von mehreren Unternehmungen gleichzeitig oder nacheinander benützt werden. Die Instandhaltung dieser Gerüste und allfälliger sonstiger Absturzsicherungen ist entsprechend zu organisieren.

- Der Baustellenverkehr, die Brandschutz- und Rettungsmaßnahmen etc. sowie die Gestaltung der Verkehrswege, der Zufahrtsmöglichkeiten für Rettung, Polizei und Feuerwehr sind darzulegen.

Der Sicherheits- und Gesundheitsschutzplan ist in der Vorbereitungsphase des Bauwerks zu erstellen. Er hat Bestandteil des Vertrages mit den bauausführenden Unternehmen zu sein. Die Verpflichtung, einen Sicherheits- und Gesundheitsschutzplan zu erstellen, obliegt dem Planungskoordinator, sofern ein Planungskoordinator bestellt werden muss.

Wichtig ist, dass der Sicherheits- und Gesundheitsschutzplan bei Fortschritt der Arbeiten oder bei eingetretenen Änderungen unverzüglich anzupassen ist, falls dies zum Schutz der Sicherheit und Gesundheit der Arbeitnehmer erforderlich ist. Vor der Anpassung sind nach Möglichkeit die Sicherheitsvertrauenspersonen der betroffenen Arbeitgeber anzuhören. Wenn Änderungen des Sicherheits- und Gesundheitsschutzplanes aufgrund von Entscheidungen oder Anordnungen des Bauherrn oder Projektleiters erfolgen, so ist dies im Plan festzuhalten (§ 7 Abs 5 BauKG). Die Anpassung des Sicherheits- und Gesundheitsschutzplanes obliegt dem Baustellenkoordinator.

Der Sicherheits- und Gesundheitsschutzplan sollte an sämtliche Unternehmen übermittelt werden, die auf einer Baustelle beschäftigt sind. Es ist vertraglich zuzusichern, dass er eingehalten wird.

7.6 Unterlage für spätere Arbeiten

Der Bauherr hat dafür zu sorgen, dass eine Unterlage für spätere (Reparatur-) Arbeiten am Bauwerk erstellt wird (§ 8 BauKG).

Da der § 8 BauKG für sämtliche Baustellen gilt, also auch für Kleinbaustellen, wo nur ein Arbeitnehmer eines beauftragten Unternehmens tätig wurde, wird dieses Unternehmen im Rahmen seines Auftrages dafür Sorge zu tragen haben, dass diese Unterlage erstellt und dem Bauherrn übergeben wird.

Ist ein Planungskoordinator bestellt, so trifft die Verpflichtung zur Erstellung der Unterlage ihn.

Die Unterlage ist Basis für alle Maßnahmen zur Gefahrenverhütung bei späteren Arbeiten in der Nutzungsphase, wie Wartung, Instandhaltung, Reparatur, Umbau oder Abbruch. Sie ist in der Planungsphase zu erstellen und in der Ausführungsphase im Falle der eingetretenen Änderungen zu aktualisieren. Ebenso wie der Sicherheits- und Gesundheitsschutzplan muss sie sowohl in der Vorbereitungsphase als auch in der Ausführungsphase berücksichtigt werden.

Der Bauherr ist verpflichtet, die Unterlage für spätere Arbeiten auf Nutzungsdauer des Bauwerkes zu verwahren. Bei späteren Wartungsarbeiten etc. ist sie den dann beauftragten Unternehmen beziehungsweise deren Arbeitnehmern zur Verfügung zu stellen, damit dem Zweck des Sicherheits- und Gesundheitsschutzes Genüge getan wird.

Es wird in Zukunft zu den Pflichten des Bauherrn gehören, im Falle der Übertragung der Rechte am Bauwerk die Unterlage dem Erwerber zu übergeben.

7.7 Haftung des Bauherrn gegenüber den „geschützten" Arbeitnehmern

Der Zweck des BauKG – der Schutz der körperlichen Unversehrtheit der auf einer Baustelle tätigen Arbeitnehmer – soll erreicht werden, indem verschiedenste gesetzlich detailliert definierte Verpflichtungen und Tätigkeiten geschaffen werden, die auch Personen treffen, die vor Inkrafttreten des BauKG davon mehr oder minder verschont waren.

Neben der allgemeinen Schutzpflicht des Auftraggebers eines Werkes (§ 1169 ABGB) obliegt dem Bauherrn persönlich eine Reihe solcher konkret definierten Schutz- und Handlungspflichten. Dies ist umso bedeutsamer, als der Bauherr in der Regel die Arbeitnehmerschutzvorschriften nicht kennen wird und bautechnisch ungeschult ist, durch das Gesetz aber „bautechnische" Handlungen setzen soll, die dem Schutz fremder Bauarbeiter dienen.

Durch das BauKG werden grundsätzlich „betriebsfremde" Personen gesetzlich dazu verpflichtet, auf der Baustelle detaillierte Schutz- und Koordinationsmaßnahmen zu setzen.

Beispiel:

Auf einem Gerüst bearbeitet ein Bauarbeiter der Baufirma X mit einem schweren Hammer die Fassade eines Hauses. Im Bereich darunter sind Arbeitnehmer eines anderen Professionisten, des Elektrikers Y, damit beschäftigt, einen Elektrokasten zu montieren.

Dem auf dem Gerüst stehenden Bauarbeiter rutscht infolge Unachtsamkeit der Hammer aus der Hand (das Gerüst ist ungenügend gesichert), trifft einen unter ihm stehenden Arbeitnehmer des Elektrikers und verletzt ihn schwer.

Der Verletzte liegt Monate im Koma und hat schmerzhafte Dauerfolgen zu tragen. Er überlegt, Schadenersatz zu verlangen.

Die **allgemeinen Kriterien zum Erheben eines Schadenersatzanspruches** sind somit zu prüfen:

1. Der Eintritt eines Schadens – im vorliegenden Fall durch die Körperverletzung evident.

2. Die Kausalität (= der Zusammenhang zwischen Ursache und Erfolg) – der Hammer fällt aus der Hand und kann infolge ungenügender Absicherung des Gerüsts beziehungsweise fehlerhafter oder sogar fehlender Koordinierung der Arbeiten der verschiedenen Professionisten den Schaden anrichten.

3. Die Rechtswidrigkeit – der Täter muss eine bestimmte Schutznorm übertreten haben, der negative „Erfolg" der Handlung trifft genau jenes „Objekt", dessen Schutz die übertretene Norm bezweckt.

4. Das Verschulden – dem Täter muss seine Handlungsweise vorgeworfen werden können, er muss also entweder vorsätzlich oder grob fahrlässig oder zumindest leicht fahrlässig gehandelt haben. Die leichte Fahrlässigkeit ist ein Fehler, der einem durchschnittlichen Menschen mit durchschnittlichen Fähigkeiten durchaus passieren kann.

Abgesehen von der hier nicht interessierenden Haftung des unmittelbaren Täters, des Bauarbeiters, der oben auf dem Gerüst gearbeitet hat, ist eine mögliche Haftung des Bauherrn, eines oder beider Koordinatoren beziehungsweise des Projektleiters wegen einer eventuell vorliegenden Verletzung ihrer Schutzverpflichtungen gemäß BauKG zu prüfen.

Der Bauherr hat durch das BauKG persönlich und direkt verschiedene Verpflichtungen auferlegt bekommen, die dem Schutz der Arbeiter dienen sollen. Unterlässt er diese Verpflichtungen und kann nachgewiesen werden, dass bei Einhaltung der Verpflichtungen der Vorfall nicht passiert wäre, so wäre eine Haftung nach den oben definierten Kriterien des Schadenersatzrechts grundsätzlich zu bejahen.

Es sei unterstellt, dass die Einhaltung der gemäß BauKG dem Bauherrn obliegenden Verpflichtungen im konkreten Einzelfall den oben geschilderten Vorfall – nämlich: ein Bauarbeiter arbeitet auf einem ungesicherten Gerüst über Arbeitern anderer Professionisten; einer von diesen Arbeitern wird durch herabstürzendes Werkzeug verletzt – hätte verhindern können. Ein Sicherheits- und Gesundheitsschutzplan hätte derartige zeitliche und räumliche Überschneidungen der Arbeiten vermutlich aufgezeigt und sie hätten verhindert werden können. Ein fachlich einschlägig geschulter Koordinator hätte auf der Baustelle gesehen, dass Arbeiten in einem derartigen gefährlichen Zusammenhang durchgeführt werden etc.

In diesen Fällen könnte es beweisbar sein, dass die Unterlassung der Schutzmaßnahmen, die dem Bauherrn obliegen, auch kausal für den Schadenseintritt war. Mit anderen Worten: Hätte der Bauherr das BauKG gekannt und richtig angewendet – konkret: einen geeigneten Koordinator bestellt –, so wäre der Arbeitnehmer des Elektrikers Y nicht vom Hammer getroffen und verletzt worden.

Der OGH hat in der Entscheidung vom 3. 3. 2010, 7 Ob 17/09i klargestellt, dass eine beauftragte Bauunternehmung verpflichtet ist, den Bauherrn auf die Notwendigkeit der Sicherheits- und Gesundheitsschutzmaßnahmen gemäß BauKG hinzuweisen. Der Bauherr hätte mit einiger Wahrscheinlichkeit einen Regressanspruch gegen seine Vertragspartner, die diese Aufklärungspflicht unterlassen haben.

Ist diese Bauunternehmung zwischenzeitig insolvent geworden, so hilft dem Bauherrn ein „theoretischer" Rückersatzanspruch gegen die Insolvenzmasse im Regelfall wenig.

Um diesem gar nicht so theoretischen Risiko zu entgehen, kann der Bauherr einen geeigneten Projektleiter im Sinne des § 9 BauKG beauftragen und ihm die genannten Bauherrnverpflichtungen übertragen. Wenn der Projektleiter diese Verpflichtungen übernimmt, ist der Bauherr von den ihn treffenden Verantwortungen frei.

7.8 Haftungsbegründende Wirkung der Unterlage

Der Bauherr hat eine Unterlage für spätere (Reparatur-)Arbeiten erstellen zu lassen und diese auf Nutzungsdauer des Bauwerks aufzubewahren (§ 8 BauKG).

Was der Bauherr gegebenenfalls mit der Unterlage zu tun hat, ist im Gesetz nicht wörtlich ausgesprochen. Es kann aber eindeutig aus der Bestimmung des § 1169 ABGB abgeleitet werden, die dem Auftraggeber eines Werkvertrages Schutz- und Sorgfaltspflichten auch gegenüber den Arbeitnehmern des Beauftragten auferlegt. Demnach ist der Bauherr verpflichtet, im Fall der Vornahme von Reparaturarbeiten am Bauwerk die Unterlage herauszugeben, damit sie im Sinne des Sicherheits- und Gesundheitsschutzes der beauftragten Dienstnehmer geprüft und eingesetzt werden kann. Zu denken ist etwa an Plandokumente über Stromleitungen etc.

Es ist wiederum zu fragen, ob der Bauherr haftet, wenn er eine vorhandene Unterlage nicht herausgibt und wenn im Zuge der Reparaturarbeiten der Dienstnehmer eines beauftragten Unternehmens verletzt wird und bewiesen werden kann, dass bei Vorhandensein der Unterlage die Verletzung hätte vermieden werden können.

Nach den oben geschilderten allgemeinen schadenersatzrechtlichen Kriterien und der allgemeinen Schutzverpflichtung gemäß § 1169 ABGB wird dem Bauherrn ein Vorwurf daraus gemacht werden können, dass er die von ihm verwahrte Unterlage nicht herausgegeben hat. M. E. kann ein Bauherr einen gegen ihn gerichteten Schadenersatzanspruch des verletzten Dienstnehmers wegen der „verheimlichten" Unterlage gemäß § 8 BauKG nicht grundsätzlich, sondern maximal dadurch bekämpfen, dass er behauptet und beweist, dass den Dienstnehmer ein wesentliches Mitverschulden trifft, indem er etwa unterlassen hat, mit geeigneten Mitteln nach einer „versteckten Leitung" zu suchen. An der grundsätzlichen Haftung des Bauherrn für die Folgen seiner Unterlassung dürfte aber kein Zweifel bestehen.

7.9 Strafbestimmungen

Das BauKG ist nicht nur Grundlage für zivilrechtliche Ansprüche, sondern normiert auch verwaltungsstrafrechtliche Verantwortlichkeiten für Verstöße, die von der Behörde zu verfolgen sind.

Der **Bauherr,** der seine **Verpflichtungen** nach

- § 3 BauKG (Koordinatorenbestellung),
- § 4 Abs 1 BauKG (Verletzung der Verpflichtung gemäß § 7 ASchG bei Entwurf, Ausführung, Planung und Vorbereitung des Bauprojekts beziehungsweise Koordinationsverletzung),
- § 6 BauKG (Erstellung der Vorankündigung),
- § 7 BauKG (Erstellung des Sicherheits- und Gesundheitsschutzplanes) oder
- § 8 BauKG (Unterlage für spätere Arbeiten)

verletzt, begeht eine **Verwaltungsübertretung** und ist mit Geldstrafe von € 145,– bis € 7.260,– (im Wiederholungsfall € 290,– bis € 14.530,–) zu bestrafen.

Wenn der Bauherr einen Betriebsangehörigen seines Unternehmens zum Koordinator bestellt, hat er bei sonstiger Strafe dafür zu sorgen, dass diese Person die Koordinatorenverpflichtungen erfüllt.

7.10 Vertragsmuster

Der Auftrag an den Koordinator verlangt zwingend die Schriftform (§ 3 Abs 6 BauKG). Der Koordinator muss dem Auftrag nachweislich zugestimmt haben. Es gibt daher keine „Zufallskoordinatoren“!

Bei den folgenden Mustern für Vertragsbestimmungen im Rahmen des BauKG (Muster 10 bis Muster 13) ist – wie bei Mustertexten generell – stets zu berücksichtigen, dass die Textvorschläge unbedingt an die konkrete Baustellen-, Vertrags- und Beteiligtensituation angepasst werden müssen.

M. 10: Regelungen im Vertrag mit dem Planungskoordinator

Diesem Vertragsbeispiel liegt die Annahme zugrunde, dass sowohl ein Projektleiter als auch verschiedene Planungs- und Baustellenkoordinatoren bestellt sind und dass die Entwurfs- und Einreichplanung etc. wiederum von einem anderen Fachmann durchgeführt wird. Es besteht aber nach BauKG die Möglichkeit, sämtliche Funktionen in einer Person oder in einem Unternehmen zu vereinigen.

1.

Der Bauherr beauftragt Herrn/Frau/Firma .... mit der Tätigkeit als Planungskoordinator im Umfang des § 4 BauKG.

2.

Da der Bauherr Herrn/Frau Architekt .... mit der Durchführung der Entwurfsplanung, der Einreichplanung, sowie .... beauftragt hat, verpflichtet sich der Planungskoordinator, ehestens mit dem Büro Arch. .... Kontakt aufzunehmen und mit diesem laufend die gemäß § 4 Abs 2 BauKG notwendigen Koordinierungsarbeiten durchzuführen.

Der Bauherr hat Architekt .... vertraglich dazu verpflichtet, mit dem Planungskoordinator in der gesetzlich geforderten Weise zu kooperieren und diesem alle Auskünfte zu erteilen, die zur Erfüllung seiner Tätigkeit notwendig sind.

3.

Da das geplante Bauvorhaben die Erstellung eines Sicherheits- und Gesundheitsschutzplanes gemäß § 7 BauKG erfordert, wird der Planungskoordinator ausdrücklich damit beauftragt.

Nach dem derzeitigen Planungsstand wird das zur Ausführung gelangende Bauvorhaben gemäß § 6 Abs 1 BauKG folgenden Umfang haben: ....

Nach dem derzeitigen Planungsstand sind keine besonderen Gefahren für Sicherheit und Gesundheit der Arbeitnehmer auf der Baustelle gemäß § 7 Abs 2 BauKG zu erwarten.

ALTERNATIVE:

Nach dem Informationsstand des Auftraggebers wird die Art und der Umfang der auf der Baustelle durchzuführenden Bauarbeiten folgende besondere Gefahren für Sicherheit und Gesundheit der Arbeitnehmer gemäß § 7 Abs 2

BauKG erwarten lassen, die im Sicherheits- und Gesundheitsschutzplan besonders zu berücksichtigen sind: ....

Es ist ausdrücklich Sache des Planungskoordinators, selbständig allfällige weitere erkennbare Gefahren im SiGe-Plan zu berücksichtigen.

4.

Der Planungskoordinator wird damit beauftragt, die Unterlage für spätere Arbeiten gemäß § 8 BauKG zu erstellen. Er hat dabei Kontakt mit dem Projektleiter .... und dem oben genannten Planungsbüro zu halten.

5.

Der Planungskoordinator nimmt zur Kenntnis, dass der Bauherr Herrn/Frau .... zum Baustellenkoordinator gemäß § 5 BauKG bestellt hat.

Der Planungskoordinator verpflichtet sich, die von ihm zu erstellenden Unterlagen (Sicherheits- und Gesundheitsschutzplan sowie Unterlage für spätere Arbeiten) soweit fertig zu stellen, wie ihm dies möglich ist, und dem Baustellenkoordinator alle Unterlagen und Dokumente zu übergeben, die dieser für die Anpassung des Sicherheits- und Gesundheitsschutzplans beziehungsweise der Unterlage für spätere Arbeiten benötigt.

6.

Der Planungskoordinator ist verpflichtet, sich auch im Zuge der Errichtung des Bauwerks im erforderlichen Ausmaß davon zu überzeugen, dass der von ihm erstellte Sicherheits- und Gesundheitsschutzplan beziehungsweise die Unterlage für spätere Arbeiten gemäß § 4 Abs 2 Z 3 und 5 BauKG ordnungsgemäß berücksichtigt wird. Insoweit kommen ihm auch Weisungsbefugnisse auf der Baustelle gegenüber den dort tätigen Unternehmen und deren Arbeitnehmern zu. Die damit verbundenen Kosten sind im vereinbarten Honorar enthalten. Der Bauherr hat den von ihm eingesetzten Projektleiter angewiesen, dem Planungskoordinator die zur Erfüllung seiner Verpflichtungen notwendigen Auskünfte jederzeit zu erteilen.

Der Planungskoordinator verpflichtet sich, den Bauherrn davon zu unterrichten, falls der Projektleiter, der Baustellenkoordinator oder sonstige auf der Baustelle tätigen Unternehmen den Sicherheits- und Gesundheitsschutzplan nicht im gesetzlich gebotenen Ausmaß berücksichtigen oder die Mitarbeit an der Erstellung beziehungsweise Anpassung der Unterlage für spätere Arbeiten verweigern sollte.

M. 11: Vertragsbestimmungen mit dem Baustellenkoordinator

1.

Der Bauherr bestellt Herrn/Frau/Firma .... zum Baustellenkoordinator im Sinne des § 5 BauKG.

Der Baustellenkoordinator nimmt zur Kenntnis, dass die Einreichplanung vom Büro .... erstellt wurde und Herr/Frau .... zum Planungskoordinator gemäß § 4 BauKG bestellt wurde.

Der Planungskoordinator .... hat bereits einen Sicherheits- und Gesundheitsschutzplan sowie eine Unterlage für spätere Arbeiten gemäß § 8 BauKG erstellt.

Der Baustellenkoordinator nimmt weiters zur Kenntnis, dass Herr/Frau.............................. vom Bauherrn zum Projektleiter für das gegenständliche Bauvorhaben bestellt wurde.

2.

Im Rahmen seiner Tätigkeit übernimmt der Baustellenkoordinator sämtliche Tätigkeiten und Aufgaben, die in § 5 BauKG genannt sind, insbesondere:

a) Die Koordinierung der Umsetzung der allgemeinen Grundsätze der Gefahrenverhütung gemäß § 7 ASchG bei der technischen und organisatorischen Planung, bei der Einteilung der Arbeiten, die gleichzeitig oder nacheinander durchgeführt werden, bei der Abschätzung der voraussichtlichen Dauer für die Durchführung dieser Arbeiten sowie bei der Durchführung der Arbeiten.

b) Weiters die Koordinierung der Umsetzung der für die betreffende Baustelle geltenden Bestimmungen über Sicherheit und Gesundheitsschutz bei der Arbeit.

c) Die Koordinierung der Überwachung der ordnungsgemäßen Anwendung der Arbeitsverfahren.

Der Baustellenkoordinator verpflichtet sich, darauf zu achten, dass die auf der Baustelle beschäftigten Unternehmen und Professionisten den ihm bekannten Sicherheits- und Gesundheitsschutzplan und die allgemeinen Grundsätze der Gefahrenverhütung gemäß § 7 ASchG anwenden und hat in diesem Bereich ein Weisungsrecht gegenüber den auf der Baustelle tätigen Unternehmen und deren Arbeitnehmern.

Der Baustellenkoordinator verpflichtet sich weiters, für die erforderliche Anpassung des ihm übergebenen Sicherheits- und Gesundheitsschutzplanes im Zuge der weiteren Abwicklung der Bauarbeiten nach Maßgabe der konkret notwendig werdenden Erfordernisse zu sorgen und dabei die auf der Baustelle tätigen Professionisten einzubeziehen beziehungsweise in ausreichendem Maß zu informieren.

Der Baustellenkoordinator hat die Pflicht, an den wöchentlich .... abzuhaltenden Baustellenbesprechungen teilzunehmen.

3.

Der Baustellenkoordinator ist vom Bauherrn ausdrücklich beauftragt, die zur Einhaltung der Erfordernisse des Gesundheitsschutzes und der Sicherheit notwendigen Maßnahmen auf der Baustelle auch gegenüber den auf der Baustelle tätigen Professionisten beziehungsweise deren Arbeitnehmern direkt durchzusetzen und ist insoweit direkt auf der Baustelle gegenüber den Arbeitern weisungsbefugt.

Der Bauherr hat in seinen vertraglichen Vereinbarungen mit den auf der Baustelle tätigen Professionisten ein entsprechendes Weisungsrecht des Baustellenkoordinators in Sicherheits- und Gesundheitsschutzfragen auf der Baustelle ausdrücklich festgelegt. Es steht dem Baustellenkoordinator frei, in erforderlichem Ausmaß die Unterstützung der Behörden insbesondere des Arbeitsinspektorats zu verlangen, sollte dies notwendig sein, um Missstände auf der Baustelle abzustellen.

4.

Der Baustellenkoordinator nimmt zur Kenntnis, dass es ausdrücklich seine Aufgabe ist, die erforderlichen Maßnahmen zu treffen, damit nur befugte Personen die Baustelle betreten.

Auch diesbezüglich steht dem Baustellenkoordinator gegenüber den auf der Baustelle tätigen Professionisten beziehungsweise deren Arbeitnehmern ein direktes Weisungsrecht zu. Sollten die diesbezüglichen Maßnahmen und Anweisungen Kosten notwendig machen, die über die üblichen Kosten der Baustelleneinrichtung hinausgehen, so ist der Baustellenkoordinator verpflichtet, für die erforderlichen Absicherungsmaßnahmen Kostenvoranschläge einzuholen.

Sollten diese Kosten im Einzelfall ein Ausmaß von € .... überschreiten, so ist vor der Beauftragung der Arbeiten eine Weisung des Bauherrn einzuholen.

[Anm.: Es kann naturgemäß erforderlich sein, im Zuge des Fortschritts der Baustelle zusätzliche Absicherungsmaßnahmen zu setzen, die möglicherweise kostenpflichtig sind. Um hier die erforderliche Kontrolle zu erhalten, wird für übermäßige Kosten ein Limit zu vereinbaren sein.]

5.

Der Baustellenkoordinator hat ausdrücklich die erforderlichen Informationen für die Anpassung der Unterlage für spätere Arbeiten gemäß § 8 BauKG einzuholen und ist diesbezüglich berechtigt, jegliche Unterlagen, Pläne etc. einzusehen und auch sonst die erforderlichen Informationen zu verwerten.

6.

Die Tätigkeit des Baustellenkoordinators endet frühestens mit der vollständigen Fertigstellung der Arbeiten. Der Baustellenkoordinator ist verpflichtet, innerhalb eines Monats ab jenem Zeitpunkt, zu dem der letzte Arbeitnehmer eines auf der Baustelle tätigen Professionisten die Baustelle verlässt, den angepassten und fertig gestellten Sicherheits- und Gesundheitsschutzplan, die angepasste und fertig gestellte Unterlage für spätere Arbeiten und sonst alle erforderlichen Dokumente und Unterlagen an den Projektleiter .... zu übergeben, damit dieser in der Lage ist nachzuweisen, dass die Erfordernisse des BauKG auf der Baustelle vollständig eingehalten wurden.

M. 12: Vertragsbestimmungen mit einem fremden Projektleiter, der alle Bauherrnverpflichtungen übernimmt

1.

Der Bauherr beauftragt Herrn/Frau .... damit, die Funktion eines Projektleiters im Sinne des § 2 Abs 2 BauKG auszuüben.

Der Projektleiter wird sämtliche Bauherrnverpflichtungen gemäß § 9 BauKG anstelle des Bauherrn vollständig erfüllen. Dazu gehört insbesondere die Verpflichtung, für die Baustelle einen Planungskoordinator gemäß § 4 BauKG und einen Baustellenkoordinator gemäß § 5 BauKG zu bestellen.

Der Projektleiter ist verpflichtet mit den bestellten Koordinatoren zusammenzuarbeiten, um sie bei der Erfüllung ihrer Verpflichtungen zu unterstützen.

2.

Der Projektleiter wird ehestens eine Vorankündigung gemäß § 6 BauKG erstellen und rechtzeitig an das zuständige Arbeitsinspektorat und die Bauarbeiter-Urlaubs- und Abfertigungskasse übermitteln.

3.

Der Projektleiter verpflichtet sich, den gemäß § 7 BauKG von den Koordinatoren erstellten beziehungsweise anzupassenden Sicherheits- und Gesundheitsschutzplan einzuhalten.

Der Projektleiter verpflichtet sich, die Koordinatoren zu den Baubesprechungen einzuladen und auch sonst so weit mit ihnen Kontakt zu halten, wie dies zur Erfüllung der Sicherheits- und Gesundheitsschutzaufgaben erforderlich ist.

Der Projektleiter nimmt zur Kenntnis, dass sowohl den Koordinatoren als auch ihm selbst aufgrund der vom Bauherrn mit den auf der Baustelle tätigen Professionisten getroffenen Vereinbarungen in Sicherheits- und Gesundheitsschutzfragen Weisungsbefugnis gegenüber den auf der Baustelle tätigen Unternehmen und deren Arbeitnehmern zukommt. Er verpflichtet sich, bei Erteilung derartiger Weisungen mit den Koordinatoren im erforderlichen Ausmaß zu kooperieren.

4.

Der Projektleiter wird mit den Koordinatoren bei der Erstellung und Anpassung der Unterlage für spätere Arbeiten gemäß § 8 BauKG zusammenarbeiten und die erforderlichen Informationen – soweit sie ihm zugänglich sind – den Koordinatoren zur Verfügung stellen, damit diese Unterlage vollständig fertig gestellt werden kann.

5.

Der Projektleiter erklärt nach Einsichtnahme in sämtliche vorhandenen Unterlagen und nach Kenntnisnahme der zur Verfügung stehenden Informationen, die Tätigkeit als Projektleiter im Sinne § 2 BauKG zu übernehmen und dabei auch sämtliche Verpflichtungen des Auftraggebers als Bauherr im Sinne des § 9 Abs 1 BauKG zu erfüllen.

6.

Sollten gegen den Bauherrn Ansprüche welcher Art immer erhoben werden, die die Verletzung von Sicherheits- und Gesundheitsschutzangelegenheiten der auf der Baustelle beschäftigten Arbeitnehmer betreffen, so verpflichtet sich der Projektleiter, den Bauherrn diesbezüglich vollständig schad- und klaglos zu halten. Über Verlangen des Bauherrn ist der Projektleiter verpflichtet, die Deckung durch eine entsprechende Versicherung auf Baudauer nachzuweisen.

7.

Die Tätigkeit des Projektleiters endet, soweit es die Verpflichtungen gemäß BauKG anlangt, mit der vollständigen Erfüllung sämtlicher Bauherrnverpflichtungen gemäß § 9 BauKG.

M. 13: Textvorschlag für jene Teile des Auftrages an den jeweiligen Professionisten, die die Anwendung des BauKG betreffen

1.

Der Auftragnehmer nimmt zur Kenntnis, dass der Auftraggeber Herrn/Frau .... zum Projektleiter gemäß § 2 Abs 2 BauKG,

Herrn/Frau .... zum Planungskoordinator gemäß § 4 BauKG und

Herrn/Frau .... zum Baustellenkoordinator gemäß § 5 BauKG

bestellt hat und den genannten Fachleuten jene Verpflichtungen nach dem BauKG überbunden hat, die für die Sicherheit und den Gesundheitsschutz der auf der Baustelle beschäftigten Arbeiter erforderlich sind.

Der Auftragnehmer nimmt ausdrücklich und zustimmend zur Kenntnis, dass die vorstehend genannten Koordinatoren beziehungsweise der Projektleiter in Fragen der Sicherheit und des Gesundheitsschutzes auf der Baustelle Anordnungen im Sinne des § 8 Abs 4 ArbeitnehmerInnenschutzgesetz erteilen dürfen, die von ihm zu befolgen sind. Darüber hinaus sind die Genannten auch gegenüber den Dienstnehmern des Auftragnehmers in Fragen der Baustellensicherheit und des Gesundheitsschutzes weisungsbefugt. Der Auftragnehmer verpflichtet sich, seine Dienstnehmer anzuweisen sowie Anweisungen des Projektleiters und der beiden Koordinatoren in Fragen der Sicherheit und des Gesundheitsschutzes auf der Baustelle unbedingt Folge zu leisten.

2.

Dem Auftragnehmer ist bekannt, dass für die gegenständliche Baustelle ein Sicherheits- und Gesundheitsschutzplan gemäß § 7 BauKG erstellt wurde, der im Zuge der Baustellenabwicklung erforderlichenfalls anzupassen ist.

Der Auftragnehmer verpflichtet sich, den beauftragten Koordinatoren sämtliche Informationen über die auf der Baustelle verwendeten Materialien, die angewendeten Arbeitsverfahren etc. zu erteilen, die es den genannten Koordinatoren ermöglichen, ihre Verpflichtungen im Rahmen des Sicherheits- und Gesundheitsschutzes auf der Baustelle zu erfüllen.

3.

Sämtliche mit der Erfüllung der Sicherheits- und Gesundheitsschutzaufgaben auf der Baustelle erforderlichen Maßnahmen und Anordnungen der Koordinatoren werden vom Auftragnehmer ohne zusätzliche Kostenberechnung durchgeführt.

Der Auftragnehmer bestätigt ausdrücklich, dass ihm bekannt ist, dass Ziel der Sicherheits- und Gesundheitsschutzmaßnahmen auf der Baustelle auch seine Arbeitnehmer sind und er selbst die entsprechenden Schutzverpflichtungen hat.

Ansprüche des Auftragnehmers wegen allfälliger Bauverzögerung aufgrund der gesetzlich gebotenen Durchführung von Maßnahmen im Interesse der Sicherheit und des Gesundheitsschutzes auf der Baustelle können weder gegen den Projektleiter, die Koordinatoren, noch gegen den Auftraggeber gestellt werden.

8. Werbung und Kundenbetreuung

Die Immobilienwerbung steht vor dem grundsätzlichen Problem, dass es sich bei Immobilien, gleichgültig ob Wohnimmobilien oder Wirtschaftsbauten, um langlebige Wirtschaftsgüter handelt, die eine lange Planungs- und Entwicklungszeit hinter sich und eine noch um ein Vielfaches längere Nutzungsdauer vor sich haben. Dazu kommt der Umstand, dass in mehr oder weniger unterschiedlichem Ausmaß bei der Vermarktung von und Werbung für Immobilien die Emotion der angesprochenen Nutzer positiv erreicht werden muss, und zwar zusätzlich zu den harten Fakten, die allein für den Erfolg nicht ausreichend sind.

Ungefähr vergleichbar mit der Immobilienwerbung ist die Entwicklung, die die Werbung in der Automobilindustrie genommen hat. Aus einem Vergleich mit dieser Werbung lassen sich durchaus Anregungen für die Immobilienwerbung gewinnen. Insbesondere im höherwertigen Bereich, beginnend ab der Mittelklasse, zeigt sich in der Automobilwerbung die Tendenz, dass fast nur mehr mit Emotion und emotionalem Hintergrund geworben wird. Design und Stimmung, Lebenswert, Freizeit und Sicherheit sind die entscheidenden Ansatzpunkte, um den möglichen Kunden zum Kaufentscheid zu gewinnen.

Das Cabrio unter Palmen, der Jeep im blutroten Sonnenuntergang und das chice Coupé im fahlen Schneeglanz des Polarkreises sind wenig alltagsbezogene, aber dafür umso wirksamere Werbeaussagen für ein eigentlich doch recht nutzungsbezogenes Produkt.

Bei Immobilien ist es im Prinzip nicht anders, aber natürlich ist die Schlussfolgerung nicht zulässig, dass das Ansprechen der Emotionen allein ausreicht, um die harten Fakten vergessen zu können. Genauso wie sich am Ende der stimmungsvollen Autoprospekte in aller Regel ein umfangreicher, bis ins Detail gehender technischer Teil befindet, der minutiös Aussagen über technische Werte, Ausstattungsdetails, Sonderausstattungen und konstruktive Daten beinhaltet, die in dieser Fülle vom durchschnittlichen Konsumenten wahrscheinlich gar nicht verstanden werden, so muss auch in der Immobilienwerbung die „dichterische" Ebene der Produktdarstellung durch eine Listung der objektiven und harten Fakten ergänzt werden.

Die subjektiven Momente der Immobilienwerbung sind mit den objektiven Merkmalen der Ausführung und Ausstattung, des Preises und der technisch/baulichen Grundlagen zu harmonisieren. Geschieht dies nicht oder nicht ausreichend oder unausgewogen zu Lasten der Objektivität, sind große Schwierigkeiten unvermeidbar. Aufgrund der Langzeitwirkung, die enttäuschte Erwartungen der Nutzer auf Wert und Verwertbarkeit eines Projektes haben können, ist daher in der Immobilienwerbung bei aller Notwendigkeit zur Emotionalität ein Grundsatz unabdingbar: Bleiben Sie bei der Wahrheit.

8.1 Kundenerwartung

Um einen Kunden zum Abschluss eines Mietvertrages oder Kaufvertrages über eine Wohnung zu bewegen, ist es wichtig, vorerst seine Wünsche und Erwartungen zu kennen. Es ist immer wieder erstaunlich zu beobachten, wie wenig Wohnungssuchende sich über ihre eigenen Bedürfnisse im Klaren sind – Kundengespräche, die langwierig über das Interesse an einer 4-Zimmer-Wohnung geführt werden, können durchaus mit einem Abschluss über eine größere Garconniere enden.

Das kommt nicht von ungefähr. Träume, Überschätzung der eigenen finanziellen Möglichkeiten, Wunschvorstellungen überlagern oft den realen Spielraum, der dem Wohnungssuchenden zur Verwirklichung seines Wohnwunsches gegeben ist. Ein guter Verkäufer wird sein Kundengespräch daher nicht mit dem blumenreichen Anbieten seines Projektes beginnen, sondern zunächst gezielt und nachhaltig fragen: Wie wohnen Sie bisher? Aus wie vielen Personen besteht Ihre Familie? Wie viel Geld wollen Sie ausgeben? Welche Vorstellungen haben Sie über Ihre Wohnung? Wie wichtig ist Ihnen die Verkehrslage, Grünlage, Stadtlage etc.?

Wenn der individuelle Bedarf halbwegs eindeutig ermittelt ist und sich im Angebot des Bauträgers eine möglicherweise passende Wohnung findet, die von ihrer Größe, ihrem Preis und ihrem Grundrisszuschnitt entsprechen könnte, ist zwar ein guter Teil der Arbeit getan, aber noch nicht alles erledigt: Die Kundenerwartung umfasst noch andere Bereiche als die Wohnung selbst, zum Beispiel das Thema Sicherheit.
Die Entscheidung für eine Wohnung ist – auch wenn sie vielleicht nicht auf Lebenszeit getroffen wird – noch immer eine Entscheidung, die eine langjährige feste Bindung an einen bestimmten Ort bedeutet. Der Kunde erwartet daher Sicherheit in vielerlei Hinsicht. Sicherheit der ordnungsgemäßen Abwicklung, Sicherheit, dass sein Geld, das er als Anzahlung in die

Wohnung investiert hat, nicht verloren ist, Sicherheit, dass seine Wohnumgebung seinen Erwartungen entspricht und Sicherheit, dass er sich in dem Haus, für das er sich entschlossen hat, wohl fühlt und er es stolz seinen Freunden und Bekannten zeigen kann.

Diesem Bedürfnis nach Sicherheit muss der Bauträger Rechnung tragen: Die finanzielle Sicherstellung sollte sich nicht an Mindesterfordernissen, sondern am erreichbaren Maximum orientieren. Klare, eindeutig formulierte und sprachlich verständliche Verträge gehören dazu ebenso wie praktisch handhabbare, vom Kunden nachvollziehbare Sicherheiten für die Absicherung der in das Bauvorhaben eingebrachten Anzahlungen. Angst ums Geld und Verunsicherung über unverständliche Verträge sind keine taugliche Basis für ein entspanntes Bauträger-Kundenverhältnis. Spätestens in der Gewährleistungsphase rächt sich das.

Sicherheit über qualitative Aspekte, Wohlbefinden und erwartungsgemäße Gestaltung der künftigen Lebensumgebung des Kunden zu bieten, ist schon etwas schwieriger. Hier spielen rational schwer greifbare Momente eine Rolle.

Zum Beispiel kann das Anpreisen innovativer oder herausragender Architektur mit großen Architektennamen durchaus zu schweren Missverständnissen führen: Nicht jeder Kunde ist permanenter Leser von Architekturfachzeitschriften und es kann ein schockartiges Erlebnis sein, im Zug der Fertigstellung mit modernen Architekturformen konfrontiert zu sein, wenn das eingeschulte Wohnverständnis von Wagenrad- und Hirschgeweihidylle ausgegangen ist. Bei architektonischen Aussagen ist daher Vorsicht geboten.

Gleiches gilt für qualitative Wertungen wie „Luxuswohnung“, „beste Ausstattung“ oder „exzellente Qualität“. Das Verständnis des Kunden über solche Wertungsbegriffe und seine Erwartung ist häufig höher geschraubt als die Realität, die ihm der Bauträger unter Umständen bieten kann. Der Marmorboden im Bad, der als Luxus verkauft wird, könnte sich zum Bumerang auswirken, wenn er sich als unsortierte Platten aus dem Preiswert-Angebot herausstellt. Merke: Die Erwartungshaltung des Käufers ist höher als das Erfüllungsverständnis des Lieferanten.

8.2 Die wichtigsten Werbemittel

Für Immobilien gibt es eine breite Palette an Werbemöglichkeiten. Sie reichen vom Event anlässlich der Grundsteinlegung über das Inserat in Printmedien bis zur Internetwerbung. Trotz dieser Vielfalt hat sich erstaunlicherweise das **Ranking der Werbemittel** auch in den vergangenen Jahren trotz subtilerer Werbemethoden nicht grundsätzlich verändert. Auch heute gilt noch – mit Modifikationen je nach Art des Projektes – folgende **prinzipielle Reihenfolge:**

1. Bautafel
2. Mundpropaganda
3. Homepage www.
4. Internet-Plattformen und social media
5. Kleininserat in Printmedien (vorwiegend für Wohnungen)
6. Großinserat in Printmedien (vorwiegend für Wirtschaftsbauten)
7. Baustellenbesuch/Musterwohnung
8. Prospekt
9. Direktmailing
10. Beilage in Printmedien
11. Events
12. Radio- und Fernsehwerbung

Internetwerbung ist ohne Zweifel unverzichtbar und es gibt wohl bald keinen Bauträger mehr, der es sich leisten kann, auf eine eigene Homepage zu verzichten. Trotzdem ist Internetwerbung ein nachgeordneter Begriff: Die Homepage wird nur dann von Interessenten angesprochen werden, wenn sie auf deren Existenz und Adresse durch andere Medien, wie eben die Bautafel, Immobilienplattformen, IT-Communities, Inserat etc. aufmerksam gemacht wurden.

Zweifelhaft sind auch die Chancen für Telemarketing über Internet. Zumindest im Wohnbereich wird es auf absehbare Zeit noch unverzichtbar sein, den Kunden Aug in Aug zu beraten – zu vielschichtig sind die Fragen und Auswahlkriterien für den Entschluss, einen Wohnungserwerbsvertrag abzuschließen. Funktionieren wird eine derartig distanzierte Vertriebsform allenfalls im Bereich standardisierter Mietwohnungsformen für Kurzzeitnutzung, auf Sicht aber jedenfalls nicht im Bereich des Wohnungseigentums.

8.3 Wann endet die Kundenbetreuung?

Bei Wohnbauten gibt es einen interessanten Effekt: den „Einzugs-Schock". Was ist darunter zu verstehen?

Noch immer ist die Entscheidung, eine Wohnung zu erwerben, (außer in Kurzzeitfällen) eine Entscheidung, die eine Bindung an einen bestimmten Ort für eine nicht absehbare Dauer eines Lebensabschnittes bewirkt. Diese Entscheidung fällt vielen Menschen nicht leicht und die Schwierigkeit, die Folgen dieser Entscheidung abzuschätzen, äußern sich meistens dadurch, dass der Entscheidungszeitpunkt möglichst spät gesucht wird. Das Objekt des Wohnwunsches, die Wohnhausanlage, sollte schon sichtbar und erkennbar und womöglich schon fertig sein. Diesem Wunsch steht allerdings das Problem gegenüber, dass die gewünschte Traumwohnung im obersten Stock unter Umständen schon vergeben ist, wenn man zu lange wartet.

Es bleibt also nichts anderes übrig, als sich noch während der Bauphase, mitten im Trubel, Schmutz und vermeintlichen Durcheinander eines Bauvorhabens für sein künftiges Domizil zu entscheiden, will man die Auswahlmöglichkeiten nicht verlieren: Schweren Herzens entschließt man sich zur Unterschrift unter den Vertrag, und dann beginnt das Warten und Hoffen. Die Spannung, die im Prinzip durchaus positiv ist, steigert sich sukzessive und entlädt sich schließlich in einem entscheidenden Augenblick, nämlich dann, wenn anlässlich der Übergabe der Wohnung erstmals der Schlüssel zum neuen Heim ins Schloss gesteckt und die Tür geöffnet wird. Spätestens zu diesem Zeitpunkt ist es dem Wohnungswerber bewusst, dass sein Entschluss unumstößlich ist – ein geradezu schockartiges Erlebnis.

Dieser „Einzugsschock" birgt Gefahren: Kleine Mängel können die Dimension eines zerplatzten Traumes annehmen und das bis zur Übergabe gute Klima zwischen Kunden und Bauträgern schlagartig verfinstern. Ein vorsichtiger Bauträger wird diesem Phänomen dadurch Rechnung tragen, dass er die Übergabe zumindest nicht in emotional aufgeladene Zeiten, wie die Vorweihnachtszeit, verlegt. In solchen Zeiten sind die Chancen, die Hausgemeinschaft nachhaltig trotz besten Bemühens gegen sich aufzubringen, bei Weitem am größten.

Die Planung und Regie der Übergabe sollte daher gut überlegt werden. Es empfiehlt sich eine schrittweise Verdichtung der Information in der Schlussphase des Baues, wobei es gut ist, in dieser Information jede Euphorie („Halleluja – bald ist es so weit") zu vermeiden, sondern eher nüchtern über das Baugeschehen zu berichten und auch durchaus Termin- und sonstige Ablaufschwierigkeiten zu erwähnen. Der Kunde soll wissen, dass für ihn gearbeitet wird und dass diese Arbeit nicht nur reine Freude ist. Dadurch wird das Verständnis geweckt, dass dabei manches schief gehen kann. Es ist auch zu überlegen, vorläufige Übergaben zum Zweck des Einziehens etwa einen Monat vor dem offiziellen Übergabetermin zuzugestehen, ohne dass für diesen Zeitraum Mieten verlangt werden. Dieses Entgegenkommen kostet zwar Geld, schafft aber einen gewissen Gewöhnungsspielraum, in dem die Misslichkeiten, die bei einem gemeinsamen Einzug in eine neue Anlage unvermeidlich sind – zum Beispiel Müllräume, die von Kartonagen und Emballagen überquellen, Schmutz und Einzugschaos – und die damit verbundene Sensibilisierung der Hausgemeinschaft gegen den Bauträger und Hausverwalter leichter bewältigt werden können. Wichtig ist in jedem Fall: Die Barmittel bei Miete oder der Kaufpreis bei Eigentumswohnungen sollten bezahlt sein, bevor die Wohnung übergeben ist.

Intensive Moderation des Kunden und der Hausgemeinschaft nach der Übergabe durch möglichst baldige Anberaumung einer Hausversammlung, die Etablierung eines formal eindeutigen, transparenten und gut dokumentierten Erfassungssystems für Baumängel und eine periodische Information über den Stand der jeweiligen Mängelbehebung sind unerlässliche Mittel, um das wünschenswerte Vertrauensverhältnis zum Kunden aufrecht zu erhalten.

Bei der Mängelbehebung gibt es verschiedene Philosophien, wie diese Probleme bearbeitet werden. Üblich ist eher das reaktive Prinzip, das heißt das Prinzip, dass Mängelverfolgung erst dann Platz greift, wenn Mängel aktiv vom Kunden an den Bauträger herangetragen werden. Dieses Prinzip hat den Vorteil, dass es hinsichtlich der Administration und Organisation effizient und zeitsparend ist und keine „schlafenden Hunde weckt“. Es hat aber auf der anderen Seite den Nachteil, dass sich Probleme anstauen können und damit überdimensional werden. Das aktive System, nämlich aus eigenem Antrieb nicht nur in den allgemeinen Bereichen des Hauses, sondern auch gegenüber den Bewohnern durch Mängelnachschau und Mängelnachfragen aktiv die Gewährleistungsangelegenheiten zu betreiben, hat den Nachteil eines auf den ersten Blick erhöhten Arbeitsaufwandes, auf der anderen Seite aber den Vorteil, dass das Vertrauensverhältnis zum Kunden gepflegt und damit auf längere Sicht geringere Problemhäufigkeit und Problemintensität erreicht wird.

Grundsätzlich sollte der Bauträger die Nachbetreuung nicht nur dem Hausverwalter überlassen. Es empfiehlt sich, im Einvernehmen mit dem Hausverwalter einen Modus festzulegen, welche Rolle dem Bauträger/Bauherrn im Verhältnis zum Kunden auch nach der Fertigstellung zukommt. Die

Teilnahme an Hausversammlungen oder eine zumindest einmal jährlich vom Bauträger/Bauherrn abgehaltene Nutzerversammlung sind gute Mittel, um die Beziehung zwischen Bauträger und Nutzer zu festigen. Beim Eigentumswohnungsbau wird diese Nachbetreuung bauträgerseitig jedenfalls auf Dauer der Gewährleistungsfrist von drei Jahren zu pflegen sein, beim Mietwohnungsbau empfiehlt sich eine ständige Pflege dieses Beziehungsverhältnisses über die gesamte Nutzungsdauer.

Die Kundenbetreuung nach der Bauphase während der Nutzungsdauer ist auch ein probates Mittel, um die Position des Bauträgers auf dem Markt aufrecht zu erhalten und zu festigen: Denn die „Mundpropaganda", also die so genannte „gute Nachrede", ist an hoher Stelle in der Wertigkeit der Werbemittel. Ein guter Bauträger tut gut daran, seine Kundenbeziehung nicht mit der Fertigstellung des Projektes einfach abzuhaken, sondern diese Kundenbeziehung mit dem Vervielfältigungseffekt der guten Nachrede weiter zu pflegen und für künftige Projekte auszubauen.

Stichwortverzeichnis

T

U

V

W

Z